KB105369

투자자가 된
인문학도

투자자가 된 인문학도

지은이 | 조현철

1판 1쇄 인쇄 | 2018년 8월 13일
1판 1쇄 발행 | 2018년 8월 20일

펴낸곳 | (주)지식노마드
펴낸이 | 김중현
디자인 | 제이알컴
등록번호 |제313-2007-000148호
등록일자 | 2007. 7. 10

(04032) 서울특별시 마포구 양화로 133, 1201호(서교동, 서교타워)
전화 | 02) 323-1410
팩스 | 02) 6499-1411
홈페이지 | knomad.co.kr
이메일 | knomad@knomad.co.kr

값 19,000원

ISBN 979-11-87481-44-7 13320

이 도서의 국립중앙도서관 출판예정도서목록(CIP)은 서지정보유통지원시스템 홈페이지
(http://seoji.nl.go.kr)와 국가자료공동목록시스템(http://www.nl.go.kr/kolisnet)에서
이용하실 수 있습니다.(CIP제어번호: CIP2018020428)

* 잘못 만들어진 책은 구입하신 서점에서 교환해 드립니다.

투자자가 된 인문학도

버블과 금융위기를 동반하는 산업혁명기의 경제독해법

조현철 지음

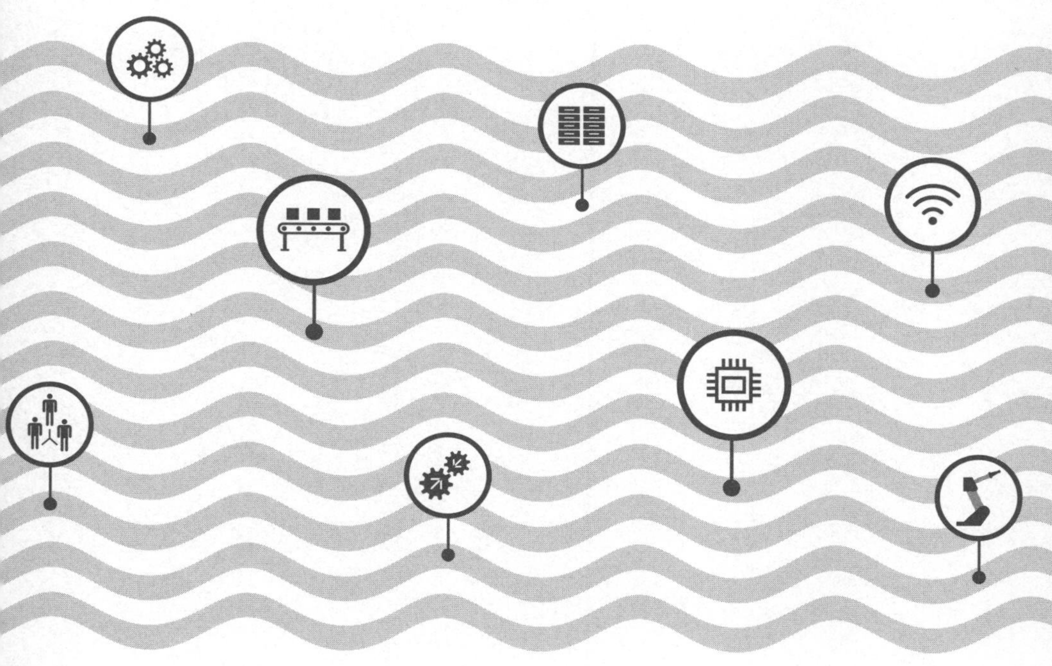

세상을 품을 그릇을 안고 나셨으나
세상이 아직 준비가 부족하여
세상 대신 세 아이를 품어주신 어머니께

들어가는 말

쏘나타와 소쉬르

"난 누군가 또 여긴 어딘가…"

세계 각지의 기술 기업들을 방문해 온갖 기계들로 가득 찬 실험실에서 다양한 피부색의 CTO(최고기술책임자)들로부터 머신러닝과 영상인식, 양자컴퓨터와 네트워크 보안기술에 대한 설명을 듣고 있는 전직 인문학도의 머릿속에 수시로 떠오르는 노래 가사다.

한때 알베르 까뮈와 앙드레 말로의 책을 탐독하다 미국으로 건너가 반쯤 미심쩍은 눈초리로 재무, 회계와 마케팅을 공부하고, 다시 통신사의 해외투자 일을 하면서 유럽과 아프리카로부터 중동과 동남아시아, 중국을 거쳐 남미와 미국까지 지구를 한 바퀴 돌며 아직 세상에 존재하지 않는 기술을 만드는 사람들을 만나오다 보니 이제야 간신히 우리가 사는 세상이 왜 이런 모습으로 존재하는지 조금씩 퍼즐이 맞추어지기 시작했다. 20여 년 만에 비로소 꿰어진 구슬을 지금부터 여러분 앞에 풀어놓으려 한다.

이 책의 핵심 키워드는 산업혁명이다. 예수 탄생을 기점으로 성서가 구약과 신약으로 나뉘듯이 인간의 시대는 산업혁명 이전과 이후로 극명하게 나뉜다. 언어학은 인쇄술과 함께 최초의 산업혁명을 만들었고, IT 기술은 이 산업혁명의 차수를 더한다. 반면 경제와 금융은 기술 발전에 언제나 한발 뒤처져 따라가는 법과 제도처럼 늘 전 차수의 산업혁명에서 만들어진 방법론을 다음 차수에도 적용하여 혼란을 가중시킨다. 산업혁명은 빙하기처럼 주기적으로 찾아오며 필연적으로 저성장을 초래하는 산업혁명 사이의 간빙기를 만든다. 우리는 지금 3차와 4차 산업혁명 사이의 간극이 가져온 저성장의 시대에 살고 있다. 주체가 누구든 간에 산업혁명이 정점에 달할 때 나온 미래 전망은 장밋빛이었고, 간극에서 나온 미래 예측은 보수적이었다. 특이점이 온다고 주장했던 레이 커즈와일은 전자, 640KB면 모든 사람에게 충분한 저장공간이라고 말했던 빌 게이츠는 후자의 대표적인 인물이다.

이 책의 전반부에서는 왜 하필 그 시기에 유럽에서 산업혁명이 일어났는지, 르네상스 이후 유럽의 과학기술이 발전한 이유를 언어학에 더해 당대의 IT 기술인 인쇄술과 책에 대한 이야기로 풀어보려고 한다. 후반부에서는 우리가 가장 최근에 겪은 산업혁명인 3차 산업혁명과 곧 다가오겠지만 바로 목전에 온 것은 아닌 4차 산업혁명에 대해 IT 업계에서 투자를 하며 겪은 내 경험을 토대로 현재 어디쯤 와 있는지를 조망하고 앞으로 흘러갈 방향에 대해 큰 물줄기를 그려볼 것이다. 하지만 이 물줄기는 경제와 금융이라는 암초에 걸려 큰 급류와 소용돌이를 만들며 수시로 배들을 좌초시킬 것이다.

4차 산업혁명은 2차 산업혁명이 마무리되며 시작된 장기저성장을 끝내게 된다. 이는 1970년대 이후 꾸준히 우하향하던 생산성 증가율과 금리를 다 같이 우상향으로 돌려놓겠지만 수시로 찾아오는 금융 위기의 간격과 진폭은 점점 증가하게 된다. 현재 경제학계에서 사용하는 방법론은 주로 1차 산업혁명 시기에 만들어진 개념들이 2차 산업혁명을 거치며 심화된 것으로, 3차 산업혁명 시대 산업과 경제의 변동을 측정하는 데서부터 이미 한계점을 드러냈기 때문이다.

언어학과 역사학, 경제학과 IT는 서로 이질적인 주제이지만 현재의 세계를 이해하기 위해서는 모두 필요한 분야이다. 진부한 비유이지만 코끼리를 그리려면 다리나 코만을 알아서는 안 되지 않겠는가.

먼저 언어학을 잠깐 살펴보자. 소쉬르의 언어학은 랑그와 빠롤, 시니피앙과 시니피에라는 개념으로 도식화될 수 있다. 빠롤, 시니피앙이러니 뭔가 그럴듯해 보이지만 이건 불어 발음이라 빠다 냄새가 나는 것뿐이고 랑그는 언어, 빠롤은 언어에 비하면 말이나 언사 정도로 해석될 수 있겠다. 시니피앙은 영어로 치면 동사에 ~ing가 붙는 형태로 '의미하는 바', 그리고 시니피에는 어미의 é가 영어의 과거분사 구문처럼 수동태의 의미가 있어 '의미되는 것'을 말한다.

이 시니피앙과 시니피에를 언어학 책에서는 보통 이렇게 설명한다.

랑그와 빠롤, 시니피앙과 시니피에

문법과 쓰임(발화)		의미와 표현(기호)	
랑그 Langue	특정한 언어에 나타나는 문법(규칙) 언어학의 연구 대상	시니피앙 Signifiant	의미하는 것, 기호
빠롤 Parôle	실제적인 언어 활동 (사용자에 따라 느낌이나 뉘앙스가 다르므로 언어학의 연구대상이 아니다)	시니피에 Signifié	의미되는 것, 기호가 의미하는 내용 (라깡은 시니피앙과 시니피에의 경계선이 모호해져 정신병이 생긴다고 주장했다)

사과라는 단어를 생각해보자. 사과라는 단어는 시니피앙이고 사과라는 그 자체로서의 대상은 시니피에이다. 시니피앙은 사과, 능금, Apple 등 다양하게 변할 수 있지만 사과라는 시니피에는 변하지 않는다. 이쯤에서 슬슬 짜증이 나기 시작할 것이다. 그래서 뭐 어쩌라고. 그런 애들도 알 법한 얘기를 무슨 대단한 이론인 양 거창하게 썰을 푸는 걸 보면 결국 언어학이란 말장난에 불과하지 않은가. 이런 생각이 들 수도 있다.

아마 시니피앙과 시니피에에 대한 예시는 사과보다는 쏘나타가 좀 더 피부에 와닿을 것이다. 쏘나타 시리즈에 대한 혼돈을 피하기 위해서는 중형 세단이라는 말을 써도 되나 편의상 쏘나타라고 하자. 여기서 쏘나타라고 하는 말은 시니피앙이다. 그럼 시니피에는 뭘까? 쏘나타라는 시니피앙에 해당하는 시니피에는 연도별로, 시리즈별로 상이하다.

가장 최근에 나온 2017년식 쏘나타 뉴라이즈 2.0 가솔린 모델에 대한 시니피에는 '163마력에 20kg.m 토크를 가진 길이 4.855m, 폭 1.865m, 휠베이스 2.805m'의 자동차이다.

그럼 이보다 좀 예전 모델인 2004년식 뉴 EF 쏘나타 2.0 가솔린 모델의 시니피에는 어떤 것일까? '131마력에 16.7kg.m 토크를 가진 길이 4.745m, 폭 1.820m, 휠베이스 2.700m'의 자동차가 바로 이에 해당하는 시니피에이다.

언어학적인 관점이나 기계공학적인 관점에서 이 두 차량 사이에는 현대자동차라는 회사에서 만들었다는 것 외에는 아무런 공통점이 없다. 엔진도 다르고 부품에 공통점이라고는 없는 전혀 다른 차이다. 단지 현대자동차에서 쏘나타라는 높은 브랜드 가치를 최대한 활용하기 위해 신제품에 쏘나타라는 시니피앙을 계속 붙이는 것뿐이다. 두 번째 시니피에는 첫 번째 시니피에와는 전혀 무관한 별개의 존재이다. 만약 쌀의 가격을 논하는 것이라면 얘기는 달라진다. 품종에 획기적인 개선이 없다면 쌀의 시니피에는 시간이 지나도 대동소이하다. 그래서 쌀의 가격은 올랐는지 내렸는지 비교가 가능하지만 쏘나타나 컴퓨터의 가격은 시니피에의 관점에서는 비교할 수가 없다.

이 시니피앙과 시니피에의 개념은 굳이 언어학을 공부하지 않아도 어렴풋이 짐작할 수 있다. 스탠퍼드 출신의 물리학자 더글라스 호프스태터는 『사고의 본질』이라는 책에서 이 시니피앙과 시니피에에 대해 다음과 같이 본인만의 해석을 남겼다.

> 밴드, 의자 같은 단어를 떠받치는 정신적 토대 속에는 무한하고 흐릿한 풍부함이 숨어 있다. 사전은 이 풍부함을 완전히 무시한다. 사전의 목표는 그 미묘함을 설명하는 것이 아니기 때문이다. 사실 일반적인 단어의 의미는 두세 개가 아니라 무한하다.

여기서 밴드, 의자 같은 단어는 시니피앙이고 무한하다고 말한 것은 시니피에이다. 호프스태터가 소쉬르의 언어학을 읽은 적이 없다는 것은 분명하다. 인디애나 대학에서 인공지능을 연구하는 이 물리학자는 인공지능에 대한 고민 과정에서 필연적으로 언어의 범주화와 유추에 대해 생각하기 시작했고, 의식했건 안 했건 언어학의 이 오랜 주제를 향해 한발짝씩 다가갔다. 심리학자 에마뉘엘 상데와 공저

한 이 책에서 그는 칸트와 니체, 홉스와 로크 등 인간의 사고에 대한 다양한 학자들의 견해를 인용하지만, 정작 소쉬르 언어학의 핵심 개념을 다른 방식으로 설명하면서도 소쉬르의 이름이나 시니피앙/시니피에 같은 용어를 언급하지는 않는다. 소쉬르에 대한 사전 지식 없이 스스로 깨닫고 본인만의 방식으로 개념을 정립한 것이다.

19세기 스위스에 살았던 한 언어학자가 정리한 시니피앙과 시니피에라는 개념은 엉뚱하게도 기술혁신의 주기가 짧아지고 이에 따라 일부 제품들의 성능과 가격이 요동치기 시작한 20세기 후반부에 들어오면서 경제를 이해하는 데 중요해졌다. 물가를 구성하는 요소들의 시니피앙과 시니피에가 서로 매치되지 않자 경제운용의 근간인 금리를 결정하는 핵심 지표인 인플레이션의 개념에 심각한 혼란이 일어났기 때문이다.

미국 연방준비은행 한 곳에서만 1,000명이 넘는 경제학자와 통계학자들이 경제정책을 연구하는 데에 연간 5억 달러 이상을 쏟아붓고 있다. 그런데 한때 마에스트로라 불리면서 전 세계 경제 대통령으로 군림하던 전 연준의장 그린스펀은 2004년 중반부터 시작된 통화긴축에도 미국의 장기국채금리가 오히려 큰 폭으로 내린 상황을 보고 '수수께끼 같다'라는 표현을 썼다. 자신이 입안한 정책이 어떠한 효과를 가져올지 잘 모르겠다는 점을 분명히 한 것이다. 바꿔 말하면 아이가 열이 펄펄 끓어 의사가 해열제를 처방했는데 오히려 열이 더 나는 상황이다. 당신은 애가 타는데 정작 의사는 이걸 보고 '흠, 수수께끼 같은 상황이군'이라며 팔짱을 끼고 갸웃거리고 있다고 해보자. 그 병원에 두 번 다시 가려고 하겠는가? 아니, 이제 당신은 의학을 믿을 수 있을까? 민간요법에 의존하든가, 굿을 하는 것이 낫다고 생각하지 않을까?

그린스펀은 2008년 서브프라임 모기지 사건이 터지자 한술 더 떠 〈월스트리트저널〉과의 인터뷰에서 '어떤 정책도 주택가격 거품을 막을 수는 없었다', '이는 다이내믹한 경제에서는 피할 수 없는 일이다'라면서 문제를 일으킨 건 금융당국이 아니라 과욕을 부린 투자은행이라고 주장했다. 하지만 서브프라임 모기지 사태 직후 〈월스트리트저널〉이 미국의 주요 경제학자들을 대상으로 한 설문조사에서 80% 이상이 그린스펀의 금리인하가 너무 늦어 사태를 키웠다고 대답했다. 이 사람들의 말이 옳다고 치자. 그렇다면 그 경제학자들이 그린스펀 대신 연준의장이었다면 그 사태를 막을 수 있었을까?

이런 혼란은 경제정책의 기준점이 되는 인플레이션, 즉 물가를 측정하는 일이 그 개념이 처음 나온 시점과는 판이하게 달라졌기 때문이다. 인플레이션을 처음 측정하기 시작한 시기는 산업혁명 이전으로 이 당시 기술과 제품의 시니피에는 수 세대에 걸쳐 거의 변화 없이 유지되었다. 반면 산업혁명 이후로는 시니피앙은 변함이 없지만 시니피에의 변화 속도가 물가라는 개념이 나온 시점과는 비교도 할 수 없을 만큼 빨라졌다. 즉 현 시점의 물가는 존재하지만 시간을 뛰어넘는 물가의 비교는 불가능해진 것이다. 남은 것은 시니피앙일 뿐, 불과 몇 년 전에 있던 시니피에는 이제 존재하지 않는다. 물론 이 물가지수를 측정하는 미국의 노동통계국이나 한국의 통계청은 이런 품질 차이를 보정하기 위해 다양한 통계적 기법을 활용한다. 하지만 결론적으로 이는 대책을 마련했다는 공무원들의 면피용일 뿐, 실제 현실을 반영하는 데는 별로 도움이 못되고 있다. 이 논점에 대해서는 이 책을 마무리하는 마지막 장에서 다시 상세히 설명하겠다.

경제에 관해 이야기하기 전에 먼저 언어에 대해 이야기해보려고 한다. 1장에서는 우리말과 유럽 언어의 차이를 알아볼 것이다. 언어의 차이가 과거 어떻게 동서양의 격차를 낳았는지 살펴보는 것을 시작으로, 현재 우리가 4차 산업혁명의 어느 지점에 와 있는지 관측하고, 향후의 경제 전망을 내다보며 400쪽이 넘는 긴 이야기를 마무리 지으려 한다.

2018년 8월

조현철

차례

1장

과거의 경쟁력,
언어와 인쇄술

1

이 모든 차이는 언어에서 시작했다

동양의 언어와 유럽의 언어

언어는 존재의 집이다.

– 하이데거

중간태

중간태란, 얼마 전 『채식주의자』라는 소설로 유명해진 소설가 한강이 또 다른 소설 『희랍어 시간』에서 소개한 그리스어의 특이한 문법 중 하나이다.

능동태, 수동태는 알겠는데 도대체 중간태란 무엇일까? 중간태는 수동태의 또 다른 형태라고 이해하면 된다. 인도유럽어족에서는 이 중간태가 수동태에서 파생되었다는 시각과 반대로 수동태가 중간태에서 발전했다는 해석이 있다. 그렇다면 수동태와 중간태의 차이는 무엇일까?

'씻다'라는 동사를 예로 들어보자. 이 동사를 능동태로 쓰면 그 행위의 대상이 문장의 주어가 아닌 제3자가 된다. 수동태로 쓰면 그 행위의 대상이 문장의 주어에게로 돌아온다. 그리고 행위의 주체는 제3자이다. 중간태로 쓰면? 그 행위의 주체와 대상이 동일하다. 즉 내가 주어라면 내가 나에게 하는 행위는 중간태로 쓰게 된다. 주어가 모두 나라면, 능동태는 '내가 누군가를 씻기다', 수동태는 '누가 나를 씻어주다', 중간태는 '내가 나를 씻다'이다.

더 마음에 와닿는 예로 '죽이다'라는 동사를 예로 들어보자. 이 문장에서 주어는 '나'이고 동사는 '죽이다'이다. 능동태로 쓰면 내가 누군가를 죽이는 것이다. 문학적인 표현이 아니고는 대개 목적어가 필요하다. 수동태로 쓰면 내가 누군가에게 죽임을 당하는 것이다. 영어로 치면 by whom에 해당하는 행위의 주체를 문장에 써줄 필요도 있지만 생략하는 경우도 많다. 영어로 He was killed in action이라고 하면 군인이 작전 중에 죽었다는 의미이다. by로 시작하는 행위의 주체는 대개 생략한다. 말 안 해도 어차피 적군이 죽였을 테니까. 간혹 피아 식별이 안 되어 아군에게 오인 사살되는 등 특이한 상황에서만 주체를 쓴다. 그렇다면 중간태로 쓰면 어떨까? 내가 나를 죽이는 것, 즉 자살한다는 의미이다.

인도유럽어족의 언어와 한국어를 비롯한 동양의 언어를 구분 짓는 가장 큰 특징 중의 하나는 바로 이 동사이다. 더 명확히 말하면 동사의 변화, 시제와 주어에 따른 동사변화가 유럽 언어의 가장 큰 특징이라고 할 수 있다.

고등학교 때 불어나 독일어를 제2외국어로 한 사람들은 이 골치 아픈 동사변화표를 외우느라 고생깨나 했을 것이다. 이 동사변화라는 것은 시제에 따라서만 달라지는 것이 아니다. 주어가 남성이냐 여성이냐에 따라 달라지고 독일어에는 심지어 불어에도 없는 중성까지 있다. 이걸로 끝이 아니다. 성만 아니라 주어가 단수이냐 복수이냐에 따라서도 달라진다. 그러니까 나, 너, 그, 그들, 우리, 너희에 따라 동사가 다 제각각으로 변한다. 그리고 시제, 즉 과거, 현재, 미래에 따라서도 또 각각 변한다.

생각만 해도 머리가 지끈거린다. 얘네들은, 아니 얘네 조상들은 왜 이리도 힘들게 살았을까? 그냥 이딴 거 구별하지 않고 간단하게 한두 가지로 통일해도 뜻은 다 통하지 않는가? 맞다. 뜻은 다 통한다. 그런데 이렇게 골치 아프게 살았던 유럽인들에 비해 훨씬 편하게 사셨던 지혜로운 우리 조상님들보다 더 편하게 산 사람들도 있다. 누구냐고? 바로 동남아 분들이시다. 이분들에게는 아예 동사의 시제 구분이 없다. 아니, 시제 구분이 없다고? 하루살이도 아니고 어떻게 과거, 현재, 미래도 구분하지 않고 산단 말인가?

동사의 시제 구분이 없다고 했지 문장의 시제 구분이 없다고는 안

언어별 시제 표현

	과거	현재	미래
일부 동남아시아 언어	나는 어제 먹는다	나는 오늘 먹는다	나는 내일 먹는다
영어	I ate	I eat	I will eat
불어	J'ai mangé (복합과거)	Je mange	Je mangerai (단순미래)

했다. 이들은 동사변화가 아닌 시간을 나타내는 부사로 문장 안에서의 시간을 구분한다.

흠. 어찌 보면 이게 더 신박해 보이기도 한다. 그렇다면 이게 언어의 미래가 아닐까? 에스페란토처럼 바벨탑 이전으로 돌아가는 국제 공용어의 모델을 동남아시아 언어에서 찾을 수 있을 것 같다. 누구나 쉽게 배우니 말이다. 내가 나온 한국외국어대학에서 농담처럼 하는 말이 있다. 아랍어는 글씨 쓰는 데 6개월, '마인어'라고도 불리는 말레이인도네시아어는 프리토킹 하는 데 6개월이라고 말이다. 나도 회사일 때문에 말레이시아를 자주 다녔고 한번 가서 몇 달씩 머문 적도 많았다. 동사변화까지는 모르겠지만 단어 자체도 매우 단순하다. 예를 들어 커피를 주문했는데 진하게 마시고 싶으면 '까오'라고 하면 된다. '진하게'라는 뜻이다. 아주 진하게 마시고 싶다면? '까오까오'라고 하면 된다. 아주 신난다. 언어를 배우는 재미가 새록새록 생긴다. 채소라는 단어가 있다고 하자. 그런데 이것저것 섞어서 모둠채소를 시키고 싶다. 뭐라고 할까? 모둠이라는 단어를 고민할 필요 없다. 그냥 '채소채소' 이러면 모둠채소가 된다. 마인어로는 사유르사유란Sayur-Sayuran이라고 한다. 채소는 사유르, 사유란은 채소의 복수형태이다.

언어는 이렇게 단순한 것이 좋은 것 아닐까? 배우기도 쉽고 사용하기도 편하게 말이다. 하이데거의 말로 돌아가 보자. 언어는 사고를 담는 집이다. 집이란 단순해도 좋지만 여기저기 기능별로 나뉠수록 효율적인 경우가 많다. 원시 부족의 집일수록 단순하다. 지붕과 벽만 있지 문을 열고 들어가면 휑하니 뚫려 있고 그 안에서 모든 것을 해결한다. 아마 볼일 보는 화장실 정도만 밖으로 나가 (대개는 야외에서 그냥) 처리할 것이다. 이분들을 21세기 한국에 있는 우리 집으로 모시고 와보자. 문을 열고 들어가니 화장실이 따로 있는 것은 이해한다고 쳐도 잠을 자는 방, 책을 읽는 방, 옷을 두는 방, 가족들끼리 모여 앉아 TV를 보는 방, 심지어 밥을 하는 방, 그 밥을 먹는 방, 빨래를 하는 방, 청소기를 두는 방, 이 모든 방들이 다 따로따로 있다. 아마 원시 부족이 우리 집에 처음 와서 느낀 심정은 불어의 동사변화표를 처음 접한 여러분의 심정과 별반 다르지 않을 것이다. 이분들이 우리 집에 와서 적응하기란 결코 쉽지 않다. 빈 방이 있어서 바닥에 누워 잠을 청해보니 누가 와서 나가라고 한다. 왜 부엌 바닥에서 자고 있냐고 말이다. 푹신하고 조용한 공간이 있어 오붓하게 밥 좀 먹으려고 했더니 왜 침실에서 밥을 먹느냐고 또 타박이다. 어느 정도 적응이 된 후 집에 들어와서 외투를 잘 걸어놨더니 왜 옷을 다용도실에 두냐고 시비고 식객으로 밥만 축내기 미안해서 집안 청소를 깨끗이 해놨는데도 잔소리가 끊이지 않는다. 왜 청소기를 다 쓰고 서재에 뒀냐고 말이다. 당신 때문에 한참 찾았다는 말은 덤이다.

> 동사란 시간을 가리키는 품사이다.
>
> – 아리스토텔레스

시간을 가리키는 품사로서의 동사, 우리말에서는 낯선 개념이다. 우리말에도 시제가 있다. 동남아시아 언어보다는 좀 낫다. 적어도 과거, 현재, 미래를 구분하기 위해서 또 다른 품사의 도움이 필요하지는 않다.

유럽 언어에는 이 동사의 시제가 매우 다양하다. 불어를 보면 과거, 현재, 미래가 전부가 아니다. 과거에는 단순과거, 복합과거, 반과거, 대과거, 근접과거가 있고 미래에는 단순미래와 근접미래, 전미래가 있다. 모든 동사별로 각각에 해당하는 동사변화를 외워야 한다. 물론 규칙이 있지만 불규칙동사가 많다. 포기하려면 이쯤에서 미리 포기하는 편이 현명하다. 이게 끝이 아니기 때문이다. 여기까지는 직설법의 시제변화다. 직설법 외에 불어를 배우려는 사람을 명실상부하게 좌절시키는 접속법과 이보다는 조금 덜한 조건법이 기다리고 있고 여기에도 각각의 시제변화가 있다.

이쯤 되면 프랑스인들이 아직 멸종 안 되고 살아 있는 것이 신기하다. 이런 걸 외우느라 정신이 좀 이상해지거나 '엄마 밥 줘' 했는데 아들이 말한 문장의 시제가 알쏭달쏭해 밥을 지금 당장 줘야 하는지 조금 있다 줘야 하는지 아니면 한 10년쯤 있다 달라는 건지 헷갈리는 바람에 굶어 죽은 애들이 부지기수로 나와야 할 것 같다. 이 사람들은 왜 이렇게 힘들게 사는 것일까?

프랑스의 언어학자 앙리 보나르Henri Bonnard는 명사나 형용사는 변함없고 영속적인 것을 표현하는 반면, 동사는 시간 속에 나타나거나 사라지는 양상, 즉 시간 속에서 전개되고, 되풀이되고, 변화되는 모든 것을 표현한다고 정의했다. 불어에서 동사의 시제변화는 과거, 현재, 미래의 시점만을 나타내는 것이 아니라 동작이 전개되는지, 되풀이되는지 또는 변화되는지를 각각 표현하는 기능을 갖는다.

예를 한번 들어보자.

Jeanne partit quand Paul arriva.

Jeanne partait quand Paul arriva.

둘 다 모두 '폴이 도착했을 때 잔느는 떠났다'라는 뜻의 불어 문장이다. 하지만 이 두 개의 불어 문장은 한국어로는 하나의 문장인 이 상황을 서로 다른 두 개의 상황으로 표현한다. 동사의 시제변화로만 말이다.

첫 번째 문장은 두 개의 동사 모두 단순과거로 쓰였다. 즉 폴이 도착했을 때 이미 잔느는 떠나고 없는 상황이다. 여기에서 '이미'라는 부사는 한국어에는 필요하지만 불어에는 필요 없다. 동사변화에 그 뜻이 들어 있기 때문이다.

두 번째 문장에서 폴이 도착한 것은 단순과거, 잔느가 떠난 것은 반과거로 쓰였다. 폴이 도착했을 때 잔느가 떠나긴 떠났는데 그 동작이 아직 진행 중인, 그러니까 아직 완전히 가버린 건 아니라는 의미이다. 우리말로 표현하려면 폴이 도착했을 때 잔느는 저만큼 가고 있었다, 혹은 폴이 도착했을 때 잔느는 이미 떠났지만 아직 시야에서 사라진 건 아니었다 등으로 부연 설명이 필요한 상황이다.

불어에서는 단순과거와 반과거 두 개의 동사변화만으로 '이미'라는 부사나 저만큼 가고 있었다, 혹은 아직 완전히 떠난 것은 아니다 등등 덕지덕지 부연 설명이 필요한 상황을 깔끔하게 정리하고 있다.

다시 한번 위의 두 불어 문장을 한국어로 '그 의미를 살려' 해석해 보자.

Jeanne partit quand Paul arriva.

폴이 도착했을 때 잔느는 (이미) 떠났다. / 떠나고 없다.

Jeanne partait quand Paul arriva.

폴이 도착했을 때 잔느는 저만큼 가고 있었다. / 떠났지만 아직 시야에서 사라진 건 아니었다.

위의 문장에 전과거를 쓸 수도 있다. 이 경우 전과거가 종속절에 쓰이면 주절에서 표현된 사실 직전에 완료된 사실을 표현한다. 말이 좀 복잡한데 이렇게 쓰면 '폴이 도착하자마자 잔느가 떠난 것'이다. 역시 우리말의 '하자마자'라는 표현이 불어에는 불필요하다. 전과거로 변화한 동사변화에 그 뉘앙스가 이미 담겨 있다.

아리스토텔레스는 동사란 시간을 가리키는 품사라고 했다. 여기서 시간을 가리키는 품사라는 의미는 또 다른 품사, 즉 부사나 형용사 등 다른 품사의 도움 없이 동사변화만으로 이런 시제의 선후 관계를 명확하게 표현을 해주는 것이 동사라는 의미이다. 우리말뿐만 아니라 동남아시아어나 중국어에도 없거나 희박한 개념이다. 아시아 언어에서 동사는 그 지시하는 동작 자체만을 나타내는 경우가 많고 시간을 가리키는 품사로서의 의미는 매우 약하거나 심지어 동사 자체에는 시간의 의미가 없는 경우도 많다.

아리스토텔레스 이후에도 그리스어와 라틴어, 그리고 이를 이어받은 불어는 더 세밀해졌고 인간의 심리와 동작을 표현하기 위한 다양한 시제들이 발전했다. 앙리 보나르는 아리스토텔레스 이후의 언어의 발전을 반영해 동사는 시간 속에 나타나거나 사라지는 양상, 즉 '시간 속에서 전개되고, 되풀이되고, 변화되는 모든 것을 표현'한다고 정의했다. 이것을 정리하면 동사는 'process'와 'aspect'를 표현하는 기능을 갖는다고 한다. 조금 어색하지만 'process'는 사행, 'aspect'는 '상相'이라고 번역한다. 사행, 즉 'process'는 시간의 순서, 프로세스이다. 앞서 아리스토텔레스가 말한 내용이다. 'Aspect', 즉 상은 앙리 보나르가 말하는 의미이다. 그 동사 행위의 선후 관계뿐만 아니라 행위가 과거나 미래의 시제 속에서 되풀이되고 있는지, 한 번만 발생했는지, 행위의 주체자의 의지가 강렬한지, 그냥 희망해보는 것인지, 불가능한 일인데 한번 말해보는 것인지의 의미가 모두 이 동사변화 안에 담겨 있다.

그렇다면 왜 이렇게 세밀하게 동사를 변화시키는 것인가? 인간의 오만 감정과 깊고 얕거나 다양한 사고를 세밀하게 나타내되 최대한 간결하고 명확하게 표현하기 위해서이다.

고맥락 문화High Context Society와 저맥락 문화Low Context Society라는 말이 있다. 미국의 인류학자 에드워드 홀이 고안한 개념이다. 고맥락 문화에서는 말을 직접적으로 하지 않고 간접적으로 돌려 말하기 때문에 그 맥락이나 상황을 파악해서 상대방의 진의를 알아내야 한다. 대표적으로 우리나라나 중국, 일본 등이 고맥락 문화라고 분류되었다. 저맥락 문화에서는 말을 직접적으로 하고 명시적으로 표현하는데 미국, 프랑스, 독일 등이 홀이 분류한 저맥락 문화이다.

지금은 홀의 이 이론을 유행이 지난 한물간 이론으로 치부한다. 더 이상 이론의 발전이 없기도 하지만 언어학에 대한 이해 없이 모든 언어를 동일 선상에서 놓고 비교했기 때문이다. 고맥락 사회에서는 명확하게 표현하기 싫어서 표현하지 않은 것이 아니라 자신들이 쓰는 언어로는 세밀하게 표현할 방법이 없기 때문에 대강 두루뭉술하게 넘어가는 것뿐이다. 앞서 설명한 바대로 불어에서는 동사변화 하나만으로 시간의 흐름process뿐만 아니라 행위의 전개aspect까지 모두 표현이 가능하다. 하지만 대부분의 동양 언어에서는 aspect는 고사하고 process도 동사변화로는 온전히 다 담아내지 못하고 또 다른 품사나 부연설명을 해주는 종속절의 도움을 받아야 한다. 즉, 말과 문장이 길어지고 해석의 여지가 많아지는 것이다. 이렇듯 말과 글이 깔끔하게 정리가 안 되고 해석과 다툼의 여지만 많아지기 때문에 일상 대화가 아닌 고차원적인 주제에 대해 말을 할 때는 언어의 한계를 느끼게 된다. 차라리 말을 하지 않으면서 '행간을 읽어라'라든지 '내 침묵을 이해했느냐'는 식의 선문답이 등장하는 것이다.

언어는 존재의 집(사고를 담는 집)이라고 했다. 유럽 언어에 비해 동양의 많은 언어들은 언어 자체만으로는 온전히 인간의 사고를 담기에 부족함이 있기 때문에 상황과 맥락까지 총동원해야 간신히 사고가 전달되는 것이다. 그리스와 로마에 이어 프랑스와 독일이 세계의 사상을 주도하는 것은 단지 그들의 군사력이나 경제력 때문만이 아니었다. 그렇다면 현재 세계의 사상은 미국이 주도해야 한다. 경제학 분야에서는 미국이 주도한다. 현존하는 노벨경제학상 수상자의 90% 이상이 국적이나 출신 학교를 막론하고 현 시점에서는 미국의 대학이나 기관에 몸을 담고 있다. 유럽이 세상의 주인공이었던 19세기에는, 사상계도 당연히 유럽을 중심으로 돌았다. 하지만 유럽이 주인공자리에서 물러나고 미국이 전 세계의 패권을 장악한 20세기 후반에도 서양 사상의 흐름은 프랑스와 독일에서 벗어나지 않고 있다.

20세기 후반 서양 사상의 중심은 프랑스의 구조주의였고, 구조주의의 시발점은 이 책의 제일 첫 부분에 등장한 소쉬르의 언어학이다. 랑그의 구조 분석을 중심으로 시니피앙과 시니피에의 개념을 처음 제시한 소쉬르의 언어학은 이후 레비스트로스와 라깡이 계승했다. 이 구조주의를 한층 더 발전시켜 소크라테스부터 헤겔에 이르는 서양철학을 전통적인 형이상학으로 규정하고 이를 구조적으로 해체하여 새롭게 해석하자는 해체주의를 들고 나온 데리다 역시 프랑스인이다. 서양철학사의 정통 적자인 동시에 새로운 시조를 자처한 데리다는 한국에도 잘 알려져 있는 프랑스 수능 '바깔로레아'의 철학 시험에도 큰 영향을 남겼다. 그랑제꼴(프랑스의 엘리트 교육을 위한 특수교육기관. 일반 대학은 바깔로레아에 합격만 하면 학군제로 들어가지만 그랑제꼴에 속한 학교는 한국은 비교도 안 될 만큼 치열한 입시 경쟁을 치르고 들어가고, 프랑스의 고위 공직자, 정치인, 기업인은 거의 대부분 이 그랑제꼴 출신들이다) 중 하나인 고등사범학교의 철학 교수인 데리다는 유럽의 거의 모든 철학자가 그렇듯 좌파 지식인으로 프랑스 사회당 정부에서 철학교육의 방향을 정립한 주역이기도 하다.

구조주의와 함께 현대 서양 사상의 흐름을 주도한 실존주의 역시 프랑스와 독일을 중심으로 발전했다. 실존주의를 초기에 정립한 하이데거나 야스퍼스는 독일인이고 이를 계승해 인간의 실존에서 신의 존재를 완전히 배제하고 무신론적 실존주의를 확립한 사르트르는 프랑스인이다. 그리고 이 실존주의 사상을 문학에서 구현하고 있는 까뮈는 프랑스인, 카프카는 독일인이다. 이 외 구조주의에 한몫씩 거든 푸코와 들뢰즈 모두 프랑스인으로 20세기를 관통하는 사상의 흐름에 경제학이나 기술 분야와는 달리 세계 최강대국인 미국의 지분은 거의 없다. 영국에서 건너온 영미철학은 20세기를 지나면서 이런 관념적 분야보다는 냉전 시대 최강대국으로서 미국의 현실을 반영한 정치사상이나 실용적인 심리학, 교육학 위주로 전개되었다.

여기서 노암 촘스키의 이름을 떠올리며 반론을 제기하는 사람도 있을 것이다. 변형생성문법으로 언어학의 혁명을 가져온 MIT의 노암 촘스키는 소쉬르에서 시작된 구조주의 언어학의 시대를 끝내고 생성론적인 입장에서 언어학의 혁명을 가져온 개척자라고 할 수 있다. 하지만 아이로니컬하게도 이 촘스키에서 바로 미국 사상계의 한 단면을 볼 수 있다. 1955년에 박사학위를 받은 촘스키는 이후 10여 년 만에 자신이 속한 미국 사상계의 흐름에 따라 주로 좌파 지식인들과 어울리며 정치사상가로 변신한다. 베트남전을 시작으로 미국의 공화당과 부유층을 신랄하게 비판하는 좌파 운동에 앞장서기 시작했다. 가장 큰 이유는 자신의 언어학 이론을 앞선 유럽의 지식인들처럼 핑퐁을 치며 받아주거나 경쟁할 동료 사상가가 없기 때문이었다. 역사는 도전과 응전으로 발전하는데, 미국의 사상계에서 촘스키에 도전을 할 경쟁자는 보이지 않았다. 촘스키의 사상을 계승·발전하는 사람들도, 이를 비판하는 사람들도 모두 촘스키의 제자들로만 이루어졌다. 어찌 보면 전전戰前 러시아에서 태어난 유태인으로 영어를 배우기 전에 러시아어와 이디시어를 완벽하게 구사한 촘스키의 세대까지가 미국 사상계의 처음이자 마지막 황금 세대라고 할 수 있을 것이다.

이미 20대에 언어학의 혁명을 이루었으나 더 이상의 지적 자극도, 도전도 찾을 수 없는 환경에서 이 천재는 남아도는 뇌 용량을 당시 유행하던 좌파 지식인이 되는 데 사용한다.

1960년대부터 촘스키가 내놓은 자본주의와 정치, 국제 정세에 대한 수많은 책들은 박사논문 하나로 언어학의 흐름을 뒤바꾸어 놓은 천재의 저작이라기보다 자본주의와 기득권 세력을 비판하는 흔한 좌파 지식인의 저서일 뿐이었지만 촘스키라는 브랜드를 달고 날개 돋친 듯이 팔려나갔다. 1990년대 이후 촘스키의 저작은 대개 그간 해온 인터뷰나 강연 스크립트를 정리해 출판한 것이다. 그리고 촘스키는 자신의 진보 성향이 언어학에서 보여준 것만큼이나 치열한 고뇌와 두뇌 활동의 산물이 아니라 남은 뇌 용량을 처리할 곳이 없던 흔한 패션좌파 혹은 강남좌파의 여흥이었다는 것을 스스로 증명한다. 버니 샌더스의 열렬한 지지자이기도 한 촘스키는 이렇듯 자본주의와 시장경제를 비판하는 강연으로 돈을 벌기 시작하자 보스턴에 있는 세무 전문 로펌의 조언에 따라 자신의 저작권 일부를 딸의 명의로 신탁한다. 미국 세법상 신탁된 자산의 수익에 대한 세금은 신탁자가 아닌 수혜자 명의로 부과되기 때문이다. 신탁을 하면 증여세도 내지 않고, 반자본주의 강연과 저서로 벌어들인 막대한 소득을 딸 명의로 분산해 낮은 세율을 적용받을 수 있다.

2008년 금융위기가 닥치자 미국자본주의의 반민주적 본질이 드러났다며 '시장주의가 경제위기만이 아니라 궁극적으로 인류의 위기를 가져올 것'이라고 일갈하던 촘스키는 금융위기가 진정되자 이렇게 번 돈을 주로 주식형 펀드에 투자했다. 스탠퍼드 대학의 후버 연구소

Hoover Institution는 칼럼을 통해 촘스키가 투자한 주식형 펀드의 포트폴리오는 주로 그동안 비판해온 '환경을 훼손하는 석유기업'과 '전쟁을 조장하는 방산기업', 그리고 '의약품을 독점하는 제약회사' 주식으로 구성되어 있다고 지적했다. 사실 그만큼 이 기업들의 수익이 좋으니 촘스키를 비롯한 좌파 운동가들의 표적이 되었을 것이다. 그러니 투자자 본인이 잘 알고 있는 이들 기업에 투자하는 것은 투자라는 측면에서만 보면 매우 현명한 일인 것이다. 한국에서도 기업 지배구조 개선을 외치던 장하성 교수는 자산운용사 라자드와 함께 지배구조가 우수한 기업에만 투자한다는 지배구조펀드를 만들어 운용했다. 그런데 2017년 7월, 청와대 정책실장으로 임명되며 공직자윤리법에 따라 보유 주식을 처분하면서 알려진 장 교수의 개인 포트폴리오에는 정작 이 지배구조에 관해 장 교수에게 호되게 비판을 받아온 삼성전자와 CJ E&M 등의 주식 수십억 원어치가 포함되어 있었다(지배구조펀드 가입자 지못미). 촘스키는 평소에 거대 제약회사들의 의약품에 대한 특허권을 비판하며 인류를 위해 의약품의 특허권을 모두 폐지해야 한다고 주장하면서도 유튜브가 생기기 전까지는 본인의 공식 웹사이트에 강연 영상을 건당 75센트씩 받고 유료로 제공했다. 또한 9.11 테러가 터지자 회당 강연료를 9,000달러에서 12,000달러로 즉각 올리는 기민한 모습도 보여주었다.

노암 촘스키 캐리커처, 출처: 후버 연구소

다른 두뇌 활동거리를 찾아야 할 정도로 자신의 이론에 대한 계승도, 비판도 모두 자신이 가르친 제자들에 의해서만 일어나는 이 지적으로 무기력한 상황에는 촘스키 개인의 성향도 한몫했을 것이다. 언어를 시스템으로 이해하는 구조주의 언어학에 반기를 들고 언어에 내재한 규칙에 의해 문장들이 생성된다는 생성론을 제시한 촘스키는 자신의 이론과 일맥상통하는 인지발달이론을 정립한 스위스의 장 피아제와는 수시로 학문적 의견을 주고받았다. 하지만 자신이 대체했다고 믿은 구조주의의 계승자 데리다와 라깡에 대해서는 말장난이고 헛소리라며 무시한 것이 정설이다. 적어도 미국 내에는 촘스키의 지적 호기심을 자극할 만한 대사상가는 등장하지 않았고, 무료해진 천재는 남는 시간을 맞상대가 없는 언어학에 대해 쉐도우 복싱을 하기보다는 여러 진보 동지들과 어울려 미국의 정부와 기득권 세력을 비판하며 보낸다. 그리고 정작 인지이론이 자신의 생성문법을 대체할 상황이 되어서야 뒤늦게 기존의 생성문법을 발전시킨 최소주의 언어학이라는 것을 들고 나왔지만 이미 미국 내에서는 이 최소주의에 대한 열띤 토론도, 이를 비판할 만한 거장도 남아 있지 않았다. 그러다 보니 역시 촘스키의 제자인 데이비드 존슨이 최소주의 언어학에 가한 '실증적 연구 없는 허상'이라는 비판은 무플보다는 악플이 낫다는 제자의 배려로 보일 정도이다. 최근에도 남북한 문제에 대해 한국의 언론을 상대로 (좌파 입장에서) 조언을 아끼지 않는 분이 언어학에 대한 '실증적' 연구를 할 시간까지는 없었을 것이다.

세계를 지배하는 것은 미국이지만, 사상을 지배하는 것은 유럽이다. 구조주의나 실존주의, 특히 데리다의 해체주의를 번역서로 읽어볼 시도는 아예 하지 않는 것이 좋다. 데리다의 해체주의는 언어의 기호 체계에 대한 이해를 근간으로 한다. 앞서 말한 불어의 동사변화편을 떠올려보기 바란다. 철수가 영희가 도착하기 전에 먼저 떠났는지 막 떠나고 있는지를 묘사하는 데에도 불어 문장을 한국어로 의미를 살려 번역하려면 그 상황을 완벽히 이해한 의역이 필요하다. 사상과 철학에 대한 책은 말할 나위도 없다. 해당 텍스트를 머리로 이해하고 장에서 완벽하게 소화시킨 후, 한국어로 여러 부연 설명을 덧붙여가며 문장 자체를 새로 창작해야 하는 경우가 대부분이다. 해체주의까지 가지 않고 까뮈의 작품만 해도 도대체 무슨 말을 하는지 문장 자체가 이해가 안 되는 번역서가 태반이다.

1990년대에 공전의 히트를 친 베르나르 베르베르의 『개미』라는 책을 기억할 것이다. 이 『개미』로 베르베르가 본국보다 한국에서 더 유명한 인기 작가가 된 배경에는 이세욱이라는 탁월한 번역가가 있었다. 이세욱을 단숨에 번역계의 스타로 만들어준 『개미』를 보면 원작보다 더 매끄럽게 문장이 흘러간다. 너무 매끄러운 나머지 호기심이 들어 『개미』의 원서를 사서 번역본과 함께 펼쳐 놓고 한 문장씩 비교하면서 읽어간 적도 있었다. 단지 내 불어 실력이 부족하고 한국어가 모국어여서 번역본이 더 좋아 보이는 것은 아니었을 것이다. 지금은 고인이 되신 프랑스인 교수님도 수업 시간에 번역본이 오히려 더 잘 써진 것 같다고 말했다. 원본보다 나은 번역본을 쓰기 위해 이세욱은 본인이 번역한 문장에 대해 수시로 베르베르에게 이메일로 문의를 했다. 당신이 불어로 쓴 이 문장이 이런 뜻인 것 같아서 내가 한국말로 이렇게 번역을 했는데 맞느냐고 말이다. 어느 정도 번역이 된 후에는 직접 찾아가 내용과 의미에 대해 확인까지 했다고 한다. 일면식도 없는 사람을 너무 극찬만 하는 것 같아 디스도 좀 하자면 후속작인 『타나토노트』에서 이세욱은 너무 나갔다. 전작에 쏟아진 갈채에 취해서인지 최대한 원작자의 그늘 밑에 숨어 모습을 드러내지 말아야 하는 번역자의 본분을 가끔씩 잊은 채, 현란한 문체를 뽐내며 번역자의 존재감을 과시한 것이다. 분명 프랑스 소설이고 프랑스 이름을 쓰는 주인공이 등장하는 소설에서 한국적인 표현들이 난무하는 장면에서는 쓴웃음을 짓지 않을 수 없었다.

베르베르의 소설은 분명 흥미 있는 주제를 많이 다루지만 기본적으로 통속소설이다. 특별히 해체주의니 구조주의니 하는 사상을 담고 있지는 않다. 이런 일반 소설을 번역하는 데에도 제대로 하려면 작가에게 직접 확인을 거쳐야 할 정도로 한국어와 불어의 문장구조는 서로 다르다. 그 이유 중의 하나는 앞서 말한 것처럼 불어라면 동사변화만으로 깔끔하게 끝나는 '시간 속에서 전개되고, 되풀이되며, 변화되는 모든 것을 표현'하기 위해 우리말에서는 다양한 품사와 문장들이 추가되어야 하기 때문이다. 아예 우리말에는 없는 뉘앙스나 감정들도 있다. 음식을 조리한 자리에서 바로 먹고 그릇을 치운 뒤에는 그 자리에 누워서 자도, 사는 데는 지장이 없을 것이다. 하지만 그 비싼 부동산 가격을 감수하면서까지 이 모든 행위를 수많은 다른 '방'에서 수행하는 데는 동물과는 다른 인간의 고양된 사고와 행동이 숨어 있다. 언어도 마찬가지이다. 유럽 언어의 동사변화 중에는 한국어로 번역이 어려운 게 아니라 한국인 혹은 동양인의 언어체계로는 그 미묘한 의미 차이를 이해할 수조차 없는 동사변화들도 있다.

한 유명 대학의 철학 교수가 번역한 하이데거를 한번 보자.

> 존재자에 대한 맞는 표상으로 참됨을 규정하는 것은 여전히 유효하고, 지금도 도처에서 매우 상이한 모습들로 나타납니다.

도대체 무슨 말일까?

물론 워낙에 심오한 사상이라 이해하기 어려운 것일 수도 있다. 서양철학의 존재론은 우리말에는 없는 be 동사를 근간으로 한다. 그리고 이 be 동사 역시 주어와 시제에 따라 현란하게 변화한다. 존재자란 무엇일까? 우리말로 하니 마치 절대자와 같은 묵직함으로 다가오지만 존재론에서 존재자는 그냥 'being'이다. 'A being'을 우리말로 존재자라고 번역을 하는 것이다. 위의 문장은 존재론에 대한 내용을 우리말로 쉽게 풀어쓰지 않고 직역에 가깝게 한 것이다. 사실 엄밀히 따지면 직역도 아니다. 존재자나 표상이라는 말 자체가 의역이기 때문이다. A being을 존재자로 표현한 것이나 존재론이라는 말 자체가 be 동사를 '존재'라고 의역한 것이다.

그렇다면 우리가 흔히 '존재하다'라고 번역하는 'exist'는 또 뭐란 말인가? 심오하게 들어가면 한도 끝도 없겠지만 exist 같은 do 동사는 무언가를 해야만 하는 것인데 반해 be 동사는 어떤 행위도 수반되지 않고 그냥 그대로 있는 것이다. Exist는 존재를 '하는' 것이라면 be는 이런 행위조차 하지 않고 그냥 있는 것이다. 이처럼 단순한 being을 존재자라고 번역하는 것은 '격렬하게 아무것도 하고 싶지 않다' 같은 개그식 표현이 되는 것이다. 존재론은 영어로는 Ontology라는 그리스어를 그대로 쓰며 이는 Nature of being에 대한 철학이다. Exist 동사를 쓰는 철학 사조는 존재론이 아닌 실존주의이다. Existentialism이라고 하는 실'존'주의에서 '존'은 타자와 구별되는 내가 사유하고 행동하는 근원, 즉 적극적인 존재인 Exist를 말한다. 그러니 소유냐 존재냐, 참을 수 없는 존재의 가벼움 등 우리에게도 친숙한 이 '존재'를 주제로 한 책들은 수없이 많지만 존재자니 존재론이라는 말 자체에서 벌써 원저자가 한 말의 의미를 반쯤 까먹고 들어간다.

"사느냐 죽느냐, 이것이 문제로다." 아마 한국에서 가장 유명한 오역이 아닐까 한다. 여기에서 사느냐 죽느냐는 잘 알려진 대로 To be or not to be이다. 존재론에 나오는 그 be 동사이다. '산다'나 '죽는다' 같은 행위를 내포하지 않는 동사이다. 최근 연세대학교 영문학과의 이상섭 교수는 셰익스피어 전집을 발간하면서 이 부분을 "존재냐 비존재냐, 이것이 문제로다"로 바꾸었다. 원뜻에 가까운 해석이지만 희곡이라는 장르를 생각하면 또 마냥 좋다고 할 수만도 없다. 영어에서 To be or not to be라고 말하면 being에 대한 고민의 뉘앙스가 그대로 살아서 전달되지만 한국어로 연극 중간에 '존재냐 비존재냐'라고 불쑥 던지면 그게 무슨 말인지 고개를 갸우뚱할 것이다. 어색함은 둘째치고 앞서 설명한 대로 영어의 being과 존재라는 우리말 사이에는 별로 공통점이 없다. 우리말의 존재는 '존재감을 과시하다'는 말처럼 존재를 적극적으로 '하는' 것이기 때문이다. 의역을 하면 오역이 되고 직역을 하면 무슨 말인지 모르게 된다.

튜닝의 끝은 순정이라는 말이 있지 않는가. 그래서 많은 학자들은 이렇게도 저렇게도 풀어 써보다가 결국에는 직역으로 가는 것이다.

의역을 하다 오역이 되면 그건 번역자의 잘못이지만 직역을 해서 의미가 안 통하면 언어상의 문제일 뿐이다. 하이데거를 부활시켜 한국어를 가르쳐놔도 자신이 쓴 책의 한국어 번역본을 읽어보라고 하면 무슨 말인지 고개만 갸우뚱거릴 것이다. 모국어를 비하하는 측면이 없지는 않지만 4K UHD로 찍은 화면을 옛날 TV에서 재생하다 보면 어쩔 수 없이 살리지 못하는 색감이 있게 마련이다.

이 실존주의니 구조주의니 하는 사상이 담긴 철학책이나 깊이 있는 문학 작품들을 번역하기 위해서는 단순히 회화만 잘해서는 안 된다. 해당 작가와 사조에 대한 완벽한 이해 없이 불어의 동사를 한국어의 부사나 형용사로 풀어 쓰다 보면 의미가 제대로 전달되지 않는다. 그렇기 때문에 까뮈의 책을 읽겠다면 역시 일면식도 없긴 하지만 고려대 불문학과 김화영 교수의 번역본을 추천한다. 평생 까뮈를 연구하신 분인 동시에 본인 스스로가 뛰어난 문장가이기 때문이다. 쇼팽의 연인으로도 알려진 조르주 상드를 읽고 싶다면 한국외국어대 이재희 교수의 글을 통해서 보아야 한다. 나는 젊은 시절 상드를 사랑했노라고 맑은 정신으로 말하는 분이기 때문이다.

세상에는 두 가지 언어가 있었다. 인간의 언어인 자연어와 신의 언어인 수학. 최근에 기계의 언어인 코딩이 덧붙여졌다. 영어를 쓰는 미국은 신의 언어와 기계의 언어를 쓰는 분야에서는 세계 최강국의 지위에 걸맞게 선두를 달린다. 반면 인간의 언어를 쓰는 분야인 사상계에서는 여전히 한물간 주인공인 유럽이 그 주도권을 내주지 않고 있다. 그 이유는 대륙의 언어가 영국으로 건너가고 다시 미국으로 넘어가면서 단순해졌기 때문이다. 영어의 동사변화는 그리스어나 라틴어, 불어에 비해 매우 단순하다. 이 땅의 모든 불어학도를 좌절케 한 접속법도 없고 대과거, 전과거, 반과거, 전미래, 단순미래, 어쩌고저쩌고 하는 변화무쌍한 시제변화도 없다. 영어의 12시제라고 하는 것은 과거, 현재, 미래와 각각 이에 해당하는 분사, 진행형, 분사의 진행형들을 모두 포함한 것이다. Aspect의 표현 방법도 분사형태와 진행형이 있을 뿐이다. 이 진행형은 라틴어 계열의 언어에서는 시제로 치지도 않는다. 진행형을 빼면 영어는 분사형을 포함하여 6시제에 불과하다.

영어의 시제가 불어나 라틴어와 달리 단순한 이유는 영어의 모태인 독일어의 시제와 연관이 있다. 켈트족이 자리 잡은 영국은 로마가 떠나자 앵글로색슨족에게 점령되었고, 켈트어를 쓰는 부족은 스코틀랜드와 웨일즈 등으로 밀려났다. 앵글로색슨족의 언어를 중심으로 켈트어의 단어들이 결합되어 독일어 계통의 고대 영어가 나오게 되었다. 이후 노르망디의 정복왕 윌리엄이 영국을 점령하면서 라틴어 계통의 노르망어를 들고 갔지만 이미 영국에는 독일어에서 나온 고대 영어가 자리를 잡고 있었고 노르망어는 영어의 어휘를 풍부하게 하는 데 그쳤다. 이 독일어는 불어, 이탈리아어 등 라틴어 계통의 언어에 비해 시제가 단순하다. 대과거, 전과거 등이 없고 현대 영어의 시제와 거의 같다. 반면 독일어는 불어에 비해 인칭과 성, 태를 나타내는 방법이 발달하여 고등학교 때 독일어를 배운 우리들의 머릿속에 주문과도 같이 남아 있는 '데어·데스·뎀·덴, 디·데어·데어·디' 같은 격변화가 그 특징이다. 독일어에서는 4격으로 끝나는 이 격변화는 러시아어로 가면 더 심해져 무려 6격을 외워야 한다.

반면 불어를 비롯한 라틴어 계통의 언어는 동사의 시제변화는 변화무쌍한 반면 이 격변화는 비교적 단순하다. 불어에도 독일어의 '데어·데스·뎀·덴'에 해당하는 '르·라·레, 몽·마·메, 똥·따·떼, 쏭·싸·쎄'라는 특유의 주문이 있지만 불어의 이 격변화는 인칭대명사에만 해당하고 일반 명사에는 해당되지 않는다. 그리고 독일어 명사에는 남성과 여성에 더해 중성까지 있지만 불어의 명사 격변화는 남성과 여성으로 독일어에 비하면 비교적 단순하다. 한국어는 동사 시제도 단순하지만 이 명사의 성도 없다. '그녀'라는 단어에 대해 아직까지 반감을 가진 국어학자들은 수시로 칼럼을 쓴다. 원래 한국어 명사에는 성이 없고 특히 이 그녀라는 말은 일본을 통해 들어온 표현이니 쓰면 안 된다고 말이다. '었었다'라는 대과거가 한국어 문법이냐는 논란과 함께 외국어 유입이 한국어 문법에 미치는 영향에 대한 대표적인 논쟁거리이다.

고대 영어에는 독일어와 같이 4격의 격변화가 있었으나 현대 영어로 오면서 이 격변화는 사라졌다. 라틴어와 같이 복잡한 시제는 원래도 없었지만 격변화까지 포기한 것이다. 복잡함을 버리고 단순함을 택한 현대의 영어는 대신 사고의 섬세함을 반대급부로 내주었다. 배우는 동안에는 사람을 미치게 만들지만 익히고 나면 동사의 어미변화 하나만으로 상황을 깔끔하게 정리하는 유럽의 문법에 반쯤은 결별을 고하고 동양의 언어와 유사하게 다양한 부연설명이 필요한 언어 체계로 들어간 것이다.

실생활에서는 잘 쓰지도 않는 동사변화, 그것도 시제 모두를 포기한 것도 아니고 일부를 간단하게 정리했다고 사상계의 주도권을 내준다고? 사실 선뜻 받아들이기 어려운 주장이다.

그렇다면 아래 예문을 한번 보자.

> That the Fifth Lateran Council (1512 – 1517), had it addressed the growing concerns of reformers within the Catholic Church rather than simply shoring up its own political prerogatives with respect to the monarchies of Western Europe, could have avoided the series of events that led to the Protestant Reformation, still causes regret among modern Western Christian thinkers.
> 출처: Magoosh GMAT Blog

이 예문은 GMAT의 Sentence Correction 파트의 샘플 문제이다. GMAT은 미국 경영대학원 진학시험이다. 일반대학원을 가기 위해서는 GRE, 법학대학원을 가기 위해서는 LSAT을 보아야 하고, MBA 과정에 들어가려면 GMAT을 보아야 한다.

Sentence Correction 파트의 문제는 한국 사람들이 혼동하기 쉬운 분야이다. 유학을 위해 보는 TOEFL의 Sentence Completion을 생각하고 풀면 답이 안 나오기 때문이다. 또는 정답이 두세 가지로 나오는 경우도 있다. 모두 문법적으로 맞는 말로 보이기 때문이다. 하지만 이 Sentence Correction에서 요구하는 것은 문법적인 정확성이 아니다. 문법적으로 맞는 답들 중에서 가장 문장이 명확하게 해석되는 것이 정답이다. 이 문제를 푸는 스킬 중의 하나는 문장을 만들어 해석해보는 것이다. 뜻이 하나 이상으로 해석되면 틀린 답이다. 오히려 문법적으로는 (한국인들에게) 어색해 보여도 뜻이 하나로만 해석되면 이게 정답이다. 이런 시험을 보는 이유는 비즈니스에서 업무 메일을 쓰거나 사업 관련 문서를 작성할 때 문법적으로 현란한 문장보다는 최대한 자의적 해석의 여지를 줄이는 깔끔한 문장을 쓰도록 훈련시키는 데에 있다.

이 Sentence Correction에서 가장 흔하게 나오는 문제 형태가 주어와 동사의 일치 여부이다. 예문에서처럼 문장이 길어지고 콤마와 접속사로 앞의 절을 받는 문장들이 많아지면, 단락 안에서 어느 동사가 어느 주어와 연결이 되는지 원어민도 헷갈리기 시작한다. 이때 문장의 구조상 뒤의 동사가 앞에 있는 복수의 주어 중 여기에 걸려도 말이 되고 저기에 걸려도 말이 되는 것으로 보이면 같은 글을 보고도 해석의 여지가 달라진다. 이게 중요한 사업상의 문서라면 다툼의 소지가 생기고 심하면 법적 소송으로까지 갈 수 있다. 그렇기 때문에 MBA 준비 과정에서부터 이런 해석의 여지를 남기지 않게 문장을 쓰는 훈련을 시킨다.

불어를 전공하고 미국에서 MBA 공부를 하려고 시험을 준비하던 내 입장에서는 피식 웃음이 나오는 대목이었다. 유럽의 언어라면 애초에 자의적 해석의 여지가 있을 수 없기 때문이다. 앞에 수많은 주어가 있는데 콤마로 나누어진 여러 동사들 사이에 have라는 조동사가 있고 앞부분에는 I라는 주어와 We라는 주어가 있다고 쳐보자. 이 have 조동사는 I에 걸리는가 아니면 We에 걸리겠는가? 이 경우 문맥을 주의 깊게 살펴보거나 전체 문장을 다 읽고 판단할 수밖에 없을 때가 많다. 그런데 이 문맥이라는 게 주관적인 해석이고 문'법'적으로 둘 다 말이 되는 경우라면 어느 한 편에서 자기한테 유리하게 주장을 할 수도 있다. 충분히 있을 수 있는 상황이다. 특히나 돈이, 매우 큰 돈이 오고가는 상황이라면 말이다.

그래서 GMAT의 Sentence Correction은 이럴 경우 차라리 문장이 어색하게 보이더라도 앞부분에서 문장을 명확하게 끊고 단문의 형태로 쓰라고 가르친다. 다른 해석의 여지 자체를 없애는 것이다. 그런데 단문 여러 개를 쓰건 복문을 구사하건 그건 쓰는 사람의 스타일이지만, 적어도 불어에서는 GMAT와 같은 이유로 문장을 끊어 쓰라고 가르치지는 않는다. 헷갈릴 여지가 전혀 없기 때문이다.

앞서 말한 영어의 경우 have가 나오면 주어 I에도, We에도 혹은 They에도 걸릴 수가 있다. 문장이 복잡할수록 헷갈릴 것이다. 불어는 전혀 그렇지가 않다. Have에 해당하는 불어의 조동사는 Avoir이다. 이 Avoir가 I에 해당하는 주어 Je에는 ai로 We에 해당하는 Nous가 주어일 때는 avons으로 They에 해당하는 Ils이 주어일 경우에는 ont으로 동사변화를 한다. 헷갈릴 이유가 전혀 없고 이 따위 문제로 변호사가 출동해서 시간당 1,000달러를 청구할 일은 애초에 일어나지를 않는다.

시제가 과거로 가면 더 복잡해진다. 영어의 have 동사는 현재시제에서는 그마나 선조인 유럽 언어의 틀에서 완전히 벗어나지는 않고 have와 has 두 가지로 변하는 성의 정도는 보이지만, 과거 시제에서는 모두 had라는 동일한 형태로 동사변화를 한다. 그럼 불어의 경우는? Avoir라는 조동사는 과거시제 역시 모두 주어에 따라 Je와 Tu에서는 avais, Il과 Elle에서는 avait, Nous에서는 avions, Vous에서는 avies, Ils에서는 avaient로 동사변화를 한다. 이는 아까 말한 불어의 수많은 과거시제 중 반과거에 해당하는 동사변화일 뿐이고 시제별로 다 다른 형태로 변화한다. 불어에는 14개의 시제와 6개의 인칭이 있으니 기본적으로 84개의 동사변화를 외워야 영어의 have에 해당하는 avoir 동사를 자유자재로 구사할 수 있다.

유럽 언어에서는 우주의 이치를 깨달은 철학자가 끝도 없이 생각의 타래를 풀어나가며 글을 써도 이런 이유로 문장이 헷갈릴 위험은 전혀 없다. 아무리 생각을 끊지 않고 길게 늘리고 늘려도 동사 하나 하나마다 논란의 여지 없이 그 주인을 찾아줄 수 있기 때문이다. 반면 영어는 간결함을 얻은 대신 이 명확성을 버려야 했다. 그렇기 때문에 학생들에게 문장을 복잡하게 쓰지 말라고 가르쳐야 했고 돈이 오고가는 비즈니스 문서에서는 어색함을 감수하더라도 문장을 딱딱 끊어서 쓰라고 가르친다. 일단 마침표를 찍는 순간 뒤 문장에 나오는 동사는 앞 문장에 있는 주어에게로 결코 돌아올 수 없는 다리를 건넌 것이기 때문이다.

유럽의 언어가 동양의 언어, 심지어는 그 후손인 영어에 비해서도 학문적, 사상적 언어로서 우위를 갖는 이유는 바로 여기에 있다. 먼저 고등학교 교실에서 우리를 질리게 만든 세밀한 동사변화를 보자. 동사는 시간의 흐름뿐만 아니라 동작의 전개와 변화, 그리고 화자의 의지와 감정까지 모두 담아 변화를 한다. 의지와 감정을 담기 위해 '꼭'이나 '혹시' 같은 말을 덧붙여 쓸 필요도 없다. 동사가 직설법인지 조건법인지만 보면 된다. 그 변화 자체에 '꼭'이나 '혹시'에 해당하는 화자의 감정이나 의지가 담겨 있다. 스승님의 큰 뜻을 헤아리기 위해 10년에 걸쳐 묵묵히 계단을 쓸면서 침묵의 의미를 되새길 필요도 없다. 스승님이 다 알아듣기 쉽게 동사변화 하나로 느낌과 감정까지 담아 설명을 해주기 때문이다. 말하는 사람도, 듣는 사람도 데데하게 느껴지는 구차한 수식어는 필요 없다. 무협지에서 스승님이 설명을 안 해주시는 이유는 스스로 깨닫는 것이 도에 이르는 첩경이라서가 아니라 동양 언어로는 말이 중언부언 길어지기 때문이다. 또 형이상학적인 주제를 이래저래 여러 종속절을 덧붙여 부연설명하다 보면 해석의 여지가 생기고 머리 굵은 제자 놈이 '스승님 근데 말입니다' 이러면서 말꼬리를 잡는 것이 귀찮아서 안 하는 것뿐이다.

한 집단이 혹은 한 개인이 사용하는 언어가 그 사고를 결정하는 것일까? 아니면 언어와 사고는 서로 영향을 주고받으며 나무를 타고 올라가는 덩굴처럼 함께 발전하는 것일까? 당연히 후자처럼 들릴지 모르나 이는 언어학에서도 오래된 논쟁거리이다. 전자는 '언어결정론', 후자는 '언어상대성'으로 불리며 20세기 내내 인류학자까지 가세해 언어학과 인류학의 공통된 관심 분야로 내려오고 있다. 이 인류학자와 언어학자의 콜라보 중 가장 유명한 작품은 인류학자 에드워드 사피어와 언어학자 벤저민 리 워프가 크로스하여 만들어낸 '사피어·워프 가설'이다. 이 사피어·워프 가설이란 인간이 쓰는 언어의 문법은 그 사용자가 세상을 보는 시각과 행동에 영향을 준다는 것이다. 바꿔 말하면 언어가 사고를 결정한다는 언어결정론적인 시각이고 워프는 이 결과를 아메리칸 인디언의 언어와 유럽 언어의 시제를 비교하며 도출해냈다. 동양에서 건너간 아메리칸 인디언, 특히 워프의 연구 대상이었던 호피족 언어에는 과거시제가 존재하지 않는다.

유럽의 언어가 종이에 인쇄된 책으로 만들어져 대량 유통되는 순간, 그 형이상학적 우위가 빛을 발하기 시작했다. 동양의 언어에 비해 보다 간결한 형태로 명확한 뜻을 전할 수 있기 때문이다. 서로 다른 언어로 글을 썼을 때 같은 분량의 종이에 담긴 인간 사상의 크기가 같을 수가 없었다. 만 권의 책이 세상에 전해졌을 때 책 속에 담겨 세상에 퍼진 지식의 크기에서 동양과 서양은 차이가 날 수밖에 없었다. 다음 장에서 상세히 설명하겠지만 구텐베르크의 금속활자는 중국의 목판인쇄술에 비해서 최소 여덟 배에서 수십 배의 생산성 차이를 보였다. 같은 공간에 담기는 인간 사상의 크기와 정교함에도 차이가 나는데 그 공간 자체도 엄청난 격차를 보이기 시작한 것이다. 그리고 무엇보다 그 책 속에 담긴 인간의 생각에 대한 해석이 명료했다.

인쇄술이 상용화되기 전까지는 이 유럽 언어의 복잡다단한 명료성은 고대 그리스 광장에서 토론을 하고 로마의 법률을 명쾌하게 만드는 데는 도움이 되었을지 모르지만 과학기술을 널리 전파하는 데는 이르지 못했다. 시공간을 넘나드는 협업을 하기에는 양피지에 필사한 책이라고 하는 그 대역폭이 좁았기 때문이다. 구텐베르크의 인쇄술이 나오기 전의 책은 현대로 치면 전화선을 이용하는 인터넷과 같았다. 쓰긴 쓰지만 자주 끊겼고 내가 원하는 정보를 원하는 시간에 원하는 양만큼 받을 수도 보낼 수도 없었다. 인쇄술의 혁명은 이 전화선 인터넷 같았던 책을 초고속 광대역 인터넷으로 만들었다. 원하는 정보를 언제든지 접할 수도 보낼 수도 있게 된 것이다. 그러자 인간의 세밀한 감정을 섬세하게, 그리고 명확하게 담아낼 수 있는 유럽의 언어가 이 정보혁명에 촉매제 역할을 했다.

무엇보다 당시 유럽인들이 이를 너무도 잘 알았다. 그렇기에 16세기에 책이 흔해지자마자 유럽 각지에 등장한 것이 그 이름도 무시무시한 '문법학교'들이다. 우리가 그렇게 중고등학교 시절에 진절머리를 치던 문법, 그 문법만을 가르치는 학교들이 인쇄술의 혁명과 함께 유럽 전역에 들어서기 시작했다.

> '사다'라는 의미의 동사에 중간태를 쓰면 무엇을 사서 결국 내가 가졌다는 것을 의미합니다. '사랑하다'라는 동사에 중간태를 쓰면 무엇인가를 사랑해서 그것이 나에게 영향을 미쳤다는 뜻이 됩니다.
>
> – 한강, 『희랍어 시간』, 문학동네, 2011

2

유럽의 문법학교

대학에 가고 싶다고? 문법부터 다시 배우고 와라

한강이 『희랍어 시간』에서 그리스어 맛보기를 선보였다면 한동일 교수는 『라틴어 수업』에서 라틴어 맛보기를 보여준다. 가톨릭 사제인 한 교수는 이탈리아로 유학을 갔는데 대개의 신부님들이 가는 신학 코스가 아니라 법대로 진학해 사제로서의 지적 호기심이나 참고 수준의 공부를 넘어 라틴어를 처음부터 배워 정식으로 이탈리아의 법학 박사학위를 받고 변호사 자격증까지 취득하신, 그러니까 한마디로 대단한 분이시다.

지금은 연세대 법학대학원에서 강의하시는 이 분이 서강대에서 교양 수업으로 라틴어를 가르치던 시절의 강의록을 모아 출판한 책이 이 『라틴어 수업』이다. 우리가 굳이 라틴어를 동사변화부터 다 배울 필요는 없으니 '라틴어란 이런 것이구나'라는 정도의 흥미를 일깨우기 위해서나 좋은 책을 읽을 때 뇌의 앞부분이 쫄깃쫄깃해지는 느낌의 지적 포만감을 원한다면 읽어볼 만하다.

그런데 옥의 티랄까, 이 책에서 한 교수는 유럽의 라틴어 교육에 대해 이런 해석을 내렸다. 유럽에서 어린 청소년들에게 이 어려운 라틴어를 가르치는 것은 대학에서 어려운 학문을 공부하기 전에 미리 공부하는 훈련을 시키기 위해서라고 말이다. 어렵고 쓸데도 없는 라틴어 문법들을 억지로라도 배워 놓으면 공부하는 습관이 몸에 배어서 대학에서 학문을 익히는 데 도움이 된다는 논리이다. 고승을 찾아간 수행자가 먼저 묵묵히 계단부터 쓸면서 도를 익히는 데 필요한 인내심을 수행했다는 차원의 해석인 것이다.

안타깝게도 그건 사실이 아니다. 몇몇 학교의 교장 선생님이 본인의 교육철학대로 그렇게 아이들을 훈육했다면 모를까(그 교장 선생님이 신부님이라면 더욱 말이 될 것 같긴 하다). 프랑스, 독일, 영국, 스페인, 핀란드, 스웨덴까지 유럽의 모든 나라들이 수백 년 세월 동안 단지 공부하는 자세를 심어주기 위해 10대 청소년들을 수년간 학교에 잡아두고 배우기 어려운데 쓸데는 없는 라틴어를 주야장천 가르치지는 않았다. 당시 중등학교에서 라틴어 수업 비율은 30~40%에 달했다. 공부하는 습관을 심어주기 위해서 가르쳤다고 하기엔 조금 도가 지나치다고 생각되지 않는가? 근대 유럽에서 10대 청소년들에게 라틴어를 가르친 이유는 앞서 말한 것처럼 인간의 복잡다단한 사상을 최대한 섬세하게 표현하면서도 오해의 소지가 없이 간결하고 명확하게 그 뜻이 전달되는 언어가 라틴어이기 때문이었다.

문법학교, 그러니까 Grammar School은 영국에서 쓰인 표현이다.

해로우, 이튼 등 영국의 귀족 학교, 역대 왕자들이 다녔다는 전통 있는 명문 학교들이 바로 초기 문법학교 중의 하나이다. 독일에서는 우리에게도 친숙한 명칭인 김나지움Gymnasium이라고 불렸고, 프랑스에는 리세Lycee라는 라틴어 학교가 있었다. 특히 실생활에서도 라틴어 계통의 불어를 쓰던 프랑스에 비해 영국의 문법학교나 독일의 김나지움이 더 번성했는데, 독일어 계통의 언어를 쓰던 이들 국가에서 학문을 위한 언어로 라틴어를 더 자세히 더 오래 가르쳐야 하는 필요성이 컸기 때문이다. 러시아에서도 표트르 대제의 딸인 엘리자베타 여제 시절인 18세기 중반, 뒤늦게 러시아 최초의 대학인 모스크바 대학과 산하의 문법학교가 설립되었다. 김나지야라고 불리는 이 러시아 문법학교 출신 중 가장 유명한 사람은 볼셰비키 혁명을 주도한 블라디미르 레닌일 것이다. 장학관이었던 레닌의 아버지는 아들을 대학에 보내기 위해 7살 때부터 가정교사를 붙여 김나지야 입학 시험 준비를 시켰다. 2년간의 혹독한 입시 준비를 거쳐 9살에 김나지야에 합격한 레닌은 여기에서 배운 라틴어와 그리스 고전을 평생 써먹는다. 김나지야 출신의 혁명가는 연설이나 저술에서 러시아 민중들은 들어본 적도 없는 그리스 로마 사상가들을 수시로 인용했다. 레닌의 전기를 쓴 로버트 서비스는 평생 단어의 의미를 꼼꼼히 따지는 레닌의 성향이 김나지야에서 수년간 라틴어 동사변화를 익히면서 생긴 버릇이라고 평했다. 레닌이 다니던 시절의 러시아 김나지야에서는 1학년 때부터 주당 28시간의 수업 중 8시간을 라틴어 시간으로 편성했다. 3학년부터는 그리스어가 추가되었고, 6학년부터는 전체 수업 시간 중 절반을 라틴어와 그리스어에 할당했다.

그렇다면 학자가 되지 않을 사람도 이 어려운 라틴어를 배웠을까? 그렇지 않았다. 이 라틴어 계통의 불어, 이탈리아어 등에서 나타나는 이 복잡한 동사변화와 문법들은 철저하게 '문어'를 위한 것이었다. 한국어에도 구어와 문어는 존재한다. 하지만 한국어에서 구어와 문어는 문법상의 차이보다는 표현법과 단어 선택의 문제다. 중고등학교 국어 시간에 학문을 위해, 대학에서 배울 공부와 논문 쓰기 연습의 일환으로 평소에는 쓰지 않는 한국어 문법을 배운 기억이 있는가? 반면 유럽 언어에서 구어와 문어의 차이는 철저하게 문법에 있다. 앞서 말한 불어의 수많은 시제와 접속법, 조건법 등을 보자. 일부 용법을 제외하면 조건법과 접속법은 말하기를 위한 문법이 아니라 글쓰기를 위한 문법이다. 실제 불어로 대화할 때 접속법 반과거 같은 시제 변화는 잘 쓰지 않는다. 쓴다면 웃기려고 하거나 (타이밍을 매우 잘 잡아야 할 것이다) 정말 너무너무 심각한 상황일 것이다.

접속법 반과거. 불어를 배우는 사람에게는 아인슈타인의 상대성 이론과도 같은 묵직함이 담겨 있는 문법이다. 불어에서 직설법은 일반적인 상황에서, 조건법은 If~ 구문만이 아니라 공손하게 무언가를 부탁하거나 자신의 생각을 제안할 때 혹은 무언가를 하고 싶다는 자신의 욕구를 완곡하게 표현할 때 사용한다. 즉, 공손함이나 완곡함을 나타내는 부사가 없어도 동사변화만으로 의미가 전달된다. 접속법은 주관적인 감정이나 의지를 나타내는 점은 가정법과 같은데 용법이 아주아주 미묘하게 다르다. 머리로 느껴지는 것은 가정법, 가슴으로 느껴지는 것은 접속법이라고 참신하게 구분한 문법책도 있지만 보통 희망, 주관적인 견해 등은 접속법으로 쓴다고 나온다. 그런데 어떤 경우에 조건법, 어떤 경우에 접속법을 쓰는지 외국인으로서 용법을 완벽하게 구분하는 것은 불가능에 가깝다. 뉘앙스의 차이가 가슴으로 느껴져야 하는데 우리말에서는 그 뉘앙스가 구분이 안 되기 때문이다. 접속법이 쓰이는 상황 자체를 이해하기도 힘든데 접속법의 과거시제—접속법 단순과거, 접속법 반과거, 접속법 대과거—가 쓰이는 각각의 상황까지 동양인이 이해하기는 거의 불가능하다. 그런데 접속법은 현대 불어에서는 점점 사라져가는 문법이다. 구어에서는 거의 쓰이지 않기 때문이다. 흔히 프랑스 한림원으로도 번역되는 프랑스 아카데미Academy Francaise는 프랑스의 문화와 가치관을 보존해 미래에 전수하기 위한 기관이다. 여기에서 심혈을 기울이는 사업 중의 하나가 바로 접속법의 보존이다. 접속법으로 글을 쓰고 대화를 하는 클럽을 운영하기도 한다. 접속법이 현대 구어에서 사라져가고 있다는 반증임과 동시에 프랑스인들이 불어의 가장 중요한 특징으로 접속법을 생각하고 있다는 것을 보여준다(물론 스페인어, 이탈리아어 등 같은 계통의 유럽 언어에도 당연히 접속법이 있다).

접속법이 제대로 구사하기 얼마나 힘든 문법인지는 몰리에르의 희곡에도 나타난다. 한 등장인물이 대화 중 접속법 반과거를 구사하자 상대방이 '아 접속법 반과거를 쓰시는군요. 공부 좀 한 티를 내고 싶으신가 보군요' 이런 식으로 받아치는 장면이 나온다. 대화 중에 접속법 반과거를 쓰는 상대방을 비꼼과 동시에 자신도 그 동사변화를 알아들었다고 과시하는 것이다. 대학 시절 파리에서 몰리에르의 연극을 보러 갔다가 말 그대로 멘붕에 빠진 기억이 있다. 한마디도 제대로 알아듣지 못했다. 몰리에르의 희곡은 불어의 다양한 동사변화를 현란하게 구사하는 언어유희다. 한국어로는 번역 자체가 불가능한 언어유희기도 하지만 글로 읽으면서도 동사변화에 담긴 의미의 차이를 곰곰이 생각해야만 되는 외국인에게 연극배우들이 주고받는 동사변화가 귀에 들어오지 않는 것은 당연했다.

불어를 포함한 유럽 언어들의 복잡다단한 문법들은 대개 '문어체'에서 혹은 심각한 학문 토론에서 인간의 생각을 세밀하게 표현하기 위해 고안된 것일 뿐, 실제 일상생활에서는 그 맥락에 따라 단순하게 표현한다. 그러니까 아들이 '엄마 밥 줘'라고 할 때, 구어에서는 정확히 언제 달라는 것인지 그 시제를 고민할 필요가 전혀 없는 것이다.

구어와 완전히 다른 문어의 문법. 이것이 유럽에서 초등교육을 마친 어린아이들을 문법학교에 집어넣어 수년간 '문법'만 죽기 살기로 교육시키는 이유이다. 중세 유럽의 대학에서 가르치는 학문은 철학, 신학, 문학이었고 실용 학문으로 추가된 것은 법학과 의학 정도였다. 애견미용과와 경호학과가 '대학'의 전공으로 존재하는 21세기 한국의 대학과는 확연히 다른 양상이다. 시간이 지나면서 호칭도 인플레가 생기듯 (영어의 Sir는 원래 기사에게만 붙이는 존칭인데 지금은 웬만한 성인 남자는 다 Sir라고 부른다) 교육기관의 명칭에도 인플레가 생겨 과거의 직업학교들도 다 '대학'이라는 명칭의 교육시스템에 편제된 것이다. 반면 중세의 대학은 정말 순수한 '학문'을 연마하고 연구하는 곳이었고 학문을 배우기 위해서는 구어와는 완전히 다른 문어의 문법을 미리 익히고 들어가야 했다. 고등학교에서 기초 수학을 미리 배워야 공과대학 전공 수업을 따라갈 수 있는 것과 같다. 요즘 대학 신입생들의 수학 실력이 부족해 전공 수업을 듣기 위해 수학 보충 수업을 한다는 기사를 본 적이 있을 것이다. 중세로 치면 요즘 대학 신입생들의 라틴어 실력이 부족해 문학이나 신학 수업을 하기 전에 문법 보충 수업을 한다는 말이 된다.

예전의 정권에서 정책적으로 실업계 고등학교들을 마이스터고로 지정하고 육성한 적이 있다. 마이스터고는 독일의 마이스터 제도를 본뜬 것으로 유럽의 직업교육을 벤치마킹한 것이다. 유럽에서는 초등학교 과정을 마치고 대개 인문계와 실업계로 나뉜다. 마이스터의 본고장인 독일에서 초등학교는 4학년까지만 있다. 그리고 초등학교 4학년 1학기가 끝난 후 진로를 결정하는데, 대학에 갈 학생은 이때 김나지움을 선택한다. 과거 문법학교였던 독일의 김나지움은 여전히 대학 공부를 준비하는 인문계 중고등학교로서 기능한다. 반면 김나지움에 가지 않는 학생들은 교사의 권고에 따라 중간급 기술자Engineer를 키워내는 레알슐레 또는 사회의 대다수인 하급 기술자Technician를 양성하는 하우프트슐레로 나뉘어 가게 된다. 대략 20% 미만의 학생들이 머리 역할을 하는 김나지움에 가고 허리 계급인 레알슐레 역시 10% 미만이다. 70% 이상의 학생들은 사회의 손발이 되는 하우프트슐레에 가게 된다.

이렇게 한 인간의 미래를 겨우 10살 남짓한 때에 미리 결정해버리는 것은 매우 잔혹하고 불합리해 보인다. 10살 때 공부 좀 안 했다고 20살 때 안 한다는 법은 없지 않는가. 얼마든지 더 훌륭한 인재가 될 수도 있는데 말이다. 하지만 대학교육이 시작된 당시의 유럽 상황으로는 어쩔 수 없었다. 수년에 걸친 선행학습으로 익힌 라틴어 문법은, 앞서 말했듯이 대학에서 학문을 연마하는 데 말고는 실생활에서 도

통 쓰일 데가 없었다. 그래서 어쩔 수 없이 미리 대학에 갈 아이와 기술을 배울 아이를 구분해서 빵을 굽거나 물레방아를 고치며 평생 살아갈 아이가 신부님에게 손등을 맞아가며 라틴어 시제를 외우느라 10대를 홀랑 보내지 않게 한 것이다.

그러니 대학에서 학문을 연마하기 위해 문어의 문법을 배울 필요도 없고, 또 대학의 태반이, 아니 대부분이 문학과 신학, 철학이 아닌 실용기술을 가르치는 21세기의 대한민국에서 10대 중반부터 직업교육을 위해 마이스터고를 만든 것은 번지수가 잘못되어도 한참 잘못되었다. 유럽의 직업학교와 도제교육은 특정 분야나 기술에 대한 아이의 적성을 최대한 빨리 찾아주기 위해서가 아니라 대학진학을 위해 문법학교에 갈 아이들을 미리 추려내고 남은, 선택의 여지가 없는 아이들에게 먹고살 기술을 가르치기 위해 나온 것이다. 그리고 무엇보다 유럽에서도 그 추세가 바뀌고 있다. 근대의 문법학교에서부터 내려온 김나지움과 리세의 전통은 살아 있지만 유럽의 학교에서도 더 이상 대학을 가기 위해 라틴어 시제를 수년간 달달 외워야 할 필요성이 사라졌다. 중세 '대학'에서 가르치던 '학문'은 문학과 신학, 역사학과 철학이었으며 이후에 의학과 법학이 추가되었다. 이들 과목을 전공하려면 요즘에도 라틴어가 필수이다. 유럽의 로스쿨은 입학 시험에서 대부분 라틴어를 필수과목으로 지정한다. 한동일 교수는『법으로 읽는 유럽사』에서 대부분의 유럽 국가들은 용어의 개념적 혼동을 피하기 위해 법률 용어들은 대개 자국어로 옮기지 않고 라틴어 단어를 그대로 쓴다고 밝힌 바 있다.

하지만 이후에 추가된 경제학이나 공학, 신문방송학 등을 공부하기 위해 라틴어를 선행 학습할 필요성은 없어졌다. 독일에서 김나지움에 들어가는 아이들의 비율은 여전히 20% 미만이지만 대학에 들어가는 비율은 25%에 달한다. 레알슐레 과정을 마치고 대학에 들어가는 학생들의 수가 늘고 있기 때문이다.

3

인구폭발과 함께 시작된 경제발전

인류 역사에서 이례적인 마지막 100년

20세기는 어느 면에서 보나 이전 세기들과는 판이하게 달랐다. 두 번의 세계대전은 인류 역사상 늘 있어온 전쟁이 좀 큰 규모로 일어난 것으로 볼 수도 있지만, 늘 있어온 전쟁을 '세계'적으로 해야 할 필요성이 생겼고 또 그게 가능했다는 점이 핵심적인 차이다. 지구 반대편에 있는 국가 간에도 이해가 상충될 정도로 세계는 가까워졌고 무엇보다 바다와 대륙을 건너 장기간에 걸쳐 전쟁을 벌일 만큼 과학기술이 발전한 것이다.

중세 초인 십자군전쟁 당시 유럽의 생활상이나 중세 말인 백년전쟁 당시 유럽의 생활상에는 아무런 변화가 없었다. 수공예업자인 아버지는 할아버지로부터 물려받은 기술과 장비로 아들을 가르쳤고 그 아들의 손자, 또 그 손자의 손자도 동일한 기술과 장비를 전수받아 생계를 이어갔다. 가정도 마찬가지이다. 어머니가 할머니로부터 물려받은 살림살이와 가재도구는 그 딸에게, 또 손녀에게 이어졌고 수백 년에 이르도록 생활방식은 변하지 않았다. 서기 476년에 로마가 멸망한 이후로 산업기술과 생활양식은 오히려 퇴보했다.

이는 지난 1,000년간 유럽과 중국의 1인당 GDP 증가를 추산해본 그래프에서 명확히 드러난다. 첫 500년간은 1인당 GDP에 아무런 변화 없이 수평선을 유지한 채 흘러간다. 미약하게나마 유럽의 1인당 GDP가 움직이기 시작한 것은 16세기, 즉 르네상스 시대에 들어와서다. 이후 조금씩 상향 곡선을 그리던 유럽의 GDP는 산업혁명이 한창이던 1800년대가 되자 당시까지 중세 시대의 경제발전상을 유지하던 중국과 격차가 벌어지기 시작했고, 2차 산업혁명이 시작되는 1900년

유럽과 중국 GDP 추이

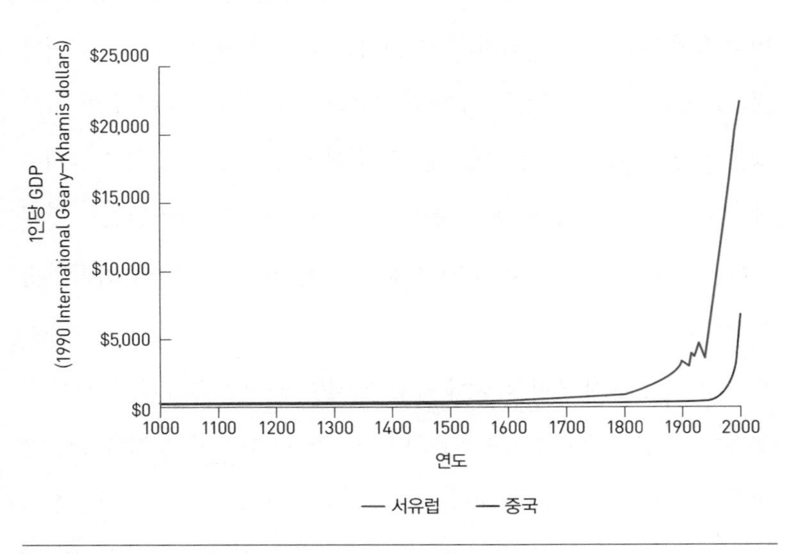

출처: Angus Maddison

대 무렵이면 이미 그 차이는 따라잡을 수 없게 된다. 20세기 중반에 들어서면 중세 시대에는 거의 수평선이던 1인당 GDP 증가율이 거의 수직에 가깝게 치솟는다. 지금 인류가 누리는 대부분의 과학기술은 20세기에 발명되거나 상용화된 것들이다. 컴퓨터와 통신, 전자제품과 기계 장치들 거의 대부분은 20세기 초반에 실체를 드러내기 시작했다. 그리고 20세기가 특별한 세기가 된 데는 17세기부터 시작된 과학의 발전과 산업혁명이 결정적인 역할을 했다.

과학의 역사를 따지고 들자면 사실 우리가 사는 지구와 저 멀리 보이는 우주, 그리고 우리 자신의 몸에 대한 호기심은 선사 시대부터 있어왔을 것이다. 기원전의 문헌에 이에 대한 근원적인 질문이 기록되어 있다. 중국의 경우 기원 수세기 전인 황하문명 시대에 우주와 만물의 원리를 음양과 괘로 설명하는 주역이 성립되었다. 비슷한 시기 그리스의 철학자들은 만물의 근원에 대해 고민하기 시작했고, 만물의 근원이 물이라는 사람(탈레스, B.C 624~546)들과 불로 이루어졌다는 사람(헤라클레이토스, B.C 540~480)들이 서로 싸우기 시작했다. 이 물불을 가리지 않는 논쟁은 약 100여 년 후 시칠리아에서 태어난 엠페도클레스(B.C 490~430)가 4원소설(만물은 물, 불, 공기, 흙 네 가지 원소로 이루어졌다는 학설)을 주장하며 물불 양 진영을 화해시키는 동시에 자신의 주장을 슬그머니 끼워 넣어 후세에 이름을 남겼다.

사실 만물의 근원이 물이냐 불이냐 하는, 얼핏 들으면 지극히 초딩스러운 논쟁은 자연과학이라기보다는 세계의 근본에 대한 철학적인 사고의 소산이었다. 만물이 물이라고 주장한 탈레스는 실제 우리가 상상하듯 팔짱을 끼고 공상만 하는 철학자가 아니라, 일식을 예측하고 그림자를 보고 피라미드의 높이를 측정한 수학자였다. 만물의 근원이 물이라는 탈레스의 주장은 우주만물의 근원은 그 형태가 없이 무한한 것이라는 철학적인 담론이다.

헤라클레이토스의 '만물의 근원은 불이다'라는 말도 세계가 물리적인 의미에서 불이라는 말이 아니다. 헤라클레이토스는 세상은 끝없이 변하는 불과 같다고 보았다. 후대의 역사학자 아널드 토인비가 '역사는 도전과 응전의 연속'이고 문명은 도전과 이에 대한 성공적인 응전을 통해 발전한다고 보았듯이 헤라클레이토스는 토인비보다 2,500년 앞서 세상이 변하는 이유는 서로 대립하는 사람들 간의 투쟁의 결과 때문이고, 따라서 세상은 끊임없이 변하는 불과 같다고 보았던 것이다. 만물의 근원은 불이라는 주장 역시 물리학적인 주장이 아니라 철학자의 세계관을 표현하는 것이었다. 그리스 철학과 주역에서 드러나듯 이처럼 고대에 철학과 자연과학은 별개가 아닌 한 몸으로 이루어져 1,000년을 흘러왔다.

세상 모든 학문에는 그 뿌리가 되는 학문이 있다. 비교적 최근에 탄생한 경영학의 경우 재무이론은 경제학, 특히 거시경제학에 기원을 두며, 마케팅은 미시경제학과 통계학, 심리학이 합쳐진 학문이다. 조직론은 사회학에 그 뿌리를 두고 있고, 최근 등장한 금융공학은 수학, 더 나아가서는 물리학적 원리에서 비롯된 분야이다. 이 많은 경영학 세부 분야의 모체가 되는 경제학 역시 19세기까지는 독자적인 분야가 아닌 정치경제학으로 불리며 정치와 행정을 아우르는 분야였다. 물리학과 화학이 분리된 것도 비교적 최근인 18세기부터이며 르네상스 시대에 접어드는 15~16세기까지도 물리학과 수학, 철학을 분리하는 것은 힘든 일이었다. 탈레스처럼 철학자가 같은 사고의 틀로 수학도 물리학도 연구했던 것이다.

자연과학이 철학으로부터 독립해 독자적인 영역을 구축하기 시작한 것은 르네상스 시절인 16세기 이후부터다. 이전까지의 과학은 철학과 마찬가지로 관찰과 사유로 이루어졌다. 누가 더 세밀하게 관찰하고 심각하게 고민했느냐가 아리스토텔레스 같은 대철학자와 수많은 아류 철학자들의 차이를 가져왔다. 이에 반해 자연과학은 르네상스를 거치면서 관찰과 사유라는 철학의 방법론에 결별을 고하고 실험을 통한 검증과 수학적 논리(날아가는 화살은 결코 날지 않는다는 제논의 역설 같은 언어적 논리가 아닌)를 새로운 방법론으로 채택하여 마침내 고대의 철학에서 갈라져 나왔다.

이렇게 물리학과 철학은 한 뿌리에서 나왔지만 이제는 돌아갈 수 없는 강을 건넌 것으로 보인다. 독일의 역사학자 알렉산더 데만트는 『시간의 탄생』 서두에서 '시간이란 무엇인가'에 대한 다양한 견해를 다음과 같이 소개했다.

> 플라톤은 '움직이지 않는 영원 속에서 끊임없이 움직이는 이미지'라고 정의했고, 피타고라스는 '시간은 하늘의 영혼'이라고 했다. 쇼펜하우어는 '시간이란 하찮은 물질 존재와 우리 자신에게 일정한 기간의 실재성을 부여하는 척하는 우리 뇌의 발명품'이라는 기나긴 설명을 달았는데, 정작 아인슈타인은 이 철학계의 해묵은 화두에 대해 '시간은 시계를 보면 나오는 것'이라고 퉁명스럽게 한마디 던지고는 하던 일을 마저 하기 시작했다.

Science to Technology

17세기 이후 과학은 갑자기 폭발적으로 발전해 수많은 발견과 발명을 낳았고, 축적된 과학 지식이 실제 생활에서 활용할 수 있는 기술로 변모하면서 20세기를 아주 특별한 세기로 만들었다. 그렇다면 왜 수천 년간 잠잠하던 과학기술이 17세기부터 발전하기 시작했을까?

역사학자들은 그리스 이래 과학에 대한 인류의 발견이 쌓이고 쌓여 근대에 그 결과물이 나온 것이라고 주장한다. 그렇다면 로마가 사라진 서기 500년부터 1500년까지 1,000년 동안은 아무 일 없이 흘러온 기술 발전이 왜 하필 17세기부터 재개되었을까? 이 의문에 대해서는 로마 이후 중세 암흑기, 르네상스의 도래, 해외 식민지 개척으로 쌓은 막대한 부, 로마라는 절대 강자가 사라진 후 군소 군주들끼리 벌인 치열한 경쟁과 전쟁 등을 이유로 꼽는다.

뭐 다 맞는 얘기고 그럴듯한 얘기이기도 하다. 로마가 멸망하고 암흑기가 도래한 것은 사실이니까. 그렇다면 그 암흑기가 왜 더 지속되지 않고 16세기에 끝났을까? 왜 18세기, 20세기까지 지속되지 않았으며 하필 딱 그 시기에 르네상스가 시작되며 과학기술의 발전이 재개되었을까? 18세기 산업혁명이 그 전 세대부터 식민지에서 들어온 부로 가능했다면, 왜 그때 유럽의 식민지배가 시작되었을까? 왜 유럽보다 강대했던 중국이 아닌 중세 암흑기를 보낸 유럽이 16세기부터 전 세계를 지배하며 산업혁명에 필요한 부를 수탈하기 시작했을까?

이 질문에 답하기 전에 통계적인 측면에서 앞선 그래프와 비슷하지만 조금은 다른 그래프를 하나 보기로 하자.

전 세계 GDP는 1800년대까지 별다른 차이 없이 수평선을 유지하

전 세계 GDP 변화 추이

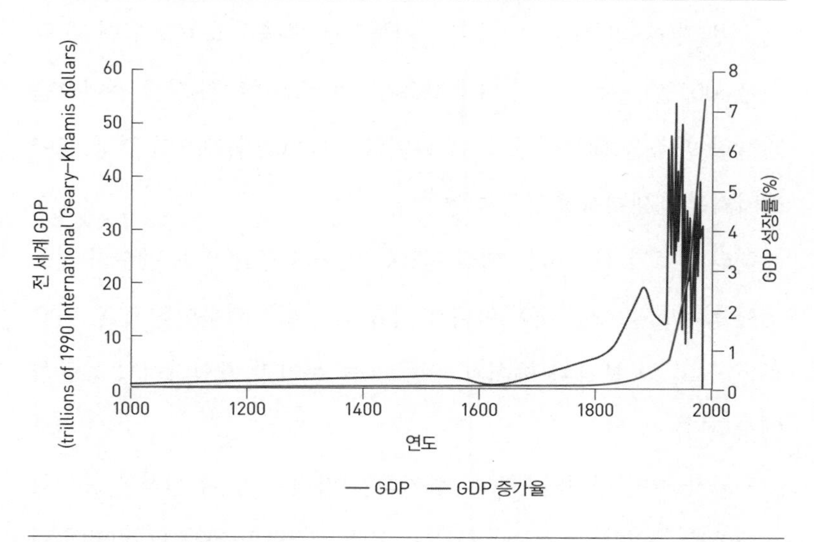

출처: Kurt Klein, www.isebrand.com

는 것으로 보인다. 하지만 이는 20세기의 GDP가 그 이전까지와는 비교도 안 될 만큼 높은 수치이기 때문에 상대적으로 차이가 미미해 보이는 것뿐이다. 실제 발전 속도를 나타내는 GDP 증가율은 GDP 자체가 큰 폭의 상승세를 보이기 200년 전인 1700년대에 들어서면서부터 급격한 증가율을 보이기 시작했다. 르네상스가 시작되는 1500년대에 잠깐 상승했고 1700년대가 되면서 본격적으로 비상한다.

그렇다면 1600년대 후반부터 도대체 무슨 일이 일어났기에 1,000년간 잠잠하던 GDP 증가율이 1700년대 초입에 꿈틀거리기 시작한 걸까?

정답은 인구의 증가에 있다. 경제나 주식에 관심이 많은 사람이라면 해리 덴트Harry Dent라는 이름을 기억할 것이다. 해리 덴트는 인구의 증감으로 경제의 변동을 예측하는 대표적인 사람이다. 인구통계에 기반해 1980년대 말 일본의 장기불황을 예측하고 1990년대 초 당시 3,000포인트에 머물던 다우지수가 1만 포인트까지 오를 것이라는 과감한 예측을 내놓아 주목을 끌었다. 그리고 이 예측이 결국 맞아떨어지면서 세계적인 명성을 얻었다.

해리 덴트가 사용하는 핵심 지표는 인구의 증감이다. 단순히 인구 전체 통계만을 보는 것이 아니라 이를 연령별로 세분화해 향후 떠오르고 질 산업 분야와 주식과 부동산 등 분야별 자산가격의 등락을 예측한다.

인구가 늘면 경제의 규모는 증가하기 마련이다. 이 원칙은 중세와 근대에도 동일하게 적용이 되었다. 고대 약 2억 명에서 1,000년이 넘는 기간 동안 약간의 증감만을 보이던 세계 인구는 1600년대에는 약 6억 명으로 3배 증가한다. 세계 인구가 2억 명에서 6억 명이 되는 데 1,500년 넘게 걸렸지만 이후 불과 100년 만에 2배로 불어나 1700년대 중반 10억 명을 넘어섰다. 1900년대 20억 명을 돌파한 이후로는 그야말로 수직상승해 불과 100년 만에 약 4배 증가해 오늘날 세계 인구가 되었다. 인구의 성장은 동시대 GDP의 상승으로 연결되는데, 20세기의 인구 그래프는 같은 기간 GDP 그래프와 완벽하게 일치하는 모습을 보인다.

역사가 기록된 이래 한 번도 급격하게 증가한 적이 없는 인구가 왜 1700년대 이후 갑자기 불어나기 시작해 1900년대에 들어와서는 폭발적으로 증가하게 되었을까? 그것은 18세기 이후 급속히 발전된 의학, 특히 미생물학과 이에 따른 백신과 항생제의 발견 덕분이었다.

세계 인구 증가

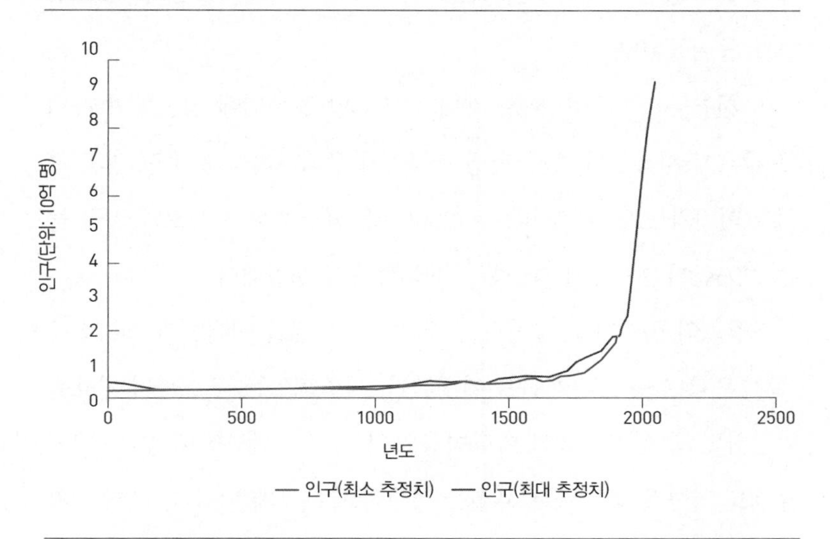

출처: 미국 Census

종두법으로 유명한 제너, 백신을 개발한 파스퇴르, 세균학의 아버지 코흐, 페니실린을 발견한 플레밍. 이 네 명이 지구상에 존재하는 인구를 급격하게 늘리는 데 기여한 대표적인 사람들이다.

마마, 즉 천연두는 고대부터 근대에 이르기까지 페스트, 홍역과 더불어 가장 많은 목숨을 앗아간 무서운 질병이었다. 아메리카 대륙의 원주민이 거의 전멸 직전까지 몰린 것도, 유럽인들이 부족한 노동력을 채우기 위해 아프리카에서 노예를 대량으로 수송할 정도로 아메리카 대륙에 인구가 급감하게 된 가장 큰 원인도 천연두와 전염병이었다. 유럽인들이 인디언의 땅을 정복할 때 천연두 환자가 쓰던 모포를 선물로 보내 부족을 몰살시키거나 멀리 떠나도록 해 땅을 차지했다는 일화도 있다. 실제 미주리 강 유역에서 천연두에 걸린 증기 선원에게 병이 옮은 누마키키Numakiki 족은 1년 만에 2,000명에서 130명으로 줄어들었다.

이 천연두는 영국의 의사 제너가 1796년 종두법에 성공하며 자취를 감추기 시작했다. 한국전쟁 당시까지 우리나라에도 수만 명의 천연두 환자가 있었다. WHO는 1980년에, 한국정부는 이보다 조금 늦은 1993년에 천연두가 완전히 종식되었음을 선언했다.

프랑스의 화학자 파스퇴르는 제너의 종두법을 이어받아 예방접종에 사용되는 백신의 개념을 완성했다. 파스퇴르는 포도주의 발효를 연구하던 중 발효현상이 화학반응만이 아닌 눈에 보이지 않는 미생물에도 영향을 받는다는 사실을 경험적으로 알게 되었다. 근대의 자연과학자인 파스퇴르는 그리스의 철학자처럼 팔짱을 끼고 숲속을 산책하며 깊은 명상을 통해 답을 찾지 않았다. 르네상스 이후 정립된 자연과학의 방법론에 따라 파스퇴르는 실험실에서 플라스크로 미생물을 배양함으로써 미생물이 자연히 발생한다는 자연발생설을 정면으로 반증해버린 것이다.

사실 날아드는 파리는 미처 보지 못한 채 썩은 고기에서 구더기가 생기는 현상을 '관찰'하고 그 원인을 '사유'하는 방식으로 정립되어 내려오던 다분히 철학적인 자연발생설은 1600년대 이래 많은 과학자들이 반증을 시도한 낡은 이론이었다. 17세기 후반 이탈리아의 한 의사는 생선을 두 병에 넣고 한쪽은 뚜껑을 막고 다른 한쪽은 열어 놓는 방법으로 자연발생설을 반증하려고 시도했다. 그러나 이후 영국의 생물학자 니담이 고깃국물을 병에 넣고 코르크 마개로 막아두었으나 미생물이 생겼다는 연구결과를 발표해 다시 자연발생설이 힘을 얻었다.

그러나 니담의 연구는 미생물이 통과하지 못할 정도로 철저히 밀봉하는 것이 당시의 기술로는 불가능했기 때문이다. 코르크 마개나 거즈로 막은 정도로는 자연발생설을 검증할 수도 반증할 수도 없었다. 파스퇴르는 목이 굽은 플라스크를 이용해 '철저히 통제된' 실험실 환경을 만들어 실험을 통해 이 유서 깊은 아리스토텔레스의 자연발생설을 반증했다.

파스퇴르와 동시대에, 혹은 파스퇴르보다 약간 앞서 미생물의 존재를 밝혀낸 사람들도 많았다. 1843년에 하버드 의대 교수인 호스는 산모들의 질병인 산욕열의 원인이 세균이라는 것을 밝혀냈다. 이후 많은 의사들이 수술실에서 손을 소독하기 시작했다. 지금 생각하면 놀랍지만 적어도 19세기 초반까지도 대부분의 의사들은 세균, 즉 미생물의 존재에 대해 무지했다. 환자를 수술한 기구를 그대로 사용해 멀쩡한 사람들이 세균 감염으로 죽어나갔다. 실제 근대 초까지도 병원에서 의사를 통해 출산한 산모와 신생아의 사망률이 집에서 산파를 통해 출산한 산모와 신생아에 비해 비교도 안 될 만큼 높았다.

파스퇴르가 동시대의 미생물학자들에 비해 진일보한 점은 미생물에 대한 지식을 제너의 종두법에 응용해 예방접종이라는 새로운 분야를 개척한 것이다. 천연두를 앓은 사람은 다시 걸리지 않는다는 경험적인 사실에 기

파스퇴르 박물관에 전시된 플라스크
출처: 디라이브러리

반해, 천연두에 국한되었던 제너의 종두법과는 달리, 다양한 미생물의 존재를 실험으로 증명한 파스퇴르의 예방접종 백신으로 탄저병과 광견병, 콜레라 등 다수의 전염병을 획기적으로 예방할 수 있었다.

여기에 더해 독일의 의사 로버트 코흐는 특정한 미생물이 특정한 질병을 발생시킨다는 인과관계를 입증하기 위한 '코흐의 법칙'을 고안했다. 이 법칙에 기반해 많은 의사, 세균학자들이 1900년을 전후로 임질균, 장티푸스균, 나병균, 디프테리아균, 이질균 등 수많은 질병의 원인을 빠르게 밝혀내었고 코흐는 세균학의 아버지라는 명칭을 얻게 되었다.

코흐의 법칙

❶ 해당 질환의 환자들에게서 공통의 병원체가 발견되어야 한다

❷ 환자에게서 분리된 병원체가 실험실에서 배양되어야 한다

❸ 배양된 병원체가 실험동물을 대상으로 한 실험에서 환자들과 같은 증상을 유발해야 한다

❹ 병원체를 감염시킨 실험동물에게서 분리한 병원체가 실험실에서 다시 배양되어야 한다

위의 조건이 모두 충족되었을 때 특정 병원체가 특정 질환을 일으킨다는 것이 입증된다.

중세까지는 상대의 존재조차 몰라 굿하고 기도하고 풀뿌리와 짐승뼈를 끓여 먹는 등 쉐도우 복싱을 일삼던 인간이 미생물의 존재를 깨닫게 되자 인간과 미생물의 싸움이 본격적으로 시작되었다. 상대가 누구인지 제대로 알게 되자 이에 맞는 맞춤형 무기를 찾아 나서며 시작된 인간과 미생물의 싸움은 스코틀랜드의 세균학자 알렉산더 플레밍 경Sir Alexander Fleming이 1929년 푸른곰팡이로부터 페니실린을

추출하면서 인간의 승리로 막을 내렸다.

앞서 많은 세균학자들이 임질, 매독, 나병 등 다양한 병원균을 발견했으나 이를 치료할 방법까지 찾아낸 것은 아니었다. 해당 균을 인간에 접종하여 가벼운 증상을 미리 앓게 하는 예방 백신 수준에 머물렀다. 플레밍은 오염된 푸른곰팡이 주변에는 박테리아가 자라지 못한다는 사실을 발견하고 이 푸른곰팡이에서 미생물을 억제하는 성분을 추출하여 페니실린이라고 이름 붙였다. 최초의 항생제가 탄생한 것이다.

이 페니실린은 매독, 폐렴, 임질 등 다양한 세균성 질병에 효과가 있었고 곧 닥친 2차 세계대전에서 어느 역전의 용사 못지않은 혁혁한 전공을 세웠다. 세균을 발견만 하고 치료법 개발에는 지분이 적은 코흐는 노벨상만 받은 데 비해 플레밍은 노벨의학상에다 영국 왕실로부터 기사 작위까지 받아 플레밍 경으로 불리게 되었다. 윗사람이 볼 때는 문제점을 발견한 사람보다는 해결한 사람이 더 예뻐 보이는 법이다.

사실 1700년대부터 시작된 인구의 폭발적인 증가에는 또 하나의 발명이 숨어 있다. 틀니의 발명이다. 이미 기원전에도 동물의 치아나 납으로 틀니를 만들었다는 기록이 남아 있는데, 현대적 의미에서 이빨 전체를 대체하는 틀니를 만든 사람은 프랑스의 치과의사(라고 쓰고 이발사라고 읽는다) 피에르 포샤르로 알려져 있다.

캐나다의 동물학자 앤 이니스 대그가 쓴 『동물에게 배우는 노년의 삶』에는 대개 동물들의 노년은 치아가 없어지는 시기에서 시작한다고 나온다. 이빨이 건재한 동물은 나이가 들어서도 건강을 유지하며 무리에서 자신의 입지를 굳건히 지키는 반면, 이빨이 부실해진 동물은 먹이를 씹을 수도 없고 상대를 공격할 힘도 잃어 말 그대로 점점 노쇠해지며 생존경쟁에서 퇴출되는 것이다. 야생의 세계뿐만 아니라 현대의 삶에서도 이빨의 중요성은 줄지 않는다. 야생에서처럼 상대를 공격하거나 경쟁자가 등장하기 전에 빨리 먹이를 섭취해야 할 필요성은 줄어들지만 이빨이 없는 인간 개체는 다양한 영양분을 섭취하는 데 지장이 생겨 노후 생존율이 낮을 수밖에 없는 것이다.

틀니는 브릿지, 아말감 등 다른 치아 치료법과 함께 노년이 되어 이빨이 없어지거나 젊은 시절 사고로 인해 이빨을 상실한 인간 개체의 노화를 막는 결정적인 역할을 했다. 이후 20세기 들어 금속으로 만든 임플란트가 고안되는 등 재료와 시술방식이 계속 발전하면서 20세기 후반에는 성공률이 90%가 넘는 골유착 임플란트가 틀니를 서서히 대체하게 되었다. 백신과 항생제가 유아사망률을 낮추었다면 틀니의 발명은 노후수명을 늘렸다.

19세기 이후 폭발적으로 증가한 세계의 경제규모GDP는 1700년대부터 서서히 상승하기 시작했는데, 과학과 의학의 발전에 따른 인구의 증가에 기인한 것이었다. 여기서 말하는 인구 증가는 엄밀하게 말해 유럽 인구의 증가이다. 의학의 발전은 유럽에서 탄생한 현대의학의 발전을 의미한다. 1800년대 이후 유럽에서는 병의 원인인 미생물의 정체를 밝혀내고 병인과의 인과관계를 실험으로 검증해 치료법을 찾아낸 현대의학이 세계 곳곳에서 자생적으로 존재하던 전통의학을 대체하며 인구가 큰 폭으로 증가했다. 같은 시대에, 전통의학에 의존한 중국과 한국, 아유르베다의 고장 인도 등 아시아와 21세기에도 명맥을 유지하고 있는 인디언 의학의 고장인 아메리카에서는 인구가 늘지 않았다. 이들 지역에서는 역설적이게도 서구 열강의 침투가 본격화된 20세기 초반 현대의학의 도입으로 인구가 증가했다.

그러나 여전히 첫 번째 질문에 대한 대답으로는 충분하지가 않다. 왜 전 세대 과학기술의 요람이었던 중국이나 아랍, 혹은 인도가 아닌 유럽에서 의학이 발전하여 인구 증가와 경제발전을 이끌어낸 것일까? 현대의학의 등장 이전에는 유럽도 세계의 다른 지역들과 마찬가지로 전통의술에 의존했다. 지금도 알프스의 수도원에서는 전통 비방에 따라 알프스의 약초로 만든 차와 술 등을 팔고 있으며, 우리나라의 한약과 비슷한 민간요법 약을 파는 약방도 있다. 17세기까지 동양과 서양의 의학은 모두 주변에서 쉽게 구할 수 있는 풀을 캐서 이거저거 먹어보고 그중에서 약효가 있는 풀들을 문헌으로 정리하는 수준으로, 경험치에 기반한 전통의학 단계에 머무르고 있었다. 그렇다면 비슷비슷한 수준의 전통의학에 의존하던 유럽에서 유독 과학기술이 태동하고 현대의학이 발달한 이유는 무엇일까? 여기에 대한 정확한 답은 르네상스가 막 시작한 16세기 독일과 이탈리아에서 찾을 수 있다. 인쇄술, 정확하게는 금속활자의 상용화가 이 모든 차이를 가져온 것이다.

4

16세기 금속활자의 상용화, 모든 것을 바꾸다

1995년 겨울, 프랑스 중부의 작은 도시 비시Vichy에 있는 까빌람Cavilam이라는 한 어학 연수기관에서 있었던 일이다. 오래전 일이라 정확히는 기억나지 않지만 유럽 역사를 다룬 어학 교재에 금속활자와 구텐베르크에 대한 내용이 있었다. 인상 좋은 아주머니였던 강사는 불어를 배우고자 전 세계에서 몰려든 학생들에게 '금속활자가 언제 어디서 발명되었을까'라는 질문을 던지며 이어 '한국에서 만들었다는 답 말고'라는 단서를 붙였다.

그러나 초등학교 시절부터 자랑스러운 조상의 얼을 배워온 한국 학생들이 그대로 넘어갈 리가 없었다. 한 용감한 학생이 서툰 불어로 구텐베르크에 앞서 고려가 금속활자를 발명했으며 한민족이 이어온 과학기술의 유구한 전통을 열심히 설명하기 시작했다. 아마도 그간 거쳐간 수많은 한국 학생들로부터 똑같은 얘기를 수십 번은 들었을 선생님은 체념한 표정으로 고개를 끄덕이며 그 얘기를 들어주었다.

'무구정광대다라니경(이하 다라니경)'은 한국에서 발견된 세계 최초의 목판인쇄물이다. 인쇄물의 시초가 목판인쇄인 만큼 '세계 최초의 인쇄물'로도 인정을 받고 있다. 8세기에 인쇄된 것으로 추정되는 다라니경은 국보126호로 지정되어 있는 한국의 유산이지만 '세계 최초의 금속활자본'인 '백운화상초록불조직지심체요절(이하 직지심체요절)'과는 달리 유네스코 문화유산으로는 지정되지 못하고 있다. 다라니경이 한국에서 발견은 되었지만 중국에서 인쇄되어 한국에 전달된 것이라고 중국이 주장하기 때문이다. 직지심체요절에는 고려 승려 백운이라는 저자가 명확히 적혀 있는 반면, 다라니경은 인쇄자가 쓰여 있지 않아 양국의 학자들이 결정적인 증거 없이 서로 자기네 문화유산이라고 주장하고 있다. 양측의 주장이 팽팽하다면 그 유산이 발견된 곳에서 만들어졌다고 인정하는 것이 상식일 수 있으나 중국의 영향력 때문인지 유네스코는 세계기록유산 등록을 미루고 있다.

인쇄술은 종이, 화약, 나침반과 함께 중국의 4대 발명품으로 꼽힌다. 인쇄술에 종이가 빠질 수 없으니 종이와 인쇄술이야말로 중국이

무구정광대다라니경, 출처: 문화재청 국가문화유산포털

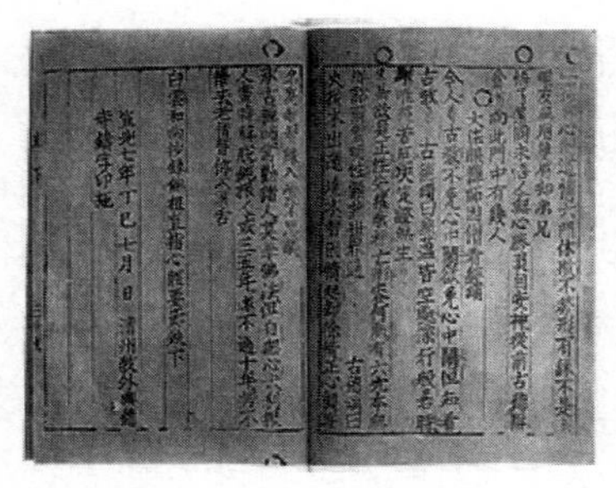
宣光七年丁巳七月 日 淸州牧外興德
寺鑄字印施

직지심체요절, 출처: 문화재청 국가문화유산포털

세계 문명에 기여한 가장 큰 발명이라고 볼 수 있다. 최초의 인쇄술이라고 하면 나무판에 좌우가 바뀐 문자를 양각하여 이를 탁본하는 목판인쇄술을 말하지만 엄밀히 말하면 탁본의 기원은 석판이었을 것이다. 고대에 돌이나 바위에 새긴 문자나 그림을 탁본하는 것으로 시작한 인쇄술은 당나라 시대에 목판인쇄술이 본궤도에 오르며 상용화되었다. 중국에 현존하는 가장 오래된 목판인쇄물은 9세기에 인쇄된 금강반야바라밀경으로 우리나라의 다라니경보다 100년 이상 뒤져 있다. 그러나 글자 형태가 거친 다라니경에 비해 금강반야바라밀경은 글자 형태의 완성도가 매우 높아 중국의 목판인쇄술이 9세기에 이미 성숙기에 접어들었음을 알 수 있다. 고려에서 이와 비슷한 수준의 목판인쇄물이 나온 것은 10세기 이후의 일이다.

사실 인쇄술은 어찌 보면 지극히 상식적인 단계를 거쳐 발전했다. 손으로 글씨를 쓰다 보니 사람들은 자연스레 글씨를 돌이나 나무에 새겨서 찍어내면 편하지 않을까 하는 생각을 했고 돌보다는 글자를 새기기 편한 나무에 새기게 된 것이다. 나무판에 한 자 한 자 새기다 잠깐 실수라도 해서 공들여 새겨온 한 판을 통째로 버리게 된 기술자

금강반야바라밀경, 출처: 대영도서관

라면 누구나 '아, 이걸 한 판에 다 새기지 말고 글자를 하나하나 떼어서 만들었다 조합해서 쓰면 좋겠다'라고 생각했을 것이다.

중국에서 목판인쇄술이 자리 잡은 지 200년쯤 후인 11세기 초, 송나라의 필승이라는 사람이 진흙으로 최초의 활자를 만들었다. 필승이 만든 점토활자는 도자기를 생각하면 이해하기 쉽다. 진흙으로 한 글자씩 활자를 만들고 이를 도자기 굽듯 구운 것이었다. 다루기 쉬운 진흙으로 시작한 이 활자인쇄술은 고려에 전해지며 구리와 납 등 금속을 이용한 금속활자로 이어졌다.

이 금속활자는 중국에서 인쇄술을 전해 받은 우리나라에서 처음으로 제작되었다. 조금 후에 다룰 그 실용성은 차치하더라도 청출어람의 쾌거로 자부해도 좋을 만한 일이다. 현존하는 최고의 금속활자 인쇄본은 1377년에 간행된 직지심체요절이지만 이것이 최초로 인쇄된 금속활자본은 아니다. 국립중앙박물관에는 이미 12세기경에 만든 것으로 추정되는 금속활자가 있다. 11세기에 필승이 만든 점토활자는 그 당시 송나라와 고려의 활발한 문물 교류에 힘입어 고려에 소개된 지 100년도 안 되어 금속활자로 발전했다.

세계 최초의 금속활자를 발명한 나라. 비록 인쇄술은 중국에서 비롯되었지만 청출어람에 성공한 고려. 생각만 해도 가슴이 벅차는 일이다. 인터넷과 미디어가 나오기 전, 지식을 전달하는 유일한 통로인 서적의 생산을 이제 우리가 독점할 수 있게 되었다. 그러니 이제부터 전 세계의 학문과 문

현존 최고 금속활자 '복' 자
출처: 국립중앙박물관

화는 고려, 그리고 바로 이를 이어받은 조선을 중심으로 돌아갈 수 있게 된 것이다.

물론, 아쉽게도 그런 일은 일어나지 않았다. 구한말 현대적인 인쇄술이 유럽에서 들어오기 전까지 조선 시대 내내 만들어진 인쇄본의 대부분은 여전히 목판인쇄본이었고 금속활자는 국가사업에만 간간히 쓰였다. 역시나 조선은 조상들의 빛나는 과학기술 전통을 무참히 짓밟고 사농공상이나 따지는 보수 꼴통의 나라였던 것인가?

사실은 그렇지 않았다. 조선 시대 내내 금속활자는 꾸준히 개량되고 새로운 버전이 나왔다. 조선 건국 직후인 태종 때 만든 계미자를 필두로 세종 때는 앞 활자들의 단점을 개량한 경자자, 갑인자를 만들고 한글 활자까지 만들었다. 광해군 때는 임진왜란으로 황폐해진 인쇄소를 재정비해 주자도감을 설치했고, 갑인자를 개량한 무오자를 만들었으며 현종 때는 무신자와 낙동계활자, 숙종 때는 다양한 필체의 철활자, 영조 때는 임진자, 정유자, 임인자, 정조 때에는 정리자를 만들어냈다.

하지만 마치 정부가 주도한 IT 공모전에 입상하고 지원금을 받은 기업들이 소리 소문 없이 사라지듯 조선 시대 조정이 주도해 개발한 금속활자는 막대한 비용만 소모한 채 실록 인쇄나 공문서 등 일부에만 쓰였고 민간에서는 여전히 목판인쇄본을 찍어내고 있었다.

조선 시대 인쇄술은 당대의 IT 사업이었다. 컴퓨터와 인터넷이 정보교환의 매체이듯 그 시절에는 책이 그 역할을 했고 현재 IT 기업들이 통신기술의 효율을 지속적으로 높이듯 당시의 IT 기술이었던 인쇄술도 정부에 의해 지속적으로 발전되었다. 금속활자를 만드는 데는 막대한 자금이 소요되었다. 한 버전을 만들 때마다 최소 4, 5만 자를 만들어야 했고 갑인자, 정유자같이 학문을 사랑하는 영·정조 때 만들어진 활자들은 각각 15만 자가 넘었다. 대개 값비싼 구리를 원료로 하는 청동으로 주조되었다.

현재에도 MS 워드에 맞서는 우리 고유의 워드프로세서 기술이 정부기관의 지원으로 그 명맥만 간신히 유지하고 있고, 각 부처마다 수많은 민원 관련 '앱'들이 해당 기관 직원들도 그 존재를 잘 모른 채 유지비용만 잡아먹고 있듯이 조선 시대 관제 IT 사업인 금속활자 역시 민간에서는 외면당했다. 민간에서는 정부에서 지원하는 우리 고유의 금속활자를 외면하고 목판인쇄술을 고집하고 있었던 것이다.

'완판본'이라는 단어를 들어봤을 것이다. 조선 시대 『심청전』, 『춘향전』, 『임진록』 등 우리가 익히 아는 수많은 소설과 민간기록물들이 인쇄된 곳이 한지의 생산지인 전주였고 이 전주에서 인쇄된 출판물은 완판본, 혹은 완판방각본이라고 불렸다. 완판본은 금속활자가 아닌 목판인쇄물이었고 『구운몽』이 출판된 19세기 초반 전성기를 구가하던 완판본은 구한말 박영효가 일본에서 푸트인쇄기를 들여와 〈한성순보〉를 발간하며 역사의 뒤안길로 자취를 감추게 되었다.

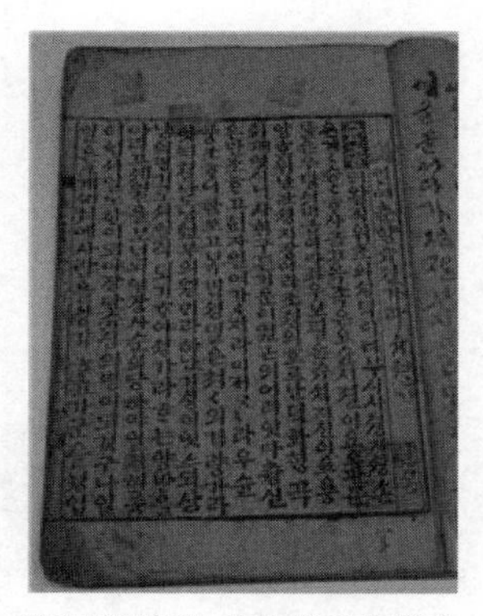
완판본 『춘향전』, 출처: 완판본문화관

그렇다면 왜 민간에서는 우리 민족의 얼이 서린 이 금속활자를 외면한 것일까? 채산성이 안 맞았기 때문이다.

사업 경험 없는 발명자가 프로토타입

을 제작한 후 처음 맞이하는 장애물은 바로 대량 생산과 상용화이다. 실험실에서 혹은 발명자의 머릿속에서는 대단한 아이디어가 샘솟는다. 하지만 이 아이디어가 규모의 경제를 가지고 세상에서 빛을 보는 것은 아이디어와는 다른 차원의 일이다. 스마트폰의 예를 들어보자. 애플의 스티브 잡스는 2007년 6월, 세상을 바꾼 스마트폰, 아이폰을 처음 세상에 공개했다. 간단한 인터넷만 되던 음성통화와 문자 위주의 기존 피쳐폰과는 확연히 다른 새로운 발명품이었다. 하지만 금속활자와 마찬가지로 이 스마트폰의 원조가 우리나라라는 것을 알고 있는가?

스티브 잡스보다 3년 앞선 2004년, LG전자는 당시에는 PDA폰이라고 불렸던 최초의 스마트폰인 SC-8000을 출시했다. 14년이 지난 지금도 최신 스마트폰이 백만 원 정도 하는데 당시로서는 엄청난 고가인 89만 원에 출시된 이 제품은 가격에 걸맞게 LCD 대화면과 인텔의 400MHz CPU, 당시로서는 대용량인 192MHz 메모리, MS의 포켓 PC 운영체제를 갖추어 스펙뿐만 아니라 기능상으로도 손색이 없었다. MS의 모바일 오피스는 기본이고 웹브라우저와 아웃룩, 당시 널리 쓰이던 MSN 메신저 기능까지 기본으로 탑재되어 있고, MP3 플레이어와 미디어 플레이어, 심지어 USB 포트와 블루투스 기능까지 있어 PDA폰의 원조격인 블랙베리에 비해 진정한 스마트폰의 모습을 갖추었다.

스마트폰의 선조 SC-8000, 출처: LG전자

그런데 왜 LG전자의 스마트폰

은 세상을 뒤흔들지 못했을까? 아이디어는 좋았지만 쓸 만한 물건을 만들지 못했기 때문이다. 터치스크린이 안 된다는 단점은 큰 문제가 아니었다. LG전자는 바로 다음 버전인 초콜릿 폰에서 아이폰에 앞서 세계 최초로 터치스크린폰을 선보였다.

스티브 잡스가 선보였던 건 당시 IT 업계에서는 웬만한 엔지니어들이 한번쯤 상상해봤을 다양한 스펙의 하드웨어 부품과 소프트웨어들을 덕지덕지 한데 모아놓은 전화기가 아니었다. 누구나 상상은 해봤지만 아무도 현실에서 구현하지 못했던 제품, 앞서 말한 모든 기능들이 한데 모여 매끄럽게 작동이 되며 상상 속에서 꿈꿨던 기능들이 별 문제 없이 돌아가는 바로 그런 제품을 내놓았던 것이다. 그렇기 때문에 개발자의 상상 속에서는 우주도 정복했겠지만 실제 현실에서는 버벅거리기만 하며 아무 존재감 없던 전작들을 제치고 아이폰이 최초의 스마트폰이 된 것이다. 스티브 잡스의 업적은 엔지니어들을 극한까지 밀어붙여 실제로 작동하는 스마트폰을 만든 것이 전부가 아니다. 그때까지는 상상 속에서만 존재했던 스마트폰 앱 개발자와 중소사업자들이 제품을 판매할 수 있는 생태계인 앱스토어를 성공적으로 조성해낸 것이다.

사실 세계 최초의 스마트폰을 LG전자가 만든 것도 아니다. 지금도 세계 최초의 목판인쇄본의 출처를 놓고 한국과 중국이 신경전을 벌이듯 세상의 구석에서 지금은 잊혀진 스마트폰의 원형을 만든 사람들이 있었다. 벤처 버블이 한창이던 2000년 여름, 그 사람들을 만난 적이 있다. 당시 근무하던 투자자문회사는 구조조정기금과 벤처펀드를 운용하고 있었고 이를 통해 펀딩을 받으려는 벤처기업들을 짧은 기간이지만 여럿 만나보았다. 이 중에 아이폰 혹은 아이패드의 조상이라고 불릴 만한 제품을 들고 오는 기업들도 꽤 있었다.

형태는 대부분 비슷했다. 손바닥만 한 스크린에 갖가지 통신 모듈이 달려 있었고 당시 막 유행하던 PDA 혹은 PMP의 갖가지 기능들을 욱여넣은 것들이었다. 벤처펀딩을 받으려는 기업들이니 당연한 말이겠지만 이들 중 어떤 제품도 완성작과는 거리가 멀었다. 다양한 기능을 손바닥만 한 기기에 욱여넣어서 발생하는 발열 문제와 배터리 지속시간 문제에 제대로 대답을 한 사람도 없었다. 당시는 앱이라는 개념이 등장하기 전이었다. 대형 스크린과 CPU, 메모리를 갖춘 자그마한 이동통신 기기로 음악을 듣고 사진을 찍는 것 외에 어떤 일을 할 수 있는지 상상과 비전은 난무했으나 현실적인 계획은 없었다. 그들이 들고 나온 공통된 아이템은 게임이었다. 최근의 모바일 게임 열풍을 보면 맞는 방향이었다. 하지만 누구에게도 구체적인 계획과 이를 실현시킬 역량은 없었다. 아직 만나보지도 않은 게임업체 몇 곳과 제휴를 하겠다는 것이 계획의 전부였다. 스티브 잡스가 앱스토어를 현실화하고 제대로 작동하는 스마트폰인 아이폰을 출시하자 이들 벤처기업들은 모두 사라졌다.

이렇게 자사의 제품/표준을 중심으로 다양한 개발자들과 기술기업들이 새로운 서브 제품을 내놓고 수익을 창출하는 생태계를 '실제로' 만드는 것이 얼마나 어려운 일인지는 스티브 잡스 사후에 역설적이게도 애플 스스로 증명하고 있다. 앱이라는 새로운 종류의 소프트웨어 제품을 위한 생태계 조성에 성공하며 스마트폰 시대를 연 애플은 이후 이 생태계를 하드웨어 분야로 확장하는 데 어려움을 겪고 있다. 최근 애플은 대세가 된 미러링(스마트폰을 TV, 오디오 기기 등에 무선연결하여 스마트폰의 기능을 TV, 오디오 등에서 사용하는 기술) 시장을 위해 기존의 에어튠즈AirTunes로 불리던 무선연결 기술을 개선해 에어플레이AirPlay라는 이름으로 내놓았지만 주변 기기들과의 연결 및 재생 지연에 대한 이슈가 불거지며 생태계 조성에 실패했다.

> 최근 서드파티 개발업체가 애플만을 단독으로 지원하는 액세서리를 개발하는 일은 위험한 일이다. 에어플레이를 지원하는 고가의 서드파티 스피커 제품들은 모두 실패했다 (Venture Beat, 2018.1).

고려 말에 발명되고 조선 시대를 거쳐 꾸준히 개량된 금속활자도 현실화의 벽을 넘지 못한 시제품이었다. 심지어 그 아이디어도 중국에서 나온 것이었다. 목판에 새기던 인쇄를 하나하나 글자로 나누는 아이디어를 최초로 실행에 옮긴 사람은 11세기 중국의 필승이었다. 필승은 점토로 활자를 만들었고 내구성 문제로 상용화에는 실패했다. 이 점토활자는 고려로 전해졌고 고려는 이를 금속으로 개량했다. 하지만 고려나 조선 역시 무른 금속활자의 내구성을 개선할 합금 기술과 하나하나 떨어져 있는 활자들을 하나로 압착해서 고정하는 프레스 기술의 개발에는 실패했다. 아니, 프레스 기술이 필요하다는 것 자체를 모른 채 수백 년간 종이를 활자판 위에 덮어 손으로 문지르기만 한 것이다. 먼 미래의 후손들에게 조상의 빛나는 얼에 대한 자부심을 심어주기는 했지만 결코 세상을 바꾸거나 학문과 과학의 발전에 실질적으로 기여한 발명은 아니었다.

금속활자는 십수만 자가 있어야 인쇄가 가능하다. 한자 수대로만 있으면 되는 것이 아니다. 한 페이지에도 같은 한자가 들어가기 때문이다. 표의문자인 한자로 된 금속활자는 태생적 한계로 막대한 초기 투자비가 필요했다. 이것이 민간에 확산되지 못하고 관제 사업으로만 남은 첫 번째 이유였다. 그렇다면 한글로 된 금속활자를 사용하면 되지 않을까? 그래서 세종 때는 한글로 된 금속활자를 만들었다.

송나라의 필승이 만든 점토활자가 금속활자로 바뀐 이유는 내구성 때문이다. 점토활자는 제조비용에 비해 내구성이 너무 떨어졌다. 그렇다고 금속활자가 그 문제를 바로 해결한 것은 아니다. 주석, 납 등 다양한 금속을 거쳐 결국 청동합금이 재료가 되었다. 값비싼 구리가 들어간 조선의 청동활자는 높은 비용에도 불구하고 내구성 문제를 해결하지는 못했다. 인쇄를 위해서는 한데 모으고 압착을 하는 과정이 필요한데 조선의 합금 기술로는 이 과정을 견뎌낼 활자체를 만들 수가 없었다. 조선의 청동활자는 조금만 인쇄를 해도 획이 무뎌지는 바람에 중간 중간 수시로 교정을 해야 했다.

구텐베르크의 금속활자는 이에 반해 스티브 잡스의 아이폰이라고 할 만했다. 금속활자의 아이디어를 머릿속에 떠올린 동서양의 수많은 목판 인쇄공들의 상상을 현실에서 실현한 최초의 제품이기 때문이다.

압착기를 사용한 유럽의 인쇄기. 출처: 학습백과 Zum

먼저 내구성이 달랐다. 구텐베르크 역시 가장 다루기 쉬운 납으로 활자 제조를 시작했지만 곧 내구성 문제에 직면해 납에다 주석과 안티몬 등 다양한 금속을 합금하여 문제를 해결한다. 구텐베르크의 업적은 여기에 그치지 않는다. 포도주를 만드는 압착기를 응용하여 활자판을 모아 압착하는 기계식 인쇄기를 고안한 것이다. 출판사와 언론사를 영어로 'Press'라고 일컫는 어원이 여기서 나온 것이다. 책이나 신문을 인쇄하려면 프레스, 즉 압착해야 했기 때문이다. 이에 반해 고려와 조선의 금속활자는 인쇄기 자체가 없었다. 그냥 활자판에 손으로 금속활자를 일일이 올려놓고 위에 종이를 대고 문지르는 수준이었다.

그래서 대체 기계식 압착의 유무 차이가 얼마나 대단했다는 말인가? 조금 더 단단한 합금을 만들고 포도주 압착기를 응용한 게 그렇게까지 큰 차이를 만들어냈을까? 조선의 금속활자와 구텐베르크식 금속활자의 생산성의 차이를 한번 보자. 당신이 조선 중기 주자도감에서 일하는 인쇄공이었다고 생각해보자. 어떤 일을 했을까? 우선 10만 개가 넘는 활자들 중에서 한 페이지를 인쇄하는 데 필요한 활자들을 찾아야 한다. 물론 오른쪽 그림에서 보이듯 정리는 잘되어 있을 것이고 많이 쓰는 활자 순으로 찾기 쉽게 해 놓았을 것이

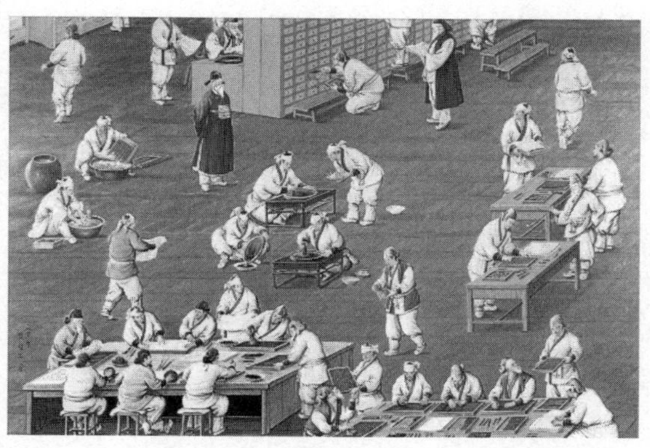

조선 주자소 인쇄작업, 조판기의 압착 프레스 과정이 없는 수작업 공정이다.
출처: 강명관, 『조선 시대 책과 지식의 역사』, 천년의 상상, 2014

다. 그렇지만 한 페이지를 찍기 위해 무려 15만 자의 활자 중에서 필요한 활자를 찾아 조판기에 가지런히 배열해야 한다. 그냥 올려놓는다고 되는 게 아니다. 인쇄 과정에서 활자가 흐트러지지 않게 하려면 활자를 놓을 때마다 밀랍으로 고정을 해야 한다. 이게 너무 번거로우니 갑인자의 경우 최대한 평평하게 만들고 파지 등으로 일일이 하부를 고정했다. 그러나 이 역시도 매우 번거로워 조선 후기로 가면 결국 밀랍으로 되돌아갔다. 한번 고정을 했다고 계속 쓸 수 있는 것도 아니었다. 내구성이 약한 활자의 획이 무뎌지면 교체를 하거나 즉석에서 수정해야 했고 밀랍을 수시로 녹여 고정을 새로 해주어야 했다.

목판에서 벗어나 점토로 활판인쇄술을 처음 시도한 중국은 금속활자를 '안' 만들었다고 보는 것이 타당하다. 목판인쇄술을 개발한 중국은 곧이어 점토활자를 만들어 활판인쇄술을 시험해보았다. 하지만 10만 개가 넘는 한자 활자를 골라서 한데 모으는 것도 큰일이지만 활자의 내구성을 담보할 합금 기술도 없었다. 더구나 활자를 압축해주는 프레스 공정이 빠진 활판인쇄술이라는 아이디어는 아무 실용성이 없다는 것을 점토활자라는 시범 사업을 통해 깨닫고 곧 이 활판인쇄술을 포기해버린다. 이에 비해 조선은 합금 기술을 발전시키지도, 프레스 공정을 생각해내지도 못한 채 이 금방 무뎌지는 금속활자를 일일이 밀랍으로 고정시켜가며 수백 년간 우직하게 하나부터 열까지 수작업을 해온 것이다.

그럼 고려와 조선의 금속활자 기술로는 하루에 얼마나 찍을 수 있었을까? 『세종실록』에 따르면 계미자로는 하루 몇 장을 인쇄할 수 있었다고 하고 이후 조선 최고의 활자라고 불린 갑인자가 등장하며 하루에 40장을 찍을 수 있었다. 그럼 구텐베르크의 인쇄기, 즉 포도주 압착기를 응용한 인쇄기는 한 판당 하루에 몇 장이나 찍어냈을까? 1500년대 초기에는 하루에 보통 300장을 찍었다고 하며 기술이 개선된 1600년대에는 하루 평균 1,500장을 찍어냈다.

> 실행할 방안이 없는 아이디어는 똥구멍과 같다. 누구나 하나쯤은 갖고 있다.
>
> – 안토니오 가르시아 마르티네즈, 『카오스 멍키』 저자, 트위터 고문

5
모든 기술의 뿌리는 중국에서

축구의 기원은 중국이다.

– 맨체스터 축구장을 방문한 시진핑

축구만이 아니라 세상의 주요한 발명품 중 상당 부분은 중국에서 비롯되었다. 종이와 인쇄술은 둘이 합쳐져서 문명의 전파와 학문의 발전에, 나침반과 화약은 역시 세계를 정복하는 데 긴요하게 쓰였다. 단 그 주체가 중국이 아니라 발명품을 전수받은 유럽이었지만 말이다. 아마 고대로부터 중세사회에 이르는 기간 동안 인류 문명에 획기적인 기여를 한 물건 중에 중국에서 발명되지 않은 것은 메소포타미아 지방에서 처음 등장한 바퀴 정도가 아니었을까.

단지 이 네 가지 주요 발명품만이 중국에서 나온 것은 아니었다.

영국에서 증기기관이 등장하기 이전부터 중국의 기술자들은 대기압의 원리와 함께 왕복운동을 원운동으로 바꾸는 원리를 알고 있었고 이를 활용하여 복동식 피스톤 장치를 만들었다. 제임스 와트가 '쓸 만한' 증기기관을 만들어내기까지 유럽 전역에서는 수많은 발명가들이 다양한 방법으로 증기기관을 개선하는 작업을 했고 여기에는 중국 기술도 상당 부분 참고가 되었다.

중국 축국도

그렇다면 왜 이런 우수한 기술을 보유했던 중국이 근대로 오면서 유럽 혹은 서구 사회에 대해 압도적인 힘의 열세를 보인 것일까? 단순한 군사력이나 국력의 열세만이 아니라 과학기술에 있어서도 근대 이후 유럽에 절대 열위를 보이며, 앞서 살펴본 것 같은 인구 증가도, GDP 상승도 이끌어 내지 못한 채 현대를 맞이하게 되었다. 그 결과는 서구 제국주의 열강들에 의한 중국 문명의 처참한 능욕으로 이어졌다. 이 뒤바뀐 힘의 결과를 초래한 이유에 대해서는 서구의 학자들도 매우 궁금했던지 여러 가지 해석들을 내놓고 있다. 그중 몇 가지만 알아보도록 하자.

중국은 유럽 어느 나라보다 부유하다.

– 애덤 스미스

먼저 유럽이 다른 지역에 비해 우위를 보이는 이유에 대한 가장 최근의 주장은 『총, 균, 쇠』로 유명해진 생물학자 재레드 다이아몬드의 생물학적 우위이다. 이 주장의 근거는 아메리카나 오세아니아에 비해 유라시아 지역에 더 쉽게 재배할 수 있는 작물과 가축화시킬 수 있는 동물이 많았기에 농업이 시작되고 도시화가 촉진되면서 기술이 발전했다는 것이다. 아메리카는 고위도에서 저위도로, 사람과 문명이 수직으로 이동하며 서로 다른 기후대를 통과해야 해서 작물과 가축이 전해질 여지가 적었다. 반면 유라시아는 같은 위도대에서 경도만 달리한 수평 이동으로 작물과 가축의 전파가 용이했던 것이다. 또한 아메리카 인디언들을 몰살시킨 천연두의 사례처럼 유라시아인들은 가축과 함께 생활하며 아메리카나 오세아니아 원주민들에는 없는 질병에 대한 저항력을 갖고 있었다. 대형 포유류가 먼저 정착해 진화하고, 인류는 구대륙에서 개발된 사냥 무기를 갖추고 뒤늦게 입성하는 바람에 인간의 무기에 대한 방어력을 갖추지 못한 대형 포유류들이 길들여질 틈도 없이 멸종해버린 아메리카 대륙의 고고학적 증거가 재레드 다이아몬드의 이런 주장을 뒷받침해주고 있다. 하지만 이 학설은 '유라시아'의 아메리카 혹은 오세아니아에 대한 우위를 설명하는 학설이지 유럽의 아시아에 대한 우위를 설명해주지는 못한다.

다이아몬드의 학설이 생물학자의 주장이라면 이번에는 사회학자 혹은 역사학자들의 견해를 한번 보도록 하자. 가장 일반적인 주장은 중국에 비해 유럽은 군소국가가 난립하면서 치열한 전쟁과 외교, 무역경쟁을 통해 과학과 기술이 발전했다는 것이다. 경쟁이 더 나은 제품을 만들게 한다는 자본주의 방식에 익숙한 우리들로서는 혹하지 않을 수 없는 대목이다. 이 해석은 정화의 원정대와 콜럼버스의 아메리카 발견에 대한 비교에서 설득력이 극대화된다. 일찍이 유럽의 선단들을 압도하는 규모로 꾸려진 명나라의 환관이자 해군제독이었던 정화의 대선단은 동남아 각 지역을 지나 아프리카까지 도달했다. 근거는 없지만 아메리카까지 갔다는 주장도 있다. 반면 콜럼버스는 정화의 대선단에 비하면 초라하기 그지없는 범선 몇 척을 끌고 인도를 찾아 나섰다가 결국 아메리카에 발을 디디게 되었다. 콜럼버스가 이미 원주민들로 넘쳐나는 아메리카를 발견한 것이라면 정화 역시 원주민으로 가득 찬 아프리카를 발견한 것이나 다름없다.

역사학자들은 이러한 차이를 가져온 것은 중국과 유럽의 정치 상황이라고 설명한다. 중국을 통일한 명나라는 굳이 외부의 문물을 들여와 자국의 경제를 발전시키거나 새로운 전쟁기술을 개발할 필요성이 상대적으로 낮았던 반면, 스페인, 영국, 프랑스, 포르투갈, 오스트리아 등이 각각의 세력으로 찢어져 경쟁하던 유럽은 경쟁력 확보를 위해 외국의 문물 수용 및 기술개발이 절실했다는 것이다. 콜럼버스가 여러 왕실을 전전하며 원정자금을 찾아 헤맨 사실로 볼 때 그럴듯한 해석이다. 유럽의 많은 역사학자들은 이 논점에 근거해 유럽은 불규칙한 해안선과 산맥들로 인해 지역적으로 고립된 수많은 독립국가들로 이루어져 경쟁이 심했던 반면, 아시아는 대평원이 많고 지역적으로 통일이 유리해 경쟁이 적었다고 주장한다.

하지만 현대의 사회과학자들은 전대의 자연과학자들과 마찬가지로 관찰과 사유만으로 학문을 유지, 발전시키지 않는다. 사람이나 사회를 대상으로 실험을 하는 것에는 많은 제약이 따르지만 적어도 통

중국과 유럽의 산악 지형 비교

산악 지형 분류 기준	산악 지형의 백분율	
	중국	유럽
고도 1,000m 이상	33.28	6.28
경사 15도 이상	30.93	2.71
세계은행 분류	37.40	10.60

출처: Yang, 2011

중국과 유럽의 해안선 불규칙 정도 비교

	중국	유럽	불규칙한 해안선이 있으면
오목성 정도(대륙 면적/볼록껍질 면적)	0.68	0.6	① 오목성 정도는 낮아짐
대륙에서 두 지점 사이 선분이 해안선을 가로지를 확률	0.06	0.41	② 두 지점 사이 선분이 해안선을 가로지를 확률은 높아짐

출처: Schropp, 2012

찰을 넘어선 수리적인 근거를 찾아내어 주장을 검증한다.

위의 표는 케네스 포메란츠가『대분기』에서 여러 학자들이 실제 유럽과 아시아의 산맥 지형의 고도차, 해안선의 불규칙함을 수치로 계산한 것을 정리한 것이다. 지도를 응시하며 마음속으로 느끼는 것에 비해 이 두 지역의 고도차와 해안선의 불규칙함의 차이는 크지 않다. 산악 지형은 오히려 중국이 훨씬 심하다. 유럽 학자들이 미리 마음속으로 결론을 내리고 지도를 응시하니 그렇게 보였을 뿐이다. 그러니 유럽은 불규칙한 해안선과 발달된 산맥으로 인해 다수의 독립국가들이 존재했고 이에 의해 경쟁이 심화되어 과학기술이 발전했다는 가설은 그 근거에서부터 잘못된 생각이다.

또한 같은 책에서 다음과 같이 공들여 계산한 전쟁 빈도를 보면 유럽과 중국은 실제 경쟁강도에서 아무런 차이를 보이지 않는다. 유럽

중국과 유럽의 전쟁 빈도

국가	1500~1799년 전쟁 발발 기간 백분율
중국	56
프랑스	52
잉글랜드/영국	53
에스파냐	81
오스트리아령	24

출처: Wright 1942, Streams 2001, Clodfelter 2002, James Kung

이 중국에 비해 기술적 우위를 쌓아가기 시작한 16~18세기 300년간, 중국은 유럽 열강들과 비슷한 규모의 내전 및 전쟁을 치렀다. 전쟁의 경우 주로 뿌리 깊은 적수인 유목 민족들과의 전쟁이었고 임진왜란도 이에 포함된다. 실제 임진왜란 때 명나라 군대가 사용한 대포는 일본이 네덜란드를 통해 전수받은 조총에 비해 큰 파괴력을 보이며 전쟁의 판세를 바꿔 놓는 데 큰 역할을 했다. 중국 역시 숱한 대내외 전쟁을 치르면서 과학기술의 발전에 목이 말라 있었고, 비록 화약의 종주국이지만 유럽을 통해 개량된 대포를 적극 사용했다.

이 외에도 '청교도 정신'에 입각한 영국인들이 근면하고 성실해 산업혁명을 이루었다는 주장이나 중국이나 인도의 불결한 위생 때문에 유아사망률이 높고 수명이 짧아 사회의 효율이 떨어졌다는 주장 등이 있으나 이는 일고의 가치도 없는 서구 우위적인 시각일 뿐이다. 실제로 1800년대 이후 유럽에서 현대의학이 발전하기 전까지 유럽과 동아시아 지역의 기대수명에는 아무런 차이가 없었다.

그렇다면 유럽이 한때 앞서가던 아시아, 특히 중국에 비해 16세기 이후 경쟁력을 회복하고 근대 이후부터 비교도 안 될 정도로 앞서가게 된 근본적인 이유는 무엇이었을까? 답은 당연히 유럽에서 시작된 과학기술의 발전이다. 그리고 과학기술에서 유럽이 앞서게 된 결정적인 이유는 캐즘Chasm을 뛰어넘은 활판인쇄술과 이에 따른 지식의 대중화였다.

6

금속활자로 캐즘을 뛰어넘은 유럽의 기술과 프로토타입에 머문 동양의 기술

기술의 혁신가Innovator와 초기 수용자Early Adaptor 사이에는 깊은 틈Chasm이 있다.

– 제프리 무어

실리콘밸리의 역사에서 제프리 무어는 상당히 특이한 이력을 가진 사람이다. 우선 그는 뼛속까지 인문주의자이다. 스탠퍼드 대학에서 영문학을 전공한 것은 그렇다 쳐도 워싱턴 대학University of Washington에서 박사학위까지 영문학으로 받은 전형적인 문돌이다. 이런 무어가 실리콘밸리에서 가장 영향력이 큰 인물 중 하나로 올라섰다(무어의 법칙을 주창한 인텔의 설립자인 고든 무어와는 다른 사람이다).

박사학위를 받고 미시간에 있는 한 작은 대학의 영문학 교수로 출발한 무어는 곧 캘리포니아로 돌아와 한 IT 기업의 사내 강사가 된다. 아마도 연봉 때문이었을 것이다. 미국 대학은 학과별로 교수 연봉이 천차만별이다. 내가 미국에서 공부를 시작한 1990년대 후반에는 웬만한 주립대에서도 인문학 교수는 보통 초봉 5~6만 달러로 시작했다. 반면 공대나 경영대로 가면 재무나 마케팅 교수의 경우 10만 달러 정도는 기본으로 시작하고 15만 달러 이상을 초봉으로 받는 교수들도 많다. 경영학 분야에서도 비교적 인기가 적은 인사나 생산관리 등의 교수진은 7~8만 달러 정도로 시작했다. 학과별로 철저하게 펀딩과 수요공급에 따라 교수 연봉이 정해지기 때문이다. 근 20년 전 이야기니 지금은 이보다 훨씬 높아졌을 것이다.

중서부의 이름 없는 작은 대학에서 영문학 조교수로 커리어를 시작한 무어는 아마 초봉으로 5만 달러도 못 받았을 것이다. 한 가정의 가장으로서는 턱없이 부족한 금액이다. 결국 영문학의 외길을 걸어오며 성공적으로 교수 자리까지 얻은 무어를 실리콘밸리의 사내 강사로 불러들인 것은 아마도 돈이었을 것이다. 이렇듯 돈의 필요성을 절감한 인문학자 제프리 무어는 사내 강사로 일하며 실리콘밸리 기술기업들의 생리를 빠르게 터득하게 되었고 곧 단순한 강사의 일을 벗어나 기업컨설턴트로, 더 나아가서는 여러 벤처캐피탈의 파트너를 거치며 직접 투자의 세계에도 뛰어들게 된다. 즉 하드코어 공돌이 세계에서 말로만 버티는 문돌이 컨설턴트는 아니었던 셈이다. 실리콘밸리의 주요 투자자로, 컨설턴트로 자리매김을 하면서도 인문학도답게 제프리 무어는 수많은 저서를 남겼고, 실리콘밸리 기술기업들의 특성에 대해 통찰력 있는 개념들을 제시함으로써 중서부의 작은 대학 영

캐즘의 개념

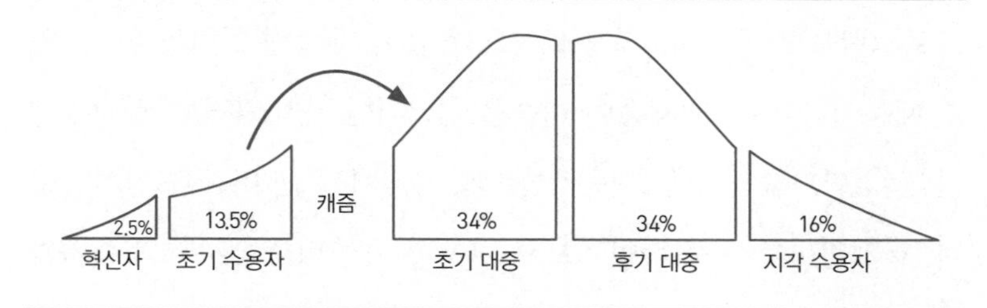

출처: 제프리 무어, 『Crossing the Chasm』, Harper Collins, 2014

문학 교수에서 실리콘밸리의 현자로 거듭나게 되었다.

무어가 제시한 개념 중 하나가 바로 '캐즘Chasm'이다. 캐즘이라는 단어는 원래 지표면에서 깊게 갈라진 곳, 협곡보다는 좁은 틈을 말한다. 무어는 이제 막 컴퓨터와 소프트웨어 기업들이 꿈틀거리기 시작하던 1990년대 초에 기술기업들의 특징을 관찰하여 『캐즘을 뛰어넘어Crossing the Chasm』라는 책을 냈고 계속하여 이 개념을 발전시키며 『캐즘 마케팅』이라는 책을 내기도 했다.

기술기업에서 캐즘은 대개 제품과 기술에 극히 관심이 많은 혁신자와 초기 수용자 사이에서 발생한다. 제품에 따라서는 초기 수용자와 초기 대중 사이에서 발생할 수도 있다. 어느 경우든 캐즘을 극복하고 뛰어넘는 순간 제품 혹은 기술은 시장에서 받아들여지고 오랜 기간 지속될 수 있는 제품이 된다. 아주 간단하게 말해 혁신가의 수는 매우 적고 초기 수용자나 대중의 수는 많아 이 캐즘을 건너뛰는 순간 규모의 경제가 생기게 된다. 또 한 가지 중요한 개념은 초기 수용자들에게 받아들여지는 순간 이들 제품은 시장에서 표준이 되며 사용자 간의 상승효과가 발생하게 된다.

한 프로그램이 소위 '대세'가 되면 다른 프로그램의 사용자들도 이 프로그램을 사용한다. 그래야 상호 호환이 가능해 협업을 할 수 있기 때문이다. 이렇게 제품이 캐즘을 넘어서면 먼저 가격 경쟁력이 생긴다. 첨단기술의 경우 제품개발비가 가격에서 큰 비중을 차지하는데 이 고정비를 제품 수인 N으로 나누는 개발비/N에서 N의 숫자가 커지면서 가격을 대폭 내릴 여지가 생기기 때문이다. 더 중요한 것은 개발자는 미처 예상하지 못한 사용자들 간의 협업에 따른 상승효과의 발생이다. 스마트폰의 사례를 생각해보자. 현재 대세가 된 스마트폰의 표준 운영체제는 애플의 iOS와 구글의 안드로이드다. 각 운영체제별로 수많은 독립적인 개발자들이 달라붙어 애플과 구글이 미처 생각하지 못했던 기능들을 각각의 스마트폰에 더하며 시너지 효과를 내고 있다. 반면 MS의 윈도폰, 노키아의 심비안, 삼성의 바다, 타이젠 등은 이 캐즘 극복에 실패한 사례라고 할 수 있다.

캐즘 극복에 실패한 사례는 셀 수 없이 많다. 캐즘을 뛰어넘기 전에 스마트폰에 밀려난 PDA, 엄청난 초기 홍보로 등장했지만 소리 없이 사라진 세그웨이, 최근의 3D TV 등을 들 수 있다. 혁신가의 경우 해당 기술 자체에 관심이 있고 그 기술을 사용해보기 위해 사용상의 불편함이나 비용 부담을 감수하는 경우가 많다. 즉 기술 자체를 소비하는 계층이라고 볼 수 있다. 반면 대중의 경우 사용 편이성과 가격을 우선한다. 캐즘을 뛰어넘지 못한 제품들은 대개 기술이 뛰어나고 개념은 좋으나 일반 사용자들에게 중요한 편의성이 떨어지든지 제품의 편익에 비해 경쟁력 있는 가격을 제공하지 못하는 경우가 대부분이다.

현대의 지식 전파 매개체는 컴퓨터와 스마트폰 그리고 이를 가능하게 하는 인터넷망이다. 물론 구전(강의)과 활자(책)는 여전히 유효한 지식 전파의 수단이다. 하지만 지적 수준이 어떻든 간에 대부분의 사람들이 호기심을 해소하는 주요 통로는 인터넷 검색을 통해서다. 네이버 지식인이나 위키피디아만이 아니라, 공부를 하거나 숙제를 하다 찾아야 할 정보가 있으면 구글을 검색하고, 연구와 논문에 필요한 정보 역시 먼저 해당 분야 논문을 온라인으로 검색한다.

산업계에서 필요한 정보의 획득도 마찬가지이다. 기업정보가 필요한 사람은 후버스 같은 세계 최대의 기업정보 DB에 유료 회원으로 가입해 해당 정보를 얻는다. 실리콘밸리 IT 기업의 정보가 궁금한 사람은 우선 크런치베이스를 통해 관련 기업의 기본 정보를 파악한 후 글래스도어나 링크드인을 통해 해당 기업의 정보를 조회하거나 알려줄 사람을 찾는다.

이런 정보 시스템의 핵심은 가입자 숫자이다. 이들 정보 서비스의 가입자 숫자가 캐즘을 넘어야 유용한 정보가 축적됨과 동시에 그 안에서 정보 교환의 상호 작용을 통해 정보 서비스의 가치가 급상승하는 것이다. 즉 어떤 정보 서비스의 가치는 가입자 혹은 사용자의 수와 정비례하는 것이 아니라 사용자의 수가 늘수록 기하급수적으로 올라간다. 수식으로 나타내보면 가치 $v = \text{상수}x$($x = \text{가입자 수}$)가 아니라 $v = \text{상수}^x$가 되는 것이다.

인터넷이 나오기 전 지식 전파와 정보 교환의 매체는 책이었다. 중세 이전, 그러니까 인쇄술이 발달하기 이전에 책은 무척 귀했다. 종이 자체도 비쌌지만 장인이 한 땀 한 땀 손으로 써넣는 수공에 작품이나 마찬가지였기 때문이다. 이러한 필사본은 당연한 얘기지만 목판인쇄술의 등장으로 점점 실용의 세계에서 '예술의 세계'로 밀려났고 금속활자로 인해 완전히 인쇄본으로 대체되었다. 목판인쇄술에 비해 가격경쟁력을 확보한 금속활자가 온전히 작동하기 시작한 순간, 인쇄술은 캐즘을 건넜다. 한때 고관대작의 전유물이었고 어쩌다 귀한 책을 한 권 구한 백면서생이 이를 닳도록 읽고 또 읽던 시대는 이로써 끝이 난 것이다.

책의 대중화가 가져온 사회의 발전은 앞서 말한 대로 책의 수 혹은 독자의 수에 정비례하는 것이 아니다. 책을 통해 시공간을 초월한 과학과 기술의 협업이 이루어졌고 책이 늘어날수록 과학과 기술, 사회의 발전은 기하급수적으로 증가했다. 물론 유럽에만 책이 흔해진 것은 아니었다. 애당초 표의문자 체계의 제약 조건과 활판압착기술 없이는 생산성이 나올 수 없는 금속활자의 한계를 깨닫고 목판인쇄술에 집중한 중국 역시 근대로 갈수록 책의 보급이 늘었다.

한우충동

– 대나무책으로 인해 나온 고사성어

고대 중국에서 종이로 만든 책은 대략 1세기 무렵부터 나왔다. 비단에다 글씨를 쓰던 일부 금수저들을 제외하면 그 이전까지 대부분의 책은 죽간이라고 불리던 대나무 판으로 만든 책이었다. 이 죽간은 부피와 무게가 종이에 비해 엄청나 비쌀 뿐만 아니라 유통과 보관에도 어려움이 있었다.

한우충동汗牛充棟, 책 실은 수레를 끄는 소가 땀을 삐질삐질 흘리고 집에는 대들보까지 책이 가득 차 있다는 뜻의 고사성어이다. 말만 들어서는 해당 고사성어의 주인공이 엄청난 분량의 책을 가진 것 같다. 그러나 죽간 시대에 나온 고사성어로 실제 이 정도 분량의 죽간을 종이책으로 환산하면 한두 권에 불과하다. 중국의 흔한 경서 한 권(종이책 분량)을 죽간으로 만들면 수레 하나에 다 싣지 못하는 분량이니, 한우충동이라고 해봐야 소 한 마리가 땀을 뻘뻘 흘리며 고관대작의 집으로 책 한 권을 배달하고 또 그 한 권을 보관하기 위해 방 한 칸이 필요한 셈이었다.

죽간 『손자병법』, 출처: Wikimedia

종이는 대략 기원전 2세기 한무제 때 발명되었다고 전해진다. 하지만 제조 기술상의 난점과 내구성 문제로 널리 사용되지는 못하다 채륜이 100년 무렵에 나무껍질과 어망, 천 쪼가리 등을 이용해 내구성 있는 종이를 처음으로 만들었다. '채후지'라 불린 채륜의 종이는 기존의 죽간이나 값비싼 흰 비단을 대체하며 이후 종이 출판의 시대를 열었다.

허나 이 시기에도 모든 책은 손으로 쓴 필사본이었다. 채륜이 종이, 엄밀히는 쓸 만한 종이를 개발한 한나라 시절, 책 수백 권을 가진 것은 고관대작들에게도 큰 자랑거리였다. 이후 삼국시대를 거치며 전란 통에 장서의 수는 크게 늘지 않았으나 진무제 사마염이 삼국을 통일한 진晉대에 이르면 웬만한 귀족들은 1,000권 이상, 재상쯤 되면 수천 권의 장서를 보유하게 된다.

아직 인쇄술은 등장하기도 전인데 진대에 갑자기 이 많은 책들이 어디서 나왔을까? 관운장과 여포가 주인공이던 삼국시대에는 이런 장수들에 밀려 간혹 재사才士로나 등장하며 조연에 만족했던 문사들이 천하가 통일되어 남과 싸울 일보다는 나라를 안정시키는 것이 더 중요해진 세상이 오자 전면으로 부상하기 시작했다. 전쟁의 시대에 칼과 창을 만드는 대장장이에 대한 수요가 높았다면 평화와 통치의 시대에는 사상을 익히고 전파하는 책을 만드는 이들에 대한 수요가 늘었다. 그래서 등장한 직업이 초수鈔手라는 필사하는 사람이다. 초수가 하는 필사는 용서傭書라고 불리며 당대 한미한 백면서생들의 호구지책이 되었다.

당시의 책은 몇 번 읽고 나면 폐지로 재활용되는 대상이 아니라 대대손손 전해지는 재산이었다. 종이값과 용서하는 초수들의 인건비가 비싸기도 했지만 지금처럼 자고 나면 새 책이 쏟아지는 시대가 아니었기 때문이기도 했다. 시대에 따라 다르긴 하지만 이 시절 서적의 분류는 대개 경사자집經史子集의 분류를 따랐다. 경이란 경서를 말하고 사는 역사, 자는 공자, 맹자 등 자자돌림 사상가들의 저술, 집은 시니 부니 하는 시문집을 말한다. 시문집 역시 무력이 최고인 삼국시대에는 그 귀한 종이에 병법 대신 시나 써서 책상물림들끼리 돌려보다간 여포가 가만있지 않았을 터이니 진나라 이후, 남북조 시대라고 불리던 시대에 특히 남조에서부터 유행했다(북조는 다들 알다시피 유목 민족이 세운 국가들이니 시문집에 대한 생각은 여포와 크게 다르지 않았을 것이다).

경사자집 중 사서의 종류는 진대까지 도합 100종류가 되지 않았다. 경서야 더 뻔했다. 경사자집이 후대에 가서 다시 우리에게도 친숙한 사서삼경으로 분류됐는데, 이 중 삼경에 해당하는 경서는 『시경』, 『서경』과 함께 주역이라고도 불리는 『역경』이고 여기에 『예기』와 『춘추』를 더해 오경이라고도 불렸다. 여기에 춘추삼전이라고도 불리는 『춘추좌씨전』, 『춘추공양전』, 『춘추곡량전』 등이 당대에 책깨나 읽는다는 고관대작들이 필수로 읽어야 할 책이니 이 필독서인 경사자는 전란이 끝난 진대에도 그 가짓수를 아무리 많이 쳐줘야 수백 종류를 넘기 힘들었다. 나머지 집은 앞서 말한 시문집으로 두보의 시집처럼 필독서도 있지만 대개 주변 문인들과의 교류를 통해 전해주고 전해받는 정도이니 대개의 학자 집안은 많아야 수백 권, 재상의 집에는 1,000여 권 정도가 그 상한선이었던 것이다.

이렇듯 한정적이던 장서의 종류가 평화 시대인 진대를 거쳐 남조 시대로 가면 지식이 계속 축적되면서 만 종류가 넘게 되고 양나라 때에는 드디어 책을 사고파는 책방이 등장하게 된다. 사람 손으로 필사해야 했지만 대략 500년 가까이 쌓이고 나니 돈만 있으면 일반 대중들에게까지 돌아갈 정도로 책의 수가 늘어난 것이다.

이후 당대에 목판인쇄술이 등장하며 필사본의 시대에서 인쇄본의 시대로 넘어가게 된다. 당나라가 멸망한 후 인쇄술은 오나라를 거치며 송나라 시대에 꽃을 피웠다. 남송 시대에 드디어 꿈에도 그리던 종이 가격 하락이 시작된 것이다.

남쪽의 풍부한 식물 자원을 활용하여 기존의 삼베로 만든 마지에 더해 뽕나무나 닥나무 등을 원료로 하는 피지, 대나무로 만든 죽지

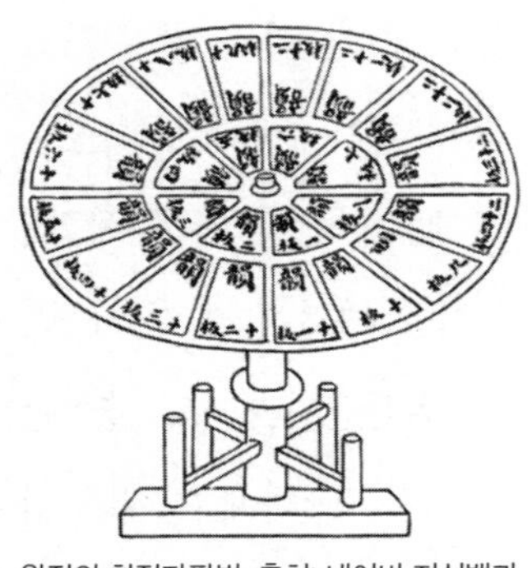
왕정의 회전자판법, 출처: 네이버 지식백과

가 개발된 것이다. 또한 중국이 하나하나 분리된 활자를 사용하는 활판인쇄술을 완전히 포기한 것은 아니었다. 14세기에는 왕정이라는 사람이 금속이 아닌 목판활자를 이용하여 필요한 활자를 찾아낼 수 있게 하는 '회전자판법'을 발명하기도 했으나 이 역시 수십만 자에 달하는 한자의 체계에 발목을 잡혀 하나의 기술적 시도로만 남았고, 그 결과 중국의 인쇄는 근대까지 대개 목판에 의존했다.

중국은 금속활자를 비롯한 활판인쇄술에서는 캐즘을 넘지 못했으나 목판인쇄술은 개량에 개량을 거듭해 근대인 명나라 시대에 오면 비교적 책이 흔해져 장서 수만 권을 가진 귀족층이 등장하고 책방을 통한 책의 대중화도 상당 부분 이루어진다. 그렇다면 파피루스나 양피지에 글을 써오다 중국으로부터 뒤늦게 목판인쇄술을 전수받고 드디어 구텐베르크가 (고려에 비하면 100년 가까이 늦게) 금속활자를 상용화시킨 유럽에서는 어떤 일이 있었을까?

이탈리아에서 꽃을 피운 독일의 금속활자

이탈리아 사람들은 피자에 대해 조금은 서운한 감정이 있을 것이다. 이탈리아 음식인 피자가 이탈리아 음식으로서가 아니라 미국 음식, 정확히는 미국으로 이주한 이탈리아 사람들에 의해 미국에 퍼지고 다시 미국에 의해 전 세계로 퍼졌기 때문이다. 나폴리 피자보다 뉴욕 피자, 시카고 피자가 더 유명한 것도 이 때문이다. 아마 김치가 일본에 의해 기무치로 세계에 퍼진다면 우리도 비슷한 기분이 들 것이다.

그렇다고 이탈리아가 그렇게 서운해 할 필요는 없다. 이탈리아도 한때 외국의 기술을 전 세계를 바꿀 기술로 꽃피워 다시 발명지로 역수출까지 했기 때문이다. 구텐베르크의 금속활자가 세상을 바꿀 기술로 태어난 곳은 르네상스 시절의 이탈리아였다.

독일 마인츠에서 태어난 구텐베르크가 활판인쇄술을 고안하기 시작한 것은 1430년대였다. 연구에 연구를 거듭해 납활자로 인쇄에 성공한 것은 1440년대 중반경으로 알려져 있다. 이후 성경을 대량으로 인쇄하며 유럽 종교개혁의 밑거름이 된 이 금속활자를 이용해 구텐베르크가 처음 상업적으로 인쇄한 것은 역설적이게도 바로 종교개혁을 불러일으킨 교황의 면죄부였다. 마틴 루터의 종교개혁은 표면적으로는 교황의 면죄부 판매에 반발하며 교황의 영향으로부터 벗어나고 싶었던 독일 선제후들의 후원으로 시작되었는데 종교개혁에는 각국의 언어로 인쇄된 성경의 보급이 결정적인 역할을 했다. 그전까지는 라틴어로 써진 성경만이 있었다. 어려운 라틴어를 모르는 일반 신자들에게 하나님의 말씀을 알리고 또 기도를 대신해주는 것은 오롯이 성직자의 몫이자 교회 권력의 원천이었다.

권력 유지의 수단이 되어버린 '티베트 불교'

성직자들이 신과의 소통을 독점하여 권력을 유지하고자 하는 모습은 오늘날에도 지구

곳곳에 여전히 남아 있다. 히말라야 기슭의 티베트 불교 승려들은 일반 신자들의 문맹률을 해소하는 데는 큰 관심이 없다(티베트의 문맹률은 50%, 네팔의 문맹률은 40% 이상이며, 국민들이 가장 행복하다는 부탄의 문맹률은 1980년대까지 80%가 넘다가 최근에야 50%대로 낮아졌다). 글을 못 읽는 일반 국민들을 위한다며 티베트에서는 마니차라고 부르는 둥그런 통을 한 번 돌리면 경전을 한 번 읽은 것으로 쳐준다거나 몸의 다섯 군데가 땅에 닿는 큰절의 일종인 오체투지를 하면 극락왕생을 한다거나 하며 국민들을 무지의 세계에 가둬두고 있다. 제대로 된 성직자라면 무지몽매한 백성들이 길에서 고행을 할 시간에 그들에게 글을 가르쳐 경전을 읽고 세상에 필요한 지식을 쌓게 하는 것이 우선 아닐까?

돈이 없어 학교를 짓지 못하는 것이 아니다. 전 세계에는 이들 국가들을 도우려는 ODA, EDCF 같은 국가별 원조 기금들이 엄청나게 쌓여 있다. 이들 국가에서는 단지 자국어를 읽고 쓰며 가감승제를 할 수 있게 가르쳐줄 선생님과 교실이 필요할 뿐이다. 이들 초급 교사를 양성하는 2년제 교육대학을 만드는 것 역시 상수도 개량 사업에 비하면 푼돈일 뿐이다. 다만 아무리 원조를 주는 쪽이라도 내정간섭이 되니 기금으로 학교를 지어라 도로를 놓아라 지정하지는 않는다. 보통 컨설턴트라고 불리는 거간꾼들이 주로 인프라 스트럭처 분야의 기업들과 협력하여 이들 정부에 제안을 하고 해당 정부에서는 이들이 만들어준 자료를 가지고 국제기구에 원조를 요청한다. 원조해주는 사람 입장에서는 어느 산간 마을 땅속에 보이지도 않는 상수도관을 묻어주는 것보다는 학교를 짓고 운동장 한쪽에 공덕비라도 하나 세워두는 것이 돈도 덜 들면서 폼은 더 나는 일이다. 해당 국가 정부가 원하기만 한다면 말이다.

티베트 마니차, 출처: Wikimedia

아이러니하게도 나랏말싸미 듕귁에 달아 어린 백성이 글을 못 읽으니 내 이를 어여삐 여겨 마니차를 돌리면 경전을 읽은 것으로 퉁쳐주겠노라는 달라이 라마의 측은지심이 중국의 통치에 의해 도전을 받고 있다. 린포체, 즉 죽은 달라이 라마가 어린아이로 환생해 다시 달라이 라마가 된다는 이 극단적인 권력 세습이 국민들의 교육 수준이 서구 수준으로 올라간 다음에도 통할 것이라고 믿는 사람은 아무도 없을 것이다. 어느 집 어린아이가 죽은 달라이 라마의 환생인지를 고승들 몇이 모여 자기들끼리 검증하여 후임을 결정하는 현재 티베트의 권력 세습 제도는 교황이 죽으면 추기경들이 탑 안에 모여 방문을 걸어 잠그고 차기 교황을 선출하는 카톨릭의 방식과 소름 끼칠 만큼 유사하다. 교황과 달라이 라마는 공식적으로는 후사를 남길 수가 없고 특권 성직자들이 모여서 후임을 결정하는 귀족정의 형태를 보이는 것이다.
국민들의 문맹률을 높게 유지해 권력을 독점하려는 종교 지도자들에 반해 중국 정부는 오히려 문맹률을 낮추려고 한다. 이를 통해 티베트 종교 지도자들의 권위를 떨어뜨리고 또 그동안 속고 살아왔다는 생각을 국민들에게 심어주어 내부 갈등을 조장할 수 있다고 생각하기 때문이다. 중국 정부는 소수민족 교육 프로그램을 강화해 티베트의 교육 수준을 빠르게 높이고 있다. 세상에서 가장 위험한 토론이 정치토론과 종교토론인데 이 문제는 이 둘을 다 결합하고 있어 민감한 주제이긴 하다. 다만 중국이 티베트에서 행하는 만행이라는 것은 중국을 견제하려는 미국의 일방적인 시각이라는 점은 분명하다. 실제 티베트에서 만연하던 노예제도와 채찍질, 사지절단형 등은 중국이 티베트를 지배하면서 폐지되었다. 중국이 지배하기 직전인 20세기 중반까지도 티베트 최대 사원인 드래풍 사원은 300개의 농장과 2만 5,000명의 노예를 거느리고 있었고, 티베트의 군사령관은 3,500명의 개인 노예를 소유하고 있었다. 1959년 중국의 지배에 항거해 티베트에서 발생한 최초의 폭동은 중국이 노예를 풀어주자 이에 반발한 노예주들이 일으킨 폭동이었다.

티베트에서는 현재진행형인 종교개혁이 유럽에서는 약 500년 전에 시작되었다. 루터의 종교개혁은 구텐베르크가 죽은 후에 시작되었고 구텐베르크가 남긴 인쇄술이 종교개혁의 확산에 지대한 기여를 했다. 사실 구텐베르크는 교황청의 역점 사업으로 당대에 가장 인쇄 수요가 높았던 면죄부를 인쇄하며 돈을 번 것뿐이다. 그러니 구텐베르크는 사상가나 인류의 개혁을 꿈꾸던 르네상스인이라고 보기보다는 탁월한 발명가이자 엔지니어, 그리고 사업가라고 보는 것이 타당할 것이다.

15세기에 발명된 구벤베르크의 금속활자 인쇄술은 독일에서 처음에는 면죄부를 찍다 종교개혁 이후에는 주로 성서를 인쇄하는 데 사용되었고, 16세기 르네상스가 시작된 이탈리아로 기술이 수출되면서 본격적으로 인류의 역사를 바꾸기 시작한다. 구교에서 신교로 이름만 바뀌었지 여전히 성직자들이 지배한 알프스 북쪽 지역과는 달리(종교개혁가들은 개혁이 성공한 후에는 보다 엄격하고 무자비한 신앙생활을 강조했다) 이탈리아의 르네상스는 유럽의 중세를 암흑으로 만들었던 종교의 속박에서 벗어나 인문학과 과학기술에 대한 사람들의 본연의 호기심을 충족시키기 시작했던 것이다.

> 필사가가 없는 수도원은 무기가 없는 성과 같다.
>
> – 중세 수도원 격언

삼국시대의 전란이 끝난 후 찾아온 중국의 르네상스 시대에 책의 확산으로 등장한 직업이 초수, 즉 필사가였다면, 유럽 역시 양피지 시대를 끝내고 중국으로부터 종이가 전해진 후로는 이 필사가라는 직업이 유럽의 선비라고 할 수 있는 인문주의자들의 호구지책이 되었다. 중세 암흑기에는 상속 경쟁에서 탈락한 막내아들이나 서자들이 성직자가 되어 산속 수도원으로 쫓겨났다. 어려서 교육은 잘 받았으나 이제는 그 학식을 써먹을 길이 없어진 수도사들은 긴긴 밤을 그리스어와 라틴어로 된 고문서를 필사하면서 마음을 달랬고 수도원 재정에 도움을 주기도 했다.

중국의 종이가 서구에 전해진 계기는 8세기경 고구려 유민 출신으로 당나라 장군이 된 고선지가 이슬람과 전투를 벌여 대차게 패했던 중앙아시아의 탈레스 전투였다. 고선지 장군이 이슬람 정복을 위해 10만의 당군을 이끌고 타슈켄트 인근에서 아바스 왕조를 상대로 벌인 이 전투에서 당나라가 참패를 하며 중국의 서진이 저지되었다. 이슬람과 중국 사이에서 줄타기를 하며 불교를 믿었다 이슬람을 믿었다 양측의 간을 보던 투르크 족들이 이때 결정적으로 이슬람을 받아들이게 되었다. 이 패배로 당군 수만 명이 포로로 잡혀갔는데 그 수가 워낙 많다 보니 이 중에는 당시에 중국이 국가비밀로 공개를 꺼리던 종이 제조 기술자도 섞여 있었던 것이다.

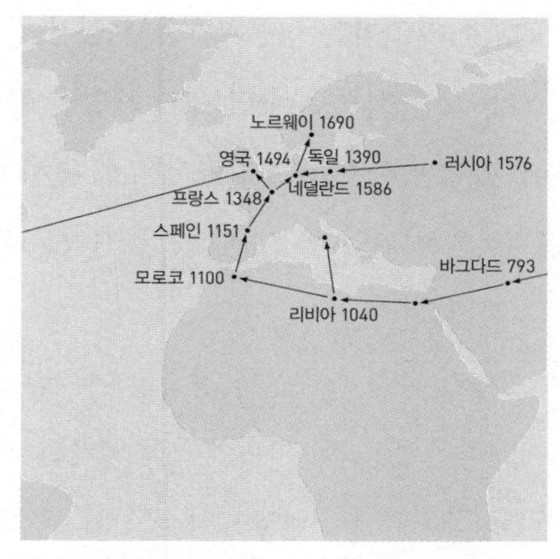

종이의 유럽 전파, 출처: www.brainage.egloos.com

사실 이때는 종이가 서구에 전해졌다기보다는 이슬람 세계에 전해진 것이다. 이슬람에 전해진 종이가 서서히 주변으로 퍼져나가면서 유럽 본토에 상륙하기까지 무려 300년의 세월이 더 걸렸다. 사실 역사는 어느 정도까지는 우연과 사건의 결과이기도 하다. 종이가 한 문명에서 다른 문명으로 전해진 계기는 종이의 주 사용목적인 지식의 전파와 문명 교류의 결과가 아니었다. 탈레스 전투로 종이가 중국에서 이슬람으로 전해진 후로 같은 이슬람권인 이집트와 모로코에 전달되는 동안 정작 같은 거리의 유럽 중심부로 전파되지는 않았다. 종이는 이슬람 세력이 이베리아 반도를 점령하면서 유럽의 반대편인 스페인으로 전해졌고 이후 스페인의 이슬람 세력이 약화된 후에야 유럽 중심부로 퍼진 것이다.

이렇듯 실크로드니 페이퍼로드니 하는 교역 통로를 통한 문명의 교류는 사고파는 상품에 국한되었지 실제 기술이 전파된 것은 아니었다. 요즘 식으로 하면 내가 개발한 특허로 물건을 만들어 (비싼 값에) 팔기는 하지만 그 교역 경로를 통해 특허나 원천기술을 전달해주는 것은 아니었다. 원천기술은 전쟁을 통해, 패한 쪽에서 이긴 쪽으로 전해졌다.

8세기 무렵 스페인을 정복한 이슬람 세력은 공식적으로는 1492년 이베리아 반도 최후의 이슬람 국가인 나스르 왕조가 기독교 세력에 의해 정복되면서 알함브라 궁전의 추억만을 남긴 채 쓸쓸히 역사에서 퇴장한 것으로 알려져 있다. 하지만 8세기 이베리아 반도를 점령하고 야심차게 피레네 산맥을 넘어 유럽 정복을 꿈꾸다 프랑코 왕국의 샤를마뉴 대제에게 한 방 크게 맞고 피레네 산맥 남쪽으로 후퇴해 이베리아에 머물게 된 이슬람 세력은 11세기 무렵부터 세력이 크게 약화되었다. 이베리아 반도 내 기독교 세력들의 지속적인 반격도 있었지만 무엇보다 정복을 통한 성장의 길이 막힌 채 한자리에 오래 머물면서 내분이 심화된 탓이 컸다. 이베리아 반도의 이슬람 세력은 조각조각 쪼개져 각자의 소왕국으로 분열되었다. 국가나 기업이나 성장을 못 하고 한자리에 오래 머물게 되면 내부 갈등만 커지는 것이다.

다행인지 불행인지 이슬람 세력이 샤를마뉴 대제에게 패한 이 전투에서 종이 기술이 유럽 본토로 넘어가지는 않았다. 비슷한 시기에 탈레스 전투를 통해 이슬람으로 전해진 종이 제조 기술이 아직 스페인 지역의 이슬람 세력에까지는 전해지지 않은 시기였기 때문이다. 이슬람의 최동쪽인 타슈켄트 지역으로 전해진 중국의 종이 제조 기술이 이슬람의 최서쪽인 당시 이슬람 지배하의 스페인으로 전해진 것은 남쪽의 이슬람권인 바그다드와 이집트, 모로코를 건너건너 거치면서 300년이 지난 11세기 무렵이었다.

그러니까 중국의 종이 기술이 '서방'에 전해진 것은 8세기경이고, 지금의 유럽 지역인 스페인에 종이 제조 기술이 전해진 것은 11세기 무렵이 맞지만 이것을 유럽에의 전파라고 보는 시각은 좀 무리가 있다. 당시의 스페인은 이슬람이 점령한 지역이었기 때문이다. 종이 제조 기술이 유럽 본토에 전해진 것은 이베리아 반도에서 이슬람 세력이 군소왕국으로 쪼개져 세력이 약화된 13세기 무렵이다. 이슬람의 스페인 지배가 완전히 막을 내린 것은 1492년이었지만 이슬람 세력이 약화되면서 종이 제조 기술자들이 피레네 산맥을 넘어 프랑스로 유출된 것이다. 탈레스 전투 이후 500년 만이고, 채후지가 탄생한 지 무려 1,200년 만이었다.

중국의 종이가 중앙아시아의 타슈켄트를 거쳐 중동의 이라크로, 다시 북아프리카의 이집트와 모로코로, 지브롤터 해협을 건너 유럽의 서쪽 끝인 스페인으로 상륙해 결국 피레네 산맥을 넘어 유럽 본토에 들어오는 그 지난한 기간 동안 중세 유럽의 수도사들은 긴긴 밤 양피지에 옛날 책들을 필사하면서 세월을 보냈다. 종이가 상용화되기 이전의 죽간에 비교될 만한 유럽의 양피지는 벌레가 잘 먹는다는 단점은 있으나, 죽간보다 가볍고 무엇보다 그 위에 지우고 덧쓸 수 있다는 장점이 있었다. 양피지는 수시로 재활용했다. 양 한 마리 잡아 가죽을 벗겨봐야 이를 가공하고 부드럽게 만들어 깃털펜으로 글을 쓸 수 있게 만들면 불과 서너 장밖에 안 나오기 때문이다. 양피지라고는 불리지만 실제는 염소, 송아지 등 부드럽게 만들 수 있는 가죽이면 가리지 않고 쓰였다. 보통 300페이지짜리 책 한 권 만들려면 양 100마리를 잡아야 했다. 그러니 재활용법은 종이건 양피지건 쓸 재료 자체가 귀했던 시절에 효용가치가 없어진 과거의 지식들을 지우고 금쪽같은 교황님의 말씀을 새로 써서 보존하는 데 아주 유용하게 쓰였다. 르네상스가 시작되며 사람들이 기억 속에 아련히 간직된 옛 고전들을 다시 찾아 나서기 전까지는 말이다.

르네상스가 시작된 이유는 다양한 요인이 있겠으나, 14세기에 시작된 르네상스는 바로 100년 전에 들어온 종이의 영향을 크게 받았다. 13세기 유럽 본토에 상륙한 종이 제조 기술은 지식의 확산과 고전의 재발견 열풍에 없어서는 안 될 토대를 제공했고, 결국 지중해 무역을 독점하며 부를 축적한 이탈리아 지역 신흥 재벌들의 과학기술과 법률, 의학 지식에 대한 필요가 르네상스를 촉발하는 한 요인으로 작용했다.

'책 사냥꾼'은 종이의 유입과 르네상스 시대정신이 만들어낸 직업 중 하나다. 유럽에 종이가 유입되자 필사가들에 대한 수요가 크게 증가하여 수도사들만으로는 수요를 충당할 수 없게 되었다. 또한 필사가들의 수가 늘어남에 따라 남들이 필사하지 못한 새로운 콘텐츠를 찾고자 하는 열망이 생겨났다. 남들이 미처 발견하지 못한 새로운 지식을 찾아서 재빨리 베껴내야 보다

양피지에 시리아어로 번역된 그리스의 갈렌 의학서. 6세기에 필사된 의학서를 11세기에 지우고 찬송가를 필사했다. 출처: 〈Koreatimes〉, 〈뉴욕타임스〉 특약

많은 돈을 벌거나 명성을 얻지 않겠는가. 종이의 공급이 늘면서 더 이상 필사는 산속에 틀어박힌 수도승의 전유물이 아니게 되었다. 그러자 중국의 백면서생들처럼 르네상스 시절의 많은 인문주의자들이 전업으로 혹은 부업으로 필사의 길에 들어섰다. 그리고 이들은 필연적으로 베껴 쓸 새로운 책을 찾아 나섰다.

이들이 먼저 주목한 곳은 수도원이었다. 학식 있고 시간 많은 수도사들에 의해 수많은 책이 필사되어 보관되어온 장소였기 때문이다. 이 수도원에서 수많은 고전이 발견되었다. 스티븐 그린블랫은 퓰리처상을 수상한『1417년, 근대의 탄생: 르네상스와 한 책 사냥꾼 이야기』에서 인문주의자 필사가 포조 브라촐리니가 독일의 한 수도원에서 고대 로마의 철학자 루크레티우스가 쓴『사물의 본성에 관하여』를 발견하고 이를 번역해 필사한 것을 근대의 시작으로 보고 있다. 6권으로 된 이 책은 서사시로 서정적 아름다움, 종교와 철학, 질병과 죽음, 다양한 인간세계와 물질세계에 대한 호기심을 다루고 있다.

그린블랫은 본인의 저서에서 포조를 최초의 책 사냥꾼으로 묘사하지만 실제 가장 유명했던 당대의 책 사냥꾼은 르네상스의 아버지로 불리는 프란체스코 페트라르카였다. 그린블랫이 페트라르카가 아니라 비교적 덜 알려진 포조를 주인공으로 책을 쓴 이유는 뭘까? 우리나라로 비유하자면 이순신에 대한 일화는 워낙 잘 알려져 웬만큼 새로운 시각에서 해석을 하지 않으면 사람들의 시선을 끌 수 없기 때문이 아니었을까. 그 바닥에서 웬만하면 다 아는 페트라르카의 이야기를 또 써서 퓰리처상을 받기란 참 어려운 일일 것이다.

철학을 공부하고 싶었지만 사법고시를 보라는 부모의 압력으로 억지로 법대에 진학했다는 흔한 법대생 스토리처럼 문학을 사랑했던 페트라르카 역시 등록금을 대주는 아버지의 명에 따라 최초의 대학으로 이름 높은 볼로냐 대학에 들어가 막 수요가 높아지기 시작한 법학을 전공했다. 하지만 이 뼛속까지 말랑말랑한 인문주의자는 성당에서 한 여인을 만나 연애시를 쓰기 시작하면서 법 공부는 제쳐 놓고 한평생 이 여인을 그리는 시만 쓰게 된다. 아이러니하게도 이 인문주의자는 당대의 서울 법대라고 할 수 있는 볼로냐 대학에서 법학을 공부한 학벌 덕을 크게 보았다. 비록 달착지근한 연애시만 쓰며 평생을 보냈지만 당대 유럽 어디 가서도 통하는 '나 볼로냐 법대 나온 남자야'라는 학벌 덕에 교황청 외교 사절이 된 것이다.

이제 페트라르카는 교황청 장서고뿐만 아니라 유럽 각지의 주교관과 수도원의 장서고에 잠자고 있던 옛 서적들에 누구보다 자유롭게 접근할 수 있게 되었다. 키케로의 서한문 「아르키아스를 위하여」를 벨기에에서 발견하고, 프로페르티우스의 필사본을 파리에서 발견한 것도 바로 페트라르카였다.

수도원에서는 서로가 보유한 책을 바꿔가며 필사본의 양을 늘려갔다. 중세 초 수십 권의 장서 목록이 인쇄술이 나오기 직전인 15세기가 되면 추기경이나 교황청 도서관의 장서는 수천 권에 이르게 된다. 중국으로 치면 송대에 고관대작들이 갖춘 장서들의 수와 비슷해지는 것이다. 종이도 아닌 양피지로 된 장서의 수가 이렇게나 많아지게 된 까닭은 라틴어와 그리스어를 자유자재로 읽고 쓸 정도로 교육은 잘 받았으나 가문의 영지까지는 물려받지 못하고 수도원으로 쫓겨나 평생을 남의 책이나 베껴 쓰며 보내게 된 귀족 가문 셋째 아들들의 무한 공급과 1,000년을 버티는 양피지의 강한 내구성 덕분이었다. 양피지로 된 책 한 권을 필사하는 데 숙련된 필경사들도 보통 6개월이 걸렸다. 골방에서 희미한 촛불에 의지해 필사를 하던 수도사들이 눈이 침침해지는 50대까지 평생 필사를 해봐야 50~60권이 한계였다. 이렇게 옆구리만 찔러도 한 많은 인생사가 줄줄 나오는 귀족 가문 막내아들 수백 명의 땀과 한에 더해 양 수만 마리가 요단강을 건너가야 한 수도원의 장서고가 완성되었다. 마침내 종이가 도입되자 이 사람과 양의 한이 함께 서린 많은 수도원들이 책 사냥꾼들의 주무대가 되었다.

움베르토 에코의 『장미의 이름』에서 묘사되듯이 수도원의 장서고는 중세 암흑기 내내 고대부터 내려오는 인류의 지식을 보관하는 노아의 방주로, 또 그 파괴 장소로 상반된 기능을 하며 이어져왔다. 기원전 5세기에 쓰여진 그리스 3대 극작가 아이스킬로스의 비극은 10세기 무렵 양피지에 필사돼 수도원에 보관되어왔고 이는 현존하는 가장 오래된 양피지 필사본으로 알려져 있다. 아리스토텔레스와 키케로, 세네카 등 우리가 아는 수많은 그리스와 로마인들의 사상과 철학은 알렉산드리아 도서관이 불에 탄 후 이런 식으로 우리에게 전해졌다.

수학자 아르키메데스의 이름을 모르는 사람은 없을 것이다. 문헌상에만 존재하던 아르키메데스의 업적이 발견된 것도 바로 이 양피지 문서를 통해서이다. 아르키메데스가 연구한 조합론(도형을 서로 다른 조합으로 만드는 방식, 이 문서에서 아르키메데스는 14개의 정사각형을 17,152가지 방법으로 536개의 서로 다른 정사각형을 만드는 방법을 제시한다)은 중세의 열혈 신앙인이 양 100마리를 잡아야 나오는 귀한 양피지에 적힌 뜻 모를 네모들을 싹 지워버리고 적었던 기도문에서 발견되었다. 옛날 양피지에 자외선 촬영을 해 후대에 긁어버린 전대의 활자를 읽어내는 방법으로 고서를 복원하고 있다. 수많은 고대 사상가들의 저작이 중세 수도사들의 뜨거운 신앙심에 밀려 역사 너머로 사라졌다. 필경사 수도승들은 칼과 붓을 이용해 양피지에 쓰여진 옛글들을 지워버리고 당대에 필요한 책들을 다시 필사했다. 키케로의 국가론은 아우렐리우스의 『명상록』을 필사한 양피지에서 희미하게 지워진 자국으로 발견되었고, 지금까지 단 한 부만 발견된 세네카가 남긴 서한 위에는 성경이 다시 필사되어 있었다.

하지만 사라진 책들이 더 많았다. 엄청난 작품을 남긴 것으로 알려진 에피쿠로스의 수많은 저작들은 기록으로만 남아 있고 단 한 권도 온전히 남아 있지 않다. 대표적인 유물론자로 신을 미신으로 치부한 그의 글들은 중세 수도원에서는 지워버리고 성경을 필사할 적폐 1호로 꼽혔을 것이다. 5세기 말 스토바이우스라는 사람이 고대 최고의 작가들의 책 목록을 만들었는데 여기 나온 1,430개의 목록 중 1,115개는 아직까지 발견되지 않고 있다(알렉산드로 마르쵸 마뇨, 『책공장 베네치아: 16세기 책의 혁명과 지식의 탄생』, 책세상, 2015).

르네상스 시대 책 사냥꾼들이 찾아내 부활시킨 수도원의 장서들은 곧이어 다가온 인쇄술의 시대에 금속활자로 다시 부활하여 르네상스에 이어 펼쳐진 과학혁명의 시대, 산업혁명 시대를 이끌어낸다.

이탈리아 최초의 인쇄소는 중부 티볼리 지역의 수도원에 설치되었다. 왜 하필 수도원에 인쇄소가 설치되었을까? 인쇄술이 독일에서 이탈리아로 건너오기 전, 독일의 인쇄소에서는 대개 성경을 찍어냈다.

그러다 보니 수도사들 중에 인쇄기술을 익혀 사역을 하는 이들이 많았기 때문이다. 티볼리의 수도원에 있던 인쇄공들은 대부분 독일 출신이었다. 하지만 이들이 고향 독일을 떠나 이탈리아까지 온 이유는 성경을 찍기 위해서가 아니었다. 성경이라면 교황에게 파문당할 우려를 아예 없애버리고 마음껏 권력투쟁을 하기 위해 신교로 개종한 제후들과 이 제후들의 후원으로 라틴어 성경을 각지의 방언으로 번역해 민중들에게 하나님의 복음을 직접 전달해주려는 열망에 들뜬 종교개혁가들의 전폭적인 지원을 받아가며 고향인 독일에서 마음껏 찍어낼 수 있었다. 『책공장 베네치아』를 쓴 알렉산드로 마르쵸 마뇨가 같은 책에서 조사한 바로는 15세기 유럽 전역에서 출판된 서적의 45%가 종교서적이었던 반면에 베네치아에서 종교서적의 비율은 26%에 불과했다. 당시 베네치아가 유럽서적의 절반 이상을 찍어냈다는 점을 고려하면 베네치아 외의 지역에서는 절반 이상이 종교서적이었을 것이다.

이들이 이탈리아로 와서 찍어낸 서적들은 이제 막 르네상스가 시작된 이탈리아에서 수요가 폭발적으로 늘기 시작한 그리스와 로마의 고전들이었다. 그리고 이러한 책들은 인쇄술의 본향이지만 때마침 불어닥친 종교개혁의 소용돌이에 휩싸여 다양한 서적에 대한 수요가 증발하고 오직 성경만을 부르짖던 독일보다는, 비록 교황청의 입김이 세지만 이슬람과 지중해 무역의 중심지로 성장한 베네치아에서 수요가 높았다. 법률과 문법 등 상업적 거래를 완성하기 위한 사회적 기술에 대한 수요가 있었고, 얼마 안 되는 인구로 이슬람 세력에 맞섬과 동시에 우방인 서구 세력과의 힘겨루기에 과학과 군사기술이 필요했기 때문이다. 이들은 해답을 고대 로마인들의 법률과 과학기술, 그리스인들의 논리학과 웅변술에서 찾으려고 했다. 또한 지중해 무역으로 막대한 부를 쌓은 베네치아의 상인귀족들은 사업이 궤도에 오르고 주머니가 두둑해진 부자들이 으레 그러하듯, 문화를 향유하고자 하는 욕구가 높아졌다.

르네상스 시대 베네치아의 서점에서 가장 비싸게 팔린 책들은 법률서적이었다. 무역의 중심지로 수많은 거래와 금전대차 계약을 해야 하니 당연한 일이기도 했지만 비교적 적은 수의 인구로 막대한 부를 지키기 위해서는 용병계약이 필수였다. 이탈리아의 도시국가들은 대개 도시 단위로 '꼰도띠에로'라고 불리는 북부의 스위스나 독일인 용병대장들과 연 단위로 용병계약을 맺었다. 아무리 용맹한 용병들이라고 해도 돈 때문에 죽고 싶은 사람은 별로 없었다. 많은 경우 용병들은 만나서 직접 전투를 벌이지 않았다. 대신 넓은 들판에서 서로 잘 보이게끔 진을 치고는 각자 병사들의 숫자와 무기 종류, 그리고 무엇보다 잘 훈련된 병사들이 톱니바퀴처럼 돌아가는 화려한 열병식을 보여주며 서로의 무력을 가늠하게 했다. 그리고 이렇게 상대방의 숫자와 무장 수준, 훈련 수준을 파악한 후에는 양측의 용병대장들끼리 모여 앉아 협상을 통해 승패를 결정하는 경우가 많았다. 우리에게 낯익은 중세와 근대 유럽 군사들의 화려한 복장과 열병식은 바로 이러한 용병문화에서 유래했다. 상대방의 간을 보면 싸워서 누가 이길지 대충 견적이 나오는데 굳이 이웃나라 왕을 위해 실제 용병들끼리 죽기 살기로 싸움을 벌이는 경우는 별로 없었다는 것이 통설이다. 마키아벨리에 따르면 1440년에 벌어진 안기아리 '전투'에서는 단 한 명의 전사자도 나오지 않았다고 한다.

그러다 보니 이 시대에 가장 복잡한 계약 문서는 바로 이 용병계약 문서였다. 단지 보병, 기병 몇 명이 참전하면 사람 수당 얼마를 준다는 계약 수준이 아니었다. 계약의 이행을 담보하기 위해 국가와 용병대장은 보증인을 내세웠고, 유명한 용병대장들은 서로 보증을 서주었다. 용병들이 정작 자신들을 고용한 도시를 약탈하는 경우가 워낙 많았기 때문이다. 이 용병계약서에는 병사뿐 아니라 말이 죽거나 다쳤을 때, 손상된 무기에 대해 얼마를 보상한다는 내용까지 빼곡하게 적혀 있었다. 심지어는 거짓으로 말이 죽었다고 한 뒤 돈을 타내는 일이 비일비재했기 때문에 말이 죽었을 때 말의 사체 일부를 누구에게 보여주고 확인을 받는다는 조항까지 생겨났다. 15세기 이탈리아에서 쓰여진 한 용병계약 문서는 수십 페이지에 달했다. 계약서 세부 조항들을 꼼꼼히 따지는 서구의 문화는 서로의 목숨을 담보로 돈을 주고받는 용병계약 문화에서 나왔다고 해도 과언은 아니다.

이런 용병문화는 화약의 보급으로 대포가 상용화되고 병사들의 화려한 복장과 열병식으로 서로의 우열을 가리기보다는 숨어 있다 먼저 쏘는 사람이 승자가 되는 세상이 오자 눈 녹듯이 사라졌다. 16세기 초, 대포로 무장한 프랑스군이 이탈리아를 침공하자 이를 막기 위해 용병이 출동했다. 늘 하던 대로 적당한 핏의 순모 재킷을 입고 치렁치렁한 붉은 술을 늘어뜨린 패셔니스타 용병들은 아군 수를 한 명이라도 더 보여주기 위해 탁 트인 들판에서 세기 쉬우라고 줄까지 잘 맞춰 프랑스군 앞으로 행군해갔다. 그리고 프랑스군이 이들의 머리 위에 포탄을 퍼붓자 용병들은 말 그대로 자취를 감추었다. 대포가 나오면서 죽을 위험이 높아지자 아무도 용병을 하겠다고 나서지 않게 된 것이다.

용병의 전설, 스위스 용병

물론 어느 경우나 그렇지만 예외도 있다. 별로 죽기 살기로 싸우고 싶지는 않았던 용병문화에서 가장 널리 알려진 예외는 실제로 죽기 살기로 싸웠던 스위스 용병일 것이다. 지금이야 작은 약소국으로 찌그러져 있는 오스트리아는 중세와 근대 시절만 해도 그 대단한 합스부르크 왕가였고 바로 지척의 합스부르크를 수백 년 동안 막아내며 독립을 유지한 나라가 스위스였다. 합스부르크의 주력은 중세 시대의 전차부대라고 할 수 있는 기병인 반면 궁벽한 산촌인 스위스는 대부분 보병이었다. 그런데 스위스는 모르가르텐 전투에서 승리한 후부터 대군을 격파한 젬파흐 전투를 비롯한 수많은 전투에서 산악과 평지를 가리지 않고 유럽 최강 합스부르크의 기병을 보병으로 격파했다. 그러자 이 중세의 사기캐릭인 스위스군에 용병 요청이 쇄도하기 시작했다.

말과 무장한 종자까지 거느리기 위해서는 전투 기술 외에 경제력까지 겸비해야 했기 때문에, 엘리트 기사계급으로 구성된 기병대가 창과 방패만으로 무장한 보병보다 전투적으로 우월한 것은 상식이었다. 하지만 이스라엘의 전쟁사학자 아자 가트Azar Gat는 고대 아시리아부터 근대의 아프리카까지 기병대와 보병 간의 전투를 연구한 끝에 다음과 같은 결론을 내렸다.

"일반적으로 기병이 보병에 우위를 점한 것은 사실이지만, 자유시민으로 구성된 보병은 기병을 격파한 경우가 많았다."

유일한 예외는 예니체리 군단으로 잘 알려진 오스만투르크의 보병대일 것이다. 어려서 잡혀와 전쟁기계로 키워진 노예병들로 구성된 예니체리 보병군단 덕분에 오스만투르크는 중동의 패권을 장악하고 서유럽까지 위협할 수 있었다. 최근 크게 히트 친 미국드라마 〈왕좌의 게임〉에서 여왕 대너리스 타르가르옌에게 절대 복종하는 전쟁기계로 구성된 노예군단, '무결병The Unsullied'이 바로 예니체리 군단을 모티브로 한 것이다.

보병들이 쓰던 방진, 우리가 흔히 〈300〉 같은 영화에서 보는 팔랑크스Phalanx라고 불리던 중장보병의 밀집 대형은 고대 그리스에서 유래되었다. 팔랑크

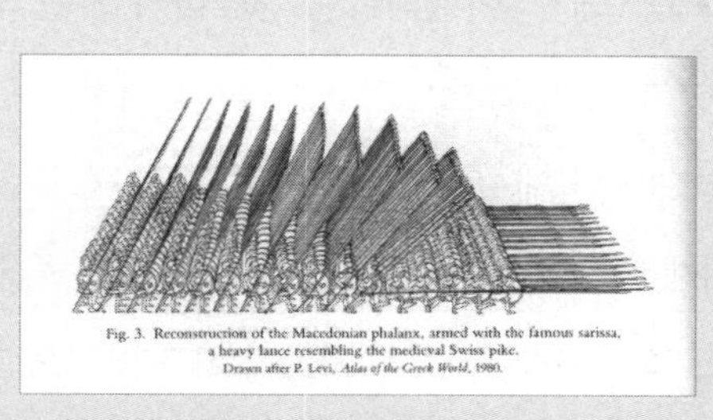
Fig. 3. Reconstruction of the Macedonian phalanx, armed with the famous sarissa, a heavy lance resembling the medieval Swiss pike. Drawn after P. Levi, *Atlas of the Greek World*, 1980.

그리스의 팔랑크스 대형, 출처: Atlas of the Greek World

스를 만들어낸 그리스군은 자유시민으로 구성되었고, 그리스 보병은 이 밀집 대형으로 페르시아의 기병을 격파했다. 하지만 스위스를 제외한 중세 유럽의 보병들은 그리스의 밀집 대형은 이어받았지만, 자유시민으로 구성된 군대라는 전통은 이어받지 않았다. 잘 훈련된 엘리트 전사인 기병대가 팔랑크스의 창벽을 뛰어넘을 때, 끌려온 농민으로 구성된 보병의 밀집 대형은 흩어졌지만 전투의 승패가 곧 자신과 가족들의 안위였던 자유시민으로 구성된 보병의 밀집 대형은 오히려 단단히 뭉쳐졌다.

빈사의 사자상, 출처: Wikimedia

스위스 용병의 낭만적인 일화가 절정에 달한 것은 아마도 프랑스 대혁명 시절이었을 것이다. 베르사이유를 탈출하다 발각되어 튈르리 궁에 유폐된 루이 16세와 마리 앙트와네트를 마지막까지 지키던 것은 이미 시민군이 되어버린 프랑스군이 아니라 바로 이 스위스 용병대였다. 혁명 이후 앙트와네트의 친정인 오스트리아와의 전쟁에서 프랑스가 수세에 몰리며 여론이 악화되자 프랑스 시민군은 튈르리 궁으로 몰려가 왕과 왕비를 탑에 가두고 결국 재판을 열어 사형을 선고한다. 루이 16세와 가족들이 끌려가던 당시, 먹고살자고 용병 일을 하러 온 이웃나라 평민들을 굳이 죽이고 싶지는 않았던 프랑스 시민군은 제발 살아서 집에 가시라며 부탁에 가까운 퇴각 요청을 거듭했다. 하지만 프랑스 왕실과의 계약 기간이 남았다며 이를 묵살한 700명의 스위스 근위대는 마지막 남은 한 명까지 시민군에 맞서 버림받은 왕과 왕비를 지키다 모두 전사한다.

스위스 루체른에 가면 먹고살기 위해 남의 나라 왕에게 충성도 모자라 목숨까지 바쳐야 했던 선조들의 슬픈 역사를 기록한 조각이 있다. 스위스의 영원한 숙적, 합스부르크의 딸인 마리 앙트와네트를 지키다 튈르리 궁에서 전멸당한 스위스 용병들을 기리기 위해 후손들은 루체른 호숫가의 커다란 자연석에 빈사의 사자상Löwendenkmal을 새겨 넣었다. 사자는 프랑스 부르봉 왕가의 문장인 백합을 새긴 방패 위에서 고통에 신음하며 죽어가고 있다. 마크 트웨인은 이 사자상을 보고 '세상에서 가장 슬픈 바위'라는 말을 남겼다.

창을 든 교황청 스위스 근위대, 출처: Catholic Herald

이들이 전세를 뒤집을 수 없는 상황에서도 끝까지 신의를 지키고 죽어간 것은 『삼국지』에 나오는 영웅호걸들처럼 천하를 손에 넣겠다는 원대한 포부나 대의가 아니었다. 자신들이 죽기로 싸워 스위스인들이 계속 용병으로 고용되어야 고향에 있는 처자식이 생계를 유지할 수 있기 때문이다. 실제 스위스와 합스부르크의 전쟁은 먹고살기 힘들었던 스위스군이 합스부르크의 영토를 먼저 약탈하면서 시작된 경우가 많았다. 스위스 용병대가 계약 기간이 남았다며 퇴각을 거부하고 몰살당한 일은 프랑스에서만이 아니었다. 교황청을 지키던 스위스 근위병들은 스페인이 침공했을 때도, 나폴레옹이 쳐들어왔을 때도 모두 전멸에 가까운 피해를 입으면서 교황을 지켜냈다. 2차 세계대전 당시 독일군이 교황청에 들이닥치자 이런 역사를 너무 잘 알았던 교황 비오 12세는 생애 마지막 전투를 준비하고 있던 근위병들을 찾아가 간곡히 설득해야 했다. 제발 나를 지키다가 죽지 말아달라고 말이다. 결국 비오 12세의 간청과 중재 덕분에 스위스 근위병들은 총을 내려놓고 나치가 둘러싼 교황청을 상징적인 의미에서 창을 든 채로 지키게 되었다.

용병이 사라지며 법률서적의 수요가 조금 줄어든 반면, 베네치아에서는 의학서적의 수요가 증가했다. 법률과 마찬가지로 뚜렷한 수요처가 있는 분야이기 때문이다. 이탈리아에서 시작된 의학서적 출판은 당연히 히포크라테스의 저작부터 시작되었다. 이후 네로 시대 로마 의사였던 페다니오스가 600여 종의 약용 식물에 대한 약효를 기술한 약물학 책 『드 마테리아 메디카De Materia Medica』는 무려 3만 권 이상이 유럽 전역으로 팔려나갔고, 17세기 이후 유럽 각지에서 독자적인 의학 연구가 이루어진 발판이 되었다.

르네상스는 실용성만을 바탕으로 하지는 않는다. 배부르고 등 따신 거상들의 도시에서 시작된 르네상스의 정신은 실용성을 넘어 미켈란젤로와 라파엘로, 레오나르도 다 빈치에서 보듯이 인간의 효용가치가 아닌 인간 자체를 존중하고 자연과 인간의 아름다움을 추구하는 데 있었다. 인쇄술의 활용에도 마찬가지의 원칙이 적용되었다. 법률이나 의학 같은 실용서적들이 많이 출판되었지만 빅히트를 친

책은 앞서 말한 르네상스의 아버지, 연애시를 쓰는 인문주의자 페트라르카가 남긴 시집이었다. 아마도 현대 출판계에서는 가장 꺼리는 분야일 이 시집은 당시 무려 10만 부가 넘게 팔리며 르네상스 최고의 베스트셀러로 등극했다. 이 외에도 수많은 그리스 로마 시대의 인문학 고전들이 이탈리아어로 번역되어 출판되었다. 그러자 점차 그리스어 자체에 대한 관심도 높아져 그리스어 문법책들도 잇따라 출판되었다. 잊혀진 그리스어와 라틴어에 대한 관심과 두 언어의 부활은 르네상스에 바로 이어 등장하는 산업화 시대 학문의 발전에 결정적인 역할을 하게 된다.

비교할 수 없을 만큼 벌어진 중국과 유럽의 출판비용

비슷한 시기 중국에서도 당나라 시대에 발명된 목판인쇄술이 송나라를 거쳐 명대에 접어들며 꾸준히 개량되어 인쇄술의 르네상스가 펼쳐졌다. 학문을 숭상한 남송 시대에 다양한 종이 원료가 등장하며 종이 가격을 대폭 낮추었고, 송과 명대 학문의 발전은 콘텐츠의 급증을 가져와 책의 대중화가 폭넓게 이루어졌다. 중국의 인쇄술과 책의 발전이 더디었던 것은 아니었다. 다만 금속활자가 상용화되며 폭발적으로 증가한 유럽의 인쇄술에 비해 상대적으로 그 증가폭이 작았다고 추산되는 것이다.

뒤에 나오는 도표에서 나타나듯이 구텐베르크의 금속활자가 상용화되던 15세기 이후 책의 인쇄량은 폭발적으로 늘어난다. 이미 16세기 후반에 한 판당 하루 1,500부를 찍어냈던 유럽의 인쇄술은 18세

유럽 세기별 '100년간' 출판된 서적 수

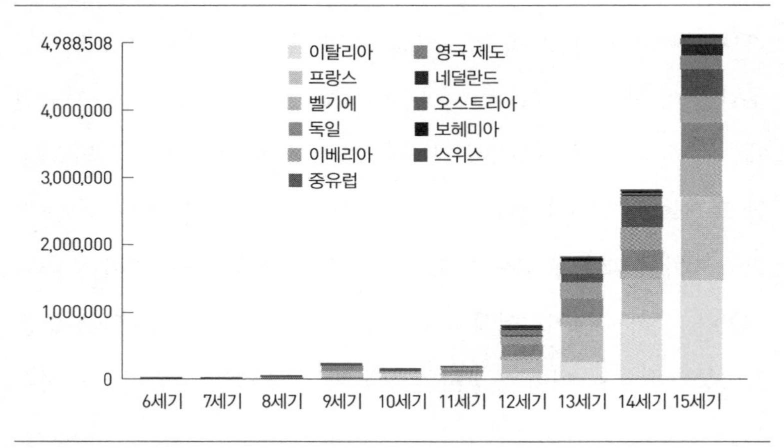

출처: www.ourworldindata.org

기가 되면 기계공업의 발달과 함께 인쇄기가 책의 수요를 못 맞추는 단계를 벗어난다. 이에 따라 책 가격도 기하급수적으로 떨어졌다. 네덜란드의 기록을 보면 인플레이션을 감안한 책의 실질 가격은 금속 활자를 사용하는 인쇄술이 막 도입된 15세기 후반에 비해 불과 몇십 년 후인 16세기 초반에 1/6 수준으로 떨어진다. 이후 책 가격은 하락을 거듭해 18세기가 되면 책의 실질 가격은 15세기 인쇄본이 처음 나왔을 때의 1/10 이하로 떨어지게 된다. 중요한 것은 이 가격은 인쇄본끼리의 비교라는 점이다. 실제 필사의 경우 필경사 한 명이 꼬박 6개월을 작업해야 한 권의 책을 완성했다. 아이젠슈타인은 인건비 비교를 통해 이렇게 필경사가 필사한 책에 비해 인쇄술이 나온 초기인 15세기 후반 책을 인쇄하는 비용은 1,000부 이상을 인쇄할 경우 권당 약 1/341로 줄어든다고 계산했다. 그리고 인쇄술의 발전에 따라 이 비용은 100여 년 만에 다시 1/10로 떨어진다. 즉, 산업혁명 직전인

15~19세기 네덜란드 책 가격 추이

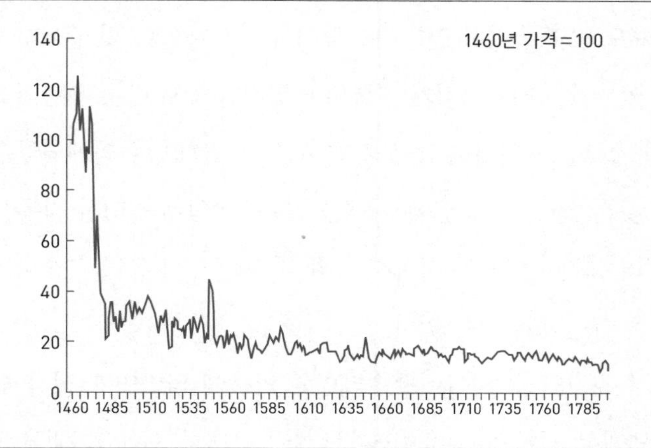

출처: Van Zanden (2009)

18세기에는 중세 수도원에서 필사하던 시절에 비해 책의 제작비용이 1/3,000 이하로 떨어진 것이다. 가히 20세기 컴퓨터의 발전과 비교할 만한 발전이 아닐 수 없다.

그렇다면 중국의 상황은 어떨까? 중국에서도 역시 책을 인쇄하는 비용이 급격히 떨어졌고 책의 유통도 활발해졌다. 명대에는 북경, 남경 같은 중심 도시뿐만 아니라 지방 소도시에도 책방이 들어설 만큼 책이 흔해졌다. 초수가 용서를 하던 시절에는 수백 권에 불과했던 권문세가들의 장서 수도 점점 늘어 상해 인근 송강부에 살았던 왕산이라는 의원은 16세기 중반 사망할 당시 무려 17,000권의 장서를 남겼다. 권문세가도 아니고 일개 의원이라도 돈과 관심만 있으면 만 권의 장서를 소장할 수 있는 시대가 온 것이다. 명나라 말기의 세도가 엄숭의 재산을 몰수했을 때에는 무려 6만 권의 책을 압수했다는 기록이 나올 정도였다.

그렇다면 사회 전체로는 얼마나 많은 책이 유통되고 있었을까? 애석하게도 몇몇 유명한 권문세가들이나 애서가들이 몇 권이나 보유하고 있었는지는 자랑스럽게 기록되어 있지만 앞서 나온 유럽의 기록들처럼 연도별, 지역별로 중세 시대부터 몇 권씩이나 인쇄되었는지 정리된 것은 없다. 전체 인쇄된 양을 일목요연하게 정리한 기록은 없지만 여러 문헌에 나오는 사례를 통해 비슷한 시기 유럽과 중국의 인쇄 비용을 추산해볼 수는 있다.

먼저 유럽의 경우 아이젠슈타인의 연구에 의하면 15세기 후반 네덜란드에서 3플로린Florin이면 플라톤의 『대화록』 1,025권을 인쇄할 수 있었다고 한다. 플라톤의 『대화록』은 그리 두껍지 않은 책으로 현재 영문판이 약 200페이지 정도다. 같은 알파벳을 쓰는 언어이니 당시에도 이 정도라고 추산할 수 있다.

이 플로린의 값어치는 얼마나 될까? 중세부터 유럽 지역, 특히 네덜란드 등 중서부 유럽 지역에서 널리 쓰인 플로린이라는 단위는 이탈리아 지역에서 많이 쓰인 두카토Ducato와 더불어 가장 높은 단위의 금화로 시대마다 다르지만 약 3~4g의 금을 함유하고 있다. 중세 유럽의 물가를 보면 도시 지역 비숙련공의 하루 일당이 보통 1.5페니가량이었다. 12진법을 많이 쓰던 유럽의 수 체계상 1플로린은 120페니였으니, 1플로린은 대략 80일치 일당 정도였다. 3플로린으로 1,025권을 찍어내니 80일치 일당인 1플로린이면 대략 340권, 즉 하루 일당이면 4.5권가량을 인쇄할 수 있는 비용이라는 계산이 나온다. 이는 책을 인쇄하는 비용으로 실제 책을 구입하려면 하루 일당으로 대략 책 한두 권을 살 수 있었을 것이다. 이는 15세기 후반을 기준으로 한 계산이며, 17세기가 되면 책의 실질 가격은 절반 이하로 내려간다.

그렇다면 중국의 경우는 어떨까? 중국 역시 책의 '가격'이 아닌 문헌에 나오는 '비용'으로 추산해보기로 하자. 가격의 경우 워낙 기록이 부정확하고 천차만별이기 때문이다.

마침 비슷한 15세기 후반, 중국의 인쇄술이 정점에 올랐을 때의 기록이 남아 있다. 이노우에 스스무가 쓴 『중국출판문화사』에 따르면 1481년 강소에서 인쇄된 『제운직음편』은 모두 2,000엽으로 그 비용이 은 400냥이었다고 한다. 금속활자를 썼던 유럽과 달리 근대화 시기까지 목판인쇄가 대부분이었던 중국에서는 인쇄비용이라고 하면 판각비용을 말한다. 그 이후의 기록들도 대개 판각공임을 글을 쓰는 사공과 써준 글자를 새기는 각공으로 나누어 기록하고 있다. 『제운직음편』은 2,000페이지에 달하니 플라톤의 대화록과 같이 200페이지로 잡으면 은 40냥이 판각비용이다.

은 40냥이면 얼마의 가치가 있었을까? 당시 은 한 냥이 700문으로 40냥이면 28,000문이고, 당시 도시 미숙련공의 하루 일당은 30문이었다. 200페이지를 판각하는 데는 28,000문, 즉 933일분의 일당이 필요한 것이고 이를 1,000권 인쇄했다고 가정하면 권당 28문, 즉 0.9일치 일당이 판각비용으로 잡힌다고 볼 수 있다. 이 시기 중국에서는 대량 출판의 경우 종이값이 보통 전체 인쇄비의 절반을 차지했으니 대략 이 2배인 56문, 그러니까 1.8일치 일당을 권당 출판비용으로 잡을 수 있다.

같은 시기 유럽의 경우, 하루 일당으로 200페이지 책 4.5권을 인쇄할 수 있었던 반면, 중국에서는 0.55권을 인쇄하는 셈으로 약 8배의 생산성 차이를 보여준다. 그런데 이는 1,000권을 기준으로 했을 때의 생산성 차이이다. 구텐베르크의 금속활자는 내구성이 강해 수천 부를 인쇄해도 끄떡없었다. 실제 구텐베르크의 초기 인쇄술을 활용한 신약성서는 초판 1쇄를 무려 3,000부나 찍어내었다. 반면 목판인쇄의 경우 내구성이 매우 취약해 한 번 판각한 목판으로 100부를 넘기기가 어려웠다. 나무판이 갈라지는 일이 가장 빈번하게 발생했다. 그러니 중국의 목판으로 1,000번을 찍는다는 가정은 무리이고 많아야 수십 번 정도를 찍으면 활자가 무뎌지거나 목판이 갈라져 다시 판각해야 했다. 중국의 출판 기록에 시대별로 사공과 각공의 공임, 판목을 고르는 운임, 틀을 붙이는 공임에 운반하는 비용까지 세세하게 남아 있는 이유이기도 하다. 목판인쇄에서는 수시로 판각을 해야 했고 그 비용이 지대했기 때문이다.

목판 한 쇄로 1,000권을 찍는다는 비현실적인 가정을 했을 때조차 중국의 목판인쇄술과 유럽의 금속활자 인쇄술은 8배의 생산비용 차이를 보인다. 목판 한 쇄로 100권을 찍는 현실적인 가정을 하면 80배가 차이 난다. 오차 범위와 종이 가격의 등락 등을 고려해도 실제 유럽에서 책의 발행부수가 기하급수적으로 늘어난 16세기 이후 유럽과 중국의 인쇄술의 비용 차이는 수십 배에 달했을 것으로 추산된다.

이처럼 매번 판각을 해야 하는 목판인쇄술에 질린 나머지 고려에서는 금속활자를 시도했지만, 수십만 벌의 활자가 필요한 표의문자라는 제약과 낙후된 합금 기술 외에도 구텐베르크처럼 포도주 압착기를 활용한 인쇄기가 없는 금속활자는 역시 애물단지일 수밖에 없었다. 구텐베르크 역시 압착기를 고안하기 전에 인쇄한 성경의 경우 금속활자로 성경 한 권의 틀을 조판하는 데 식자공 6명이서 꼬박 2년이 걸렸다고 한다.

이렇듯 중국의 목판인쇄술은 비록 초기에 비하면 비약적인 발전을 했으나, 유럽의 금속활자에 비하면 비교할 수 없이 더딘 발전을 보였다. 고려의 금속활자는 합금 기술의 내구성이나 조판 기술이라는 측면에서 그야말로 아이디어 차원에 머문 기술이었을 뿐, 수백 년 동안 조선이라는 국가의 관제 IT 사업으로만 존속했지 민간에서는 전혀 쓰이지 않은 프로토타입 수준을 벗어나지 못했다. 인쇄술을 발명한 중국은 19세기 초반 영국에서, 금속활자를 발명한 한국은 19세기 후반 일본을 통해 서양의 인쇄기를 들여오며 비로소 근대식 인쇄술의 혜택을 입기 시작했다.

인쇄술, 캐즘을 건너다

르네상스 이후 유럽의 인쇄술은 캐즘을 건넜다. 뒤에 나오는 네덜란드의 1인당 책 소비량 그래프를 보면 21세기 스마트폰의 보급률이나 인터넷 속도의 증가 그래프에 버금가는 기울기를 보여준다. 종이와 인쇄술은 당대 IT 기술의 총아였다. IT란 컴퓨터를 뜻하는 용어가 아니라 Information Technology(정보기술)의 줄임말이다. 종이와 인쇄술은 컴퓨터와 통신망이 나오기 전 정보기술의 꽃이었고, 16세기 유럽의 IT 기술은 경쟁국들을 압도했다.

그 결과로 나온 것이 앞서 잠시 살펴보았던 17세기 이후 과학기술의 급속한 발전이다. 현재의 IT 개발자들이 구글 플레이나 애플의 앱

네덜란드 1인당 책 소비량/연

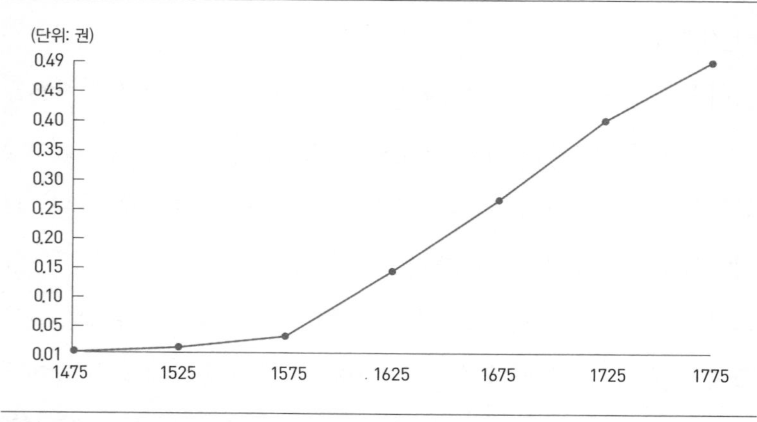

출처: www.ourworldindata.org

스토어에서 소비자가 원하는 제품을 경쟁적으로 올리고 이를 개발하기 위한 기술적 지원을 받듯이 당대의 과학기술자들은 책이라는 캐즘을 건너뛴 IT 기술이 제공하는 사용자 환경UI을 통해 서로의 기술을 공유하고 개선해나갔다.

구체적인 예를 한번 들어보자. 앞서 언급한 제너와 파스퇴르, 코흐와 플레밍을 비롯한 유럽의 수많은 의사와 화학자들이 100여 년의 시간을 뛰어넘어 책을 통해 핑퐁을 치듯 서로의 지식을 주고받으며 세균을 발견하고 치료법을 연구해 결국 항생제를 개발하기에 이르렀다. 20세기의 대표적인 산업인 전기 분야도 마찬가지였다. 고대에 천연 자석이 발견되면서 나침반의 원리가 인류에 알려졌다. 이를 처음 발견한 것은 춘추전국시대 중국인들이었다. 이들은 이후 숟가락과 바늘에 자성을 부여하여 나침반을 만들고 항해에 이용하기도 했다. 하지만 거기까지였다. 이들은 자성의 원리에서 정전기적 원리를 이끌어내지 못했다. 이는 한 개인 혹은 천재 한두 명이 할 수 있는 영역의 일이 아니었던 것이다. 여기에는 협업이 필요했다. 그것도 우연히 정전기 현상에 관심을 가진 천재 몇 명이 하필이면 동시대 한 장소에 모이는 신의 뜻이 아닌, 시대와 공간을 뛰어넘는 협업이 필요했다.

길버트의 베소리움. 출처: 네이버캐스트 물리산책, 곽영직

유럽의 인쇄술이 이것을 가능하게 했다. 의사였지만 르네상스 이래 이탈리아에서 전해진 물리학과 화학 등 다양한 과학 분야에 관심이 깊어진 영국의 윌리엄 길버트는 1600년 흔히 『자석에 대하여』로 알려진 『자석과 자성 물체에 대하여, 그리고 커다란 자석 물체인 지구에 대하여 많은 논의와 실험을 통해 증명된 새로운 자연철학』이라는 '김수한무거북이와두루미삼천갑자동방삭' 식의 기나긴 제목의 책을 내놓았다. 이 책에서 그는 나침반 바늘의 수평 각도가 위도에 따라 달라진다는 것을 실험으로 밝혀내고 지구가 하나의 거대한 자석이라는 가설을 내놓았다. 전기Electricity라는 용어도 이 책에서 처음으로 명명되었다.

길버트가 200년만 먼저 태어났어도 이 책은 어느 수도원 장서고에 필사본으로 처박혀 삭아가다 신심 깊은 수도사의 손에 의해 칼로 긁혀지고 기도문이 덧쓰이는 신세가 되었거나, 그도 아니면 그냥 궁금한 게 많았던 한 의사의 유품으로 자손들에게 버리기도 애매한 애물단지로 전해졌을 것이다. 하지만 길버트의 연구는 시기적절하게도 이탈리아의 인쇄소에서 출발해 전 유럽을 한데 묶어준 책이라는 협업

공간 안에서 큰 공명을 불러일으켰다. 영국인 의사의 이 위대한 선빵에 대륙 반대편 독일에 있던 케플러가 자신의 천문학 연구에 도움이 되었다며 선플을 달기 시작했고, 곧이어 르네상스의 본거지였던 이탈리아의 갈릴레오 갈릴레이도 길버트의 책을 보고 자석을 연구하게 되었다는 댓글을 달아 훈훈한 분위기를 이어갔다.

이후 길버트의 기나긴 제목의 책이 나온 지 60년 만인 1663년, 드디어 독일의 오토 폰 게리케가 유황으로 만든 구를 회전시킨 후 천조각을 문질러 정전하(정지상태의 전기)를 만드는 실험에 성공하며 정전기에 대한 길버트의 가설을 입증했다. 그러자 이번에는 대륙 반대편의 영국에서 스티븐 그레이가 게리케의 연구를 이어받아 물질에 따라 전기가 전도되기도, 그렇지 않기도 하다는 것을 밝혀냈다. 어렵게 말했지만 그냥 금속은 전기가 통하고 나무는 전기가 안 통한다는 것을 알아낸 것이다. 그레이는 여기서 한걸음 더 나아가 금속을 사용하면 전기를 먼 곳까지 이동시킬 수 있다는 점까지 알아내어 구리선으로 정전기를 10m나 이동시켜 다른 전도체로 전송하기에 이른다. 발전소에 필수적인 송전이 최초로 이루어진 순간이었다.

그러자 전기에 대한 연구를 핑퐁 치듯 주고받는 영국과 독일의 중간에 끼인 프랑스에서도 뒤늦게 동참을 선언했다. 샤를 뒤페가 양전하와 음전하를 발견하면서 같은 전하는 서로 밀어내고 서로 다른 전하는 끌어당긴다는 사실을 규명해낸 것이다. 그러자 이웃 네덜란드의 피터 판 뮈센브뢰크도 여기에 가세해 라이든병이라고 불리게 된 세계 최초의 전지를 만들어내었다. 처음에는 물이 든 병에 선을 연결해 물에다 정전기를 축전시키는 방식이었는데, 수많은 실험을 거쳐 유리병 안팎에 금속판을 달아 놓고 서로 접지와 대전을 시켜 전기를 병 안에 보관하는 단계까지 나아갔다. 물이 없는 마른 전지로 건전지의 조상쯤 되는 것이다.

볼타 전지, 출처: 위키백과

실제 전지는 르네상스의 본거지인 이탈리아의 갈바니와 볼타라는 두 과학자에 의해 만들어졌다. 많은 근대의 과학자들처럼 의사 출신인 갈바니는 유명한 '개구리 뒷다리 실험'을 고안한 사람이다. 개구리 뒷다리 양옆에 금속조각을 대면 개구리 뒷다리가 마치 살아 있는 것마냥 팔짝 뛴다. 갈바니는 의사답게 동물의 몸 안에 전기가 내재되어 있다고 믿었고 동물 전기에 대해 실험을 이어갔다. 반면 볼타는 정통 물리학자로 갈바니의 실험을 서술한 '종이'로 '인쇄'된 '책'을 접하자마자 반신반의하며 이 실험을 이어받았다. 그리고 개구리가 무슨 전기뱀장어도 아니고 이는 동물 전기가 아니라 개구리 뒷다리에 있는 수분이 매개체가 되어 양 금속판의 접촉에 의해 정전기가 발생한 것이라고 주장했다. 두 사람은 마침 같은 시대 같은 공간에 있었기에 서로 간에 날선 공방을 실시간으로 이어갔다.

승자는 자신의 주장을 실험으로 입증한 볼타였다. 개구리 뒷다리는 개나 줘버리고 아연판 사이에 소금물에 적신 헝겊을 겹겹이 배열해 만든 장치에서도 전기가 발생한다는 것을 보여준 것이다. 개구리 뒷다리는 수분을 제공하는 매개체일 뿐이므로 소금물에 적신 헝겊도 얼마든지 개구리 다리 역할을 할 수 있다는 것을 증명한 것이다. 볼타의 이 발명품은 최초의 전지라고 알려져 있다. 라이든병이라는 건전지의 조상이 나온 지 불과 30년 만의 일이다. 볼타는 이 전지의 발명으로 이웃나라 나폴레옹에게 귀족 작위를 받고 전 국민이 꿈에 그리던 연금까지 받게 된다. 전압의 단위인 볼트는 볼타의 이름을 따서 만들어졌다.

하지만 전지는 이때까지만 해도 아무런 쓸모가 없었다. 전기를 통에 모았다고? 그래서 어쩌란 말인가? 패러데이가 전기에너지를 운동에너지로 전환하는 전기모터를 만들기 전까지는 그냥 호기심 섞인 과학 실험일 뿐이었다. 파티장에 축전기를 들고 가 마음에 드는 귀부인들을 모아놓고 손에 손을 잡게 한 후 전기를 통하게 해 깜짝 놀라게 하는 전기 오르기 놀이의 매우 값비싼 버전이었을 뿐이다.

패러데이가 전기모터의 근본이 되는 회전장치를 만들자 비로소 전기는 실생활에 쓰이게 되었다. 길버트가 『전기에 대하여』라는 책을 내놓은 지 200여 년 만의 일이다. 이 위대한 업적은 길버트 혼자의 업적도, 그렇다고 패러데이만의 업적도 아니었다. 어느 한 명의 천재도 혼자서는 도저히 생각해낼 수 없어 200년이 넘는 시간 동안 유럽 대륙 전역에 걸쳐 시공간을 초월한 협업을 통해 이루어진 업적이다. 시공간을 뛰어넘은 협업은 구텐베

패러데이의 모터, 출처: sparkmuseum

르크가 고안하고 이탈리아에서 개선을 거듭한 금속활자와 인쇄술의 결과물인, 캐즘을 뛰어넘은 책의 대중화 덕분에 가능해졌다.

중국은 패러데이의 전기모터가 나오기 약 2,000년 전에 이미 자성에 대해 알고 있었다. 그렇지만 현대의 전자산업에 대해 중국은 어떠한 지분도 없다. 그 정도는 비슷한 시기의 메소포타미아에서도 알고 있었고, 물불을 가리지 않던 탈레스 역시 고대 그리스에서 호박을 문지르면 서로 당기는 힘이 생기는 실험을 하고 있었다. 유럽은 이를 가지고 전기모터를 만들어냈지만 중국은 2,000년 동안 계속 문지르고만 있었다.

패러데이가 전기를 실제로 활용할 수 있는 방안인 전기모터를 고안했다면, 맥스웰은 이 원리를 밝혀내 서로 다른 것으로 보이는 전기와 자기, 빛의 관계를 방정식 안에 담아 놓았다. 맥스웰 방정식으로 인해 빛의 정체는 전자기파라는 파동임이 밝혀진다. 이분이 없었다면 통신의 기본 원리인 전자기파의 파동, 다시 말해 주파수라는 것의 정체도 알려지지 않았을 것이고 나는 지금쯤 통신회사가 아닌 다른 곳에서 일하고 있을 것이다.

맥스웰 방정식

1. 전기장의 가우스 법칙: $\oint E \cdot dA = \frac{Q}{\varepsilon^{0}}$
2. 자기장의 가우스 법칙: $\oint B \cdot dA = 0$
3. 패러데이 법칙: $\oint E \cdot dl = -\frac{d\Phi_B}{dt}$
4. 맥스웰이 수정한 앙페르 법칙: $\oint B \cdot dl = \mu^{0}(I + \varepsilon^{0} \frac{d\Phi_B}{dt})$

맥스웰 방정식은 고전물리학의 완성으로 불린다. 결국 현대의 물리학과 통신, 전자공학, 반도체, 우주공학 등으로 이어지는 이 모든 과학혁명의 시도는 르네상스 이후 나온 길버트의 한 권의 책과 이를 둘러싼 수백 년에 걸친 시공을 넘나드는 과학자들의 협업과 대립에서 나온 것이다.

중국으로부터 유럽에 전해진 나침반이 궁극적으로는 1600년에 길버트의 자성에 대한 실험을 자극했지만 그 이후 200년간 유럽 대륙에서 활발히 벌어진 전기에 대한 열띤 토론과 실험에 중국은 아무런 참여도 하지 않았고 그 사실조차 모르고 있었다. 시진핑 국가주석이 영국을 공식 방문해서 한 말이니 만큼 기록을 열심히 뒤져보면 축구 비슷한 운동을 세계 최초로 한 지역이 중국이었다는 것은 역사적으로 근거가 있는 말일 것이다. 하지만 축구가 중국에서 기원했다고 해도, 이 스포츠가 전 세계인이 열광하는 월드컵이라는 이벤트로 승화되는 데 피파 랭킹 71위의 중국이 기여한 바는 아무것도 없다. 중국의 4대 발명품도 마찬가지이다. 화약, 종이, 인쇄술, 나침반, 모두 발명은 중국에서 했으나 나침반에서 나온 전기의 원리와 같이 4대 발명품이 현대 과학기술의 발전으로 이어지는 일련의 과학혁명에 중국의 지분은 미미하다.

전기는 하나의 예일 뿐이다. 19세기에 비약적으로 발전하며 유럽과 아시아의 인구 증가의 차이를 가져온 생물학과 의학의 발전 역시 르네상스 시대 수만 권이 팔린 그리스 로마의 약물학과 의학서적이 유럽 전역에 대량으로 유통된 후 유사한 협업이 이루어진 결과물이다. 나중에야 물리학과 화학, 의학, 생물학으로 나뉘지만 17세기까지만 해도 모두 '과학'으로 통칭되던 이 분야의 발전은 모두 이렇게 당대 개발자들의 협업 공간이었던 책을 통해 이루어졌다.

2장

하지만
과거의 불리함은 지나갔다

21세기 한국은 어떻게 경쟁우위를 확보했는가

추억은 뒤를 돌아보는 것이고 희망은 앞을 내다보는 것입니다.

– 모지스 할머니

이제 왜 우리의 20세기가 이렇게 형성되었는지, 우리 조상들의 빛나는 과학기술의 얼은 어디 가고 서양이 세계를 지배하는 것처럼 보이는지 어느 정도 이해는 되었을 것이다. 과거는 과거일 뿐이다. 나는 아프리카부터 남미, 중동과 동남아, 미국과 중국에서 신규 사업을 추진하고 투자를 검토하면서 살아왔다. 일을 하면서 마주치는 사람들 중에 내가 가장 믿지 않는 부류는 저개발국에서 자신이 그 나라 유력자와 친하다며 접근하는 사람들이다. 혹시 모르니 만나서 말은 들어보지만 대개는 반쯤 사기꾼이다.

또 한 부류는 아직 갈 길이 한참 남은 나라에 투자를 부추기며 그 나라의 유구한 문화와 역사, 저력을 강조하는 사람들이다. 나는 한 나라의 저력을 믿지 않는다. 언젠가는 저력이 발휘되리라는 말을 믿지 않는다는 게 아니라 수천 년 전에 딱 한 번 발휘되었던 저력이 하필이면 지금 이 순간 다시 발휘되리라는 말을 믿지 않는 것이다. 지금 저력이 발휘될 것인지는 그 나라가 현재 처한 제반 여건을 보고 판단해야지 역사를 보고 판단하는 것이 아니다. 중국이 지금 세계 2위의 경제대국이 된 것은 수천 년에 걸쳐 쌓인 저력이 다시 발휘된 것이 아니다. 그렇다면 인도와 러시아는 왜 저러고 있겠는가. 그리고 2,000년 전에 자성이 있는 돌멩이를 발견하고도 계속 문지르고만 있었던 것이 저력이라면, 그 돌멩이에서 정전기의 원리를 도출하여 전자제품을 만들고 우주선과 통신하는 무선통신 기술을 만들어낸 유럽의 저력은 뭐란 말인가. 중국에 대해 할 이야기는 정말 길고도 많지만 간단히 말하면 싼 노동력에 따른 생산 기지로, 그리고 내수시장의 크기만으로 여기까지 온 것이다.

중국이 개방을 하고 제2의 경제대국으로 우뚝 선 배경에는 찬란한 문화유산과 저력이 아니라 중소 갈등과 이를 이용하려는 미국의 필요가 있었다. 냉전 시대 미국의 가장 큰 경쟁자는 중국이 아니라 구소련이었다. 그런데 서방 세력을 위협하는 공산권의 두 강대국 사이가 1960년대 우수리 강 유역의 국경 분쟁을 시작으로 파국으로 치닫기 시작했다. 실제 중소 양국은 당시 전쟁을 심각하게 검토했었고, 마오쩌둥은 소련에 선제 공격을 감행해 소규모 전투에서 승리를 하기도 했다. 미국은 이때를 놓치지 않고 공산권을 분열시키기 위해 적의 적이자 놓칠 수 없는 거대한 시장인 중국을 한편으로 끌어들이기 시작한다. 베트남전에서 미국의 뒤통수를 친 것에 시비를 걸어 대만을 유엔에서 축출시키고 중국과 수교하며 중국의 시장을 서방에 개방시켰다. 이 작업을 주도했던 닉슨 전 대통령은 이제 미국을 위협할 만큼 커진 중국을 보고 말년에 '우리가 프랑켄슈타인을 만든 것은 아닐까'라고 지난 역사를 반추했다. 하지만 중요한 점은 괴물 프랑켄슈타인이 찬란한 역사에 기반한 저력에 의해 스스로 탄생한 것이 아니라 누군가의 필요에 의해 만들어졌으며, 아직까지는 창조주 프랑켄슈타인 박사의 손안에 있다는 것이다.

중국은 과학기술 분야에서뿐만 아니라 세계의 금융과 교역 분야에서도 표준을 장악하지 못하고 있다. 진정한 강대국이 되기 위해서는 하청 생산이 아니라 표준을 장악해야 한다. 애플과 마이크로소프트, 시스코, 구글, 인텔, 퀄컴 등등 수많은 미국 기업들이 세계 경제와 과학기술을 장악하는 이유는 IT 분야에서 표준을 장악했기 때문이다. 또한 미국은 WTO를 통해 무역의 표준을, 세계은행World Bank 산하의 IMF 등 다양한 국제기구를 통해 전 세계의 금융까지 장악하고 있다. 중국은 미국이 지배하는 세계은행 그룹의 아시아개발은행ADB에 맞서 아시아인프라투자은행AIIB을 설립하며 과학기술 분야뿐 아니라 금융과 교역에서도 자신들만의 표준을 정립하려고 시도하고 있다. 그러나 이제 막 첫발을 떼었을 뿐이다.

앞으로 중국이 완수해야 하는 과제는 수십 년간 닫혔던 국경을 개방하여 외국의 자본과 기술이 자국에 들어오는 것을 허용하고, 저렴한 노동력을 제공해서 받은 임금으로 선진국의 제품을 사들이는 것과는 차원이 다른 일이다. 여기까지는 경쟁 없이 오히려 선진국의 도움을 받아가며 할 수 있는 일이었지만 지금부터는 진검승부가 시작되기 때문이다. 알리바바와 바이두, 텐센트 등은 모두 자국의 거대한 내수시장을 힘의 원천으로 하는 회사이지 IT 업계의 표준을 제시하고 이를 장악하는 회사들이 아니다. 현재로서는 통신장비 시장의 화웨이만이 그 가능성을 내비치고 있을 뿐이다. 중국이 절대로 못 해낼 것이라는 말이 아니라 과거에 일군 성과에 비해 앞으로 일구어야 하는 성과는 매우 어렵고 또 오래 걸릴 것이라는 말이다.

이 책의 후반부에서는 1차부터 4차까지 산업혁명을 다룰 것이다. 이 중 특히 중요한 4차 산업혁명의 키워드는 인공지능AI이다. 모든 분야에서 미국을 곧 추월할 것 같은 중국이 AI 분야에서는 어느 정도에 와 있을까? 옥스퍼드 대학의 인류미래연구소Future of Humanity Institute는 2018년 3월에 중국 AI 산업 전망에 대한 보고서를 발간했다. 여기에서 계산한 중국과 미국의 AI 가능성 지수AI Potential Index는 100점 만점에 미국은 33점, 중국은 17점에 불과했다. 또한 보고서는 중국이 빅데이터를 제외한 AI의 모든 분야에서 미국에 뒤져 있다고 있다고 평했다. 빅데이터 덕분에 그나마 17점을 받은 것인데 중국이 빅데이터에서 앞서가는 유일한 이유는 개인정보 보호에 대한 개념 없이 고객 데이터를 그냥 가져다가 쓰기 때문이다. 미국이나 유럽에서 빅데이터나 AI 알고리즘 개발을 하는 사람들은 중국을 부러워한다. 일 참 편하게 한다고 말이다. 이렇게 수집된 중국인 데이터를 기반으로 만들어진 알고리즘은 당연히 내수용이다.

아직 상용화는 멀었지만 우리가 꿈꾸는 수준의 인공지능을 구현하기 위해 필수적인 양자컴퓨터 분야에서도 미국과 중국의 격차는 상상 이상이다. 알리바바가 자금력을 바탕으로 양자컴퓨터 개발에 뛰어들었지만 아래의 표에서 보듯이 양자정보통신 관련 기술은 구글과 IBM, 마이크로소프트가 막대한 자금을 투자한 미국이 역시 주도하고 있다. 그 뒤를 논란의 여지는 있지만 세계 최초로 양자컴퓨터를 상용화한 D-Wave의 캐나다, 그리고 일본과 유럽이 추격하고 있다. 물론 중국은 이 분야에 엄청난 자금과 인력을 투입하고 있고 QuantumCTek이나 중국과학기술원, 허베이 대학 같은 경우는 이미 양자보안 분야의 N대N QKDQuantum key distribution(양자 암호 키 분배)나 양자머신러닝 등의 분야에서 세계 최고 수준의 기술을 보유하고 있다. 하지만 수십 년 전부터 개발을 시작한 미국도 마냥 놀고 있는 것은 아니다. 저만큼 앞서간 미국 역시 중국 이상의 연구비와 인력을 투입하고 있다. 양국의 갭은 빠르게 좁혀지겠지만 가까운 장래에 뒤집힐 가능성은 적다.

이런 격차의 근본 원인은 과학기술과 기초학문에 대한 연구 수준

주요국의 양자정보통신 기술력 지수

국가	기술력 지수(TS)			연구비 예산 (억 원)	논문 게재 연구인력 수
	양자통신	양자소자/센서	양자컴퓨터		
미국	196.5	100.2	184.4	4,766	1,217
일본	77.3	45.6	59.8	834	329
캐나다	11.3	11.4	151.8	1,324	347
중국	7.2	0.4	0.5	2,913	1,913
한국	4.7	0.5	1.6	172	78

출처: 「양자정보통신 중장기 기술개발사업」, 과학기술정보통신부, 2017.7

주요 학교별 노벨상 수상자 수

학교	노벨상 수상 졸업생 수	국가
하버드대	75명	미국
캠브리지대	68명	영국
파리대	40명	프랑스
훔볼트대	32명	독일
옥스퍼드대	29명	영국
뮌헨대	28명	독일
괴팅엔대	21명	독일
비엔나대	14명	오스트리아
고등사범학교	13명	프랑스
코펜하겐대	12명	덴마크
ETH취리히대	12명	스위스
스트라스부르그대	12명	프랑스
웁살라대	12명	스웨덴
도쿄대	11명	일본
교토대	10명	일본
라이덴대	10명	네덜란드
맥길대	8명	캐나다
취리히대	8명	스위스
중국 전체	8명	문학상 2명, 평화상 1명 포함

출처: Wikipedia

의 차이이다. 한국은 김대중 전 대통령이 받은 노벨평화상을 제외하면 기초학문 분야에서 아직 노벨상을 한 번도 받지 못했다. 미국은 노벨상을 몇 명이나 받았을까? 하버드 한 곳에서만 75명의 졸업생이 노벨상을 수상했다. 하버드야 워낙 넘사벽이라서 특이한 것은 아닐까? 콜럼비아대 졸업생 42명, MIT 졸업생 36명, 시카고대 졸업생 34명, UC 버클리 졸업생 33명이 노벨상을 받았다. 이런 명문대 외에도 뉴욕시립대 15명, 위스콘신대 13명, 일리노이대 11명, 미네소타대 10명 등 웬만한 미국 주립대는 대개 두 자릿수의 노벨상 수상자를 배출했다. 그뿐 아니라 콜로라도대 볼더Boulder 캠퍼스, UC 산타바바라, UC 샌디에이고, 네브라스카대 등 미국 내에서도 하위권으로 분류되는 주립대들도 모두 학교별로 2~3명의 노벨상 수상자를 배출하는 것이 보통이다. 이는 교수진이 아닌 해당 학교 졸업생만을 대상으로 한 수치이다. 대개는 노벨상을 수상한 졸업생 수와 비슷한 수의 노벨상 수상 교수진이 포진하고 있다.

이에 비하면 인구 14억의 중국은 현재까지 8명의 노벨상 수상자를 배출해 미국의 웬만한 주립대 한 곳에서 배출한 노벨상 수상자 수에도 못 미치고 있다. 그마저도 2명은 문학상, 1명은 평화상으로 기초과학 분야에서 배출한 노벨상 수상자는 5명에 불과하다. 노벨상 수상이 학문의 수준을 판단하는 유일한 척도는 아니지만 기초과학을 연구하는 토양 자체가 다른 것이다. 20세기 후반에만 수백 명의 노벨물리학상, 화학상, 의학상 수상자를 배출한 미국의 과학기술 기반을 중국이 21세기 들어 급증한 유학생 몇으로 따라잡는다는 것은 불가능하다. 시진핑 주석이 외동딸을 북경대나 모교인 칭화대가 아니라 하버드대에 보낸 데는 복잡한 이유가 있었을 것이다.

전문가들이 2030년, 2040년, 2050년 각기 숫자만 달리한 채 곧 중국경제가 미국경제를 앞지른다는 예측을 내놓는다. 물론 그럴 수도 있다. 하지만 그전에 과거의 일을 한번 돌아보자. 2차 세계대전 후 소련 경제가 급속히 발전하자 1970년대에 '하버드에서 박사학위를 받고 노벨경제학상을 수상한 MIT 교수' 폴 새뮤얼슨은 1980년대 중반이면 소련 GDP가 미국 수준이 될 것이라고 예측했다. 물론 다들 알다시피 이 예측은 빗나갔고, 소련은 사우디아라비아라는 바지 사장을 앞세워 유가를 쥐락펴락하는 미국의 저유가 공세를 견디지 못하고 무너져버렸다. 소련 몰락 후의 혼란을 극복한 푸틴의 러시아는 미국의 강력한 경쟁자로 보이지만 2018년 4월, 트럼프가 러시아에 대한 제재를 언급하자 러시아 증시는 하루 만에 11% 폭락했다. 같은 날 뉴욕증시는 오히려 0.19% 올랐다. 시장에서는 미국이 주먹에 기스 하나 안 내고 러시아를 팰 수 있다고 믿는 것이다. 트럼프는 러시아에 강경 발언을 한 날 관세 전쟁을 벌이던 중국에는 유화 제스처를 취하면서 두 강대국을 들었다 놨다 하는 양면전술을 구사했다.

1980년대에는 곧 일본이 미국경제를 추월한다는 예측이 넘쳐났고 수많은 미국 경제학자들은 제2의 진주만 공습을 우려했다. 제2의 진주만 공습에서 일본이 투하하는 것은 폭탄이 아니라 자동차와 가전제품이었다. 이 상황 역시 플라자 합의로 소련에 비하면 매우 간단하게 제압되었다. 중국은 다르다고? 물론 다를 수도 있다. 하지만 일본은 당시 미국의 속국이나 다름없었다고 쳐도 1980년대의 소련이 지금의 중국과 어떻게 다른지에 대한 설득력 있는 분석은 없다. 당시의 소련이 원유에서 미국의 통제하에 있었다면 현재의 중국은 금융에서 미국이 통제하는 게임의 법칙에 의해 움직인다. 미국의 통상압박을 받은 시진핑은 2018년 보아오 포럼에서 금융시장 규제를 완화해 은행과 증권, 보험 모두 대외 개방을 확대하겠다고 밝혔다. 소련은 적어도 금융 분야는 미국에 예속되어 있지 않았다. 1980년대에는 일본이 세계를 정복한다는 책이, 2000년대에는 중국의 부상을 우려하는 책이 유행했다. 현재 미국 정계에서 유행하고 있는 책은 전 예일대 교수 마이클 오슬린이 쓴 『아시아 세기의 종언The End of the Asian Century』이다.

한때 중국으로 향했던 생산 기지는 이미 중국을 떠나 베트남과 저 멀리 아프리카의 에티오피아로 향하고 있다. 베트남이 인근의 캄보디아와 미얀마를 제치고 메콩델타 지역의 신흥 강자로 떠오른 것도 역시 이들의 찬란한 문화유산과는 관계가 없다. 아프리카에서 투자한다면 어디에 투자하겠는가? 나라면 에티오피아를 우선 검토할 것이다. 에티오피아가 성경에 등장하는 시바의 여왕의 나라로 유구한 역사와 저력이 있기 때문이 아니다. 생산 공장으로서 중국의 효용가치가 다해가자 새로운 생산 기지를 찾는 기업들이 바로 지척에 있는 수에즈 운하를 보고 에티오피아에 공장을 짓고 있기 때문이다. 우리가 잘 아는 유니클로도 유럽을 겨냥한 생산 라인을 에티오피아에 지었고 심지어 중국 기업들도 이곳에 공장을 짓기 시작했다. 이 기업들은 아프리카 서부의 말리가 한때 황금의 제국으로 아프리카 역사상 가장 찬란한 문화와 국력을 자랑했던 저력 있는 나라라는 사실에는 별 관심이 없다.

뒷부분에서 더 자세히 다루겠지만 20세기 후반의 대한민국이 한때 세계에서 가장 가난했던 국가에서 세계 11위의 경제대국으로 성장한 이유는 우리의 찬란한 문화유산과 민족의 저력 때문이 아니다. 2차 세계대전 후의 공산권과 서구의 대립, 베트남전에서 미국의 뒤통수를 때린 대만의 판단 미스와 이에 대한 미국의 처절한 응징이라는 배경이 있었다. 한때 유엔 상임이사국이었던 대만은 베트남전에서 미국을 전폭적으로 지원한 한국과 달리 큰돈과 인력이 드는 파병은 미적거리고 뒤로는 북베트남과 교역을 하며 실리를 챙기려 했다. 그 결과는 미국과의 단교로 이어졌다. 상임이사국이었던 유엔에서 퇴출되며 'Republic of Taiwan'이라는 국호마저 중국Republic of China에게 빼앗기고 'Chinese Taipei'로 남게 되었다. 1979년의 단교로 한때 중국에 맞서 대만의 전자산업을 키워주던 미국의 지원이 베트남전에서 미국의 편을 들어준 한국에게로 쏠리게 되었다. 뒤이어 1985년 플라자 합의로 일본과 독일 등 미국에 공산품을 수출하던 경쟁국들의 통화가치가 2배로 뛰어오르며 한국 공산품에 큰 폭의 가격 경쟁력까지 생기자 한국경제는 날아오르기 시작했다. 1980년대 초반까지는 진정한 헬조선 속에서 살며 먹고살기가 힘들어 수만 명이 파라과이와 볼리비아로 이민 가던 나라에서 한순간에 신흥 공업국으로 변모한 것이다. 그러자 요즘 유행하는 표현을 빌면 국뽕을 한 사발씩 거하게 들이키신 도인들께서 갑자기 산속에서 몸을 떨치고 나와 우리 겨레의 우수성과 한때 한족과 맞서던 조상의 기상에 대해 사자후를 토하기 시작했다. 이 뛰어난 민족정기를 바탕으로 한민족이 곧 세상을 지배할 것이라고 말이다.

정말 그렇게만 된다면 더 이상 바랄 게 없겠지만 그럴 일은 없을 것이다. 지금까지 우리가 인쇄술이나 언어에서 뒤처졌기 때문만은 아니다. 다음 장부터는 앞으로 펼쳐질 세계에 대해 과거를 돌아본 것처럼 찬찬히 살펴볼 것이다. 2차 세계대전 이후 펼쳐진 세계 정세는 분명 우리에게 유리하게 작용했고 앞으로의 세계에서는 지나온 과거의 세계에서 우리가 가지고 있었던 약점들이 발목을 잡지는 않을 것이다.

그렇다고 해서 아직까지 우리가 우위에 설 요인들은 보이지 않는다.

나는 베트남에서 태어나 태국에서 유년기를, 말레이시아에서 청소년기를 보내고 성인이 되어서야 지금의 대한민국을 맞이하게 되었다. 물론 실제로 베트남이 고향은 아니다. 나는 서울시 중구에서 태어났다. 하지만 내가 태어난 시절 우리나라는 지금의 베트남보다 못했다. 1인당 국민소득이 500달러 정도 하던 시대였다. 지금 회사에 들어오는 신입사원들은 만 달러 시대에 태어난 친구들이다. 이들이야말로 현재의 대한민국에서 나고 자란 진정한 한국인들이다. 우리 부모님 세대는 더욱 극적이다. 이분들은 지금의 아프가니스탄에서 태어나 시리아와 캄보디아에서 유년기와 청소년기를 보내신 분들이다. 그리고 성인이 되어 가족을 꾸릴 때가 돼서야 간신히 지금의 베트남 수준에 오르게 되었다.

지금의 우리나라를 헬조선이라고 부른다지만 진정한 헬은 그 당시였다. 당신에게 태어날 시기에 대한 선택권이 있다고 하자. 1940년대 한반도와 1990년대 한반도 중 어느 쪽을 고를 것인가? 후자를 고르면 물론 입시 경쟁도 치열하고 알바를 갔다 악덕 사장을 만나기도 하고 취업도 힘들고 내 집 마련도 힘들 것이다. 하지만 전자를 선택하면 일단 10살이 되기 전에 병이나 사고로 죽을 확률이 무척 높다. 살아남아도 역시 상당히 높은 확률로 전쟁통에 부모를 잃고 고아로 크거나 어느 한쪽이 돌아가셔서 편부모 밑에서 자랄 수도 있다. 혹은 전쟁통에 당신 자신이나 부모, 혹은 형제가 불구가 될 수도 있고 불구가 된 가족을 가정에서 평생 책임져야 한다. 사회가 이를 받아줄 여건이 안 되기 때문이다. 전쟁에서 살아남아도 국민소득 500달러가 안 되는 기간을 20년 이상 버텨야 하고, 대학교육을 받을 확률은 이렇게 살아남은 자 중에도 10%가 안 되었다. 아니 고등학교를 나올 확률도 그리 높지 않았다. 많은 이들이 초등학교를 다니다 남자는 공장에, 여자는 식모의 길을 갔다. 대학 진학률이 20%대로 올라온 것은 전두환 정권이 대학생들이 데모를 못 하게 하려고 졸업정원제를 실시해 입학 정원을 늘린 덕분이었다.

나를 업고 키워준 누나는 1962년생이다. 초등학교 2학년을 마친 10살 무렵 밥만 먹여달라며 서울에 식모로 맡겨졌다. 40년도 더 지난 일이지만 친척 어른들은 누나가 처음 우리 집에 오던 당시를 떠올린다. 한동안 먹을 것이 눈에 띄면 쉬지 않고 먹었다고 말이다. 아무리 천천히 먹으라고 해도 일주일간 눈뜨면 먹기만 했다고 한다. 시골에서 늘 배가 고팠던 누나는 내 기억에도 키가 아주 작았다. 1970년대와 1980년대까지 대도시에는 집집마다 이런 시골에서 맡겨진 식모 누나들이 있었다.

서울이라고 다를 것은 없었다. 한국전쟁 이후 9급 공무원으로 시작해서 시장직무대리까지 역임했던 강덕기 전 서울시장은 회고록에서 1965년 영등포에서 동사무소장을 하던 시절을 회상했다. 당시 동사무소장의 주요 업무는 배고픈 사람들에게 구호 양곡을 배급하는 일이었다. 제보를 받고 여의도에 가보니 돼지우리 앞에서 수십 명이 깡통을 들고 줄을 서서 돼지죽을 사먹고 있었다고 한다. 화가 난 동사무소장이 돼지 주인에게 아니 왜 돼지 먹는 걸 사람에게 파냐고 역정을 내니 주인은 이 사람들이 이거 아니면 먹을 것이 없다고 제발 팔라고 해서 팔았다는 것이다. 꿀꿀이죽은 돼지나 먹을 법한 음식이라는 은유법이 아니었다. 한때 대한민국 수도 서울에서는 실제 돼지들이 먹는 꿀꿀이죽을 사람들이 돈을 내고 사먹었다. 물론 이런 시절에도 당신이 몇 안 되는 승자가 되어 대학교육까지 마치면 지금에 와서 보면 탄탄대로가 펼쳐졌을 것이다. 고성장의 혜택을 고스란히 입어 마흔 전에 임원이 되고 집값도 급등해 어느 정도 자산도 일굴 수 있어서 노년에는 젊은 층들로부터 저때는 대학만 나오면 편하게 취업도 하고 집도 사고 아주 단물 쪽 빨고 산 세대라고 질시까지 받을 수 있다. 1940년대의 한반도 남쪽과 1990년대의 한국, 어느 쪽을 고를 것인가? 아니, 어느 쪽이 자신이 있는가?

노오력을 하라는 말은 물론 아니다. 아니, 그다지 노력을 하지 않아도 그리 살기 힘들지 않은 세상이 되었는데 왜 사서 고생을 하는가? 예전 세대가 의지력이 강하고 근면성실하여 노력을 한 것이 아니다. 당시에는 그나마도 안 하면 먹고살기 힘들었기 때문에 어쩔 수 없이 그리 산 것일 뿐이다. 그 상황이 되면 누가 안 시켜도 누구나 알아서 노오력을 할 것이다. 지금은 굳이 그러지 않아도 되니 안 하고 살 뿐이다.

한때 배가 고파 키도 안 컸던 그 누나는 이후 서울에 있는 고향 사람과 결혼을 했고 두 아이의 엄마가 되었다. 그중 한 아이는 명문대학에 들어가 통역대학원을 마치고 동시통역사가 되었다. 내 기억에도 무척 똑똑했던 이 누나도 식모살이를 하는 동안에 검정고시를 마치고 결국에는 뒤늦게 대학을 졸업했다. 지난 우리의 50년 역사의 축소판이다.

당사자에게는 길기만 했던 압축성장이 우리 겨레의 뛰어난 정기에서 비롯된 필연적인 민족의 번영이건, 외부 환경에서 주어진 행운이건, 20세기 후반 한반도 남쪽에서 태어난 것은 객관적으로 볼 때 그리 나쁘지 않은 행운이었다. 그리고 이 행운이 금방 사그라지지는 않을 것이다. 인쇄술의 열세에서 비롯된 과학기술의 부족은 이미 변방의 서독과 일본, 대만과 한국을 부흥시켜 공산권에 대항하는 방패로 쓰기 위해 적극적으로 기술을 이전해주고 제품을 사준 미국의 지원으로 전세가 역전이 되고도 남았다. 언어의 열위는 자연어의 활용이 아닌 기계와의 소통이 산업의 중심이 되면서 더 이상 문제가 되지 않는다. 한때 라틴어는 법률용어, 희랍어는 문화언어라고 불리던 이탈리아와 그리스는 3차 산업혁명부터는 아예 전 세계를 뒤흔드는 과학기술 혁명에서 소외되었다. 책 후반부에서 이런 현상을 수치와 그래프를 통해 자세히 볼 것이다. 어느 저개발 국가에 대해 약을 팔면서 그 나라의 찬란한 문화와 민족의 저력을 외치는 사람이 있다면 가서 그리스에 투자하라고 권하고 싶다. 그리스야말로 인류 문화와 역사의 보고 아닌가. 이보다 저력이 대단한 나라가 또 어디 있겠는가.

2008년 금융위기로 많은 그리스 공기업과 항만, 공항 등의 인프라들이 민영화 매물로 나왔다. 그리스 정부는 이를 해외에 매각하기 위해 별도의 민영화 사이트까지 운영했다. 나도 한번 둘러봤지만 별로 관심을 두지 않았다. 그리스는 현재의 EU와 유로 체제가 존속하는 한에서만 선진국의 끄트머리에서 버틸 수 있기 때문이다. 유로가 탄생한 이유를 알면 언제, 그리고 왜 해체될지도 예상해볼 수 있다. 프랑스는 두 차례의 세계대전을 겪고 나자 또 다른 전쟁 위험을 낮추기 위해 독일경제를 프랑스경제에 연동시키는 것을 제1과제로 삼았다. 우선 EU의 모태가 된 유럽 석탄철강공동체ECSC, European Coal and Steel Community를 만들어 독일의 공동출자를 끌어냄으로써 급한 대로 독일이 전쟁을 일으키면 자신들도 피해를 볼 수밖에 없는 구조를 만들었다. ECSC는 EC를 거쳐 현재의 EU가 되었다. 여기까지는 전후 복구를 위해 석탄철강공동체가 필요했던 독일도 순순히 응했다. 하지만 이후 미국이 뒤를 봐주는 마르크화로 아쉬울 게 없는 독일로서는 답 안 나오는 프랑스경제에 연동되는 단일통화에 발목을 잡히는 일은 피하고 싶어 요리조리 빠져 다녔다. 그러다 믿었던 미국이 엔화와 마르크화를 견제하기 시작하며 플라자 합의로 마르크화의 가치가 갑자기 2배로 급등해버렸다. 다른 대안이 없던 독일이 마침내 프랑스의 단일통화 요구에 응하면서 현재의 유로가 탄생한 것이다. 단일통화를 위해서는 각 국가의 재정도 통합해야 하지만 국가별로 이해관계가 상충해 각 국가의 재정은 독립적으로 유지한 채 화폐만 통일시킨 기형적인 형태의 단일통화가 탄생했다. 재정적자 비율같이 유로 가입 국가들이 준수해야 하는 재무적 기준이 제시되었지만 독일을 포함해서 지키는 나라는 없었고, 유로라는 판을 깰 것이 아니라면 이를 제재할 방법도 없었다. 유로는 처음부터 그리스 사태 같은 위험성을 내재한 채 시작되었고, 내재된 위험이 터지는 데 불과 10년도 안 걸렸다.

유로의 명칭은 원래 유로가 아니었다. 프랑스가 만든 단일통화의 명칭은 에퀴ECU, European Currency Unit였다. 분명 영어는 영어인데 불어로는 에뀌로 발음되며 라틴어 냄새가 물씬 풍기는 이 명칭에 대해 독일은 수십 년간 아무 불만도 표하지 않았다. 어차피 할 생각이 없었기 때문이다. 비유하자면 태어나지도 않은 아이 이름을 복순이라고 지어두고 우리 복순이, 우리 복순이 하는 시어머니를 보며 며느리는 아무 말도 하지 않았다. 어차피 애를 낳을 생각이 없는데 낳지도 않을 애 이름을 두고 굳이 시어머니랑 말다툼을 할 이유가 있을까? 그러다 상황이 바뀌어 애를 낳게 되자 며느리는 아무 말 없이 시어머니가 공들여 복순이라고 수를 놓은 배냇저고리며 포대기를 다 내다버리고 서윤이라는 이름을 지었다. 상처받은 시어머니는 마음이 쓰리지만 행여 며느리 마음이 바뀔까봐 찍소리도 못 하고 '그래 서윤이가 예쁘지' 하면서 며느리 비위를 맞추기 시작한다. 독일은 단일통화의 필요성이 생기자마자 에퀴라는 이 지극히 라틴어스러운 이름을 내다버리고 유로라는 어딘지 모르게 앵글로색슨 냄새가 나는 단어를 들고 나왔다. 프랑스는 행여 독일의 마음이 바뀔세라 '그래, 유로도 좋지, 암!'이라며 맞장구를 쳤다. 1979년 탄생한 에퀴는 회원국들 통화와의 환율을 반영한 일종의 측정화폐Unit of Account로 각기 다른 회원국들의 재정 상황을 단일통화로 측정하는 데 쓰였다. 독일이 단일통화에 합의하면서 1999년 에퀴를 공식적으로 폐지하고 유로가 회원국들의 측정화폐로 쓰이기 시작했다. 2002년이 되자 유로는 각 회원국의 기존 통화를 대체하고 진정한 EU의 단일통화로 자리 잡았다. 현재 EU의 리더는 이를 관철시킨 프랑스가 아니라 마지못해 받아들인 독일이다. 헨리 키신저는 이를 보고 독일이 패배한 후 70년 만에 당시의 승전국들이 패전국인 독일보고 유럽을 이끌어달라고 간청하고 있다고 평했다.

독일은 단일통화의 도입으로 급등한 마르크화의 통화가치를 낮추는 효과를 보며 수출경쟁력을 회복했다. 독일 GDP에서 수출이 차지하는 비중은 단일통화 직전인 2000년에는 33%였지만 10년 후에는 48%까지 올랐다. 품질은 우수하지만 가격이 비싸 수출 비중이 절반 이하이던 독일 자동차 산업은 단일통화 이후에는 가격경쟁력을 등에 업고 무려 80% 가까이 수출 비율이 올라간다. 직장인들이 흔히 '벤츠'를 타는 현상도 이와 무관하지 않다. 한국에 수입차 붐이 일기 시작한 2000년대 초중반은 한국이 IMF를 극복하고 국민소득이 정상화된 시점이기도 하지만, 딱 그때부터 유럽의 단일통화가 시작되며 독일 차의 가격경쟁력이 확 높아진 시기이기도 하다. 마르크화 환율로 팔았으면 엄두도 못 냈을 독일 차를 유로화 환율로 수출하게 되자 전세자금 대출을 받은 세입자들이 사는 다세대 빌라 주차장에도 리스로 산 벤츠와 BMW들이 늘어서게 되었다.

반쯤 농담이지만 나는 주변 사람들에게 살 수 있을 때 독일 차 사서 타라고 부추긴다. 유로가 해체되면 독일 차 가격은 지금보다 최소 20~30% 이상 오를 것이기 때문이다. 지금은 6,000~7,000만 원 선인 독일 3사 중형차 엔트리급의 가격이 현재 가격을 기준으로 최소 8,000~9,000만 원 이상으로 오를 것이다. 이런 말을 하면 심지어 금융계에 있는 사람들도 독일 차는 생산을 해외에서 하니까 차값에는 그다지 영향 없을 것이라고 주장하는데 이는 앞으로도 계속 벤츠를 타고 싶은 사람들의 희망사항일 뿐이다. 차값에서 가장 큰 비중을 차지하는 것은 조립인건비가 아니라 신차개발비이다. 그리고 이 비용은 다른 많은 오버헤드 비용과 함께 독일에 있는 본사에서 본국의 화폐로 지출된다. 더 중요한 것은 본사에 투자된 자본에 대한 수익률이다. 흔히 ROA, ROI라고 표현하는 이 자산 혹은 자본수익률의 모수가 되는 투하자본이나 자산은 자국화폐로 표시된다. 이게 유로 표기에서 마르크화로, 혹은 유로보다는 가치가 높을 중부유럽 지역화폐로 변하게 되면 분자가 되는 Return, 즉 수익도 올라야 한다. 차값이 올라가게 되는 것이다. 그러니 독일 차 구입을 고민하는 분이라면 망설이지 말고 지금 사시기 바란다. 우리가 늙으면 벤츠는 말 그대로 '벤츠'가 될 수 있다. 그때 여러분의 손자에게 젊은 시절 할아버지가 벤츠를 타고 찍은 사진을 보여주면 대단한 존경을 받을 수 있을 것이다. '와, 우리 할아버지 젊었을 때 진짜 잘나가셨구나'라고 말이다.

반면 관광으로 먹고살던 그리스와 이탈리아 등은 유로로 인해 갑자기 높아진 화폐가치의 피해를 고스란히 입게 되었지만 대규모로 국채를 발행하여 국민복지 파티를 즐겼다. 단일통화로 묶이게 되자 불안정한 남유럽 국가 화폐에 대한 리스크 프리미엄이 사라지며 이전보다 대폭 낮은 금리로 국채를 발행할 수 있었던 것이다. 자국 제품을 수입해줄 시장이 필요한 독일은 이들에게 기꺼이 낮은 금리로 엄청난 돈을 빌려줬다. 정부가 이 돈을 국민들에게 월급(한때 그리스 노동인구 중 45%가량이 공무원 혹은 공기업 직원이었다)과 연금(연금개혁 이전에 그리스인들은 퇴직 직전 임금의 93%를 죽을 때까지 연금으로 받았고, 지금도 이 금액을 보장하라며 시위를 하고 있다)으로 나누어주니 그리스 국민들은 이 하늘에서 떨어진 돈으로 산 독일 차를 타고 투표장에 가서 집권 여당을 찍어줬다. 얼마 후 엄청나게 발행해버린 국채를, 통화가치 상승으로 침체에 빠진 경제 상황에서 도저히 상환할 엄두도 못 내는 찰나에 금융위기까지 불어닥쳤다. 이들 PIGS(포르투갈, 이탈리아, 그리스, 스페인) 국가들은 짧은 파티를 끝내고 기나긴 빚잔치에 돌입했다. 아직까지는 단일통화를 유지할 필요가 있는 독일의 메르켈은 처음에는 구제금융에 반대하는 척했지만 결국 그리스 한 국가에만 무려 100조 원의 자금공급계획을 승인했다.

1975년생인 프랑스 대통령 엠마누엘 마크롱과 1976년생 벨기에 총리 샤를 미쉘, 그리고 북한의 김정은보다 두 살 어린 1986년생 세바스티앙 쿠르츠 오스트리아 총리로 대표되는 유럽의 차세대 지도층은 완연히 전후 세대로 바뀌고 있다. 냉전에서 탈피한 미국 역시 막대한 돈이 드는 세계 대통령 노릇에는 관심이 없다. 트럼프가 무역 전쟁을 벌이는 이유도 이제는 소련과의 냉전 때문에 굳이 무역으로 지원하면서 동맹국을 확보할 필요도, 방파제가 될 나라들을 키워줄 필요도 없기 때문이다. 유럽 차세대 지도자 그룹에 비하면 결코 어리다고 할 수 없는 1981년생 이방카 트럼프는 비록 차기나 차차기는 아니지만 '언젠가는'이라는 단서를 달며 힐러리가 실패한 최초의 여성 미국 대통령에 도전할 뜻을 숨기지 않고 있다. 미니 트럼프라고 불리는 이방카가 대통령이 되는지에 상관없이 앞으로의 미국은 더욱 더 보호무역으로 나아갈 것이다. 그렇게 되면 독일이 통화에 대한 주권을 회복하고, 100년 전의 전쟁에 대한 악몽 때문에 독일에 일방적으로 끌려다니는 단일통화 체제에 프랑스의 젊은 지도층이 진절머리를 칠 때쯤이면 유로는 다시 일군의 지역화폐 그룹으로 쪼개질 것이다. 독일은 자국의 생산 기지이자 언젠가는 독일이 주도할 중부유럽 지역화폐 체제의 일원이 될 동유럽 국가들을 EU에 편입시켰다. 반면 프랑스가 같은 목적으로 EU에 편입시키려던 '불어를 쓰고 바게뜨를 먹는 백인들이 사는' 북아프리카의 옛 프랑스 식민국가들에 대해서는 일고의 고민도 없이 바로 "노!"를 외쳤다. 프랑스는 이 억울한 상황에서도 찍소리 못하고 독일이 하자는 대로 따를 수밖에 없었다. 단일통화를 유지하는 것이 프랑스의 국가 안보와 직결되기 때문이다. 프랑스의 차세대 지도층이 부모 세대가 가졌던 양차 세계대전의 악몽에서 벗어나는 순간 유로가 해체되며 그리스의 통화가치는 지금의 절반 이하로 떨어질 것이다. 한국의 국민연금이나 미래에셋 펀드 등이 중국이 잔뜩 사들이고 있는 그리스의 항만과 공항들은 가볍게 패스하고 독일의 부동산 자산을 취득하는 것은 매우 현명한 판단이다. 장기적으로 유로가 해체되면 독일을 중심으로 하는 중부유럽 지역화폐의 가치는 급등할 것이기 때문이다. 반면 그리스의 자산가치는 유로에 대한 회의론이 나올 때마다 지속적으로 하락할 것이다.

한국의 미래는 여전히 밝다. 우리의 찬란한 문화유산과 겨레의 얼이 서린 민족의 저력 덕분이 아니라 전후 세계 정세가 적어도 우리에게는 유리하게 돌아갔고 미래에도 충분히 경쟁할 수 있는 제반 여건을 만들어주었기 때문이다. 이는 책의 후반부를 보면 이해가 될 것이다. 사상계를 제외하면 한동안은 여전히 미국이 세계 최강국으로 남을 것이고, 기술부터 교역, 금융까지 모든 표준을 장악한 미국을 우리가 따라잡을 일은 이번 생에는 없을 것이다. 하지만 꼭 세계를 지배해야만 행복하게 살 수 있는 것은 아니지 않는가? 그건 히틀러와 스탈린의 바람이었을 뿐이다. 우리가 비록 세계를 제패하는 일은 일어나지 않겠지만 지난 50년간 우리에게 유리하게 형성된 현재의 경제상황을 발판으로 다음 패러다임의 변화가 발생할 때까지는 선진국의 지위를 유지하면서 살아갈 것이다.

반면 과거 서구문화를 만들어낸 저력 있는 그리스와 이탈리아는 이번 생에는 반등할 일이 없다. 한때 이들에게 경쟁우위를 주었던 인쇄술과 언어의 우위는 이미 지난 생에 그 효용가치가 다했고 과학기술의 발전에서 자연어의 우위는 점점 사라지고 있다. 인쇄술 역시 마찬가지이다. 한때 우리에게 불리했던 요인들은 모두 사라지고 있다. 지금 필요한 인쇄술과 언어의 21세기 버전에서는 오히려 한국이 이들보다 앞서고 있다.

이런 맥락에서 이제부터는 우리의 현재, 그리고 보다 중요한 앞으로 일어날 일들에 대해 큰 방향성을 짚어보도록 하자.

3장

산업혁명과 경제성장,
혁명이 끝나면 찾아오는 저성장

1

인공신경망과 인구신경망

링크의 증가와 새로운 노드의 등장

딥러닝Deep Learning이라는 말을 자주 들어보았을 것이다. 인공지능, 머신러닝, 딥러닝 다 비슷비슷한 말로 들린다. 이를 집합으로 표현해보면 인공지능 안에 머신러닝이 들어가고 머신러닝 안에 딥러닝이 들어간다. 그러니까 딥러닝은 인공지능을 구현하기 위한 하나의 핵심요소인 셈이다. 딥러닝은 인간의 뇌구조를 본뜬 심층신경망Deep Neural Network을 구성하여 인간의 두뇌가 사물을 구분하는 정보처리 방식으로 컴퓨터가 데이터를 바탕으로 사물을 분류하고 상관관계를 파악하며 더 나아가 사고하고 판단하게 만든다.

산업혁명의 많은 기술들이 실제로는 나온 지 길게는 100년가량 되었는데 딥러닝 역시 1950년대 최초로 고안된 인공신경망으로부터 발전된 기술이다. 인공신경망은 뉴런과 시냅스라고 하는 인간 뇌 구조

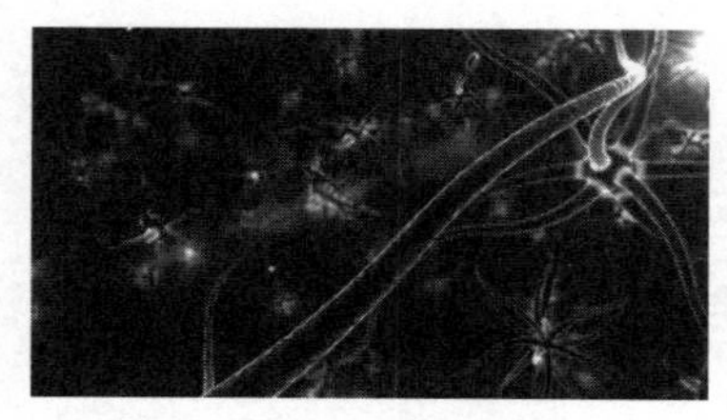

뉴런-시냅스 구조, 출처: VideoBlocks

에서 따온 것이다. 뉴런이란 인간 두뇌에 있는 신경세포체로 자극을 받으면 전기를 발생시켜 다른 세포에 전달한다. 그리고 뉴런 사이에서 전기 신호를 전달해주는 것이 시냅스이다. 인공신경망은 뉴런-시냅스 구조를 컴퓨터에서 알고리즘으로 구현해 각각의 층을 지날 때마다 데이터에 대한 분류가 세밀해진다. 딥러닝은 이 층수가 보다 깊어진deep 것, 세밀해진 것이다.

인공신경망의 구조와 작동 원리를 한번 살펴보자. 입력층에서는 입력한 데이터를 숫자로 전환하고 은닉층에서는 그 숫자를 바탕으로 일차적인 계산을 한다. 출력층에서는 이 계산을 바탕으로 최종값을 도출한다. 은닉층이 많아질수록 신경망은 복잡하고 정교해진다. 뉴런의 숫자뿐만 아니라 전기 신호를 전달하는 시냅스의 수가 많아질수록, 그러니까 다수의 뉴런들끼리 더 촘촘히 연결될수록 신경망의 성능은 높아진다.

인간 뇌의 뉴런과 시냅스를 정보처리를 위한 컴퓨터의 각 구성요소로 구현하듯이, 인간계를 하나의 거대한 컴퓨터로 생각하면 인간계 안에서도 각각 뉴런과 시냅스 역할을 하는 구성요소들이 있다. 이 거대한 계에서 인간 개개인은 각자 하나의 뉴런이 되고 인간 사이의 소통 채널은 시냅스가 되는 것이다. 뇌 속의 신경망을 컴퓨터에서 구현한 것을 인공신경망이라고 부르듯이 뇌 신경망을 인간계로 확장시킨 모델을 인구신경망이라고 부르도록 하겠다.

그런데 먼저 용어를 정리하면, 실제 현실에서 뉴런과 시냅스의 역할을 하는 구성요소들을 부르는 용어가 이미 있다. 통신용어인 노드와 링크가 그것이다. 노드는 사람일 수도, 사물일 수도 있다. 링크는 노드를 연결하는 시냅스, 즉 통신망이다. 유선인 경우도, 무선인 경우도 있다. 노드와 링크의 개념이 꼭 통신망에서만 쓰이는 것은 아니다. 교통정보를 수집하는 노드링크 관리 시스템의 경우, 여기서 노드는 교차로, 도로의 시종점, IC와 JC 등이며 링크는 도로, 교량, 터널 등이다. 책의 후반부에서는 인간의 뇌 구조보다는 통신기술의 발달에 근거해 노드와 링크의 개념을 풀어나갈 것이다.

앞서 15세기 유럽에서는 링크 역할을 하는 인쇄술이 과학기술, 특히 의학의 발전을 촉진해 노드의 증가(인구 증가)를 가져왔다. 링크(인쇄술)의 효율성이 발전한 후 노드(인구)의 증가를 가져오기까지 각각

세계 인구 증가율

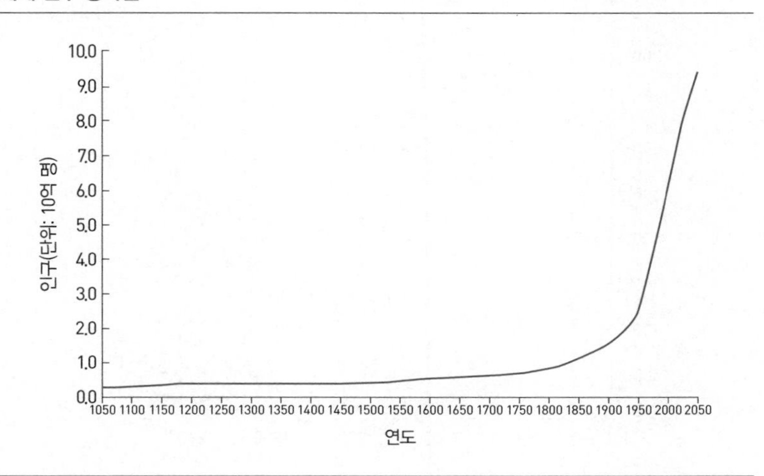

출처: DSS Research

의 단계를 거치며 약 300년이 소요되었다. 그리고 노드가 증가함에 따라 과학기술의 발전이 더욱 촉진되고 다시 링크가 발전하는 순환 구조에 접어들었다. 앞서 말한 제프리 무어의 캐즘의 법칙을 상기해 보자. 하나의 기술은 사용자 수가 캐즘을 넘어서는 순간, 사용자 수와 정비례하는 것이 아니라 기하급수적으로 발전한다. 급격한 인구 증가로 인구 증가와 기술 발전의 상호작용이 시작되는 순간, 과학기술과 경제는 기하급수적으로 발전하기 시작한 것이다.

앞 페이지의 그래프를 통해 세계 인구 증가를 한번 살펴보자. 대략 눈으로 보면 1800년대부터 늘기 시작해 1900년대 이후 본격적으로 늘기 시작한 것으로 보인다. 하지만 앞서 말한 GDP 증가율과 마찬가지로 이는 1900년대 이후 인구가 워낙 증가해 이 수치에 그래프를 맞추다 보니 이전의 인구 증가율은 증가폭이 상대적으로 적어 보이는

세계 인구가 2배로 증가하는 데 소요된 시간

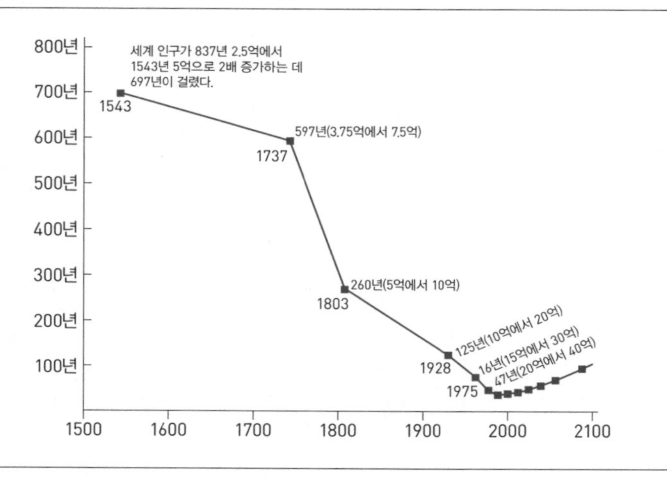

출처: www.ourworldindata.org

착시효과다.

164쪽 그래프가 중요하다. 이 그래프는 인구가 2배로 증가하는 데 걸리는 시간을 표시한 것이다. 전체 인구 그래프에서는 미미해 보이는 1700년대를 거치며 인구 증가율은 가장 큰 폭으로 상승했다. 인구가 2배가 되는 데 걸리는 기간이 594년에서 260년으로 무려 절반 이하로 떨어진 것이다. 1800년대 초의 인구가 2배로 증가하는 데 걸리는 기간 역시 125년으로 절반 이하로 줄었으나 그 감소폭은 1700년대가 조금 더 컸다.

여기서 한 가지 더 재미있는 그래프를 보자. 아래의 그래프는 세계 GDP 증가와 인구 증가율을 함께 나타낸 것이다. 총 GDP와 인구 증가율은 1800년까지는 함께 움직이다가 1차 산업혁명이 시작된 19세기 초반부터는 GDP 증가율이 인구 증가율을 큰 폭으로 앞지른다. 1인당 GDP가 증가한 것이다. 그러니까 앞선 경제발전은 단순한 인구 수의 증가에 따라 전체의 크기가 커진 것이었다면 1800년대에 접어

세계 GDP 증가와 인구 증가율 추이

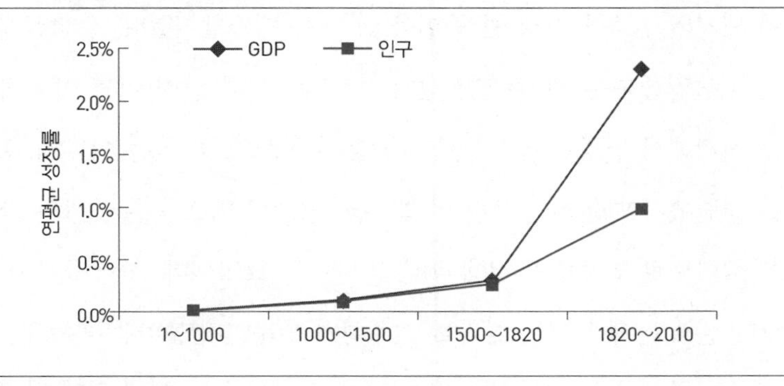

출처: Angus Maddison

들면서는 생산성이 증가해 인구 1인당 가져가는 몫이 더 커졌다. 여기서부터 우리가 혁명이라고 부르는 현상이 발생한다. 1차 산업혁명이 시작된 것이다. 산업혁명과 함께 많은 과학지식들이 비로소 실생활에 쓰이는 '물건'으로 탈바꿈되었다. 전자기에 대한 수백 년간에 걸친 과학자들의 협업이 드디어 전기모터로, 그리고 통신기술로 발현된 것이다.

정전기와 자성의 원리를 수학적으로 정리한 맥스웰에 이어 전자기파, 즉 주파수의 존재를 실제로 입증한 사람은 독일의 물리학자 하인리히 헤르츠였다. 헤르츠는 전자기 교란이 전자기파를 만든다는 맥스웰의 가설을 입증하기 위해 회로와 수신장치를 만들고, 코일 회로에서 불꽃 방전을 만들어 전기가 만들어내는 진동의 존재를 입증했다. 이후 헤르츠는 전자기파의 간섭과 굴절까지 실험을 통해 밝혀내고 금속이나 액체 같은 매개체 없이 공중에서 전달되는 파장을 라디오파라고 이름 붙였다. 이 파장이 우리가 지금 없으면 못 사는 무선통신에 쓰이는 주파수이다. 곧이어 마르코니가 라디오파를 이용한 최초의 무선통신에 성공한다. 갈바니로부터 마르코니까지 이어지는 이 세기의 업적에 가장 큰 공헌을 한 것은 맥스웰이었다. 실험실에서 존재를 입증하는 데 주력한 선대 물리학자들과 달리 이를 이론적으로 정리해서 전자기파가 실제 무선통신에 쓰일 수 있는 이론적 토대를 정립했기 때문이다. 하지만 매우 아쉽게도 맥스웰은 자신의 가설을 실험으로 입증하기 전에 40대의 나이로 요절했다. 사람들이 이론보다 실제 눈에 보이는 결과를 선호하기 때문인지 볼타는 볼트로, 헤르츠는 주파수의 진동 단위인 헤르츠로 이름을 후대에 길이 남겼지만 우리는 맥스웰 하면 커피만 떠올릴 뿐이다.

1900년이 되기 직전인 1895년, 이탈리아의 물리학자 마르코니는 헤르츠의 연구결과를 이어받아 (헤르츠 역시 아쉽게도 전자기파의 존재와 특성을 입증만 하고 이를 활용한 무선통신 기술은 시제품을 만들던 도중에 죽었다) 실제 무선통신에 사용할 수 있는 장치를 만들었다. 안테나를 고안해낸 것이다. 도버해협을 오가는 무선통신에 이어 대서양을 오가는 무선통신에 잇따라 성공한 물리학자인 동시에 정열적인 사업가이기도 했던 마르코니는 20세기가 개막되자마자 영국과 미국을 오가며 무선통신회사를 설립하여 최초의 통신사업자가 되었다. 역마차와 비둘기로만 연결되던 인간이라는 노드를 연결해주는 새롭고 강력한 링크, 무선통신이 등장한 것이다.

총요소생산성과 산업혁명

인구가 증가하면 반드시 경제는 성장하고 인구가 감소하면 경제는 퇴보할까? 그렇지 않을 수도 있다.

한국은 GDP 기준으로 세계 10위권의 경제대국이다. 하지만 영국 이코노미스트 인텔리전트 유니트EIU, Economist Intelligent Unit의 추산에 따르면 한국과 이탈리아가 늦어도 2050년이면 이 10위권 경제대국에서 빠지게 되고 인도네시아와 멕시코가 그 자리를 메우게 된다. 물론 그렇다고 우리나라가 인도네시아보다 못살게 된다는 말이 아니다. 전체 GDP 성장은 둔화되겠지만 1인당 GDP는 계속 올라간다. 즉 인구가 줄어든다. 2016년 기준 우리나라는 합계출산율 1.25명으로 CIA

가 조사한 전 세계 224개국 중 220위를 차지했다. 224위인 꼴찌는 0.82명의 싱가포르다. 한정된 면적에서 인구가 지나치게 조밀하면 자연적으로 출산을 억제하게 되고 이는 결국에는 더 쾌적한 삶의 환경을 만들어주지만, 인구가 줄어들면 경제성장률이 둔화되는 부작용이 있기 때문에 국가 차원의 고민이 큰 것이다.

여기서 한국의 GDP 성장률 전망을 보도록 하자.

아래 그래프에서는 GDP 증가율에 기여하는 부분을 자본과 노동, 총요소생산성 이렇게 세 부분으로 분류를 해 놓았다. 인구는 노동과 밀접하게 관련이 있다. 2000년대의 첫 10년간 우리나라의 연평균 GDP 성장률은 4.2%였는데 이 중 자본의 투여는 2.0%, 노동의 투여는 1.5%, 총요소생산성은 0.7%였다. 그래프에서 노동의 기여도는 갈수록 떨어지는데, 2030년 이후로 가면 심지어 마이너스가 된다. 인구

한국의 GDP 성장률 전망

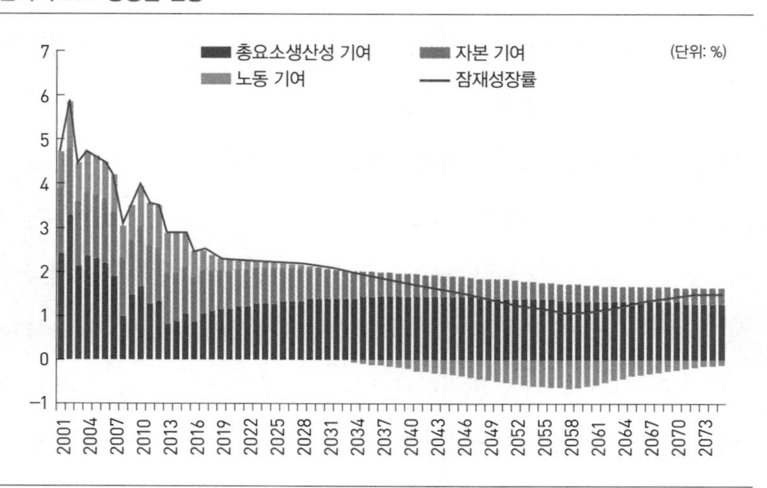

출처: IMF

가 줄기 때문이다. 그렇다면 이 총요소생산성이란 무엇인가? 생산은 자본과 노동으로 이루어지고 생산량의 증가는 자본의 증가와 노동의 증가의 합이다. 이것은 마르크스 이래로 경제학의 기본 개념과도 같은 것이었다. 여기서 자본은 반드시 돈만을 의미하지 않는다. 돈이 있어야 마련할 수 있는 생산설비, 시설 또한 자본이다. 하지만 상식적으로 생각해보자. 같은 생산설비와 같은 시간의 노동량을 투여한다고 반드시 같은 생산량이 나올까? 노동의 숙련도와 같은 자본으로 마련할 수 있는 기술의 차이, 혹은 어느 한 작업반장이나 경영진의 탁월함 등 역시 생산성의 차이를 가져오지 않을까? 어찌 보면 이 당연한 생각은 1950년대에 와서야 노벨경제학상을 수상한 로버트 솔로가 생산량의 증가에서 노동과 자본의 기여분만큼을 뺀 나머지를 총요소생산성이라고 명명하면서 비로소 학계에서 정식으로 인정되었다. 일반적으로 말하자면 총요소생산성의 핵심은 기술혁신이라고 보아도 무방하다.

자본의 양은 일정하다고 가정하자. 인구는 줄어든다. 이런 상황에서 전체 경제성장률을 유지하거나 하락을 최대한 막는 방법은 총요소생산성을 올리는 방법밖에 없다. 실제 2000년대 잠시 하락한 총요소생산성은 2030년대 이후 증가할 것으로 기대되고 있다. 총요소생산성의 등락은 뒤에서 상세히 설명하겠지만, 간단히 얘기하면 2000년대 초의 10년은 1990년대에 시작된 3차 혁명의 초입과 이제 곧 닥칠 3차 산업혁명의 본류 사이의 휴지기였기 때문에 총요소생산성이 대폭 하락했다. 그리고 2030년 이후는 4차 산업혁명이 일어날 것으로 예상되기에 총요소생산성도 증가할 것으로 기대된다. 아마

IMF가 보수적으로 예상해 놓은 이 수치보다 훨씬 높은 폭으로 증가할 것이다.

다시금 앞서 말한 노드와 링크의 개념으로 돌아가 보자. 인구의 증가는 노드의 수를 늘리고, 또 언어의 수준과 이에 따른 지식 전달의 양과 질의 차이가 이 노드의 질적 수준을 높인다. 통신의 발달은 링크의 수를 늘리고 질을 개선한다. 앞선 1700년대와 1800년대의 인구 증가와 GDP 증가 수치와 그래프를 다시 한번 주의 깊게 보도록 하자. 1700년대에는 분명 인구가 늘었고 이에 따라 GDP가 상승했지만, GDP의 상승률은 인구의 상승률을 밑돌았다.

자본이 일정했다고 가정하면 노동은 증가했는데 GDP의 상승률은 노동의 증가율에는 미처 못 미쳤다. 기술혁신 없이 인구만 증가하니 1인당 생산량은 줄어든 것이다. 즉 총요소생산성은 낮아졌다고 해석할 수 있다. 반면 앞으로 한국의 GDP 성장률 추이를 보자. 인구가 감소함에 따라 앞으로 한국의 GDP 성장률이 낮아져 총 GDP 규모에서 인도네시아와 멕시코에 추월당하지만 1인당 GDP는 더 높게 올라갈 것으로 예상된다. 역시 자본의 투입이 일정하다고 가정하면 총요소생산성이 증가할 것으로 기대하는 것이다. 1700년대와는 반대로 인구의 증가가 아닌 기술의 혁신이 경제성장을 이끄는 것이다.

1700년대 세계 GDP의 증가는 기술 발전에 따른 경제발전이 아니라 인구 증가로 경제규모가 늘어난 것으로 해석할 수 있다. 인구 증가로 경제규모는 늘어났지만 아직까지 볼타의 축전지에서 보듯이 과학기술의 발전이 실제 생산성의 증가에까지 이르지는 못하고 지적 호기심의 차원에 머물러 총요소생산성은 늘지 않았다.

반면 1800년대 GDP는 그래프상으로 보기에도 인구 증가율보다 큰 폭으로 증가하고 있다. 드디어 총요소생산성이 증가한다. 그간의 과학 발전으로 드디어 실생활에 쓰일 만한 기술이 탄생했기 때문이다. 인류 최초의 산업혁명이 시작되었다.

2

2차 산업혁명이 끝나며 시작된 장기저성장

산업혁명을 모르는 사람은 아마 없을 것이다. 하지만 산업혁명이라는 말을 처음 쓴 사람은 누굴까? 칼 마르크스와 함께 프롤레타리아 혁명을 주도한 프리드리히 엥겔스가 산업혁명이라는 말을 처음 만들어냈다. 엥겔스가 말한 산업혁명은 19세기 영국을 중심으로 일어났던 증기기관과 방직기의 발명, 그리고 이에 따른 일련의 공업화 과정을 이르는 것이었다. 이후 이와 유사한 혁명적인 기술 발전과 이에 따른 새로운 산업의 등장을 일컬어 산업혁명이라고 부르기 시작했고 순서대로 1차, 2차 등의 숫자를 붙이기 시작했다.

상식적인 얘기지만 산업혁명이 정확히 언제 시작해서 언제 끝났는지에 대한 의견은 분분할 수밖에 없다. 일반적으로 1차 산업혁명은 18세기 후반 영국에서 시작되었다고 보는 견해가 많다. 하지만 17세기의 과학과 기술의 발전은 산업혁명의 토대가 되었다. 이 준비기간도 포함해야 할까? 이 이슈를 제기하는 이유는 지금이 4차 산업혁명의 시작인지 준비기간인지에 대한 판단 기준이 되기 때문이다.

17세기가 1차 산업혁명 기간이 아닌 그 토대를 마련하는 준비기간이라면 2018년 현재 역시 4차 산업혁명 기간이 아닌 이를 준비하는 기간, 혹은 3차 산업혁명이 진행 중인 기간으로 분류가 될 것이다. 분류가 될 것이라는 단서를 붙인 이유는 혁명은 그 참여자가 '이건 혁명이야'라고 부르짖는다고 혁명이 되는 것이 아니기 때문이다. 혁명인지 아닌지는 그 결과가 말해준다. 그리고 판단 기준은 혁명을 일으킨 사람의 주장이 아니라 실제로 세상을 얼마나 바꾸었는가, 따분하게 말하면 '생산성과 국민소득을 얼마나 증대시켰는가'이다.

앞서 말한 총요소생산성으로 산업혁명의 결과를 살펴보도록 하

총요소생산성 연평균 증가율

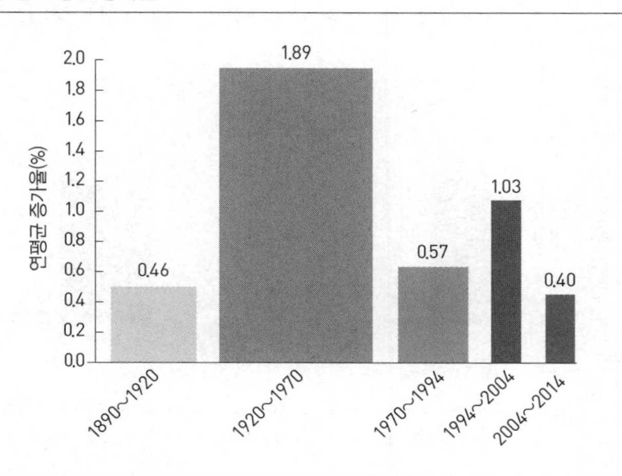

출처: 마이클 로버츠,『장기불황』, 연암서가, 2017

자. 1900년 무렵부터 현재까지 100년이 넘는 기간 동안 이 총요소생산성이 가장 폭발적으로 증가한 기간은 1920년부터 1970년까지의 50년이었다. 이 기간 동안 총요소생산성은 연평균 1.89%가 증가했다. 우리가 이미 반쯤은 미래에서 살고 있다고 믿고 있는 현재의 총요소생산성 증가율인 0.4%의 무려 4.5배다. 총요소생산성은 2차 산업혁명이 마무리된 후 1970년대부터 하락하는데 더 이상의 혁신적인 기술 발전이 없었기 때문이다. 그러자 마르크스주의자들이 장기저성장이라고 부르는 경기하락이 시작되었다. 이 장기저성장은 현재 우리가 겪고 있는 저금리 시대를 가져온 핵심 요인이다. 1990년대 초반까지 19세기 수준으로 하락한 총요소생산성 증가율은 1990년대 중반이 되자 다시 상승하기 시작한다. 이것이 3차 산업혁명의 시작이다. 하지만 많은 학자들이 3차 산업혁명이라고 부르는 이 시기는 불

1인당/시간당 생산량

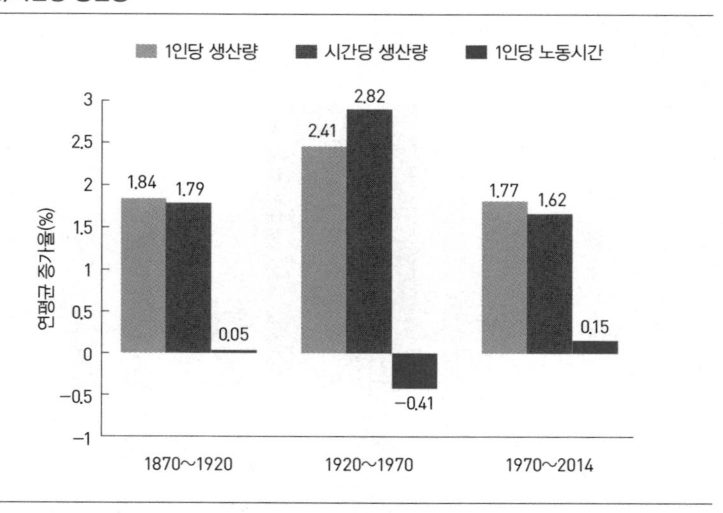

출처: 로버트 고든, 『미국의 성장은 끝났는가』, 생각의힘, 2017

과 10년 만에 끝났고 이 기간 동안 총요소생산성의 연평균 증가율은 2차 산업혁명 시대에 비해 절반 수준에 머물렀다. 그리고 지난 10년간 우리가 익히 아는 저성장의 시대가 다시 이어졌다. 총요소생산성 외에도 같은 기간 1인당 생산량과 시간당 생산량을 계산해보자. 역시 2차 산업혁명 기간 동안의 시간당 생산량 증가율은 연평균 2.82%로 3차 산업혁명 기간을 포함한 이후 40여 년 동안의 연평균 1.62%보다 무려 70% 이상 높았다.

2차 산업혁명이 얼마나 생산성이 높은 혁명이었는지는 이윤율 그래프에서도 볼 수 있다. 아래 그래프는 앞서 말한 총요소생산성과 생산량 수치 외에도 자본주의 국가의 이윤율이 2차 산업혁명 시기에 예외적으로 높았다는 것을 보여준다. 영국의 경제학자 마이클 로버츠는 마르크스주의자로 기술기업들, 특히 유럽 경제학자들이 혐오하는 미국이 주도하는 현재의 산업사회를 비판하는 글을 쓰는 사람이

2차 세계대전 후 주요 자본주의 국가의 이윤율

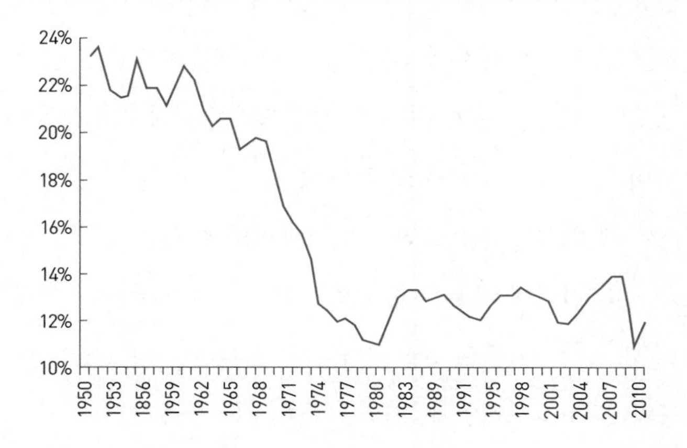

출처: E. Matio(마이클 로버츠, 『장기불황』, 연암서가, 2017)

다. 로버츠는 현대에도 자본가들이 얼마나 노동자를 착취하는지 보여주기 위해 마르크스가 말하는 이윤율을 20세기에도 국가별로 계산을 해 놓았다. 그런데 이 이윤율 역시 앞서 살펴본 총요소생산성이나 1인당 생산량 그래프와 같은 움직임을 보여준다. 1960년대까지는 높은 수준이던 선진국들의 이윤율이 1970년대부터 곤두박질을 치기 시작한 것이다. 그리고 1990년대 후반에 약간의 회복세를 보이다가 2000년대 중반이면 다시 내리막길을 탄다. 전혀 다른 사람이 전혀 다른 목적으로 계산한 1인당/시간당 생산량 수치와 놀랍도록 같은 형태의 그래프가 그려진다.

다른 점은 로버츠는 1990년대에 이윤율이 일시적으로 증가하는 현상을 레이거노믹스로 대표되는 신자유주의, 즉 규제완화와 자유무역을 강조하는 경제적 자유방임주의 때문이라고 설명한다. 로버츠는 3차니 4차니 하는 산업혁명에는 관심이 없었지만 보여지는 객관적인 수치는 명확하다. 2차 산업혁명이 끝나자 기업의 이윤율이든 총요소생산성이든 1인당 혹은 시간당 생산량이든 모든 경제지표가 곤두박질을 쳤고 이는 현재 우리가 겪고 있는 장기불황을 가져왔다. 그리고 이 모든 지표는 1990년대 3차 산업혁명이 시작되며 잠시 반등했지만 얼마 못 가 다시 하락세로 돌아섰다.

여기서 재미있는 것은 그리스와 스페인의 이윤율 그래프이다. 양국 모두 1960년대에 이윤율이 정점을 찍고 그 뒤로는 하락세를 보였다. 그런데 전 세계 주요 선진국 모두에 걸쳐 나타난 1990년대 후반 이윤율의 반등이 스페인과 그리스, 특히 그리스에서는 잘 보이지 않는다. 미미하게나마 3차 산업혁명의 수혜를 받은 스페인에 비해 그

스페인의 이윤율

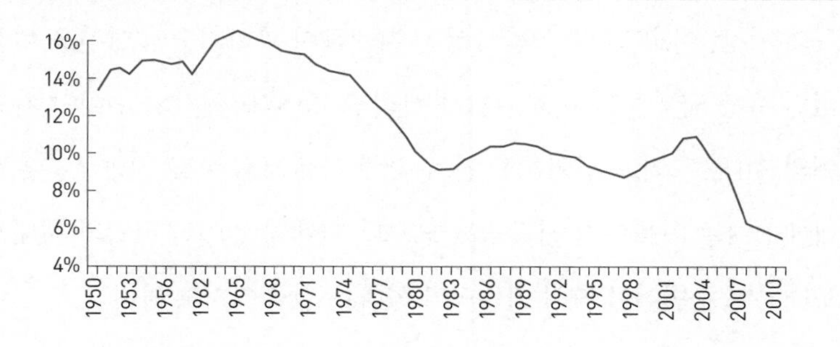

출처: AMECO(마이클 로버츠,『장기불황』, 연암서가, 2017)

리스는 3차 산업혁명에서 거의 완벽하게 소외되었기 때문이다. 앞으로 다가올 4차 산업혁명의 시대에는 더할 것이다. 구텐베르크의 인쇄기를 넘겨받은 16세기 이탈리아에서 그리스 고전을 찾는 붐이 일면서 르네상스 지식인들 사이에 라틴어에 이어 그리스어 공부가 유행한 것을 떠올리면 씁쓸한 현실이다. 반면 우리에게는 희망이 있다. 남의

그리스의 이윤율

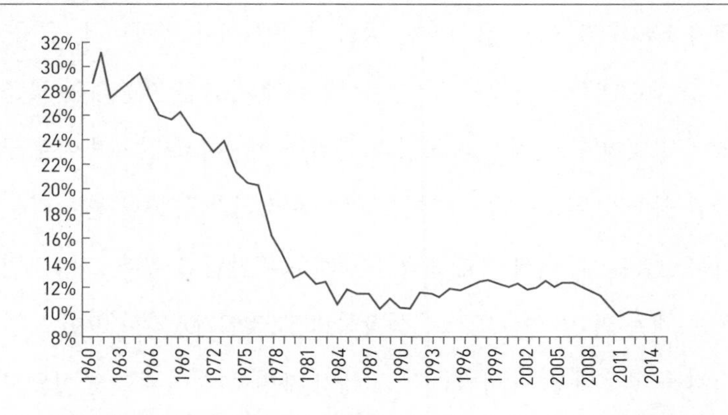

출처: AMECO(마이클 로버츠,『장기불황』, 연암서가, 2017)

불행이 나의 행복이라는 논리가 아니다. 언어의 정교함을 무기로 서구의 사상, 아니 전 세계의 사상을 지배하며 과학기술의 발전을 이끌었던 유럽 국가들의 비교우위가 사라진 것이다. 인간의 언어인 자연어의 시대, 그리고 신의 언어인 수학의 시대(사실 이 두 시대는 같은 시대이다)에는 이들이 앞서갔을지 모르나 기계의 언어인 코딩의 시대가 도래하며 출발선이 다시 정렬되고 있다는 반증이기도 하다.

산업혁명기와 간극기

산업혁명은 마치 빙하기처럼 주기를 가지고 찾아온다. 빙하기와 간빙기에 사람의 생활양식이 달라지듯이 산업혁명의 시기와 그 간극간에도 서로 다른 사회현상이 발생한다. 대부분의 사람들은 이를 빙하기와 간빙기가 아니라 이어지는 일련의 과정으로 이해하기 때문에 달라진 기온에 따라 자연스레 변한 사회 현상에 적응을 못 하고 자신에게 익숙하지 않은 새로운 현상에 질타를 가하기도 한다. 대표적인 것이 1980년대 이후 급성장한 금융산업에 대한 비판이다. 금융, 특히 월가로 대표되는 투자 분야는 산업계에 자금을 제공하는 보조 역할에서 벗어나 그 자체로 하나의 산업을 형성하고 있으며 아예 금융산업 자체가 실물경제의 크기를 압도해 꼬리가 몸통을 흔든다는 웩더독Wag the Dog 현상의 대표적인 사례로 비판받고 있다. 그렇다면 금융은 왜 이리 '비정상적으로' 성장하게 된 것인가? 앞서 말한 노암 촘스키를 비롯해 많은 사람들이 20세기 후반부터 미국을 중심으로 과도하게 성장한 금융산업에 대해 기업가 정신의 몰락과 도덕적 해이,

정치와 결탁 등 여러 문제점을 지적하고 있다.

이런 비판 세력 중 하나인 〈파이낸셜타임스〉의 칼럼니스트 라나 포루하는 『메이커스 앤드 테이커스Makers And Takers』에서 이 탐욕스러운 금융자본을 비판했다. 블룸버그는 이 책을 2016년 최고의 책으로 선정했는데, 이 책에서 포루하는 많은 미국 기업들이 금융자본의 압력에 굴복해 이익을 기술개발에 재투자하지 않고 주주들에게 배당해 결과적으로 투기자본의 배만 불린다고 비판했다. 이런 투기자본의 원조격인 기업사냥꾼 칼 아이칸은 1980년대에 트랜스월드항공TWR과 RJR 나비스코를 대상으로 이익잉여금을 배당으로 받아가는 방법으로 주가를 올렸다. 포루하는 같은 책에서 기업들이 자사주를 매입하는 금액은 (배당과 자사주 매입은 주주에게 같은 효과를 가져온다) 1980년대 이후 지속적으로 증가하고 있고, 1950년대까지 관례적으로 수익의 5~6%를 연구 목적으로 빼두던 관행은 배당과 자사주 매입을 늘리기 시작한 1980년대에 들어 사라졌다고 지적했다. 은행권에서 몇몇 거대 은행이 차지하는 비중은 1970년대 이후 무려 3배나 증가했고, 소득 상위 1% 중 금융가의 비중은 1979년 이후 2배 가까이 커졌다. 또한 세계경제에서 금융위기로 타격을 입은 비중이 1971년 7.5%에서 2007년 32%로 급증했다. 포루하는 결론적으로 1970년대를 기점으로 금융에 대한 규제시스템이 훼손되기 시작하면서 오늘날과 같이 금융이 강력한 권력을 갖게 되었다고 설명한다. 그러니까 이 모든 일은 1970년대부터 일어난 일이다. 도대체 1970년대에 무슨 일이 있었던 것일까? 버냉키가 월가 상공에서 헬기를 타고 현금 대신 마약이라도 살포해 금융가들이 갑자기 탐욕스러워진 것일까?

누군가를 비난할 때 가장 손쉬운 방법은 원인에 대한 깊은 고민 없이 그냥 정신력의 문제로 돌리는 것이다. '쌍팔년도' 축구 감독만이 아니라 서구 선진국의 교수들과 언론인들도 마찬가지인지 하나같이 '옛날에는 기업가 정신이 살아 있었는데 요즘 기업인들은 탐욕밖에 없어'라며 기업인과 금융가들의 정신 상태에 대해 일침을 가하고 있다. 포루하는 '이상해져버린 기업들'이라고 불렀다. 1950년대에는 살아 있던 기업가 정신이 왜 1970년대 무렵부터는 갑자기 사라지고 금융가들의 마음속에 탐욕이 커진 것일까?

1970년대를 기점으로 금융산업이 '비정상적'으로 커진 것은 1960년대 2차 산업혁명이 마무리되면서 1970년대부터 우리가 지금 장기저성장이라고 부르는 현상이 시작되었기 때문이다. 산업혁명이 한창인 시기에 금융은 말 그대로 실물경제를 보조만 해줄 뿐 모든 자본과 인력은 실물경제에 투입된다. 기술 발전이 수백 배의 생산성 향상을 가져오니 금융보다는 산업계가 더 수익이 높은 것이다. 하지만 산업혁명이 마무리되면 실물경제의 생산성은 낮아진다. 그리고 앞으로 더 자세히 설명할 산업혁명 간의 간극이 찾아오면 다음 산업혁명이 시작될 때까지는 특별한 기술의 발전은 없이 기존 기술의 개선만이 일어난다. 이렇게 되면 우선 자본은 보다 나은 수익성을 찾아 정체에 빠진 실물경제를 떠나 금융계로 유입된다. 우수한 인력 또한 마찬가지이다. 정부 역시 선거를 앞두고 국민들에게 지금은 산업혁명의 간극이니 실업률이 높고 경제성장률은 낮더라도 이해해달라고 설득할 수는 없다. 어쨌든 경제는 성장해야 한다. 적어도 정부가 노력하는 모습이라도 보여야 한다. 그렇기 때문에 산업혁명의 간극에서는 정부 역시 금융에 대한 규제를 완화하여 예전에는 보조 역할에 머물던 금융산업이라도 키워서 경제성장률을 유지하려고 하는 것이다.

'비즈니스' 칼럼니스트들은 1970년대 이후 기업가들이 금융자본의 압력에 굴복해 기업가 정신을 잃고 배당을 늘렸다고 비난했다. 그러나 이 '비즈니스' 칼럼니스트들이 생산활동을 하는 기업에서 실제로 '비즈니스'를 해본 적은 없다는 사실이 명확하게 드러났다.

세상에서 배당을 제일 주기 싫어하는 사람은 기업의 경영진과 실무진들이다. 법으로 잡아가는 것도 아닌데 대주주인 금융기관들이 압력을 가한다고 해서 얼마든지 자신들이 추진하는 신규 사업에 쓸 수 있는 이익잉여금을 배당으로 선뜻 내줄 경영진은 없다. 주주들에게 배당을 많이 주는 것이 뛰어난 경영성과로 평가받는 사모펀드가 아닌 일반 기업체의 경영진에게는 높은 배당금이 업적도 아니고 앞으로의 커리어에 도움도 안 되기 때문이다. 미국처럼 최고경영진 잡마켓이 활성화된 곳에서는 CEO급들의 이동이 매우 활발하다. 이력서에 '배당을 많이 줬다'와 '그 돈으로 이런저런 관련 신규 사업을 많이 해봤다' 중 어느 쪽이 유리할까? 기업에서는 성공했든 실패했든 경험이 중요하기 때문에 경력직들을 채용한다. 배당을 높였다는 경험은 관련 업계에서 볼 때 아무 의미 없는 경력이다. 의사결정권은 없지만 실무진들도 마찬가지이다. 기왕이면 회사에서 이런저런 사업을 해봐야 자신들의 이력에 도움이 되지 배당 업무는 서무를 제외하면 인생에 전혀 도움이 되지 않는다. 그럼에도 이들이 배당을 늘린 이유는 이 돈을 가지고 실제 사업을 해서 수익을 올릴 자신이 없기 때문이다. 어느 한 기업이나 부서에서 그랬다면 '기업가 정신'의 부재를 질타할 수 있겠지만 1970년대 이후 산업계 전체에서 이런 현상이 나타났기에 그 이유를 정신력의 문제로 돌릴 수는 없다.

1990년대에 3차 산업혁명이 시작되며 상황이 잠시 바뀌기는 했다. 기업들은 배당을 줄이고 기술개발에 투자하기 시작했고 우수한 인재들은 월가를 벗어나 실리콘밸리의 기술기업으로 향하기 시작했다. 하지만 이 현상은 오래가지 못했다. 3차 산업혁명의 서두는 짧게 끝나버리고 휴지기로 들어간 것이다. 그러자 인재들은 다시 금융으로 돌아갔고 기업들은 배당을 늘리기 시작했다. 현재 S&P 500 기업들은 순익의 95%를 주주들에게 돌려주고 있다. 혁신의 상징인 애플마저 최근 배당을 늘린다고 비판을 받기 시작했다. 인력 시장에서도 비슷한 현상이 일어났다. 어차피 진로가 정해진 공학도나 경제학도에 비해 MBA들은 잡마켓에서 박쥐에 가깝다. 이들은 대개 마케팅과 파이낸스를 복수전공하며 시장 상황에 따라 금융과 컨설팅, IT 업계를 기웃거린다. 내가 미국에서 MBA를 마친 2001년 무렵에는 B2B라는 말이 유행했다. 영업에서 쓰는 'Business to Business'라는 말이 아니다. '금융으로 돌아가다 – Back to Banking'이라는 신조어로 1990년대 후반 실리콘밸리로 MBA들을 끌어들이던 짧은 기술 호황이 끝나자 이들이 다시 금융권 취업으로 눈을 돌린다는 우스갯소리였다.

'기업가 정신의 부재'와 '금융가의 탐욕'은 4차 산업혁명이 시작되면서 제자리를 찾을 것이다. 교수들과 칼럼니스트들의 호통에 기업가들이 뒤늦게 정신을 차려서가 아니라 4차 산업혁명이 시작되면 실물경제의 생산성이 비약적으로 높아지며 금융으로 쏠렸던 자본이 높은 수익을 바라고 산업계로 돌아올 것이기 때문이다. 새로운 산업혁명이 시작되면 자본에 대한 수요가 높아져 금리가 올라간다. 그러면 외부차입금에 대한 부담이 늘어난 기업은 당연히 배당을 줄이고 이익잉여금을 기술개발에 투자할 것이다. 국가 역시 산업계의 생산성이 비약적으로 높아지는 상황에서, 굳이 통제하기도 힘든 금융에 인센티브를 줘가며 인위적으로 경제성장률을 유지해야 할 필요성이 없어지게 된다.

혁명과 개선

> 혁명을 했는데 민중이 아직 가난하다면 그것은 혁명이 아니다.
>
> – 호찌민

3차 산업혁명은 끝났는가? 만약 3차 산업혁명은 이미 막을 내렸고 이제 4차 산업혁명이 시작된다면 3차 산업혁명은 그간의 산업혁명들 중 가장 짧고 가장 영향력이 없는 찻잔 속의 태풍으로 끝이 난 것이다. 하지만 3차 산업혁명은 끝난 것이 아니라 서두를 지난 것뿐이다. 아직 본론은 시작되지 않았다. 3차 산업혁명의 본론이 아직 시작되지 않았다는 것은 단지 그 기간이 짧다거나 생산성의 증대가 적었기 때문만은 아니다. 3차 산업혁명의 키워드이자 핵심산업의 발전이 아직 마무리된 것이 아니기 때문이다. 3차 산업혁명의 키워드는 '정보통신', 나누어 설명하면 '컴퓨터'와 '데이터 통신(인터넷)'의 발전이다. 헷갈리지 않기 위해 미리 말하면 앞으로 다가올 4차 산업혁명의 키워드는 '인공지능'이다. 물론 4차 산업혁명의 시대에도 컴퓨터와 통신은 계속 발전한다. 인공지능 역시 이 둘의 발전의 산물이다.

3차 산업혁명 시대에도 앞선 산업혁명기에 등장한 기술들은 발전이 멈춰지거나 폐기되는 것이 아니라 꾸준히 개선된다. 때문에 나는 각 산업혁명기의 대표 제품을 '새롭게 등장한 혁명 제품'과 '개선 제품'으로 나누어볼 것이다. 이 기준에 따르면 20세기 초에 등장한 제품들 중 TV와 라디오는 2차 산업혁명 기간 중에 새롭게 등장한 혁명 제품이지만 자동차는 증기로 움직이던 동력기관을 석유를 이용한 내연기관으로 대체하고 크기를 줄인 것에 불과하기 때문에 개선된 제품으로 분류된다. 테슬라의 전기자동차가 결코 4차 산업혁명의 상징이 될 수 없는 이유이기도 하다. 이건 개선이라고 보기에도 민망한 그냥 동력원의 교체일 뿐이다. 전기자동차는 이미 자동차가 등장한 19세기 후반, 당시 2차 산업혁명의 핵심인 전기의 등장과 함께 '당연히' 시도되었다. 그러나 당시의 배터리 기술로는 전선이 연결되지 않은 승용차의 경우 내연기관이 전기에 비해 경제성이 있었기에 내연기관을 얹게 된 것이다. 전선이 연결된 전기로 가는 '전차'는 일제시대

산업혁명별 키워드와 특징

혁명	기간	산업 키워드	혁명 제품	개선 제품
1차	18세기 후반~19세기 중반	증기기관	증기기차, 증기선	
2차	19세기 후반~20세기 초반 20세기 중반~1970년대	전기와 음성 통신	통신장비 가전제품	내연기관 기계공업
3차	1990년대~진행 중	컴퓨터와 데이터 통신	PC와 S/W	통신장비(모바일) 가전제품
4차	2030년경~2050년(예상)	인공지능(AI)	자율주행차 양자컴퓨터 로봇	

경성에도 있었다. 테슬라가 주목받는 것은 배터리 업체들이 기술을 발전시킨 덕분에 비로소 가능해진 이 전기를 자동차의 동력으로 쓰기 때문이 아니라 자율주행의 선도기업 중 하나이기 때문이다.

4차 산업혁명을 주창한 클라우스 슈밥은 세계경제에 대단한 영향력을 끼치는 사람이지만 애석하게도 이 혁명과 개선을 구분할 줄 몰랐다. 그렇기 때문에 3차 산업혁명을 이끌던 기술과 제품들이 개선되는 과정을 4차 산업혁명이라고 주장한 것이다. 슈밥이 쓴 4차 산업혁명에 대한 책을 보면 새롭게 개발되거나 개선되는 기술이 구분 없이 나열식으로 쭉 늘어서 있고 이 모든 기술에 4차 산업혁명이라는 딱지가 붙어 있다. 이 중 4차 산업혁명의 키워드에 해당하는 기술도 일부 있지만 대부분은 개선된 기술들의 나열이다. 여기서 말하는 혁명이란 1차 산업혁명의 방직기처럼 생산성을 수백 배로 향상시키는 기술을 말한다. 혁명의 키워드가 아니라고 해서 발전이 없었다는 것은 당연히 아니다. 꾸준한 개선은 어느 분야에나 있어왔다. 하지만 산업혁명이란 이 정도의 개선을 말하는 것이 아니다. 1950년대의 컴퓨터와 21세기의 컴퓨터의 차이는 혁명이라는 말에 전혀 손색이 없다. 1950년대까지 가지 않더라도 1970년대 불과 수 킬로바이트KB에 불과했던 PC의 저장용량은 이제 수백 기가바이트GB에 달한다. 하지만 에어컨과 냉장고의 경우 1950년대에 비해 21세기의 제품이 디자인은 슬림해졌고 에너지 효율도 좋아졌지만 기본적인 기계구조는 변하지 않았다. 컴퓨터에 비하면 에어컨은 50년 동안 근본적인 변화 없이 조금씩 개선되어왔다.

바퀴의 등장은 혁명이었다. 바퀴가 나오기 전에는 사람이나 말이 등에 짐을 지고 옮겨야 했다. 이 바퀴의 등장으로 수레가 나오면서 농업혁명 시대의 생산성은 획기적으로 증가했다. 처음에는 돌이나 통나무를 깎아 만들다, 곧이어 보다 가벼우면서 내구성이 강한 바퀴살이 등장했다. 처음 모델에 비해 엄청나게 좋아졌지만 이는 혁명이 아닌 개선이다. 생산성 향상에 도움이 되지만 처음 바퀴가 등장했을 때만큼의 혁명적인 생산성 증대를 가져오지는 않았기 때문이다. 이후 고무바퀴는 마차에 탄 사람이 멀미를 덜 하면서 보다 긴 시간 여행할 수 있게 해주었지만 이 역시 혁명이 아닌 개선이다. 혁명과 개선의 차이는 개념의 차이도 있지만 각 기술이 가져온 생산성 증가를 보면 확연히 드러난다. '인간 VS 바퀴달린 수레, 원통형 바퀴 VS 바퀴살, 나무바퀴 VS 고무타이어'가 각각 가져온 생산성 증가의 상대적 차이를 생각해보면 된다.

1차 산업혁명 이전에는 농업혁명이 있었다. 농업혁명은 기원전 8,000년경에 근동과 중국 등지에서 독립적으로 시작되어 결국 곡식을 운반하기 위한 바퀴의 발명을 낳았고, 기원전 7,000년경에는 가축을 사육하기 시작했다. 그러니 어림잡아도 농업혁명은 수천 년에 걸쳐 일어난 일이었다. 농업혁명의 결과로 인구가 폭증했다. 물론 상당

혁명 → 개선

바퀴의 변천, 출처: 동아사이언스

수의 인류학자는 농업혁명을 부정적인 시각으로 보고 있다. 과연 농업혁명의 결과로 인간의 삶이 나아졌냐는 것이다. 이들은 이에 대한 근거로 수렵채집 시절과 신석기 농업혁명이 시작된 이후의 인류 유골의 크기를 비교한다. 농업혁명이 시작되며 먹을 것이 풍부해졌을 것이라는 가설과는 달리 수렵채집 시절에 비해 농업시대에 유골의 크기는 오히려 더 퇴보했다. 유발 하라리 같은 인류학자들은 인간의 삶이 더 힘들어졌다고 말한다. 영양상태도 나빠졌고 모여 살면서 각종 질병이 발생했다는 것이다. 수렵채집인의 삶은 이보다 더 편했다는 근거로 이들은 칼라하리 사막에 사는 수렵채집 부족인 !쿵족의 예를 든다. 인류학자들이 관찰한 바로는 !쿵족은 하루에 2시간 이상 일하지 않는다. 이 정도만 채집하면 충분히 먹을 것을 구하기 때문이다.

나는 농업혁명이 오히려 인류를 불행하게 만들었다는 인류학자들의 견해에 굳이 동조하지는 않는다. 농업시대에 인류의 골격이 작아진 것은 영양부족 때문이라기보다는 수렵채집 시절에는 사냥하고 싸우기 위해 몸집이 큰 사람이 생존에 유리해 진화론에서 주장하는 자연선택에 따라 몸집이 큰 사람만이 살아남아 자손을 남겼기 때문일 것이다. 농업시대로 접어들면서 몸집의 크기보다는 도구를 만들고 농사를 짓는 손재주나 모여 사는 데 필요한 사회성 등이 높은 사람이 생존에 더 유리한 환경이 만들어지면서, 몸의 크기에 대한 자연선택이 약화되었다고 보는 것이 더 타당하다. 그리고 이 농업혁명이 혁명으로 불리는 이유는 세상에 근본적인 변화를 가져왔기 때문이다. 농업혁명 직전에 500만 명으로 추산되는 인류의 숫자는 신석기 시대 농업혁명을 거치면서 순식간에 10배 이상 불어났다. 산업혁명 이전까지는 농업혁명이 가장 큰 인구의 증가를 가져왔다.

1차 산업혁명의 기계화는 연자방아를 돌리는 황소처럼 가축의 힘 또는 풍차나 물레방아처럼 자연의 힘에서 벗어나 장소와 시간의 제약 없이 인간이 원하는 장소에서 원하는 만큼 기계를 사용할 수 있게 해주었다. 그러자 농업혁명 이후 100년간 6%, 그러니까 매년 0.06% 성장했다고 추산되는 세계경제는 1차 산업혁명 시대에 들어와 그 성장률이 수십 배로 증가했다.

1차 산업혁명이 석탄을 이용한 증기기관 혁명이었다면 2차 산업혁명은 '전기'를 이용한 기계들, 즉 가전제품의 발명과 대량생산 체제의 도입이다. 그리고 2차 산업혁명은 바로 지금의 우리를 만들어 놓았다. 우리는 아직까지 2차 산업혁명이 만들어 놓은 세상 속에서 살고 있다. 2차 산업혁명은 중간의 양차 대전으로 기간이 길어지며 1차 산업혁명과 마찬가지로 100년 가까이 지속되다가 1960년대에 들어와서 끝이 났다. 2차 산업혁명을 특징짓는 기술들의 상용화가 그 무렵에 거의 완료되었기 때문이다.

2차 산업혁명 – 발명자가 없는 발명 시대의 개막

> 기술은 영웅의 개별적인 행동이 아니라 누적된 행동을 통해 발전한다.
>
> – 재레드 다이아몬드, 『총, 균, 쇠』 저자

2차 산업혁명에 대해 본격적으로 얘기하기 전에 퀴즈 하나를 보자. 발명자를 맞추는 퀴즈이다.

비행기를 발명한 사람은? 라이트 형제.
전구를 발명한 사람은? 에디슨.
전화를 발명한 사람은? 그레이엄 벨.

여기까지는 좋다. 그럼 지금부터 한번 제대로 맞춰보자.

텔레비전의 발명자는? 냉장고는? 에어컨은? 세탁기는? 컴퓨터는? 컴퓨터는 조금 알 것도 같다. 얼마 전 〈이미테이션 게임〉이라는 영화를 봤는데 튜링이라는 사람이 만들었다는 것도 같다. 물론 폰 브라운의 이름을 대는 사람도 있을 것이다. 비트의 개념을 만들어낸 클로드 섀넌도 빼놓아도 섭섭할 것이다.

2차 산업혁명의 특징은 발명자가 누구인지 모르는 발명들로 이루어졌다는 점이다. 그리고 이 특징은 3차를 거쳐 4차, 5차까지 앞으로도 쭉 이어질 것이다. 2차 산업혁명에 들어갈 무렵이면 전 세계의 과학자나 기술자들은 대부분 비슷한 발전단계를 공유한다. 인쇄술의 발전에 따라 캐즘을 넘은 책이 이제는 운송수단의 발전까지 더해지며 주요 선진국에서는 거의 실시간으로 과학적 발견과 새로운 지식들이 공유되는 것이다. 역사에 남은 발명은 처음 만들어진 것보다 쓸 만한 물건으로 '처음' 만들어진 것이다. 채륜 역시 종이를 처음 발명한 사람이 아니라 쓸 만한 종이를 처음 만든 사람이었다. 제임스 와트는 증기기관을 처음 만든 사람이 아니고 이전까지 수많은 엔지니어들이 만들어오던 증기기관을 처음으로 쓸 만하게 만든 사람이다. 증기기관에 대한 최초의 특허는 뜬금없게도 스페인의 발명가 헤레니모라는 사람이 가지고 있다. 1차 산업혁명보다 무려 200년 앞선 1606년의 일이다. 쓸 만하지 않았던 고려의 금속활자와 쓸 만했던 구텐베르크의 금속활자의 차이가 압착기술Press에서 왔듯이, 제임스 와트는 증기기관 자체를 발명한 것이 아니라 콘덴서를 실린더에서 분리하여 실린더를 가열하고 냉각하는 일을 반복할 필요 없이 열효율을 상승시켜 증기기관을 쓸 만하게 만들었다. 이는 영국에 이미 100대 넘게 존재하던 뉴커먼의 증기기관을 수리하다가 얻은 아이디어였다.

1차 산업혁명이 마무리되면서 등장한 증기기관차와 증기선은 지식이 퍼지는 시간을 급속도로 단축시켰다. 17세기와 18세기에 일어났던 전자기에 대한 유럽 과학자들의 협업이 100년 이상 걸렸다면 지금은 거의 실시간으로 협업이 가능해진 것이다. 영어 표현을 빌리자면 선진국의 모든 과학자와 기술자들은 '같은 페이지'에 위치하게 되었다. 이제 발명은 한 천재의 독창성에서 나오는 것이 아니라 그때까지 축적된 과학지식에 의해서 그즈음에 나올 만한 기술이 나오게 된 것이다. 이제 경쟁이 가속화된다. 그러자 특허가 중요해졌고 비슷한 시기에 비슷한 제품을 개발한 발명가들이 촌각을 다투어 특허를 신청하게 되었다. 1876년 12월 22일 전화를 발명했다고 알려진 그레이엄 벨과 또 다른 발명자인 엘리샤 그레이는 한날한시에 미국 특허국에 전화 발명 신청을 했다. 진실은 영원히 알려지지 않겠지만 미국 특허국은 그레이엄 벨이 2시간 앞서 신청을 했다며 전화의 '발명자'로 그레이엄 벨을 공식 인정했다. 이후 양측은 수백 건의 소송을 주고받았지만 결국 벨이 승리했다. 텔레비전의 발명 역시 우리에게는 이름도 낯선 수많은 개인 발명가들이 유럽과 미국에서 유사한 기술을 가지고 경쟁하듯 서로 개량했으며, 결국 거대기업 RCA가 역시 수많은 법적 공방 끝에 텔레비전에 대한 특허권을 획득하게 된다.

2차 산업혁명의 핵심은 가전제품

여러분의 집에 있는 대부분의 가전제품이나 건물설비들은 모두 2차 산업혁명의 시기에 나왔다. 1차 산업혁명이 산업 생산에 쓰이는 증기기관과 이를 활용한 자동화 기계의 등장이었다면 2차 산업혁명은 포드에 의해 주도된 대량생산과 함께 가전제품의 등장이 핵심이다. 냉동기술을 상용화한 것은 20세기 초반 클래런스 버즈아이에 의해서였고 가정용 냉장고는 1940년대에 대중화되었다. 텔레비전 역시 냉장고와 비슷한 시기에 적어도 미국의 각 가정에 보급되었고, 라디오는 이미 이보다 한발 앞선 2차 세계대전 중에 거의 보급되었다. 세탁기는 이보다 조금 늦어 1960년대 이후 일반화되었다. 전화는 그레이엄 벨의 특허등록과 함께 빠르게 확산되었다. 멀리 떨어진 사람과 대화하고 싶은 욕구는 그때도 마찬가지였기에 미국 동부에서 서부로 통화하려면 1분에 100달러가 넘었던 20세기 초반에 이미 미국의 가정용 전화산업은 본궤도에 올랐다. 1분당 100달러를 내도 편지를 쓰고 몇 주를 기다리거나 대륙을 횡단해 직접 찾아가는 것에 비하면 엄청난 생산성의 발전이었기 때문이다.

주요 편의시설 가전제품 확산 추이

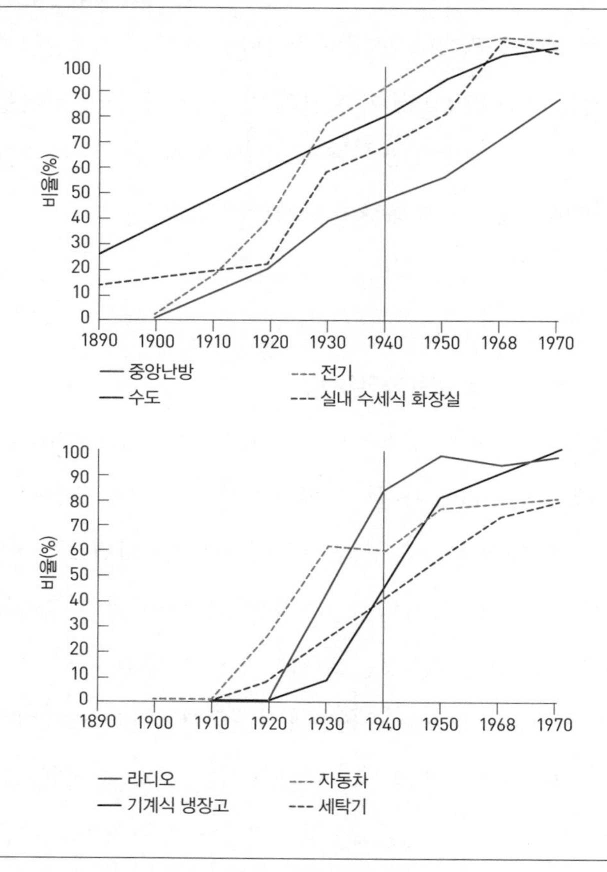

출처: Lebergott(1976) 260~288(로버트 고든, 『미국의 성장은 끝났는가』, 생각의힘, 2017)

현대식 제품들의 확산 그래프를 보면 늦어도 1960년대까지는 일반화, 그러니까 최소한 80% 이상의 보급률을 보였다. 이렇게 2차 산업혁명은 1960년대쯤 되자 일단락이 되었다. 한국이 아직 내전의 폐허 속에 있었던 1950년대에, 선진국의 생활상은 지금의 우리 모습과 별반 다르지 않았다.

1950년대 미국의 월마트, 선진국의 생활상은 2차 세계대전 이후 기본적으로 변한 것이 없다.

20세기 후반에 태어나 21세기를 사는 우리들은 20세기 전반기에 시작된 2차 산업혁명의 결과에 대해 잘 모르거나 우리에게 보다 익숙한 3차 산업혁명의 결과물들을 과대평가하는 경향이 있다. 물론 인터넷이야말로 혁명적인 개선이 아닌 혁명이었고 이에 따른 정보통신의 발전은 놀랍다.

하지만 3차 산업혁명이 가져온 혜택과 그 이전의 산업혁명이 가져온 혜택을 항목별로 비교해보자. 총요소생산성이니 이윤율이니 이런 따분한 숫자놀음은 집어치우고 내가 직접 겪고 느끼는 인터넷 혁명의 놀라운 결과를 말해보자는 것이다.

아마존은 최근에 가장 핫한 기업 중의 하나이다. 인터넷이 가져온 놀라운 일 중의 하나는 장을 보러 여기저기 다니지 않아도 클릭만으로 집까지 물건을 가져다준다는 것이다. 처음에 사람들은 보지도 않은 물건을 사는 데 익숙하지 않았다. 그래서 아마존도 물건을 직접 만져보거나 착용해보지 않아도 구입하는 데 거부감이 없는 물건, 책을 온라인으로 판매하며 시작했고, 이에 익숙해진 사람들은 곧 입어보지 않은 옷도 인터넷으로 구입하게 되었다. 이제 아마존은 배송체계까지 혁신해 물류창고에서 로봇이 물건을 찾고 드론이 배송을 한다. 사실 이런 온라인 판매가 성장한 배경에는 인터넷뿐만 아니라 사람들이 믿고 자신의 카드 정보를 주거나 현금을 입금할 수 있는 결제 시스템과 거미줄 같은 배송망, 택배 시스템이 필수적으로 있어야 한다. 전자상거래는 인터넷이 나오기 전에 이미 존재했던 비자Visa나 아멕스Amex 같은 신용결제 시스템과 유피에스UPS 같은 택배 시스템의 인프라를 그대로 활용할 수 있었기에 가능했다.

결제와 배송 시스템이 있는 국가에 사는 우리들은 아마존과 같은 인터넷 쇼핑몰 덕분에 이제 백화점에 가지 않아도 집에서 옷을 사 입을 수가 있고, 몸에 안 맞거나 색이 모니터에서 보던 것과 다르면 왕복 버스비 정도의 비용으로 반품까지 할 수 있다. 정말로 편리해진 세상이다. 그렇다면 1차 산업혁명 이전에는 어땠을까?

1차 산업혁명 이전에는 옷을 집에서 만들어 입어야 했다. 운 좋게 귀족으로 태어났다면 집에 옷 만드는 하인이 있었겠지만, 대개의 경우 여자아이들은 어려서부터 바느질을 배웠다. 옷을 꿰매기 위해서가 아니라 만들기 위해서였다. 대부분의 사람들은 옷 한두 벌로 평생을 버텼다. 종류별로 옷을 갖추는 것은 엄두도 못 내고 추울 때 입는 외투 정도가 고작이었다. 인도와 중국에서 수입되는 옷감이 너무 비쌌기 때문이다. 1차 산업혁명이 방직기로 시작된 데는 다 이런 이유가 있었다. 면직물은 주로 인도에서 수입되었는데 운송비를 감안하면 너무 비싸 서민들까지 옷을 여러 벌 만들어 입을 여유는 없었다. 이 면직물을 영국에서 생산하려고 해도 인도의 숙련된 직공들의 기술을 영국의 노동계급에게 전수하기란 하늘의 별 따기였다.

이 방직기의 도입으로 옷감 생산에서 자동화 비율이 98%까지 올라가자 가격은 수직하락했다. 이렇게 옷감이 흔해지고 저렴해지자 옷만 전문적으로 만들어서 파는 직업이 등장했고, 곧 옷 만드는 회사가 공장에서 옷을 대량으로 생산하기 시작했다. 사람들은 이제 집에서 만든 옷 한 벌로 평생을 버티다 아들에게 물려주는 대신 가게에서 만든 옷을 사 입기 시작했다. 또 일터에서 입은 옷을 입고 침대에 누워 자는 대신 평민들도 외출복과 실내복을 구분해 입기 시작했다. 방직기의 도입으로 면직물 산업의 생산성은 수공업 시절에 비해 약 300배 정도 오른 것으로 추산된다.

아마존의 등장과 방직기의 등장, 우리 삶에서 어느 것이 더 중요해 보이는가?

그럼 2차 산업혁명은 우리에게 어떤 것을 가져다주었을까? 논점을 흐리지 않기 위해 계속 아마존과 옷가게 이야기를 이어나가 보자. 대도시에 사는 사람들이야 가게에서 옷을 사 입었지만, 19세기 후반까지도 대부분의 시골 사람들은 집에서 옷을 만들어 입었다. 옷가게가 있는 대도시까지 평생 나가볼 일도 없거니와 시골 읍내에 있는 작은 잡화점에서는 언제 팔릴지도 모르는 옷의 재고를 사이즈별로 갖출 수도 없었기 때문이다.

2차 산업혁명으로 대량생산 시대가 되자 옷의 가격은 더욱 싸졌고 운송수단의 대중화로 우편배달의 단가가 대폭 내려갔다. 그러자 등장한 것이 우편주문 판매였다. 미국에서는 시어스 같은 백화점들이 카탈로그를 발행하기 시작한 1900년 전후로 카탈로그 쇼핑사업이 시작되었다. 농촌 지역의 카탈로그 보급률은 2차 세계대전 전에 이미 30%대에 달했다. 그리고 우편주문 카탈로그는 전화의 보급과 함께 곧 전화주문 쇼핑으로 바뀌었다. 정기적으로 집에 배달되는 카탈로그를 보고 전화 한 통으로 도시에 있는 백화점에 주문을 하면 우편으로 배달이 되는 것이다. 2차 산업혁명은 '통신판매'라는 새로운 사업모델을 만들었다.

인터넷 자체는 혁명이었다. 하지만 인터넷 쇼핑몰은 혁명이 아닌 1차 산업혁명으로 19세기에 혁명적으로 등장한 통신판매업의 개선이었다. 20세기 초반, 기존의 오프라인 유통업을 '혁명적으로 개선'했던 통신판매 사업의 발전 흐름을 그대로 이어받아 카탈로그를 보여주는 형태를 인쇄물에서 인터넷으로만 바꾼 것이다. 앞서 말한 두 가지 기본 인프라, 결제와 배송 시스템은 변함없이 그대로였다. 페이팔Paypal의 등장으로 약간의 변화는 생겼으나, 대부분은 기존의 신용카드 결제와 무통장 입금 방식이 유지되었고 배송은 여전히 유피에스나 페덱스가 한다.

많은 사람들이 4차 산업혁명을 말하면서 상상의 나래를 펴는 가상쇼핑, 증강현실AR, 가상현실VR도 생산성 증대 효과가 인터넷 쇼핑몰의 등장에도 못 미치는 미미한 디스플레이상의 개선 정도이다. 어떤 것이 혁명인지 개선인지는 이렇게 우리의 직접 경험을 비교하면서도 느낄 수도 있지만 앞서 말한 경제학자들의 따분한 책상머리 숫자 계산에서도 여실히 드러난다. 혁명일 때는 총요소생산성이든 1인당 생산성이든 이윤율이든 이들 수치가 대폭 올라갔지만 개선일 경우에는 그 증가폭이 미미했다.

19세기 후반까지도 0%였던 전기의 가정보급률은 1910년 무렵 이미 두 자릿수를 넘어갔고 1940년대가 되면 도시는 95% 이상, 농촌 지역도 30% 이상 전기가 보급되었다. 역시 19세기 후반에는 집안에 온수보일러와 수세식 화장실, 상하수도 시설을 갖춘 일반 가정은 전무했으나, 1940년대에는 약 절반의 가정에 수세식 화장실과 상하수도 시설이, 40% 이상의 가정에 난방시설이 있었다.

냉장고의 등장은 단지 수박을 차갑게 먹는 수준의 변화를 가져온 것이 아니다. 식중독에서 많은 사람들을 해방시켰다. 10여 년쯤 전 통신사업권을 따보겠다고 북아프리카의 알제리와 튀니지를 정말 뻔질나게 드나들던 적이 있었다. 한 번 가면 몇 달씩 집에 오지도 못하고 알제리와 튀니지를 왔다 갔다 했다. 지금은 모르겠지만 10년 전만 해도 알제리에 있는 길거리 식당에서는 고기를 밖에 걸어 놓고 팔았다. 돼지는 안 먹으니 소고기, 양고기, 닭고기들이 식당 창가에 주렁주렁 걸려 있었다. 냉장고가 없었기 때문이다. 그렇잖아도 찝찝했는데 여름이 되자 아니나 다를까 사달이 났다. 사무실에 있는 직원부터 시작해 운전기사까지 하나둘씩 안 나오기 시작했다. 전화로 하는 말이 다 식중독에 걸렸다는 것이다. 그런데 이 친구들은 그 상황을 마치 우리가 겨울에 감기 걸려 콜록거리듯 아주 자연스럽고 당연하게 받아들이고 있었다. 여름에는 누구나 식중독 한번쯤은 걸리는 것 아닌가요?

수치상으로나 간접체험으로나 2차 산업혁명이 우리의 삶에 가져온 변화나 영향은 3차 산업혁명보다 비교도 안 될 만큼 컸다. 케임브리지 대학의 장하준 교수는 세탁기의 발명이 인터넷의 발명보다 전 세계의 생산성 향상에 미친 영향이 더 컸다고 주장했다. 하루 종일 냇가에서 빨래를 하던 그 수많은 인력을 다른 곳에 활용할 수 있게 되었다고 말이다.

3

3차 산업혁명의 시작

> 어디를 봐도 컴퓨터가 보이지만 생산성 통계에서는 보이지 않는다.
>
> – 로버트 솔로(MIT 경제학 교수/노벨경제학상 수상자, 1980년대 컴퓨터가 경제에 미친 영향을 평가하며)

혹자는 2차 산업혁명이 마무리되는 시기이자 반도체와 메인프레임 컴퓨터가 나온 1960년대부터 3차 산업혁명이 시작되었다고 말하지만 이는 3차 산업혁명의 준비기였을 뿐이다. 수많은 과학발전이 쏟아져 나온 17세기와 18세기가 18세기 후반에야 비로소 시작된 1차 산업혁명의 준비기였듯이 말이다. 1980년대에 나온 PC 역시 1990년대가 되어서야 대중화된 인터넷의 등장을 기다려야 했다. 앞서 말한 노드와 링크의 개념을 다시 한번 떠올려보자. 메인프레임 컴퓨터는 물론 PC 역시 그 자체로 훌륭한 노드의 역할을 한다. 인간이 할 수 없는 엄청난 계산을 하고 집에서도 다양한 업무를 할 수 있게 해준다. 하지만 이 각자의 PC를 연결해주는 링크, 즉 인터넷이 연결되지 않은 PC는 아직 캐즘을 넘기 전의 기술일 뿐이다.

이 인터넷 이전의 PC 시절을 상징적으로 말해주는 사례가 있다. 바로 빌 게이츠가 1980년대에 한 전설의 망언 "어느 개인도 640KB 이상의 저장공간이 필요할 일은 없다"이다. 640KB면 웬만한 워드파일 두세 개 분량이다. 지금 내가 쓰는 갤럭시 S8+ 휴대폰의 내장메모리는 128GB로, 640KB의 20만 9,000배의 저장공간을 가지고 있다. 나 개인만 해도 이 외에 회사 업무에 쓰는 수십 GB의 클라우드Cloud 저장공간과 업무용 PC의 내장메모리, 네이버 클라우드와 통신사에서 제공하는 클라우드 저장공간, 집에서 쓰는 개인 노트북의 메모리와 태블릿의 저장공간까지, 640KB의 수백만 배에 달하는 저장공간을 쓰고 있다.

물론 빌 게이츠는 이후 일련의 인터뷰를 통해 이 발언을 강력하게 부인했다. 동영상이나 녹음된 게 없고 사람들의 증언뿐이니 확인할 길은 없다. 하지만 설령 그런 말을 했더라도 빌 게이츠 혼자만의 생각은 아니었을 것이다. 보통 사람들도 수십에서 수백 GB의 저장공간을 쓰는 것이 일반화된 지금이야 640KB면 충분하다는 말이 얼토당토않게 들리지만, 빌 게이츠가 이 말을 했다고 전해지는 1981년 무렵의 IT 환경을 생각해보자. 1977년에 나온 스티브 잡스의 걸작 Apple I은 저장장치로 카세트테이프를 사용했다. 지금이야 상상이 안 되겠지만 1990년 무렵까지도 카세트테이프를 저장장치로 쓰는 PC들이 있었다. 카세트테이프의 저장 용량은 많아야 수십 KB 수준이었다. 나중에 플로피 디스크의 초기 버전이 나오면서 저장 용량은 수백 KB로 올라간다. 그러니 빌 게이츠는 미래의 발전 속도까지 예상해 넉넉잡고 말한 것이었다. PC의 저장공간은 PC가 인터넷에 연결되기 시작하면서 개인이 받아들이는 정보의 종류와 양이 상상도 못할 만큼 많아지며 기하급수적으로 늘기 시작했다. 빌게이츠는 이 '640KB 발언'은 강력히 부인했지만 인터넷 시대를 예상하지 못했다는 점은 순순히 인정했다.

1970년대와 1980년대는 1990년대부터 본격적으로 일어날 3차 산업혁명을 기다리며 준비하던 기간이었다. 실제 경제학자들이 계산한 생산성 수치들도 당시가 산업혁명의 시대가 아니라 그 사이의 간극이었음을 보여준다.

3차 산업혁명의 키워드는 컴퓨터와 데이터 통신이다. 굳이 데이터 통신이라고 표현한 이유는 음성 통신은 이미 2차 산업혁명 시기에 완성 단계에 올랐고 3차 산업혁명 단계에서는 이에 대한 개선만 일어났기 때문이다. 휴대폰이 대중에게 확산된 것은 1990년대였지만 이 휴대폰을 대중에게 처음 선보인 것은 1940년대였다. 당시 이미 세인트루이스와 맨해튼 일부 지역에서는 일반인도 휴대전화를 사용할 수 있었다. 다만 요금이 매우 비쌌고 (당시 기본료가 15달러였다) 결정적으로 맨해튼 전체에서 동시에 통화할 수 있는 휴대폰 동시접속자 수는 10여 명에 불과했다. 즉 휴대폰을 아무리 많이 팔아도 20명쯤이 동시에 어디론가 전화를 하면 1/3은 연결이 안 되는 것이다. 그 이유는 주파수를 관리하는 미국의 연방통신위원회FCC가 당시 이동통신 서비스에 아주 제한적인 대역폭만 할당해주었기 때문이다.

FCC가 이동통신 주파수 할당에 인색했던 이유는 당시에 막 태동하기 시작한 라디오와 텔레비전 방송에 비해 이동통신이 상대적으로 우선순위에서 밀렸기 때문이다. 세세한 기술적인 설명은 생략하더라도 일반적으로 무선주파수는 저주파 대역이 방송이나 통신에 사용하기 적합하다. 고주파로 올라갈수록 장애물에 막혀 투과하기 힘들기 때문이다. 그래서 방송이나 통신 모두 이 황금대역의 주파수를 잡기 위해 치열하게 경쟁하고 대개는 언론이라는 권력의 속성을 가진 방송이 승리한다. 당시 FCC 역시 황금주파수 대역은 텔레비전과 라디오 등 방송에 우선적으로 할당했고 이동통신에는 시범사업 수준의 매우 적은 대역폭만 할당해준 것이다. 지금은 거의 모든 가정에서 텔레비전 시청을 유선방송이라고도 하는 케이블을 통해서 하지만 지상파 방송이라는 단어에 남아 있듯이 텔레비전 방송 역시 초기에는 주파수를 통해 무선으로 제공되었다.

방송용 주파수 대역을 피해 (투과율도 안 좋고 결국 기지국 비용이 많이 드는) 더 높은 대역의 주파수 대역을 할당해달라는 요구가 긴 로비 끝에 이루어졌다. 즉, 기술의 발달이 늦어져서가 아니라 정책적인 우선순위에서 밀렸기 때문에 이동전화 서비스의 상용화가 늦어진 것이다. 빌 게이츠가 640KB면 개인이 쓰기에 충분한 저장공간이라고 말한 것처럼 기술의 진보 과정에서 그 사용처가 앞으로 얼마나 더 늘어날지 예측하기는 힘들다. FCC도 당시 방송이 쓰던 주파수 바로 위의 대역을 이동통신에 바로 할당해주기는 부담이 되었을 것이다. 방송의 발달 추이를 봐가면서 결정할 수밖에 없는 상황이었고 따라서 일

미국 내 3분 통화 시 전화요금 변화 추이

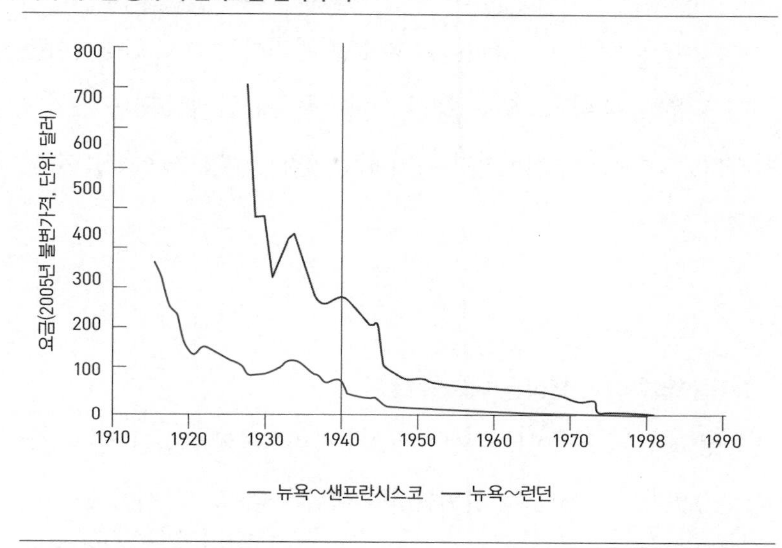

출처: Historical Statistics of the United States

반인을 대상으로 하는 이동통신이 보편화된 것은 이보다 30년 후의 일이 되었다.

그리고 이동통신이 방송에 비해 상대적으로 우선순위에서 밀린 이유는 방송이 언론이라는 권력을 가진 면도 분명 있지만 더 중요한 것은 텔레비전과 라디오는 혁명인 반면 이동통신은 단순한 개선이었기 때문이다. 1950년대 당시 텔레비전은 세상에 없던 혁명이었고 당시 텔레비전의 보급률은 1990년대 인터넷 보급률과 비슷한 양상으로 늘어났다. 하지만 음성 이동통신은 편리하긴 했지만 이미 존재하던 유선통신의 개선일 뿐이었다. 텔레비전은 주파수를 할당해주지 않으면 사람들이 방송 시청을 아예 못하지만 이동통신이 없어도 이미 집전화와 공중전화가 도시 구석구석에 퍼져 있었고 미국 전역을 잇는 시외전화나 심지어 유럽과의 국제전화 요금도 1940년대에는 급속히 낮아지고 있었다. 그러니 주파수를 관리하는 FCC 입장에서는 이미 충분히 제공되고 있는 통신 서비스를, 차 안에서도 좀 편하게 하겠다는 수준으로 개선하기 위해 방송이라는 혁명을 희생할 수는 없었던 것이다.

3차 산업혁명의 핵심은 데이터 통신

음성 통신은 유선이든 무선이든 2차 산업혁명의 핵심인 전자산업의 일부였다. 그리고 3차 산업혁명의 핵심은 데이터 통신이다. 그리고 데이터 통신에는 컴퓨터가 핵심이었다. 인간끼리는 기본적으로 데이터로 통신하지 않기 때문이다.

여기서 앞서 말했던 노드와 링크의 개념을 다시 한번 떠올려보자. 2차 산업혁명 시대에도 물론 의학의 발전 못지않게 위생이 개선되며(상하수도와 수세식 화장실은 편리하기만 한 것이 아니라 위생적이기도 하다) 노드, 즉 인간의 숫자도 늘어났고 통신(전화)이 등장하면서 링크 역시 엄청난 폭으로 개선되었다.

하지만 3차 산업혁명의 시대가 되면서 노드와 링크의 발전은 아예 차원이 달라졌다. 그간 인간만이 담당하던 노드의 역할에 컴퓨터라는 새로운 노드가 등장한 것이다. 그리고 이 새로운 노드를 연결하는 링크가 나타났다. 데이터 통신, 혹은 인터넷이라고 불리는 새로운 종류의 링크이다. 이전에는 존재하지 않았던 새로운 노드와 이를 이어주는 링크의 등장이 바로 GDP 그래프가 20세기 후반, 마치 뒤로 넘어갈 정도로 수직으로 치솟은 이유이다. 그리고 조금 설레발을 치자면 정말로 4차 산업혁명 시대가 오면 이 그래프는 말 그대로 수직으로 치솟을 것이다. 새롭게 등장한 컴퓨터라는 노드의 성능에 혁명이 일어나 지금까지는 단순히 데이터를 처리하거나 입력된 작업만을 수행하던 노드에서 인간 수준으로, 그리고 영역에 따라서는 인간 이상의 성능을 보이는 노드들이 수없이 등장할 것이기 때문이다.

어찌 보면 당연한 얘기지만 이 3차 산업혁명부터는 그 전 단계인 2차 산업혁명과의 간극이 좁아졌고 4차 산업혁명과는 거의 오버랩되듯이 진행될 가능성이 높아지고 있다. 사실 이 혁명 간의 간극은 꾸준히 좁혀져왔다. 신석기 시대 농업혁명이 일어나고 1차 산업혁명까지는 거의 만 년 가까운 간극이 있었다. 1차 산업혁명이 마무리되고 19세기 후반 2차 산업혁명이 태동되기까지는 거의 50년의 간격이 있었다. 2차 산업혁명이 끝나고 3차 산업혁명이 시작된 1990년대까지 걸린 시간은 (이 시기를 살아온 우리들은 장기저성장이 시작되었다고 할 만큼 긴 시간처럼 느껴졌지만) 앞선 혁명들의 간격보다는 훨씬 짧아진 불과 20년 남짓이었다. 이렇게 산업혁명 간의 간격이 짧아진 가장 큰 이유는 앞서 설명한 대로 링크의 발달로 주요 선진국의 과학자와 공학자들이 현존하는 기술 발전을 거의 실시간으로 공유하기 때문이다. 이들이 이루어낸 협업의 결과인 산업혁명은 바로 다음 단계에 나올 기술에 대한 광범위한 공감대가 생기면서 남보다 앞서 기술을 내놓고 또 무엇보다 특허를 확보하려는 속도 경쟁으로 점점 빨라지고 있다.

따라서 3차 산업혁명부터는 각 혁명을 나누어서 보기보다 2차 산업혁명부터 다가올 4차 산업혁명까지 하나로 이어진 기술적 흐름으로 살펴보아야 이해가 빠르다. 앞선 혁명 시대의 키워드이자 핵심 기술이 바로 다음에 나올 혁명의 키워드가 되는 기술의 토대를 제공하고 이 기간이 점점 짧아져 바로 이어지는 것처럼 보이기 때문이다.

2차 산업혁명 당시 나온 많은 기술과 발명품 중 통신과 반도체를 중심으로 3차 산업혁명까지의 흐름을 보도록 하자. 당시에 나온 텔레비전, 라디오, 냉장고, 상하수도 시설 등도 우리의 삶을 근본적으로 변화시켰지만 3차 산업혁명의 기술적 토대를 제공한 2차 산업혁명의 기술은 통신과 반도체였고 이 토대는 4차 산업혁명까지 쭉 이어질 것이다.

2차부터 4차 산업혁명까지의 키워드, 통신과 반도체

앞서 17세기부터 200년간에 걸쳐 협업으로 이루어진 수많은 기술 발전 중 갈바니의 정전기에 대한 연구로 이야기를 풀어간 이유는 이들의 업적이 궁극적으로 현대의 전자산업과 통신산업으로 이어졌기 때문이다.

전자기파를 이용한 무선통신은 이탈리아의 마르코니가 처음으로 상용화시켰다. 영국에서 대서양을 건너 미국까지 무선으로 통신하는 마르코니의 사업은 처음에는 이미 막대한 비용을 투자했던 대서양 해저케이블 회사의 엄청난 반발에 부딪쳤다. 해저케이블은 19세기 중반에 대서양을 가로질러 설치되어 주로 모스부호를 전송해왔다. 마르코니가 대서양을 횡단하는 무선통신을 시도할 무렵에는 미

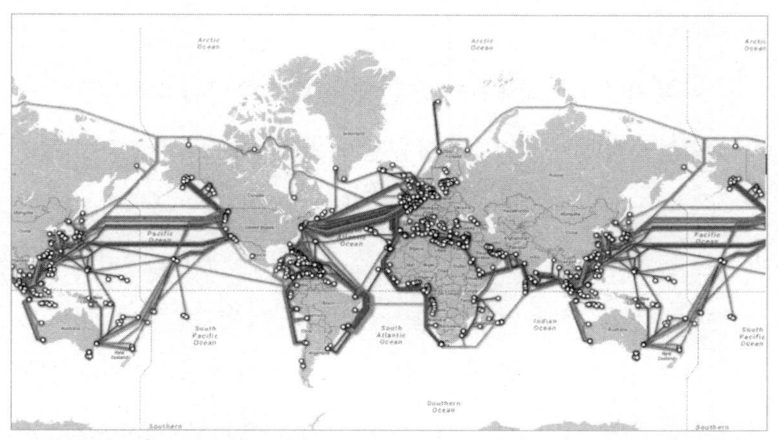

세계 해저케이블 현황, 출처: Tele Geography

국과 유럽 사이의 바다 속에는 수십 개의 케이블이 깔려 있었고, 무선통신의 등장으로 이들은 사업을 접어야 할 위기에 봉착했다. 당시만 해도 지금처럼 절연체로 둘러싸인 동축케이블이나 광케이블이 아니라 그냥 굵은 구리선을 바다에 늘어뜨린 것에 불과했다. 그러니 수시로 파손되고 고장이 나서 통신이 끊겼고 새롭게 등장한 무선통신에 그 자리를 내줄 수밖에 없었다. 하지만 2차 세계대전이 끝나고 통신 기술이 비약적으로 발전하며 결국 무선통신의 주파수만으로는 이 모든 전송 용량을 감당할 수 없게 되자 다시금 해저케이블 부설이 재개되었고 전 세계에 백만 km 이상의 해저케이블이 바다 밑에 촘촘히 깔리게 되었다.

무선통신 기술을 비약적으로 발전시킨 건 두 번에 걸친 세계대전이었다. 이 전쟁으로 텔레비전이나 냉장고, 세탁기의 개발은 늦어졌으나, 무선통신은 정부, 특히 미국 정부의 전폭적인 지원으로 비약적인 발전을 이루며 전쟁으로 늦어진 다른 분야의 손실을 압도적으로 보완하게 되었다.

전쟁, 특히 2차 세계대전은 다른 많은 분야와 마찬가지로 통신 분야에 엄청난 영향을 미쳤다. 전쟁 중에 통신의 중요성은 굳이 설명 안 해도 다 공감할 것이다. 그렇기에 미국 정부는 원자폭탄을 개발한 맨해튼 프로젝트보다 더 많은 예산을 무선통신 개발에 쏟아부었다. 이 연구에서 핵심적인 역할을 한 곳은 벨 연구소였다.

벨 연구소라는 이름에서 알 수 있듯이 이 연구소의 명칭은 전화를 발명한 (그러니까 2시간 앞서 특허를 신청했다고 특허국에서 인정받은) 그레이엄 벨의 이름을 따왔다. 미국 최대의 통신회사 AT&T의 모체가 바로 그레이엄 벨이 설립한 벨 전화회사Bell Telephone Company이다. 20세기 초반 어렵게 확보한 특허를 발판으로 전화사업의 독점권을 인정받은 AT&T는 자회사인 웨스턴 일렉트릭을 통해 전화기도 만들기 시작한다. 곧이어 AT&T의 연구부서와 웨스턴 일렉트릭의 개발부서를 합쳐서 별도의 연구소, 즉 벨 연구소가 탄생했다. 대부분의 사람들에게는 관심 없는 얘기겠지만 통신과 전자업계 사람들에게는 매우 역사적인 사건이다. 20세기를 관통하는 모든 중요한 통신과 전자산업의 발명과 기술개발은 벨 연구소 한곳에서 나왔다고 해도 과언이 아니기 때문이다.

일반인을 상대로 하는 이동통신 서비스는 1940년대에 처음 시작되었고 이는 불과 수십 명을 대상으로 하는 시범사업 성격이 짙었지만 실제 관용 이동통신 서비스는 그보다 훨씬 전인 1920년 무렵에 시작되었다. 미국의 경찰차와 소방차에 차량용 카폰이 탑재된 것이다. 다시 말하지만 음성 이동통신은 3차 산업혁명의 산물이 아니다.

우리 조상들이 아우내 장터에서 만세를 부르짖던 무렵에 이미 미국의 경찰관들은 마피아를 쫓아가면서 카폰으로 통화를 하고 있었다. 최초의 이동통신 서비스 역시 당시 전화사업 독점권을 가지고 있던 AT&T가 제공했다.

2차 세계대전이 발발하자 벨 연구소는 정부에서 던져주는 온갖 무선통신 개발 프로젝트에 매진했고 연구소 인력을 2배 이상 늘렸다. 지금도 통신 품질에 대한 소비자, 특히 우리나라 소비자의 눈높이는 매우 까다롭지만 전쟁 중인 정부의 요구사항은 더욱 까다로웠다. 벨 연구소는 지금으로부터 80여 년 전에 이미 공중곡예를 하는 전투기에서도 지상뿐 아니라 옆에서 빙빙 돌고 있는 아군 전투기와도 끊김 없이 안정적으로 통화할 수 있는 무선통신 기술을 만들어내야 했다. 전쟁이 끝난 후, 이 기술은 그대로 민간에서 사용되는 통신기술이 되었다.

백홀과 액세스. 아마 외계어와 같이 들릴 것이다. 이 책을 덮고는 잊어버려도 되지만 이 책 후반부에 간간이 나올 용어들이니 간략하게나마 알아보도록 하자. 여러분이 갤럭시건 아이폰이건 휴대전화를 쓰기 위해서는 어디선가는 음성과 데이터를 한데 모아서 다른 곳으로 전송해주어야 한다. 우리 같은 문과생들이 이해하기 쉽도록 설명해보면 자동차로 치면 고속도로에 해당하는 부분이 통신의 백홀이다. 고속도로 IC에서 나와 여러분의 집 앞까지 가는 일반도로는 통신의 액세스이다.

이 백홀을 어떻게 제공하느냐를 놓고 통신사는 많은 고민을 한다. 가장 편한 방법은 광케이블을 까는 것이다. 그런데 돈도 많이 들고 시간도 많이 걸린다. 우리야 국토는 좁고 인구는 많아서 큰 고민거리가 안 되지만 땅덩이가 넓으면 케이블 비용이 끝도 없이 들어간다.

위성을 사용하는 방법도 있는데 이건 돈이 더 많이 든다. 우리나라는 다들 위성에 무슨 로망이라도 있는지 우주비행사를 꿈꾸던 어린 시절을 떠올리며 우주정복을 말하는데 정작 위성을 제일 요긴하게 쓰는 나라는 동남아 국가들이다. 필리핀, 말레이시아, 인도네시아 등은 위성이 없으면 통신뿐만 아니라 방송도 안 된다. 수천 개의 섬이 점점이 흩어져 있거나 울창한 밀림을 뚫고 가면 마을 하나가 나오는 동남아시아에서는 섬들을 모두 해저케이블로 연결하거나 밀림 구석구석 광케이블을 깔아서 한 500명쯤 되는 마을에 통신망을 연결하느니 위성을 쓰는 것이 오히려 싸게 먹힌다. 그렇기에 세계 최고의 통신 위성은 태국이 보유하고 있다. 아이피스타IPSTAR라고 하는 이 위성의 소유주는 한때 태국의 총리였던 탁신이다. 탁신이 보유한 신코퍼레이션Shin Corporation의 자회사가 아이피스타를 보유하고 있다. 그런데 예전에 동남아시아 사업을 위해 이 위성 계약을 하러 갔을 때 사전조사를 해보니 용량이 반쯤 비어 있었다. 워낙 비싸기 때문에 위성 외에는 백홀이 안 되는 지역에서 대역폭을 아주 조금씩만 쓰고 있는데, 세계 최대의 통신 위성이라는

미국의 AT&T가 1950년대에 세운 마이크로파 중계기, 출처: Engineering Radio

타이틀에 집착해서인지 실제 수요에 비해 너무 큰 위성을 띄워 놓은 것이었다.

광케이블을 까는 것도, 위성을 쓰는 것도 답이 아니라면 다른 방법 중의 하나가 마이크로파라는 주파수를 증폭해서 전달하는 방법이다. 2차 세계대전이 끝난 직후, 벨 연구소는 뉴욕과 보스턴 사이의 300km가 넘는 거리를 단 8개의 중계탑만을 거쳐 중계에 성공했다. 평균적으로 40km 이상을 중계기 없이 한 번에 보낸 것이다. 이 마이크로파 백홀이 없었다면 지구 곳곳에 광케이블을 매설하느라 통신의 발전은 최소 10~20년 이상 지체되었을 것이다.

이 벨 연구소에서 나온 또 하나의 핵심 발명품은 트랜지스터이다. 트랜지스터가 나오기 전까지 진공관이 전자기장에서 나오는 신호를 증폭하기 위해 쓰였다. 2차 산업혁명 초기에 나온 거의 모든 전자제품에는 진공관이 쓰였다. 하지만 잘 알려진 대로 진공관은 일단 크기가 엄청났고 높은 전력 소모와 이에 따른 짧은 내용연한, 낮은 내구성 등으로 쓰임새와 확산에 제약이 있을 수밖에 없었다. 이 모든 문제점들을 해결한 것이 바로 트랜지스터였다. 이를 개발하는 데 결정적인 역할을 한 것은 나중에 노벨물리학상을 수상하는 천재 물리학자, 윌리엄 쇼클리였다.

에디슨이 오늘날 어린이 위인전에 나오게 된 이유는 물론 1%의 천재성을 뒷받침한 99%의 땀방울 때문이겠지만 무엇보다 그런 멋진 말을 어록으로 남길 정도의 탁월한 사업 감각이 한몫했다. 백열전구의 발명자 에디슨과 전화의 발명자 그레이엄 벨은 훌륭한 발명가인 동시에 센스 있는 사업가이기도 했다. 반면 반도체를 개발한 일군의 물리학자들의 리더인 쇼클리는 우리가 흔히 상상할 수 있는 천재 물리학자의 전형에 가까운 사람이었다. 실리콘밸리는 태생부터 모든 것을 쇼클리에게 빚지고 시작했다. 실리콘밸리가 오늘날 첨단기술의 요람이 된 이유는 쇼클리가 바로 실리콘밸리가 있는 팔로 알토에서 어린 시절을 보냈기 때문이다. 트랜지스터 개발에 성공한 후 자신의 회사를 설립하기 위해 동부에 있는 벨 연구소를 사임하고 새로운 회사의 설립 장소로 택한 곳이 어린 시절 살던 서부의 팔로 알토였다. 스탠퍼드 대학이 있기 때문에 쇼클리가 이곳을 택했다고 생각한다면 이 천재 물리학자에 대한 수많은 일화를 찾아서 읽어보기 바란다. 이 사람은 사막 한복판에 회사를 세워도 자신의 천재성에 매료된 세상 모든 똑똑한 물리학자들과 공학자들이 자신을 따라올 것이라고 진심으로 믿을 위인이다. 쇼클리가 팔로 알토를 택한 것은 스탠퍼드 대학이나 어린 시절 추억 때문이 아니라 어머니가 그때까지 팔로 알토에 살고 계셨기 때문이었다. 쇼클리는 이곳에서 벨 연구소에서 트랜지스터를 함께 개발했던 드림팀을 이끌고 쇼클리 반도체 회사를 설립한다.

이 회사의 창립 멤버 중 하나가 그 유명한 무어의 법칙을 주창한 인텔의 설립자, 고든 무어이다. 고든 무어가 이 작은 스타트업에 참여한 이유 역시 단 하나, 그 당시 전자산업에서 신적인 존재에 가까웠던 쇼클리가 설립한 회사였기 때문이다.

하지만 쇼클리는 기술개발에는 성공했지만 사업에는 실패한다. 탁월한 물리학자이자 지칠 줄 모르는 개발자였지만, 조직 통솔과 회사 운영에서 천재 물리학자가 회사를 경영하면 어떻게 되는지 우리가 상상할 수 있는 그 이상을 보여주었기 때문이다. 벨 연구소에서 보여준 쇼클리의 업적을 보고 따라왔던 젊은 물리학자와 공학자들은 곧 사표를 내고 그들만의 회사, 페어차일드 반도체를 설립했다. 그러나 페어차일드 반도체는 이 지역을 떠나지 않고 쇼클리 반도체 바로 인근에 자리 잡는다. 여기서부터는 스탠퍼드 대학이나 인근 UC 버클리가 한몫했을 것이다. 쇼클리에게 완전히 등을 돌리고 나온 사람들이라서 협업이나 이런 것을 기대하고 근처에 머문 것은 아니었다. 그리고 고든 무어는 페어차일드 반도체에 다닐 때 무어의 법칙을 발견하고 이를 공표했다. 무어의 법칙을 발표하고 얼마 후 무어는 쇼클리 반도체에서부터 함께 일해오며 IC회로를 만들어낸 로버트 노이스와 함께 인텔을 창업한다. 3차 산업혁명의 노드 역할을 한 PC, 그중에서도 노드의 두뇌 역할을 한 CPU를 만든 그 인텔이다. 그러니까 인텔의 기술적 뿌리는 고든 무어가 윌리엄 쇼클리와 함께 트랜지스터를 만들어낸 벨 연구소까지로 거슬러 올라간다.

이 벨 연구소의 위대한 유산은 3차 산업혁명의 두뇌를 만들어낸 인텔에서 끝나지 않는다. 최근 삼성전자와 SK하이닉스 주가가 폭등했다. 4차 산업혁명의 시대를 앞두고 데이터의 중요성이 새삼 주목을 받고 있기 때문이다. 인공지능AI의 시대가 가까워오면서 그동안에는 별 용처를 못 찾고 버려졌던 데이터들이 빅데이터와 인공지능으로 부활하며 새로운 노다지로 주목을 받기 시작했다. 데이터를 분석하는 기술도 중요하지만 일단 데이터를 모아서 어딘가에 저장을 해야 한다. 그래서 새삼스레 데이터 센터의 중요성이 커졌다. 이 데이터 센터를 요즘 표현으로는 클라우드 센터라고 부른다. 기본적으로는 같은 기능이지만 기존의 데이터 센터에 비하면 지금의 클라우드는 정보를 모아 놓는 개념보다는 네트워크로 연결하여 모든 기능을 클라우드 센터에서 수행하고 개인이 가지고 있는 PC나 휴대폰은 단지 클라우드 센터에서 수행된 작업의 결과를 보여주는 화면의 역할만 수행한다. 전 세계에서 메모리 반도체를 만드는 가장 큰 업체는 삼성전자, 두 번째가 SK하이닉스이다. 4차 산업혁명에 대한 이야기가 돌기 시작하자 거대 IT 기업들은 이를 준비하기 위해 모두 클라우드 센터부터 확장하기 시작했고 메모리 반도체에 대한 주문이 폭주했다.

삼성전자와 SK하이닉스 역시 벨 연구소로 뿌리를 찾아 거슬러 올라가야 한다. 벨 연구소는 개발한 트랜지스터로 무엇을 했을까? 당연히 취득한 특허를 활용해 세계 최대의 반도체 회사로 우뚝 서야 했지만 벨 연구소와 모기업인 AT&T는 그렇게 하지 않았다. 2만 5,000달러라는 당시로서도 결코 많지 않은 라이선스 비용만을 받고 원하는 모든 기업들에 기술을 제공한 것이다. 왜 그렇게 했을까? 자신들이 힘들게 개발한 기술을 독점하여 거부가 되기를 포기하고 세상에 널리 퍼트려 인류를 이롭게 하는 데 보람을 느끼는 천사들이었을까?

물리학과 화학의 기반이 전무했던 대한민국이 전자산업의 강국이 된 것은 공산주의 덕분이었다. 설명은 길겠지만 결론은 그렇게 간단하다. 2차 세계대전이 끝나고 연합국의 주축인 미국과 소련의 계획은 전쟁을 일으킨 독일과 일본을 농업국가로 만드는 것이었다. 마치 프랑스를 전쟁에 지친 나치 전사들이 여생을 편히 쉬면서 보낼 낙농국가로 만들려던 히틀러의 계획과 판박이이다. 전후 독일에 있던 생산설비의 약 30%는 그대로 뜯겨 미국과 소련으로 보내졌다. 당시 독일이 가장 앞섰던 분야는 화학과 중공업, 기계 분야였다. 1차 세계대전 이전에 이미 독일은 전 세계 화학제품 생산량의 90%를 차지했다. 전쟁을 치르려고 하니 전쟁장비를 만들어내는 기계와 중공업 분야가 발달할 수밖에 없었고, 공기 중에서 질소를 포집하여 질소 비료를 만들어낸 독일의 화학기술은 비료 공정을 마지막에 약간의 수정만 하여 화약을 만들어내기에 이른다. 독일이 중화학공업에서 이루어낸 업적은 바로 미국으로 수혈되어 미국 석유화학 산업의 중흥을 가져온다. IT 붐이 일기 전까지 미국에서 가장 연봉이 높은 전공은 바로 화학공학이었다.

그런데 공산주의의 등장이 이 모든 계획을 바꿔 놓았다. 소련이 동유럽 지역까지 장악하고 아시아에서는 중국이 등장한 것이다. 미국의 입장에서는 소련을 비롯한 동유럽이나 중국과 바로 맞서느니 접경 지역의 독일과 일본을 부흥시켜 방파제 역할을 맡기는 것이 필요했다. 먼저 유럽을 부흥시키기 위한 마셜계획이 수립되었고, 1차 세계대전 패전 때와는 판이하게 독일의 모든 전쟁 배상금이 면제되었다. 독일은 유대인 학살에 대한 개인적인 배상과 이스라엘에 대한 보상만 하면 되었다. 이것이 지금 독일에 막대한 채무를 진 그리스가 철 지난 2차 세계대전 배상금 문제를 들고 나온 배경이기도 하다. 쉽게 말해 둘을 퉁쳐 달라는 게 그리스의 입장이고 메르켈은 낙장불입도 모르냐는 표정을 짓고 있다.

이것이 당시 미국 정부의 절대적인 영향력 아래 있던 AT&T와 벨연구소가 트랜지스터 특허권을 헐값인 2만 5,000달러에 무차별로 라이선스 계약을 해준 배경이다. 도미노로 공산주의에 넘어가기 전에 접경지대 동맹국들의 산업을 일으켜야 했다. 이 라이선스 계약에는 단 하나의 단서만 붙었다. 바로 나토 회원국 기업에만 라이선스를 해준다는 것이다. 제일 먼저 달려온 곳은 일본 기업이었다. TTK라는 이름의 이 회사는 이후 트랜지스터를 이용한 제품을 들고 미국 시장에 진출하게 되자 뜻 모를 암호 같은 이름을 버리고 소비자에게 친숙한 느낌을 주면서 발음도 쉬운 새로운 이름을 만들어 빅히트를 친다. 이 회사가 소니Sony이다. 이때 벨 연구소의 천재 집단은 무척이나 낭만적인 행동을 한다. 수많은 실험을 거치며 청력을 상실한 벨 연구소의 시조, 그레이엄 벨을 기리기 위해 보청기 회사들에게는 라이선스 비용을 받지 않고 무상으로 제공하기로 한 것이다.

미국 정부는 단순히 트랜지스터 기술을 라이선스 해준 것으로 그치지 않고 방파제 국가들의 상품을 적극적으로 수입해주었다. 소니가 만든 공학용 계산기는 1/3 가격에 텍사스 인스트루먼트Texas Instruments 사의 제품과 모양과 크기, 기능과 색깔까지 똑같았지만 미국 정부는 아무 제재조치 없이 통관시켰다. 이런 식으로 일본 기업들은 반도체 산업에 대한 경쟁력을 쌓았고, 시간이 지나자 미국 기업들의 경쟁자로 부상했다.

이때부터 인텔의 고민이 시작되었다. 고든 무어가 주창한 무어의 법칙은 바로 메모리 반도체에 대한 것이었다. 마이크로 칩에 저장할 수 있는 데이터의 양은 18개월마다 2배씩 증가한다는 법칙 말이다. 그러니까 무어가 설립한 인텔의 핵심 제품은 바로 메모리 반도체였고, 트랜지스터로 반도체 경험을 축적한 일본 기업들은 제품 설계가 쉽고 대량으로 생산을 하기 때문에 가격 경쟁이 가능한 메모리 반도체DRAM 분야에서 추격을 해오고 있었다. 일반적인 상황이라면 기술 유출을 막고 덤핑 제소 등 무역 장벽으로 핵심 제품을 보호해야 하지만 이들을 키워 방파제로 삼아야 하는 미국 정부는 전혀 그럴 생각이 없었다. 그럴 거라면 애초에 트랜지스터 기술을 넘겨주지도 않았을 것이다. 미국이 일본 반도체 업체들을 제소한 것은 인텔이 공식적으로 DRAM을 포기하기 1년 전인 1985년에 들어서였다.

인텔은 여기서 결단을 내린다. DRAM을 과감하게 포기하고 자신들은 새롭게 개발한 PC의 두뇌인 마이크로프로세서, CPU에 집중하기로 한 것이다. CPU는 메모리 반도체와는 달리 대량으로 생산되지도 않고 가격보다 성능이 중시되는 시장이다. 그리고 무엇보다 빌 게이츠의 유명한 640KB 망언처럼 당시의 컴퓨터 업계에서 추산한 반도체 시장의 성장 전망은 현저히 낮았다. 빌 게이츠뿐 아니라 인텔의 창업자 고든 무어 역시 인터넷 시대가 올 것을 내다보지 못했다고 밝혔다. 인터넷의 시대가 되면서 인텔이 DRAM을 과감히 포기하던 당시에 추산한 시장 규모보다 반도체 시장은 최소한 수천 배쯤 성장했다. 만약 DRAM 시장 규모를 당시에 지금의 1/100 규모로라도 추산했더라면 인텔은 결코 이 시장을 포기하지 않았을 것이다. 이렇게 해서 메모리 반도체의 주도권은 일본으로 그리고 다시 대만으로 넘어가게 되었다.

그렇다면 우리나라는 어떻게 반도체 강국이 되었을까? 물론 세계 최고의 반도체 그룹이 작성한 용비어천가에 따르면 창업주 선대회장의 놀라운 식견과 탁월한 결단력으로 투자를 결정한 후 일본 기업들을 설득해 기술이전에 성공했다고 되어 있다. 정말일까?

조 스터드웰은 『아시아의 힘』이라는 책에서 박정희와 한국의 경제발전에 대해 매우 독특한 견해를 제시한다. 사실 이 책의 원제는 『How Asia Works』로 '아시아는 어떻게 돌아가는가?' 정도의 뜻이긴 하다. 이 책에서 스터드웰은 박정희를 2차 세계대전 이후 개도국 지도자 중 유일하게 중화학공업 육성을 부르짖은 지도자라고 평가한다. 박정희가 정권을 잡은 1960년대, 우리나라의 주력산업은 비슷한 상황의 후진국들과 마찬가지로 당연히 경공업이었다. 섬유와 방직사업이 주력이었고 심지어 먹고살기 힘들었던 우리의 어머니와 누이들의 머리카락을 잘라 부자나라에 패션템으로 파는 가발 산업이 고작이었다. 당시 한국에서 큰 부자가 된 사람들 중에는 가발공장을 운영하는 사람들이 많았다. 지금은 정치 거물이 된 한 사람도 당시 미국에 이민 가 이렇게 모국에서 들어오는 가발을 받아 팔아 큰돈을 벌고, 그 돈으로 망명 온 야당 지도자를 후원하며 정계에 입문했다. 그런데 난데없이 박정희는 중화학공업을 하겠다고 부르짖은 것이었다. 왜 그랬을까?

스터드웰은 그 이유를 박정희의 만주군 소좌 시절에서 찾는다. 뜬금없지만 매우 설득력 있는 분석이다. 박정희가 왜왕에 충성을 맹세하고 만주군에 복무하던 시절, 일본의 만주 전략은 만주의 병참기지화였다. 그리고 병참기지화를 위하여 만주의 풍부한 자원을 활용한 중화학공업 육성정책을 강력하게 드라이브 걸기 시작했다. 일본은 또 왜 그랬을까? 독일이나 일본이나 그리고 박정희나, 중화학공업의 핵심은 전쟁물자 생산이었다. 1차 세계대전 이후 독일의 화학기업 바스프BASF는 전범기업이 되었다. 보쉬(전동드릴 회사가 아니라 질소에서 암모니아를 합성해낸 하버-보쉬법의 그 보쉬이다)가 이 회사에서 공기 중의 질소를 추출해 질소비료 개발에 성공했고, 회사는 전쟁 중 이 공정을 응용하여 화약을 만들었기 때문이다. 연합군은 독일에 화약의 원료인 초석의 공급을 차단했으나, 하버-보쉬법을 사용하여 바스프는 독일군에 계속 화약을 공급했다. 연합군으로 참가한 1차 세계대전이 끝나고 만주를 점령한 일본은 바로 이 과정을 참조했다. 평소에는 질소 비료를 생산하여 농업 생산량을 늘리고 전시에는 화약을 생산하는 공정으로 전환을 하는 것이다.

식량 자급과 북한과의 전쟁, 이 두 가지를 모두 준비해야 했던 박정희로서는 어쩌면 당연한 선택이었다. 다른 개도국의 지도자는 이런 경험을 한 적이 없었으나 만주군 장교로 일본의 중화학공업 정책을 옆에서 고스란히 지켜본 박정희는 유사한 상황에서 정권을 잡자 이 정책을 그대로 모방했다. 그런데 여기서 변수가 생겼다. 미국이 결사적으로 반대한 것이다. 표면적으로는 한국에 차관을 제공하는 세계은행이 반대했다. 한국은 아직 중화학공업을 할 단계가 아니니 섬유 등 경공업에만 치중하라고 말이다. 세계은행은 정말로 한국의 경제와 미래를 걱정해서 그런 조언을 한 것일까? 여기에는 2차 세계대전 후 세계은행과 그 산하 기관들을 통해 서방 국가들을 원조하고 경제를 이끌어온 미국의 입장이 그대로 반영되었다.

2차 세계대전 이전까지 세계 최고의 화학강국은 독일이었다. 전자기 얘기만 하느라 앞 장에서 자세히 다루지는 않았지만, 17세기 이후 과학이 발전하면서 독일은 퀴리 부인의 프랑스와 함께 물리학과 화학의 메카가 되었고 이는 토머스 헤이그가 '공기의 연금술'이라고 일컬은 바스프의 질소비료 발명으로 이어졌다. 생물의 생장에는 질소가 핵심적인 역할을 한다. 식물에 포함된 질소를 동물이 먹고 동물이 배설을 하거나 죽어서 사체가 썩으면 다시 토양으로 흡수된다. 식물은 이를 다시 빨아들이고 다시금 동물이 식물을 먹으며 생태계를 순환한다. 중세 유럽에서 3년에 한 번 휴경지를 두던 삼포작을 택한 것은 식물을 과도하게 심어 토양에 질소 성분이 고갈되면 이를 다시 축적해 지력을 회복할 시간, 엄밀히 말해 질소를 보충할 시간을 주기 위함이었다. 우리에게 익숙한 거름 혹은 퇴비가 바로 곡식을 빽빽하게 심는 바람에 급속도로 고갈된 토양의 질소를 보충해주는 과정으로 질소를 다량 함유한 동물(인간)의 배설물을 모았다가 땅에 뿌려주는 것이다. 그런데 발달한 유럽의 과학지식은 여기서 마법을 부린다. 공기 중에 있는 질소를 인위적으로 포집하여 비료를 만드는 방법을 개발한 것이다. 말 그대로 공기의 연금술인 이 기술 덕분에 농업 생산량도 비약적으로 늘어났지만 인류는 더 이상 집 근처 한켠에 퇴비 더미를 두고 여름 내내 악취와 파리에 시달리지 않아도 되었고, 친구 집에서 놀다가도 신호가 오면 이 아까운 거름을 남의 집에 주기 싫어 꾹 참고 집까지 뛰어오지 않아도 되었다. 인간의 배설물이 뿌려진 밭에서 자란 상추를 통해 질소와 함께 생태계를 순환하는 기생충과 전염병에서 해방된 것은 물론이다.

2차 세계대전 종전과 함께 독일의 중화학공업의 기술과 설비는 고스란히 미국으로 넘어갔고 미국이 중화학공업의 신흥 강자로 부상하게 되었다. 그런데 중화학공업은 엄청난 경기 사이클을 타는 대표적

1929년 당시 독일 바스프(BASF) 공장, 출처: BASF 홈페이지

인 업종이다. 사진에서 보다시피 생산설비에 천문학적인 투자를 해야 하는 장치산업이다. 이미 투자해 놓은 설비비에 비하면 생산에 들어가는 변동비는 미미하다시피 해, 일단 설비를 완성했으면 무조건 생산에 들어가 경기 사이클에 따라 공급과잉이 쉽게 발생하는 산업이다.

사모펀드 분야에 관심이 좀 있는 사람이라면 블랙스톤의 친 추Chin Chuh라는 이름을 들어봤을 것이다. 친 추는 우리가 흔히 동부의 아이비리그를 나온 엘리트 백인 남성들의 배타적인 영역이라고 알고 있는 미국의 IB업계, 그중에서도 가장 진입장벽이 높은 사모펀드계의 제왕이라고 불리는 블랙스톤에서 창업자 스테판 슈워츠먼에 이어 2인자의 자리에 오른 사람이다. 그런데 이 친 추는 이름에서 나타나듯

베트남인이다. 그냥 베트남계 이민자도 아니고 실제 월남 패망 후 배를 타고 탈출한 보트피플 출신이다. 우여곡절 끝에 미국에 와서도 학비 비싼 아이비리그는 꿈도 못 꾸고 좋은 학교지만 학비가 저렴한 뉴욕 주립대를 나온, 정말이지 뉴욕의 사모펀드 업계와는 도통 공통분모를 찾을래야 찾을 수가 없는 사람이다. 뉴욕 주립대를 나온 베트남 보트피플이 사모펀드 업계의 거물이 되어 트럼프가 살던 맨해튼의 펜트하우스를 구입할 정도로 성공한 배경에는 바로 화학산업의 경기 사이클을 귀신같이 맞춰내는 능력이 있었다. 친 추의 분석 덕분에 블랙스톤은 화학 경기 사이클에 따라 랄코 같은 화학기업들을 사고팔아 떼돈을 벌었고, 친 추 역시 거부가 되었다. 여담이지만 친 추를 보면서 참 사람도 각자의 분야가 있다고 느낀 것이 이렇듯 화학산업의 경기 사이클을 예측하는 데는 최고라는 친 추도 부동산 경기 사이클은 읽지 못하고 반대로 부동산 경기 사이클을 읽는 데는 도가 튼 도널드 트럼프가 2008년 부동산 버블이 정점에 달할 때 매물로 내놓은 트럼프타워의 펜트하우스를 덥석 사버리고 만다.

2차 세계대전이 끝나고 이제 막 중화학공업에 막대한 투자를 시작하며 독일에 이어 신흥 강자로 떠오른 미국은 바로 뒤이어 박정희가 중화학공업에 뛰어들겠다고 하자 사색이 되어서 말릴 수밖에 없었다. 미국도 투자를 시작했지만 동구권과 소련에 맞서기 위해 부활시킬 수밖에 없었던 독일도 워낙에 제일 잘해온 화학산업부터 생산을 재개한 것이다. 이런 상황에서 한국마저 뒤늦게 뛰어들며 생산설비를 늘려버리면, 과잉설비에 절대적으로 민감한 산업 속성 때문에 가격 하락 압력을 받고 치킨게임이 시작되는 것이다. 스터드웰은 세계은행이 반대한 이유에 대해 이 정도로 자세하게 파고들지는 않았지만 이 부분에서 박정희에 대해 상당히 후한 평가를 내린다. 미국이 세계은행을 앞세워 결사반대를 했지만, 박정희 역시 끝까지 주장을 굽히지 않고 결국 여수화학단지를 건설하며 이를 관철시켰다고 말이다. 박정희의 개인적인 그릇과 신념도 중요하겠지만 역시 젊은 시절 만주군 장교로 보고 겪은 일들이 이 신념이 자리 잡는 데 큰 역할을 했다는 것은 부인하기 힘들 것이다.

이렇게 경공업으로 밥만 안 굶게 해주면 북한에 넘어가지는 않을 것이라고 생각했던 한국이 중화학공업에 뛰어들자 미국은 결국 한국에 전자산업이라는 다른 먹거리를 던져주기에 이른다. 한국이 박정희 뜻대로 중화학공업에만 올인하면 미국에서 막 자리 잡기 시작한 화학산업은 큰 타격을 받을 수 있기 때문이다. GE를 비롯한 미국 전자업계는 세탁기와 라디오 등의 생산을 한국에 하청 주기 시작했다. 이때 만들어진 회사가 삼성반도체의 모태가 되는 한국반도체였다. 삼성은 웨이퍼 가공을 하는 이 회사를 1974년에 인수하며 반도체 사업에 뛰어든다. 이어서 1980년대에 들어와 삼성은 우여곡절 끝에 드디어 미국의 마이크론 테크놀로지와 일본의 샤프를 통해 DRAM 기술을 전수받는다. 역시나 삼성의 용비어천가에 따르면 정말 어렵사리 샤프를 설득해 기술을 이전받았고, 샤프는 삼성에 DRAM 기술을 이전해주면서 매국노 소리까지 들었다고 한다.

1986년은 인텔이 DRAM 사업을 공식적으로 포기한 해이기도 하다. 미국은 그 이전에 이미 일본과 대만 기업들에게 메모리 반도체 관련 기술들을 다 이전해주었다. 그리고 한국이 중화학공업을 하겠다고 떼를 쓰자 처음에는 세탁기 생산과 웨이퍼 가공 사업을 하청 주고 결국에는 마이크론 테크놀로지를 통해 메모리 반도체 기술도 한국에 이전해주었다. 여기에는 대만의 헛발질도 한몫했다. 앞에서 말한 것처럼 대만은 미국의 아킬레스건인 베트남전에서 미국을 철저하게 배신한다. 한국이 연인원 30만 명을 투입하여 5,000명의 전사자를 낸 반면 미국이 중국을 견제하기 위해 키워준 대만은 딸랑 30명을 보내고 입을 씻었다. 이게 다가 아니라 대만은 뒤에서 북베트남에 필요한 물자를 대주며 폭리를 취하기까지 했다. 결국 이 전쟁이 미국의 참혹한 패배로 끝나자 미국은 이 치욕의 전쟁에서 자신의 뒤통수를 친 대만을 철저히 응징한다. 소련과의 사이가 벌어진 중국을 개방시키기 위해 미중 수교를 고민하는 찰나에 대만이 명분까지 준 것이다. 나름 실리외교를 표방하며 남의 전쟁에 빨대를 꽂고 단물만 쏙 빨려다 험한 꼴을 당하게 된 대만은 1970년 중국에 유엔상임이사국 자리를 내준 데 이어 1979년에 미국과 중국이 수교하며 미국에 단교까지 당한다. 어쨌든 대만이 중국을 견제해주는 게 나쁠 것은 없는 미국은 대만과 경제적 관계까지 끊지는 않고 타이완관계법Taiwan Relation Act을 제정해 단교 후에도 대만과의 통상 및 무기 판매는 계속했다. 하지만 이런 상황은 결과적으로 일본과 대만 기업이 차지하고 있는 반도체산업에 뒤늦게 뛰어든 한국에 어부지리가 되었다.

미국기업인 마이크론 테크놀로지야 그렇다 쳐도 샤프가 삼성에 기술을 이전해준 것이 한국 기업인들의 끈질긴 설득과 애국심에 감명받은 나머지 자국에서 매국노 소리를 듣는 것을 감수해가며 기술을 이전해준 것일까 아니면 미국이 주라고 해서 준 것일까? 내막을 알

길은 없다. 단지 정황으로 판단할 수 있을 뿐이다. 당시 미국과 일본의 관계는 일본이나 독일이 미국에서 흑자를 많이 내자 미국의 재무장관이 일본, 독일 등 우방국(이라고 쓰고 속국이라고 읽는다)들의 재무장관을 한날한시에 자기 집 앞에 있는 호텔로 불러 '너네 통화가치를 내일부터 2배로 절상해라' 하면 절상해야 되는 상황이었다. 이를 두고 그 호텔 이름을 따서 '플라자 합의'라고 하지만 이는 그냥 '플라자 명령'이었다. 그리고 당시 한국정부의 중화학공업 정책에 발맞추어 LG나 SK, 롯데까지도 화학산업을 그룹의 한 축으로 삼아 성장을 해왔는데 유독 삼성만은 화학산업에 큰 투자를 하지 않았다. 일등만 한다는 삼성이 화학에서는 LG와 SK에 이어 국내에서도 3인자의 위치에 만족하다 결국 비주력 사업으로 간주해 최근에는 모두 한화와 롯데에 매각해버렸다.

4

우리의 현재

3차 산업혁명의 간극

3차 산업혁명의 노드 역할을 하게 되는 컴퓨터는 인텔이 이 노드의 두뇌가 되는 마이크로프로세서 개발에 집중하고 빌 게이츠를 비롯한 많은 사람들이 컴퓨터를 움직이는 운영체제와 각종 산업용 소프트웨어를 개발하던 1980년대에 이미 그 모습이 뚜렷해지고 있었다. 하지만 그 당시 컴퓨터는 캐즘을 넘기에는 너무 비쌌다. 1980년대의 컴퓨터는 유용하긴 했지만 대중들에게 널리 퍼져 폭발적인 시너지 효과를 내기에는 아직은 값이 비싼, 종이에 손으로 필사한 책 같은 단계에 있었다. 종이가 등장하며 조금씩 확산되기 시작한 책이 본격적으로 인류의 과학기술 발전에 이바지하려면 구텐베르크의 인쇄술이 나오기만을 기다려야 했듯이 1980년대에 조금씩 퍼지기 시작한 컴퓨터 역시 이 인쇄술의 도래를 기다려야 했다. 바로 인터넷의 등장이다.

인터넷의 기원은 2차 산업혁명이 막바지로 치달은 1960년대로 거슬러 올라간다. 당시에는 우리에게 〈이미테이션 게임〉으로 친숙해진 영국의 튜링머신과 미국의 에니악을 조상으로 하는 메인프레임 컴퓨터가 냉전시대 미사일 탄도 계산을 위한 연구용으로 널리 자리를 잡던 시절이었다. 아울러 세계대전을 기점으로 폭발적으로 발전한 통신기술이 민간에 적용되기 시작한 시기인 만큼 이 메인프레임 컴퓨터끼리도 서로 통신망으로 연결하여 자료를 공유하고 성능을 높이려는 시도가 있었다.

초기에는 컴퓨터들끼리 일대일로 직접 연결하는 회선교환방식이 시도되었고, 곧이어 기간통신망을 구축해 각 지역에 있는 수많은 컴퓨터들이 한곳으로 연결되어 일대일이 아닌 N 대 N으로 자유롭게 정보를 교환하는 방식이 고안되었다. 이 기간통신망을 백본Backbone이라고 불렀고 초기에 미 국방부에서 주도한 이 시스템은 아르파넷ARPANET이라고 불렸다. 이것을 회선교환이니 기간통신망이니 하는 용어를 쓰니까 괜히 복잡해 보인다. 쉽게 비교하자면 처음에는 농부와 어부가 일대일로 만나 쌀과 생선을 교환했는데, 혼자 다 생산하는 것보다 각자 만든 걸 바꿔 먹으니까 먹을 게 많아져 참 좋더라는 소문이 나자 여기에 대장장이와 포목장수까지 가세한 것이다. 바꿔 먹을 사람이 많아지니 따로따로 만나 상호교환을 하기에는 시간도 많이 걸리고 약속 잡기도 어려워져 그냥 적당한 곳에 장터를 하나 만들고 농부와 어부, 대장장이 각각에게 하나씩 점포를 할당해준 것이라고 생각하면 된다. 그리고 이 장터를 처음에는 아르파넷이라고 부르다 나중에 커지면서 인터넷이라고 부르게 된 것이다.

미 정부에서 만든 초기의 아르파넷은 스탠퍼드와 UCLA 등 미국의 주요 대학 4곳의 연구시설을 미 국방부의 연구소 컴퓨터들과 연결시킨 것이었다. 그러니까 이때만 해도 아무나 접속해서 방가방가 할 수 있는 정보의 바다가 아니라 특별히 선택된 몇 군데의 컴퓨터만을 연구 목적으로 연결한 것이었다. 앞서 말한 시장으로 비유하면 정부에서 허가받은 상인들만 거래할 수 있는 조선 시대 시전상인과 같은 지위를 가진 것이 아르파넷에 연결된 컴퓨터들이었다. 잡컴퓨터가 접속을 시도하면 금난전권을 발휘해 접속을 차단했다. 그러나 조선 시대에도 시전에 이어 곧바로 저잣거리에 상인들이 등장해 난전이 생기며 유통이 활발해진 것처럼, 곧이어 아르파넷이라는 장터를 상업적으로 쓰기 위한 시도가 이어졌고, 1991년 미국의 통신사들이 CIXCommercial Internet eXchange라는 기관을 만들며 아무나 와서 사고파는 난전으로 변모했다.

캐즘을 넘어선 인터넷, 3차 산업혁명의 포문을 열다

2차 산업혁명이 마무리되는 1960년대 이후부터 1980년대까지는 생산성 통계가 내리막길을 타다가 1990년대에 3차 산업혁명이 시작되면서 다시 반등하기 시작한다. 1980년대에도 컴퓨터가 나오고 아르파넷이 쓰였지만 경제 전체의 흐름을 바꾸기에는 이 정도의 보급으로는 부족한 것이다.

1997년에 대학을 졸업한 나는 대학을 마칠 때까지 한 번도 이메일을 보내본 적이 없었다. 딱히 이메일을 보낼 상대도, 이메일로 주고 받을 내용도 없었기 때문이다. 이왕 망가진 김에 조금만 더 가보자. 1990년대 초 내가 대학에 막 들어갔을 때만 해도 과제는 종이에 써서 냈다. 학교 문구점에 가면 리포트 용지를 따로 팔았고 학교 도서관에 모여 앉아 종이에 볼펜으로 꾹꾹 눌러가며 리포트를 써서 제출했다. 물론 컴퓨터와 프린터기가 있었지만 교수님들은 손으로 써서 내는 리포트를 정성이 담겼다고 선호했다. 그리고 학생들끼리 베껴서 내기 쉽다고 아예 프린트해서 내지 말라고 하는 교수님도 있었다. 나는 그 말을 어차피 니들이 숙제를 해와도 별로 꼼꼼히 안 읽어본다는 뜻으로 이해하고 분량만 많이 채워서 냈다.

컴퓨터는 있었지만 컴퓨터를 활용하여 생산성이 높아지려면 사회 전체가 이에 익숙해질 시간까지 필요했던 것이다. 이건 단지 내가 문과생이어서 나만 정보화 사회에서 소외되었기 때문은 아니었다.

아래의 사진은 1994년, 지금은 부영그룹에 넘어간 시청 앞 삼성본관에서 찍은 사진이다. 삼성물산에서는 1992년부터, 어학을 전공하는 대학생들을 선발해 '지역연구회'라는 조직을 만들었다. 원래 계획은 불어, 독일어, 중국어 등 제2외국어를 전공하는 1학년 학생들을 선발해 4년 내내 회사생활을 맛보게 하고 입사 후에는 해당 지역에 지역전문가로 파견을 하여 궁극적으로는 세계의 각 거점 지역별 주재원으로 활용하려는 장기 계획의 일환이었다. 그리고

1994년 삼성본관 카리스 학술제 사진

나도 4년 내내 삼성물산에서 지원해주는 각종 연수 프로그램과 넉넉한 회식비를 즐기며 졸업 후 상사맨으로 살까 유학을 갈까 하는 행복한 고민만 하며 보냈다. 이 프로그램은 내가 대학을 졸업할 무렵 IMF라는 사태를 맞아 함께 구조조정되고 지금은 유네스코 산하 동아리로 편입되어 유지되고 있다.

이 지역연구회에서 학생들끼리 자유롭게 진행한 1년간의 연구결과를 발표하는 '학술제'가 삼성본관 국제회의실에서 정기적으로 열렸다. 그리고 이곳에서는 차트에 매직으로 써서 '브리핑'을 했다. 아무도 사무자동화에 대해 생각하지 않았고 '파워포인트로 작성해 빔 프로젝트로 쏘지 왜 이걸 종이에 써요?'라고 묻지 않았다. 그런 생각조차 안 했으니까 말이다. 다만 차트를 쓸 종이와 매직은 대기업답게 아주 넉넉하게 주었다.

아래 사진은 이로부터 불과 10여 년 후인 2007년, 튀니지 정보통신부에서 찍은 사진이다. 통신사업권 획득을 위해 튀니지 정통부의 주파수 관련 부처와 주파수 재분배를 놓고 2주 일정으로 워크샵을 가졌다. 만약 그보다 10년 전이었다면 저런 종이뭉치를 바리바리 싸들고 비행기를 타지 않았을까? 10여 명이 2주간 지구 반대편으로 출장을 가는데 발표 자료를 짐으로 부쳤다가 환승 수화물 분실로 악명 높은 드골 공항에서 행여 분실사고라도 일어날까봐 그걸 다 핸드캐리하고 구겨질세라 애지중지하며 들고 갔을 것이다.

2007년 튀니지 정보통신부에서 PT를 하는 저자

자세한 내용을 책에 싣기는 어려워 Q&A 화면을 찍은 사진을 올렸지만 당시 발표 자료는 한국에서 미리 만들어간 파워포인트 자료를 기초로 현지 워크샵에서 나온 상대방의 반응과 질문 등을 반영해 바로바로 수정하고 중요한 사항은 본사에 이메일을 보내 추가 자료를 받거나 의견을 받아 다시 수정하는 과정을 거쳐 다음 날 발표에 쓰곤 했다.

불과 10년 사이에 달라진 생산성의 차이가 눈에 보이지 않는가?

1990년대는 당시 유행하던 사무자동화라는 말이 상징하듯 생산성의 시대였다. 마이크로소프트는 MS DOS와 MS Office를 다른 회사에서 사다가 MS의 제품으로 내놓았듯이, 애플 OS의 UI를 그대로 베껴 윈도우 OS를 내놓았다. 이는 물론 스티브 잡스의 격노를 샀지만 적어도 애플이 아닌 IBM 호환 PC를 쓰는 산업계의 생산성을 높였다. MS Word와 Excel, PPT는 말 그대로 사무를 자동화하며 모든 직장인을 손으로 쓰는 차트 작업에서 해방시켰다.

MS 이후 1990년대 최고의 스타기업은 적어도 내 기준으로는 오라클과 SAP였다. 개인 PC의 경우 MS가 표준을 장악했다면, 서버 시장에서는 모두들 오라클 DB를 썼다. 물론 지금 클라우드 시대로 넘어가면서 모두들 (비싸고 서비스가 안 좋아) 타도 오라클을 외치고 있지만 말이다. 컴퓨터는 개인의 작업이나 엔터테인먼트에만 쓰이는 것이 물론 아니다. 그랬다면 지금의 페이스북이나 인스타그램 수준의 생산성 향상만을 가져왔을 것이다. 데이터베이스 관리시스템DBMS이 나오기 전까지는 각 사무실마다 빼곡히 들어찬 캐비닛이 데이터베이스 역할을 했다. 서무의 역할은 각 부서별로 쏟아져 나오는 각종 자료들을 일목요연하게 철해서 캐비닛에 잘 보관하는 것이었고, 한 직장에서 잔뼈가 굵은 서무 왕언니의 권력의 원천에는 어느 캐비닛에 어떤 자료가 숨겨져 있는지 꿰뚫고 있는 것도 한몫을 했다.

데이터베이스가 캐비닛을 벗어나 서버로 옮겨가면서 기업과 정부의 생산성에 어떤 일이 벌어졌는지는 굳이 설명할 필요도 없을 것이다. 이 데이터베이스를 관리하는 프로그램인 DBMS, 그중에서도 IBM에서 개발한 관계형 DBMS, 즉 RDBMS의 표준을 장악한 것이 바로 오라클이었다. 그러고 보니 IBM은 PC의 운영체제인 MS의 DOS를 비롯해서 DB를 관리하는 서버의 RDBMS, 흔히 말하는 클라이언트단과 서버단의 표준을 모두 장악할 기회를 손에 들고 있었는데 던져버린 셈이었다.

SAP는 세상 모든 기업들이 일하는 방법을 바꿔버렸다. 기업의 인사, 회계, 물류 등 모든 전산시스템을 하나로 통합한 전사적 자원관리, ERPEnterprise Resource Planning라는 이 알쏭달쏭한 용어는 1990년대 후반까지만 해도 낯선 단어였다. 미국 MBA 과정 중에서도 ERP라는 단어가 나오면 마케팅이나 파이낸스 교수들은 IT 교수들을 보고 "오, 얼~프?"라고 부르며 농담을 하곤 했다. 이 얼~프는 2000년대 초반까지 대부분의 대기업들이 도입을 끝냈고, 늦어도 2000년대 중반까지는 정부의 적극적인 지원으로 중소기업들까지 국내기업이 개발한 중소기업용 ERP를 구축했다. 지금 ERP 없이 돌아가는 기업은 거의 없을 것이다. 기업 규모상 굳이 ERP가 필요 없는 중소기업들도 정부에서 구축비의 50%를 지원해주는 이 눈먼 사업을 외면하지 않고 1억 원짜리 구축 사업에 2억 원짜리 계산서를 끊어주는 회사의

ERP를 구축했다. 1억 원은 정부에서 내게 하고 1억 원은 회사 경비로 지급한 후 구축업체로부터 대표이사가 이 중 일부를 다시 캐시백 받는 방법이 유행했다.

이 ERP를 말 그대로 전 세계에 깔아버린 SAP는 독일 기업이었다. MS, 오라클, 선마이크로시스템즈 등 1990년대 3차 산업혁명 초기를 이끈 기업들 대부분이 미국 기업이었던 것에 비해 전사적 자원관리라고 불리는 ERP를 SAP가 성공적으로 만든 배경에는 세계 최고 수준인 독일의 제조업 기반이 한몫했다. 기업용 소프트웨어들은 한둘의 천재적인 프로그래머가 개발해서 히트칠 수 있는 성질의 것이 아니다. 그 소프트웨어를 실제 사용하는 기업의 프로세스가 기반이 되어서 가장 최적화된 소프트웨어가 나오는 것인데 전 세계가 인정하는 제조업의 표준 프로세스는 여전히 독일 기업의 업무방식이었던 것이다. 그리고 이 ERP에도 IBM의 슬픈 전설은 계속된다. SAP를 창업한 엔지니어 5명 모두 IBM 출신이었다.

2000년대 초반, 한국의 한 대표적인 SI기업은 ERP뿐만 아니라 CRM, SCM 등 외국 기업들이 장악한 기업용 소프트웨어 시장을 겨냥해 수백억 원의 개발비를 쏟아부어 국산화를 시도했으나 돈만 날리고 모두 실패했다. 영어라는 언어적인 문제는 차치하고라도 한국 기업의 프로세스를 근간으로 개발한 기업용 소프트웨어를 업계의 선진 사례Best Practice라고 받아들일 기업은 해외는 물론이고 국내에도 없었던 것이다.

실제 이런 기업용 소프트웨어들을 설치한다고 해서 업무가 개선되는 것이 아니었다. 이 소프트웨어를 근간으로 해서 기존의 업무 프로세스를 바꿔야 하는 경우가 더 많았다. 예전에는 각 매장에서 영업이 끝나면 그날 매출을 세부내역과 함께 본사에 팩스로 전송했다. 그러면 본사에서는 이를 엑셀로 취합해서 각종 경영자료(회계와 재무, 구매 등)를 작성했다. POS가 나오면서 각 매장에서 발생한 매출은 발생 즉시 실시간으로 전산 시스템에 집계되었고, ERP가 도입되자 이 숫자들은 각각 그 숫자들이 필요한 하위 시스템으로 자동으로 입력되고 분류되기 시작했다. ERP나 CRM, SCM 등을 판매하는 IT 기업들은 액센츄어나 PWC 등 컨설팅 회사와 손잡고 당시 유행하던 용어인 BPRBusiness Process Reengineering이라는 프로젝트를 위주로 영업을 했다. 기업용 소프트웨어를 도입하면 컨설팅 회사에서 해당 기업의 업무절차Business Process를 개선해주는 것이다. 이 과정에 리엔지니어링이라는 멋진 단어를 붙였는데, 사실 BPR이라는 용어는 MIT 교수인 마이클 해머가 사무자동화는 단순한 자동화Automation가 아닌 기업이 일하는 업무 관행을 IT에 맞추어 효율적으로 개선하는 리엔지니어링이라고 주장하며 1990년대 초반에 만든 용어이다.

ERP가 성공적으로 정착한 후에는 씨블Sieble이라는 야릇한 명칭의 회사가 주도한 고객관리 시스템CRM, i2Tecnology가 이끈 공급망 관리 시스템SCM, 그리고 기업용 포털인 EPEnterprise Portal까지 기업의 생산성을 꾸준히 향상시키는 일련의 프로젝트들이 이어졌다. 아마 2000년대 이후 사회생활을 시작한 사람들은 감이 잘 안 올 수도 있을 것이다. 회사에 출근해서 PC를 켜도 모든 직원이 바로 접속해야 하는 인트라넷이 없던 시절도 있었다. 제일 먼저 이메일을 확인하는 시스템이 도입되었고 곧 야후 같은 포털을 본뜬 기업용 포털이 등장했다. 현재 흔히 인트라넷이라고 불리는 기업의 내부구성원들만 접속하는 일종의 포털서비스인 EP까지 도입되고서 1차 생산성 증가 시대는 막을 내리게 된다.

첫 물결은 마무리되었으나 사람의 욕심, 아니 기업의 욕심은 끝이 없었다. ERP로 시작된 일련의 기업용 소프트웨어 사업에서 큰돈을 번 소프트웨어 기업들과 컨설팅 회사들은 이 여세를 몰아가려고 했다. 이제 경영진의 의사결정을 돕는다는 BSCBalanced ScoreCard 같은 전략경영솔루션(즉 SEMStrategic Enterprise Management이라는 카테고리)을 새로 만들어 '기업의 전략을 실행하는 도구'라는 타이틀을 붙여 약을 팔기, 아니 마케팅을 시작했던 것이다. 국내의 대형 SI업체는 CRM과 SCM에 이어 파트너 관계 관리라는 PRMPartner Relationship Management 솔루션을 들고 나오기에 이른다.

하지만 이쯤 되자 대기업들은 수십 억 들여 뭐 하나 구축하고 나면 비슷한 게 끝도 없이 줄지어 나오는 이 세 글자 약어로 된 솔루션들과 이를 핑계로 회사의 조직을 수시로 들썩이는 소위 비즈니스 프로세스를 리엔지니어링하신다는 컨설턴트들에 질리기 시작했다. SEM이나 PRM쯤에 와서는 고객사 입에서 '고마해라 마이 무따 아이가' 소리가 절로 나오는 상황이 되었고 이렇게 3차 산업혁명의 서론이 슬슬 마무리되었다. 이게 2000년대 중반쯤이었다.

여기서 많은 독자들은 수긍하지 않을 수도 있다. 3차 산업혁명이 2000년대 중반에 일단 마무리가 되었다고? 그렇다면 2000년대 후반부터 나온 스마트폰은 무엇인가? 아이폰으로 시작해서 태블릿이 나오고 아이폰X까지 이어지면서 앱이라는 세상에 없던 새로운 채널을 통해 수많은 서비스를 가능하게 했던 그 스마트폰 혁명 말이다. 그렇다면 3차 산업혁명은 2000년대 중반에 서론이 마무리된 것이 아니라 이 스마트폰을 통해 현재까지도 계속 이어져오고 있다는 해석이 된다. 그리고 이 3차 산업혁명이 지금 화두가 되는 4차 산업혁명으로 바로 이어지는 것이 아니냐는 말이다. 스마트폰은 분명 놀라운 제품이고 우리의 삶을 말할 수 없이 편리하게 만들었지만 결코 혁명 그 자체는 아니었다. 먼저 앞서 말한 생산성 그래프를 다시 한번 보자. 인터넷의 등장과 함께 총요소생산성뿐만 아니라 생산성과 생산량 모두 반등했지만 2000년대 초반을 지나며 다시 하락했고 스마트폰이 등장한 2000년대 후반에도 하락세는 이어졌다.

1인당 생산량, 1인당 노동시간, 생산성의 상승 추세(1953년 1Q~2014년 4Q)

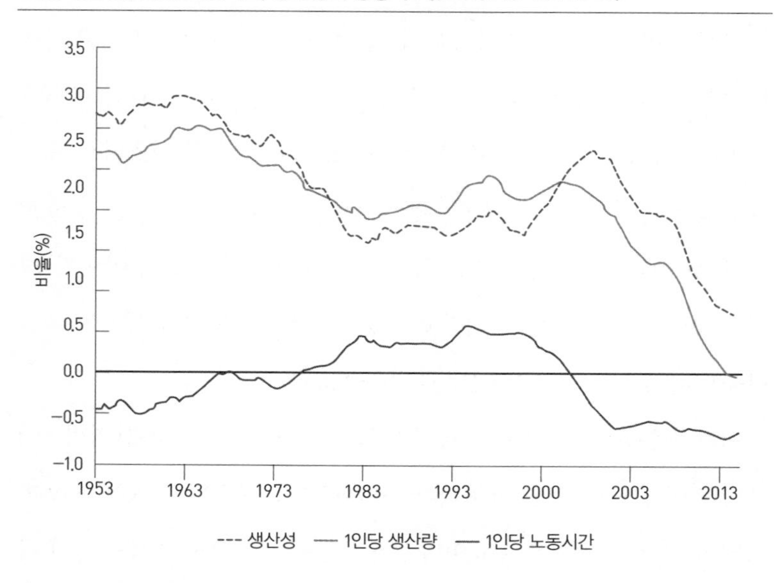

출처: 로버트 고든,『미국의 성장은 끝났는가』, 생각의힘, 2017

이 그래프 하나로 바로 수긍되지는 않을 것이다. 스마트폰에는 이런 책상물림들이 계산해 놓은 수치로 표현하기 힘든 무언가가 있고 우리는 그 혁명적인 변화를 매일매일 온몸으로 느끼며 살고 있다고 생각되기 때문이다. 이 그래프를 이해하기 위해서는 단순한 수치에 대한 이해가 아니라 산업혁명에서 말하는 혁명과 혁명 후에 나오는 기술과 제품의 일상적인 개선, 그리고 정말 엄청난 변화를 가져오기는 했으나 이 생산성 그래프의 방향을 바꿔 놓지는 못하는 혁명적인 개선, 이 세 가지 개념을 이해해야 한다.

혁명과 개선, 그리고 혁명적인 개선

이제는 앞서 살펴본 생산성 수치가 아닌, 우리의 몸과 마음으로 느끼는 새로운 기술의 효용성을 인터넷과 모바일의 발전을 이끈 원동력 중의 하나인 음악을 예로 들어 생각해보자. 음악은 우리 부모님 세대의 LP판으로부터 시작해 카세트테이프, CD와 단명한 MD를 거쳐 MP3라는 디지털 포맷으로 이어졌다. 지금은 MP3도 직접 저장해서 듣는 것보다 스트리밍 방식으로 듣는 사람이 더 많다. 음악을 듣는 포맷 자체도 엄청난 발전을 한 것이다. 그럼 이 포맷 중 어떤 것이 혁명이고 어떤 것이 개선일까? 우리는 가장 가깝고 친숙한 것에 가점을 주는 경향이 있다. 그런데 CD에서 MP3나 혹은 스트리밍 서비스로 바뀐 것이 카세트테이프의 등장으로 이제 집에서만이 아니라 차에서, 심지어 걸어 다니면서 음악을 들을 수 있게 된 것보다 더 혁명적인 변화일까? 1980년대 신문기사에는 젊은이들이 너나 할 것 없이 워크맨을 들고 헤드폰을 쓰고 다니는 이 낯선 현상에 놀란 기성세대들이 지금의 젊은이들이 노인이 되면 다 가는귀가 먹을 것이라며 걱정하는 칼럼도 등장했다. 그때 그 젊은이들은 지금 환갑쯤 되었다.

음악은 인류 역사에서 두 번 정도의 혁명을 거쳤다. 첫 번째 혁명은 악기의 발명이다. 세계 각 문화권에서 독자적으로 발명된 악기는 이후 많은 개량과 발전을 거쳤다. 예를 들면 유럽의 현악기는 현이 두세 개밖에 없는 레벡Rebec이라는 악기가 모태라고 할 수 있다. 현악기에서 혁명적인 개선은 브릿지의 발명이다. 레벡같이 브릿지가 없는 현악기는 활로 긁을 수가 없어 튕겨서 소리를 내야 했다. 아치 모양의 브릿지를 현 아래에 대면서 비로소 활로 현을 그어 소리를 내는 현악기가 등장했다. 당시 현을 튕기며 연주하던 전문 악사들에게는 천지가 개벽하는 혁명같이 느껴졌을 것이다.

브릿지의 등장 이후에도 현이 계속 추가되고 크기가 다양해지면서 피들과 비올을 거쳐 현재의 바이올린이 되었다. 에시퀴에라는 이름으로 시작된 건반악기는 클라비코드와 하프시코드를 거치며 해머라는 혁명적인 개선이 추가되어 우리에게 익숙한 피아노가 된다. 하프시코드에 발로 누르는 해머, 즉 페달을 달면서 건반악기도 강약을 조절할 수 있게 된 것이다. 이제 본인의 감정을 음의 강약에 실어 마음껏 전달할 수 있게 된 하프시코드도 연주자에게는 역시 혁명과도 같았을 것이다. 하지만 브릿지와 해머의 등장은 악기 자체의 발명에는 미치지 못한 개선이었다.

음악에서 두 번째 혁명은 에디슨이 축음기를 발명하면서 찾아온다. 정작 에디슨은 축음기를 음악을 듣는 기계가 아닌 녹음기로 만

브릿지가 없는 중세의 레벡과 브릿지가 있는 16세기 비올. 출처: Wikimedia

들었고 이 기계로 음악을 듣는 데는 별 관심이 없었다. 이 녹음기를 음악을 재생하는 기계로 만든 사람은 그래머폰이라는 별도의 특허를 내서 축음기를 만든 에밀 베를리너였고 그래머폰에서 오늘날 우리가 아는 모든 음향기계들이 나온다.

축음기가 나오기 전에 음악을 듣고 싶으면 어떻게 했을까? 음악이 듣고 싶을 때 들을 수 있는 것은 자신의 집에 모차르트나 하이든 같은 음악가와 악단을 상주시킬 수 있던 귀족이나 왕뿐이었다. 평민들은 음악이 듣고 싶다면 교회에 가야 했다. 여기에 더해 가끔 공원에서 열리는 무료 음악회가 아니면 평민들이 음악을 들을 일은 없었다.

역사학자 주경철 교수는 모차르트를 가리켜 "궁정에 종속된 하인이었던 하이든에서 독립적인 음악가로서의 베토벤에 이르는 중간적인 인물"이라고 묘사했다. 하이든처럼 귀족의 저택에 고용된 음악가로 생활하다 나중에 독립해 음악가로 명성을 날렸으니 말이다. 하지만 후대의 평가가 어떠하든 간에 모차르트 본인은 이 하인이라는 지위에 큰 불만은 없었다. 잘츠부르크의 영주인 대주교 휘하의 궁정음악가로 살던 모차르트는 음악적 멘토이기도 한 아버지에게 수시로 편지를 썼다. 한 편지에서 모차르트는 식사 시간에 대주교의 시종들이 자신보다 상석에 앉아서 밥을 먹는다고 불평을 했다. 그러니까 하인들 틈에서 밥을 먹는 것에는 아무 불만이 없었지만 여러 하인들 중에서 음악하는 하인이 시종보다 못한 대우를 받는 것이 불만이었다.

모차르트가 잘츠부르크 대주교를 떠나 독립음악가가 된 것은 독립적인 음악가의 길을 자유롭게 가고 싶다는 예술혼의 발로가 아니라 잘츠부르크 대주교가 요즘 표현으로 갑질이 심한 꼰대였기 때문이다. 남들보다 음악 좀 잘한다고 시건방을 떠는 이 하인이 거들먹거리는 모습이 보기 싫었던 꼰대 주교는 의도적으로 모차르트에게 심한 모멸감을 주었다. 이를 못 견딘 모차르트는 결국 사표를 던지고 오페라를 작곡하면서 생계를 유지한다. 이게 정말 모차르트가 꿈꾸던 자유로운 예술인의 삶은 아니었다고 보는 것이 모차르트는 독립음악가로서 명성이 쌓이면서 대주교보다 한 단계 위인 신성로마제국 황제로부터 스카우트 제의가 들어오자 냉큼 받아들이고 황실음악가가 된다. 요즘으로 비유하자면 중견기업에 다니다 오너의 갑질이 심해 때려치우고 벤처기업을 창업했는데 대박이 나서 대기업에서 입사제의가 들어오니 냉큼 수락한 것이다. 벤처기업이 대박이 났는데도 대기업 입사제의를 뿌리치지 못한 이유는 당시에는 저작권 개념이 없어 아무리 모차르트의 오페라가 대히트를 쳐도 초연에 대한 보상만 받았지 이후 유럽 전역에서 자신의 음악이 연주되도 아무런 대가를 못 받았기 때문이다.

축음기가 나오기 전에 집에서 음악을 듣고 싶으면, 최하 잘츠부르크 영주 정도는 되어야 집에 모차르트같이 내가 듣고 싶은 음악을 작곡해주는 음악가와 함께 한 무리의 악단을 하인으로 두어 음악을 들을 수 있었다. 이 음악하는 하인들은 영주가 식사를 할 때는 소화가 잘되는 음악을, 식후 나른할 때는 낮잠을 잘 수 있도록 잠이 잘 오는 음악을 작곡해서 연주했다. 이를 보고 독자들 중에는 우리 아빠가 의사고 강남에 아파트도 몇 채 있는데 뭐 우리 집안 정도면 옛날에도 음악하는 하인을 두고 살지 않았을까 하는 분들도 있을 것이다. 중세 시대 귀족의 최하 계급은 기사계급이었다. 기사 위에는 영주가, 영주 위에는 왕이 있었다. 공작, 후작, 백작들이 영주의 계급이다. 가장 영지가 넓은 영주가 공작인데 간혹 이 공작 중에서도 거의 왕과 맞먹는 지역을 다스리는 공작들은 스스로를 단순한 공작Duke이 아닌 대공작Grand Duke, 즉 대공이라고 불렀다. 룩셈부르크가 대공작이 다스리는 대공국이고 이보다 좀 작은 모나코는 공국, 즉 공작이 다스리는 국가이다.

공작부터 제일 낮은 남작까지 다섯 단계로 나뉘는 영주는 얼마나 될까? 시대마다 조금씩 다르지만 대개 유럽의 기사계급 수는 전체 인구의 약 0.1% 내외였다. 봉건제도를 채택한 나라들은 대개 비슷한 수치를 보인다. 일본 역시 사무라이의 수는 전체 인구의 약 0.1%였다. 그리고 역사상 대부분의 국가들은 군대의 수가 전체 인구의 1%를 넘지 않았다. 보통 0.5~1% 정도로 군대의 규모가 유지되었다. 전시에는 2%를 상회하기도 했지만 대부분의 국가는 이 정도 비율의 군대를 오랜 기간 유지할 수 없었다. 어느 시대나 전체 인구 중 군대는 1%, 기사계급은 0.1%로 어림잡을 수 있다. 현재 우리나라도 이 숫자에 얼추 들어맞는 것이 인구 5,000만 명에 군대는 약 60만 명이다. 분단국가라는 특수성 때문에 1%를 상회하는 군대를 두고 있지만 징병제로 이를 간신히 지탱하고 있다. 중세의 기사라고 할 수 있는 장교의 수는 대략 4만 명이다. 0.1%가 살짝 안 되는 숫자로, 역시 중세 유럽의 기사나 일본의 사무라이와 비슷한 수치를 보인다.

금수저와 은수저의 개념은 저마다 다르지만 동국대 김낙년 교수의 2013년 연구 결과에 따르면 우리나라 상위 1%의 컷이 대략 자산 9억 9,000만 원 정도라고 한다. 0.1%는 40억 원이다. 이는 2013년 수치로, 부동산 가격이 꽤 오른 2018년 기준으로는 한 50~60억 원 정도는 있어야 0.1%라고 할 수 있을 것이다. 그런데 이 0.1%에만 들어서는 음악가를 집에 두지 못한다. 영주가 아닌 기사계급이기 때문이다. 기사는 대개 농사를 짓는 농노들을 관리하며 개인 용도로는 시종 몇 정도만 거느리고 살았다. 남작의 경우 좀 잘사는 평민 수준이었고 자작은 부백작Viscount이라는 명칭 자체에서 보이듯 그 직위 자체가 백작의 궁에서 일하는 총리대신 정도의 개념이었다. 백작부터가 이렇게 수많은 하인을 기능별로 둘 수 있었던 것이다. 공작 – 후작 – 백작 안에는 들어야 음악하는 하인을 집에 두고 내킬 때마다 음악을 들을 수 있는데 이들의 숫자는 매우 제한적이었다. 후작은 원칙적으로는 변방의 장군에게 수여되는 작위로 실제 대규모의 영지를 가진 귀족은 공작과 백작이었다. 이들이 다스린 영지는 쉽게 비유하면 공작은 도지사

규모, 백작은 대도시의 시장 정도라고 보면 된다. 독일의 경우 공작이 약 5명 정도 되었고 프랑스는 툴루즈나 리옹 같은 대도시는 백작이 다스렸다. 그러니 집에서 음악을 들을 수 있던 것은 국가별로 왕 1명에 공작 5명 내외, 백작 10명 정도라고 보면 된다. 이를 현재 한국의 상황으로 비유하면 (경제적으로만 따질 때) 인구 비례로 넉넉하게 잡아도 30대 그룹 총수 정도는 되어야 집에다 음악하는 하인들을 두고 편하게 음악 감상을 할 수 있는 것이다.

나는 19세기의 교향곡 열풍을 현대의 발리우드 영화와 비교하곤 한다. 오페라가 시작되기 전 청중의 주위를 집중시키기 위한 서곡에 불과했던 관현악곡이 교향곡으로 발전하게 된 배경에는 다양한 연주자로 구성된 악단의 규모를 자랑하고 싶었던 영주들의 허영과 모든 악기를 아우르는 마스터피스를 작곡하려는 음악가들의 경쟁심이 있었다. 이를 최초로 구현해낸 사람은 자타가 공인하는 궁정의 하인인 하이든이었다.

그런데 여기에 어쩌다 한번 듣는 음악을 기왕이면 다채롭게 듣고 싶은 대중의 욕구가 가세했다. 빈의 궁정음악가 자리를 놓고 구직활동을 하던 베토벤은 하필이면 신성로마제국이 몰락하는 시점에 전성기를 맞이했고, 오스트리아제국이 자리를 잡을 무렵에는 청력을 상실하는 기막힌 타이밍 덕분에 궁정에 종속되지 않아 자유로운 영혼을 가진 최초의 음악가로 역사에 남을 수밖에 없었다. 하지만 때맞춰 시민사회가 도래하자 대편성 오케스트라가 연주하는 웅장한 교향곡을 잇따라 발표한 베토벤은 시대정신이 가미된 천재성에 힘입어 큰 성공을 거두게 된다. 당시 대중을 대상으로 한 음악회에는 무려

3~4시간 동안 교향곡과 협주곡, 아리아 등이 연주되며 가능한 모든 악기와 성악가까지 동원되었다. 온갖 악기 소리가 빠짐없이 나오는 이때의 교향곡을 듣다 보면 매우 뜬금없지만 인도의 발리우드 영화가 떠오른다. 집에서 큰 화면으로 콘텐츠를 즐길 기회가 없는 인도의 대중들이 어쩌다 한번 보러 간 영화에서 춤과 음악까지 다채롭게 즐기기를 원하는 것과 집에서 음악을 들을 수 없었던 19세기 유럽 대중들의 욕구는 일맥상통하는 것이다.

0.01%만이 집에서 들을 수 있던 음악을 평민들도 마음대로 듣게 해준 축음기는 엄청난 혁명이었다. 이제 평민들도 연례행사 삼아 음악을 뷔페식으로 과식하지 않아도 좋아하는 장르의 음악을 집에서 일품요리로 즐길 수 있게 되었다. 그리고 이어서 SP와 LP, 원통을 도는 속도, 음질 등의 일상적인 개선이 이어졌다. 카세트테이프는 혁명적인 개선이었다. 집에서만 들을 수 있던 음악을 자동차 안에서도 듣고 소니가 워크맨을 만든 이후로는 걸어 다니면서, 조깅하면서도 들

음악 감상의 혁명과 개선

	내용	시기
혁명	축음기의 등장으로 평민들도 집에서 음악을 들을 수 있게 됨	20세기 초반
혁명적 개선	카세트의 등장으로 야외에서도 음악을 들을 수 있게 됨 (카오디오, 워크맨의 등장)	1962년 카세트테이프 개발(필립스) 1979년 워크맨 등장(소니)
개선	MP3 개발로 야외에서 듣는 음악의 곡 수가 증가함	1994년 첫 대중화
혁명적 개선	스트리밍의 등장으로 실내외에서 이론상 무제한으로 음악 감상	2000년대 이후

을 수 있게 되었다. 이 또한 엄청난 발전이었지만 원하는 대로 음악을 들을 수 있는 사람의 수를 상위 0.01%에서 50% 이상으로 늘린 혁명에 비할 바는 아니었다. 카세트테이프에 비하면 음질을 높이고 트랙 서치를 편하게 해준 CD와 MD는 평범한 개선이었다. MP3의 등장과 저장 용량의 폭발적인 증가, 그리고 이어진 스트리밍 서비스의 등장은 현재를 사는 우리들에게는 마치 혁명처럼 느껴지지만 앞선 혁명들에 비하면 이 역시 놀라운 개선의 하나일 뿐이다. 그리고 이 기간의 생산성 지표는 이를 그대로 말해주고 있다.

인터넷이 3차 산업혁명을 이끌었고, 곧이어 나온 3G 기술로 집안의 인터넷이 거리로 나오게 되었다. 인터넷이 축음기였다면 3G 무선통신은 카세트테이프였다. 엄청난 발전이었지만 혁명은 아니었다. 집안의 인터넷을 3G 통신망이 집 밖으로 가지고 나오게 해주자 이를 걸어 다니면서 쓸 수 있게 해준 컴퓨터, 즉 스마트폰이 나왔다. 3G와 곧이어 나온 4G 무선통신망으로 거리의 인터넷은 집이나 사무실에서 쓰는 것과 다름없이 빠르고 편해졌다.

3G와 4G, 그러니까 무선인터넷이 일반화되면서 우리의 삶은 전과 비교할 수 없이 편해졌다. 하지만 왜 그 편리함이 생산성 통계에는 나타나지 않는 걸까? 앞서 말한 링크와 노드의 개념과 그 발전단계를 다시 한번 복습해보자. 구텐베르크에 의한 인쇄술의 발전으로 책이라는 형태의 노드가 기하급수적으로 증가하고 이는 1차 산업혁명으로 이어졌다. 1차 산업혁명 이후 인간의 수명이 늘어나며, 정확히는 유아사망률이 획기적으로 감소하며 인간이라는 노드 역시 증가했고, 증기기관차와 증기선이 등장하며 인간 노드를 연결하는 링크의

수와 질이 같이 향상되었다. 2차 산업혁명으로 통신, 즉 전화가 일반화되며 링크의 수와 질은 다시 폭발적으로 늘어났고 이는 고스란히 생산성 통계에 잡혀 있다. 3차 산업혁명으로 컴퓨터라는 새로운 노드가 등장했고 인터넷이라는 새로운 링크가 새로운 노드를 거미줄처럼 연결해주었다. 여기까지도 모두 생산성 통계에 잡힌다. 그렇다면 스마트폰은 새로운 노드인가? 3G 혹은 4G 무선통신망은 새로운 링크인가? 그렇다면 그 전의 노드나 링크에 비해 얼마나 획기적으로 발전을 했는가?

스마트폰이라는 노드는 엄밀히 말해 완전히 새로운 종류의 노드가 탄생한 것이 아니라 컴퓨터라는 기존의 노드의 크기가 작아지고 휴대성이 강화된 것이다. 스마트폰은 기존의 노트북이나 데스크탑의 기능을 대체하며, 예전이라면 책상에 앉거나 노트북을 펼쳐야 하는 상황에서 들고 있던 휴대폰의 앱을 실행하는 것만으로 데스크탑에서 하던 일(음악을 듣고 동영상을 보거나, 맛집을 검색하고 친구의 페이스북을 보는 일 등)을 할 수 있게 해주었다. 스마트폰이 나오고 곧 이의 변종인 태블릿이 인기를 끌자 노트북의 판매가 감소했다. 컴퓨터의 등장은 완전히 새로운 노드의 등장이었지만, 컴퓨터에 휴대성을 부여한 스마트폰은 완전히 새로운 노드가 아니었다. 이는 생산성 통계에 그대로 반영이 되었다.

뒤에 나올 주제를 잠시 미리 앞당겨서 말하자면 4차 산업혁명이 무척 기대되는 이유이기도 하다. 4차 산업혁명의 키워드는 인공지능AI이다. 완전히 새로운 노드의 등장이다. 기존의 노드인 인간이나 책, 컴퓨터와는 다른 완전히 새로운 종류의 노드이며, 분야에 따라서는 기존 노드와는 비교도 안 될 정도의 성능을 가진 꿈의 노드이다. 그리고 이 꿈의 노드가 차세대 이동통신인 5G망뿐만 아니라 차세대 초고속 광통신망인 마레아Marea(마이크로소프트와 페이스북이 투자한 초당 160TB를 전송하는 차세대 유선망)로 거미줄같이 이어질 것이다. 진정한 생산성의 증가는 여기에서 나올 것이다.

3차 산업혁명이 마주친 시험대

1차 산업혁명과 2차 산업혁명은 진정으로 우리의 삶을 바꿔 놓았다. 컴퓨터를 제외한 우리 삶의 대부분은 아직 2차 산업혁명의 산물 안에서 벗어나지 못하고 있다. 우리는 여전히 자동차를 운전하고 TV를 보고 냉장고에서 음식을 꺼내어 전자레인지에 데워 먹고, 더우면 에어컨을 켜고 진공청소기를 돌리고 더러워진 옷은 세탁기에 넣는다. 컴퓨터를 쓰는 것 외에는 1950년대와 근본적으로 달라진 것이 없다. 반면 2차 산업혁명 직전인 1900년도의 삶은 1950년대와는 근본적으로 달라서 마차를 탔고, TV는커녕 영화관도 없었고, 여름이면 음식이 상했고 음식을 데우려면 석탄이나 나무로 불을 지폈고, 더우면 부채질을 했고 비질과 손빨래를 했다.

1860년에 태어난 모지스 할머니는 76세에 그림을 그리기 시작해 19세기 미국 농촌 풍경을 꾸밈없이 그린 그림으로 많은 이에게 감동을 선사했다. 93세에 〈타임〉지 표지에 등장하고 101세에 그린 마지막 작품을 남기고 세상을 떠난 모지스 할머니는 자서전에서 본인이 겪은 2차 산업혁명을 다음과 같이 담담히 서술하고 있다.

> 마침내 새로운 시대가 열렸습니다. 1913년 우리는 처음으로 자동차를 샀어요. 처음 본 영화는 1914년 시라큐스에서였고요. 정말 근사했지요. 어머니가 고래기름 램프를 쓰시던 1865년에 비해 많은 게 달라졌습니다. 내가 전등을 처음 본 건 1913년 알바니에서였던 것 같아요. 1937년 무렵 우리 집에서도 전등을 사용하기 시작했습니다.
>
> – 애나 메리 로버트슨 모지스, 『인생에서 너무 늦은 때란 없습니다』, 수오서재, 2017

3차 산업혁명은 아직 2차 산업혁명만큼 우리 삶의 전반적인 구석 구석까지 미치지 못하고 있다.

모든 혁명의 효과가 동일할 필요는 없다. 3차 산업혁명은 현재까지 있어왔던 산업혁명 중에서 인간의 삶을 가장 덜 변화시킨 혁명으로 남지 않을까? 그럴 수도 있다. 하지만 아직 결론을 내리기에는 이르다. 3차 산업혁명에는 아직 까보지 않은 패가 두 개나 남아 있기 때문이다.

두 가지 패는 모두 통신 분야이다. 자율주행, 양자컴퓨터, 소셜미디어의 진화, 알파고와 같은 인공지능, 이런 것들은 3차 산업혁명의 남은 패가 아니다. 일부는 지나간 패들이고 상당수는 4차 산업혁명, 그러니까 아직 갈 길이 멀고도 험한 4차 산업혁명을 준비하고 있는 기술들일 뿐이다.

첫 번째 패는 흔히 사물인터넷이라고 불리는 IoT이다. 사물인터넷은 크게 분류해서 우리가 공상과학에서 상상할 수 있는 것과 같이 자동차들이 서로 소통하는 자율주행이나 원격수술 등의 분야와 우리가 미처 생각하지도 않았던 아주 미미한 분야, 예를 들어 집 안의 보일러와 전기나 수도, 가스계량기, 가로등 등을 연결해주는 소물인터넷이라고도 불리는 분야로 나누어볼 수 있다.

현재 IoT라고 하면 보통 후자의 분야를 말한다. 시작은 말 그대로 미미했지만 꿈은 창대했다. 이런 눈에 잘 띄지도 않는 무수히 많은 노드들을 새로운 무선통신망으로 점점이 연결해서 말 그대로 티끌 모아 태산을 만들자는 것이 사물인터넷, 혹은 소물인터넷의 핵심이었다. 먼저 우리 주변에서 미미하지만 수시로 데이터를 생산하는 노드들에 주목했다. 대표적인 것이 집 안에 있는 전기와 가스, 수도계량기 등이다. 현재 대부분의 국가에서는 사람이 수동으로 측정을 하거나 많아야 하루에 몇 번, 혹은 한 달에 몇 번 신호를 보내고 받으면 그만인 이 미물 노드가 유튜브를 보거나 MMORPG 게임을 하는 인간이라는 노드가 사용하는 광대역 통신망과 함께 연결되어 있었다. 소물인터넷의 핵심은 이러한 미물 노드를 최대한 많이 찾아내어 이를 인간이 쓰는 광대역 통신망이 아닌 소물인터넷의 특성에 맞는 저비용 저대역 통신망으로 연결하여 노드당 연결 비용을 제로에 가깝게 낮추는 것이 목표였다.

하지만 지금까지의 노력에도 불구하고 소물인터넷에서 보여준 성과는 미미하다. 머릿속으로 상상한 효과에 비해 사람들이 인지하는 효과가 미미해서 경제성이 안 나오는 경우가 대부분이었다. 소물인터넷을 노트북이나 자전거 등에 장착해서 분실을 예방한다는 아이디어는 많은 업체들이 테스트했으나 찻잔 속의 바람으로 끝나가고 있다. 가장 큰 이유는 굳이 사용자들이 추가비용을 부담하고 싶지는 않기 때문이었다. 그리고 티끌 모아 티끌이라는 말처럼 이런 미미한 새로운 매출을 다 합해봐야 이를 위한 초기 구축비용과 마케팅비용, 과금 시스템을 감안하면 도무지 채산성이 나오지 않는 경우가 더 많았다. 결국 개별 과금하는 방식보다 한꺼번에 과금을 할 수 있는 지방자치단체나 정부를 대상으로 하는 B2G 모델을 시도해보았으나, 이 또한 사용처가 처음 예상했던 만큼 많지는 않았다.

이런 소물인터넷을 위해서는 별도의 통신망이 필요하다. 기존의 3G나 4G망으로 안 된다는 것이 아니다. 대용량의 데이터를 주고받기 위해 설계하고 구축한 이 인간용 통신망을 정말 미미한 신호만을 주고받는 미물 노드의 통신을 위해 일정 대역폭을 할당한다는 것은 가뜩이나 살리기 힘든 소물인터넷의 채산성과 맞지 않기 때문이다. 소물인터넷 전용 데이터 통신망을 LPWALow Power Wide Area, 저전력 광지역 통신망이라고 통칭한다. LPWA에는 CAT M1이니 LORALong Range니 하는 다양한 종류의 네트워크가 있는데 통신사나 장비업체 직원이 아니라면 굳이 알 필요는 없다. 다만, 이미 나와 있는 LPWA 망을 전국망으로 구축하는 속도는 인간을 대상으로 하는 통신망인 3G나 4G망을 구축할 때에 비해 전 세계적으로도 매우 느리다. 실제 활용사례가 생각만큼 안 나오고 있기 때문이다.

이 소물인터넷은 가격경쟁력이 핵심이다. 그러기 위해서는 노드당 단가가 미미하리만큼 내려가야 하는데 이게 여전히 닭이 먼저냐 달걀이 먼저냐의 상황에서 벗어나지 못하고 있다. 가장 큰 이유는 인간을 대상으로 하는 상품이라면 조금 불편하거나 가격이 비싸더라도 써보겠다는 얼리어댑터들이 생겨나고 이들이 비싸게 낸 비용과 불완전한 제품을 써보고 터져 나오는 불만이 다음 개선을 위한 소중한 자산이 되는데 굳이 베란다에 있는 가스계량기를 대상으로 얼리어댑터를 자처하는 사람이 나오기는 쉽지 않기 때문이다.

SK텔레콤 역시 LPWA망을 전국적으로 구축한 선두그룹에 속한다. 우리는 적어도 통신에 있어서는 누구보다 (시기가) 빠르고, 또 누구보다 (속도가) 빨라야 하기 때문이다. 하지만 아직까지는 한발 앞선 LPWA망 구축으로 소비자가 큰 혜택을 보았거나 통신사가 큰 이득을 보았다는 결과는 나오지 않고 있다. SK텔레콤만이 아니다. 프랑스의 3위 통신사인 부이그텔레콤 역시 LORA 전국망을 구축했으나 아직 활용방안 찾기에 고심하고 있다. 부이그텔레콤은 세계 8위 건설사인 부이그건설과 같은 그룹사로 건축현장에 IoT를 활용하기 위한 다각적인 노력을 하고 있다. 그 노력 중의 하나가 건축현장에서 쓰이는 여러 센서들을 통합한 다용도 센서의 개발이다. 건축 현장에서 쓰이는 수많은 센서들을 대상으로 개별적으로 통신모듈을 개발해서 탑재하고 활용하기에는 그 단가가 안 맞으니 마치 맥가이버 칼처럼 여러 기능을 하나의 센서에 통합해서 여기에 사물인터넷 통신모듈을 올리고 현장에서 사용하는 것이다. 하지만 아직까지 같은 계열사인 부이그건설에서도 널리 활용이 안 되고 있다. 현장에서 부담 없을 정도로 가격대가 내려오지 않고 있는 것이다.

사실 사물인터넷에 대한 초반의 큰 기대는 조금씩 낮아지고 있다. 이미 일곱 장의 카드 중에서 두어 장을 받아보았는데 대박패의 조짐은 보이지 않는 것이다. 그렇다면 이대로 접고 다음 판을 기대하며 죽어야 할까? 아직 그러기에는 조금 이르다. 통신사들과 IoT 전문업체들은 다양한 패를 준비 중이다. 남은 패 중 하나의 예가 SK텔레콤에서 출시한 T-LiveCare이다. 이 사물인터넷은 소화가 되지 않고 위장한 부분에 머무는 작은 센서를 사료와 함께 가축에게 먹인다. 그러면 센서는 가축의 소화기관에 머물며 지속적으로 체온과 각종 호르몬 수치 등의 정보를 알려준다. 원래는 후지쯔에서 소의 발에 전자발찌를 채워서 소의 움직임을 측정했는데 T-LiveCare는 여기에서 한발 더 나아갔다. 현재는 소를 대상으로만 사업을 진행 중이지만 (소가 비싸기도 하지만 비싼 경주마에 비하면 비교적 덜 민감한 동물이기 때문이다) 가격이 내려가면 곧 돼지나 닭에게도 적용이 될 것이다. 수천 마리 닭들의 체온을 실시간으로 모니터링할 수 있다면 온도조절 실패로 인한 집단 폐사나 전염병의 확산을 사전에 막을 수 있다. 이제 곧 개나 소나 뱃속에 센서 하나쯤은 가지고 사는 시대가 오는 것이다.

5G의 경우 아직 패를 까보지 않았다는 점에서는 희망적이지만 넘어야 할 관문은 IoT보다 더 까다롭다. 5G의 성공 여부에 3차 산업혁

T-LiveCare, 출처: SKT 블로그

명이 그동안의 산업혁명 중 가장 생산성에 대한 기여도가 낮은 혁명으로 기록되느냐 아니면 여타 산업혁명들과 어깨를 나란히 하느냐가 달려 있다.

이 5G가 기존의 무선인터넷망인 3G나 4G와 다른 점이 무엇일까? 속도나 지연시간, 커버리지 등은 기술 스펙의 차이이지 본질적인 차이가 아니다. 사업자 관점에서 보면 5G의 특징은 기존의 무선인터넷망과는 다르게 그 활용방안을 스스로 찾아야 한다는 것이다. 기존의 3G와 4G는 1990년대 3차 산업혁명의 산물인 인터넷에 휴대성을 부여한 것이다. 3G와 4G에서의 활용방안은 기존에 집이나 사무실에서 하던 인터넷의 연장선상에 있었다. 처음에는 기존 컴퓨터에서 쓰는 사용자 환경UI을 그대로 스마트폰에서 불러왔으나 곧 스마트폰 디스플레이와 입력 자판에 최적화된 앱이라는 형태로 바뀌었다. 앱이라는 것은 스마트폰에서만 제공되는 기능도 있지만 기본적으로 PC에서 쓰던 기능을 스마트폰에서 쓰기 위한 것이었다. 3G는 이것을 가능하게 했고 4G는 완벽하게 만들었다. 적어도 선진국에서 쓰는 4G망에서는 속도가 느리거나 망 접속이 불안정해 집에서같이 인터넷을 쓰지 못한다는 불만은 없다. 불만이 나온다면 새로운 망을 개발하는 것이 아니라 중계기를 조금 더 촘촘하게 깔아주면 된다.

5G의 도입은 이와는 반대 상황이다. 지금까지는 유선통신이 속도에서 앞서가면서 활용방안을 만들었고, 이동통신은 유선통신을 한발 뒤에서 따라가며 활용방안을 빌려왔다. 지금은 무제한 요금에 가입한 사람들은 집에서도 굳이 와이파이를 잡지 않고 그냥 4G망으로 접속하는 경우가 많다. 집안의 인터넷과 휴대폰의 속도 차이가 없어

진 것이다. 5G부터는 반대로 이동통신 쪽에서 먼저 속도와 커버리지를 리드하면서 그 활용방안을 만들어서 제시해야 한다. 가슴 뛰는 일이지만 분명 쉽지 않은 도전이고 과제이다. 그럼 어떤 활용방안이 있을까? SK텔레콤의 박정호 사장은 이를 두고 오프라인 경험을 모바일로 옮겨오는 것이라고 했다. 4G까지는 온라인 경험을 모바일로 옮겨오는 것이었다면, 모바일 속도가 느려서 옮겨오지 못한 온라인 경험은 이제 남아 있지 않다.

2017년을 기준으로 전 세계 인터넷 접속의 79%는 집이나 사무실이 아닌 모바일에서 이루어졌다. 이제 온라인이라는 중간다리가 없어지고 바로 5G망에서 구현할 오프라인 경험을 찾아서 이를 다시 모바일에 최적화시켜 옮겨와야 하는 것이다.

이게 그렇게 어려운 일인가? 1990년대에 이미 유선인터넷 업계에서 이것을 해냈던 사례가 있지 않은가. 이동통신업계라고 못할 이유가 뭐가 있단 말인가? 그러나 통신사의 입장에서는 말처럼 쉽지 않다. 카카오톡의 경우를 생각해보자. 모든 이동통신사들이 이 아이디어를 먼저 생각했다. 물론 가르시아의 우아한 명언같이 아이디어와 똥구멍은 누구나 다 하나씩은 가지고 있다. 하지만 통신사는 아이디어뿐만 아니라 이를 실현할 수 있는 모든 인적, 기술적 기반을 갖추고도 기존의 문자메시지 수익을 갉아먹을 이 아이디어를 실행에 옮기지 않았다. 왜일까? 통신사에게 자신이 구축한 통신망에서 구현되는 서비스를 개발하라고 하는 것은 마치 도로공사에게 자동차를 만들라고 하는 것과 같다. 도로공사가 보니 자신들이 고속도로를 힘들게 깔아 놓았는데 막상 자신들은 몇 푼 안 되는 통행료만 받고 포르쉐니 벤츠니 하는 자동차 업체들이 이 도로망을 씽씽 달리는 차를 만들면서 떼돈을 벌고 있는 것이 아닌가?

그렇다면 도로공사가 자동차를 만들면 어떤 일이 벌어질까? 단언하건대 도로공사가 차를 만들면 너무 빠르거나 너무 무거운 짐을 싣는 차는 만들 수가 없다. 차 자체가 무겁거나 무거운 짐을 싣게 되면 도로, 특히 교량의 수명에는 치명적일 수밖에 없다. 유지보수비도 기존보다 더 들겠지만 당장 무거운 차체를 감안해서 도로와 교량 설계 시부터 많은 것을 변경해야 하고 공사비도 많이 들게 된다. 도로 설계나 공사를 하는 사업본부의 임원은 아마도 도로공사에서는 이 사업이 가장 핵심인 만큼 최고의 실세일 것이다. 한국이나 미국이나 대기업의 의사결정 구조를 경험해본 사람이라면 고작해야 신규 사업부서일 뿐인 이 가상의 도로공사 자동차개발부서가 실세가 운영하는 부서의 실적을 깎아먹는 신제품을 개발한다는 것은 불가능하다는 점을 이해할 것이다.

너무 빠른 차도 마찬가지이다. 너무 빨라도 교량에 부담이 가지만 도로공사의 부속 사업 중 하나인 휴게소 사업을 하는 측에서 심하게 반발할 것이다. 차가 너무 빠르면 휴게소에 안 들르고 다 그냥 지나간다고 말이다. 반대로 차가 빨라도 2인승 슈퍼카라면 톨게이트를 운영하는 부서의 지지를 받을 수는 있을 것이다. 같은 인원이 이동하려면 차가 더 많이 필요하니까 말이다.

5G 역시 1990년대 인터넷의 등장 시기에 겪었던 많은 시행착오를 겪을 것이다. 모바일로 바로 옮기기에 적합한 오프라인 경험을 찾아내어 모바일 환경으로 정착시키는 데는 선구안에 더해 이를 실현하

려는 상당한 노력과 시간이 필요할 것이다. 아마존이 지금의 지위를 갖게 된 것도 '안 보고 사도 되는 책이나 구입하지, 누가 옷을 입어보지도 않고 온라인으로 대뜸 사겠어'라는 상당히 일리 있는 선입견을 극복한 결과이다.

혁명은 축적된 기술이 쌓이고 쌓이다 보니 자동적으로 일어나는 것은 아니다. 과학기술 발전에 대한 정보 공유로 다음에 등장할 신기술을 대개는 짐작할 수 있고 먼저 실현하기 위한 속도 경쟁까지 벌어지고 있지만, 혁명적인 기술은 여기에 더해 한두 천재의 광기 어린 집념이 더해져야 돌파구가 찾아지는 경우가 많았다. 3G통신이 나오면서 스마트폰이 나올 기반은 제공되었지만, 잡스의 집념이 아니었다면 아이폰은 둘째치고 갤럭시도 나오지 않았을 것이다. 지금 우리는 블랙베리가 조금 발전한 정도의 쿼티자판을 가진 스마트폰을 쓰고 있을지도 모른다. 산업혁명은 천재의 광기에 더해 때로는 비열하고 무자비하지만 남들이 보지 못하는 비전을 보는 경영자의 등장까지 필요로 한다. 이전의 산업혁명 시절에 에디슨은 이런 경영자의 자질까지 겸비했었고, 앤드류 카네기와 빌 게이츠, 스티브 잡스, 제프 베조스 등이 이런 비전을 가진 경영자의 맥을 잇고 있다. 5G에서는 누가 이들의 맥을 이을 것인가?

5G의 성공이 더욱 도전적으로 보이는 이유는 유선이건 무선이건 데이터 통신의 속도가 이미 충분히 빠르다는 것이다. 뭐든지 더 빠를수록 좋은 게 아니란 말인가? 꼭 그렇지는 않다. 기술에도 한계효용체감의 법칙이 적용된다. 가장 비근하면서 가까운 컴퓨터의 속도 경쟁을 떠올려보자. 386과 486, 지금은 한물간 구세대를 풍자하는 표

현이 되어버렸지만 한때 이 단어들은 CPU의 성능을 높이기 위한 경쟁에서 파생된 단어이다. 앞자리를 바꿔가며 높여가던 이 경쟁은 결국 펜티엄이라는 새로운 단어를 만들어냈고 펜티엄도 계속 진화하며 CPU의 성능은 계속 높아졌다. 하지만 개인용 컴퓨터의 CPU 성능에 대한 광고를 마지막으로 본 것이 언제인지 기억하는가? 아마 기억이 가물가물할 것이다. 개인용 컴퓨터의 성능은 이미 꽤 오래전에 우리 같은 사람들이 쓰기에는 충분히 빠르고 좋아졌기 때문이다. 메인프레임 컴퓨터는 이와 무관하게 지속적으로 성능이 높아지고 지금은 양자컴퓨터가 등장하기에 이르렀다. 하지만 양자컴퓨터를 집집마다 하나씩 구입해서 중고딩들이 숙제를 할 것이라고 기대하는 사람은 없다. 양자컴퓨터는 산업계에서 쓰일 것이다.

스피드의 상징인 자동차의 속도 역시 무한히 빨라지지 않았다. 20세기 초 포드의 혁신적인 모델 T의 최고 속도는 시속 약 70km였다. 지금 보면 골프장 카트보다 조금 나은 정도이지만 당시로서는 엄청나게 빠른 속도였다. 19세기 후반 다임러에서 생산한 초기 모델의 최고 속도는 시속 12km였다. 자동차 회사들의 속도 경쟁으로 1960년대쯤에는 자동차들의 속도가 충분히 빨라졌다. 이탈리아의 전설적인 두 스포츠카 업체인 페라리와 람보르기니의 최고속도 경쟁으로 카레이서가 아닌 일반운전자들은 제어하기도 힘들 정도로 속도가 올라갔다. 결국 고속도로 코너 구간에서 속도를 이기지 못하고 전복되는 슈퍼카들이 속출하면서 양산형 자동차의 속도 경쟁은 일단락되었다. 네바다 사막에서 로켓엔진을 달고 수시로 벌이는 세계에서 가장 빠른 차 퍼포먼스와는 별개로 일반인들이 타기에는 충분히 빨라진 양산형 차는 더 이상 속도를 강조하지 않는다. 벤츠와 BMW가 서로 자기들이 더 빠르다고 광고하는 것을 본 적이 있는가?

5G가 당면한 상황은 이런 것이다. 군사용이나 산업용으로 쓰이는 통신의 발달과는 별개로 개인 용도로 쓰는 통신은 무선이건 유선이건 이미 충분히 빨라졌다. 마치 10여 년 전의 PC나 50년 전의 자동차처럼 말이다. 이런 고민은 통신업계에서 5G에 당면해서 처음 하는 것이 아니다. 예전 말레이시아는 무선도 아닌 초고속 인터넷망을 구축하면서 이미 이런 고민에 빠졌었다.

예전에 말레이시아 오지에 위성망을 이용해 인터넷을 공급하는 사업을 하면서, 당시 텔레콤 말레이시아Telekom Malaysia 사의 회장인 하림Halim(현 말레이시아방송통신위원장)이라는 분과 친분이 생긴 적이 있었다. 당시 이미 방통위원장을 한 번 역임했던 거물급인 국영통신사 회장과 외국 통신사의 일개 실무자가 친분을 트게 된 사연은 길지만 아무튼 이 분이 내가 담당하고 있던 사업장에 수행원 한두 명과 비공식적으로 방문하면서 인연은 시작되었다. 얼마 후 본인이 이사장을 맡고 있는 텔레콤 말레이시아 산하 멀티미디어 대학MultiMedia University에 한번 들러 식사나 하고 가라는 연락을 받고 그곳을 방문했다. 멀티미디어 대학의 스마트 홈Smart Home 분야 연구실과 쇼룸을 구경하는데 하림 회장이 의미심장한 말을 했다. 텔레콤 말레이시아가 스마트 홈을 하는 이유는 초고속 인터넷망을 깔려고 하는데 아무리 시장조사를 해봐도 사람들이 굳이 초고속 인터넷을 쓸 필요가 없다는 답이 나와서라고 말이다. 하림 회장은 대부분 기존의 전화선 인터넷이면 충분하다고 생각하는 사람들이 초고속 인터넷에 대한 필요성을 느끼게 하기 위해 스마트 홈 서비스를 개발하는 것이었다.

사실 스마트 시티Smart City 사업부에 있으면서 이미 익숙해진 서비스와 기술들인지라 예의상 감탄사를 연발하며 구경하던 차에 이 말은 상당히 신선한 충격으로 다가왔다. 사람들이 초고속 인터넷에 대한 필요성을 느끼지 못해 이를 고민하는 과정에서 스마트 홈이라는 서비스를 생각해냈다니 말이다. 우리는 해보지 못한 고민이었다.

말레이시아가 이런 고민을 한 이유는 그들이 후진국이어서가 아니다. 오히려 전 세대의 서비스가 너무 발전했고 사람들이 충분히 만족을 하고 있었기 때문에 말레이시아에서는 차세대 기술에 대한 수요가 없었던 것이다. 한국에 방송콘텐츠가 다양해진 것은 그리 오래되지 않았다. 집집마다 케이블 TV를 보기 시작한 것은 1995년부터였다. 1990년 SBS가 나오기 전까지는 지상파 3개가 다였고 그나마 그 중 하나는 교육방송이었다. 지금 세대는 AFKNAmerican Forces Korean Network이라는 단어가 매우 생소할 것이다. AFKN은 한국의 지상파 주파수를 쓰던 주한미군 채널이다. 외국군이 남의 나라의 희소한 지상파 주파수를 떡하니 쓰던 배경은 둘째치더라도 어느 집에서나 2번을 틀면 나오는 AFKN은 70~80년대 영어공부를 하려던 사람들과 문화콘텐츠에 목마른 사람들에게 단비 같은 역할을 했다. 뻔한 지상파 채널 두어 개 외에는 볼 게 없는 상황에서 비록 알아듣지는 못해도 오색찬란한 외국의 다양한 방송콘텐츠들은 우리의 시선을 잡기에 충분했었다. 집에서 초고속 인터넷에 가입하는 가장 큰 목적이 뭐였을까? 외국의 경제와 금융 정보를 빠르게 접하고 주식거래를 하기 위해서? 집에서도 업무를 보기 위해서? 가장 큰 동인은 영상과 음악, 게임 같은 엔터테인먼트이다. 한 유명 연예인의 사생활 유출이 한국 인터넷의 발전을 가져왔다는 농담처럼 1990년대 집에서 초고속 인터넷을 쓰려는 초기 수요는 영상과 음악에 대한 갈증이었다.

말레이시아 사람들은 이 문화콘텐츠에 대한 목마른 갈구가 없었다. 이미 오래전부터 충분히 충족되어왔기 때문이다. 섬이 많고 밀림이 울창한 동남아시아 국가들은 오래전부터 위성을 통해 방송을 해왔다. 우리나라가 케이블을 도입하기 훨씬 이전부터 위성방송을 통해 세계 각국의 다양한 문화콘텐츠와 뮤직비디오, 영화 등을 접해오고 있었다. 말레이시아 사업을 하면서 만난 한 공무원은 당시 이미 시작된 한류 열풍에 대해 볼멘소리를 늘어놓았다. 말레이시아 위성방송에는 24시간 한국 뮤직비디오와 예능, 드라마만 틀어주는 한국 전용 채널이 2개가 있는데 중학생 딸이 학교 끝나고 오면 방에 들어가 잘 때까지 그 두 채널만 돌리면서 본다고 말이다. 리모컨으로 틀기만 하면 큰 TV화면으로 전 세계의 문화콘텐츠를 즐길 수 있는데 PC를 켜고 웹브라우저를 실행하고 원하는 콘텐츠를 찾아 조그마한 화면으로 볼 이유가 없었던 것이다.

앞 세대의 기술이나 서비스가 너무 잘 갖춰져 있으면 그 다음 세대 기술의 확산에 걸림돌로 작용한다. 초고속 인터넷이 우리나라에서 빠르게 확산된 이유 중의 하나는 말레이시아처럼 위성방송을 통해 외국의 문화콘텐츠를 풍족하게 누리지 못했기 때문이었다. 반대로 요즘 한참 대세가 된 모바일 결제는 그 반대의 경우이다. 모바일 결제는 중국이 한국보다 훨씬 앞서 있다. IT 분야에서 중국의 저력이 대단하다거나 중국이 새로운 기술은 한발 앞서간다거나 하는 차원은 아니다. 중국은 신용카드가 제대로 보급이 안 된 상태에서 모바일 결제 기술이 나오자 신용카드 단계를 건너뛰고 바로 모바일 결제로 넘어갔다. 반면 우리나라는 2000년대 초반, 지하경제를 양성화하고 숨어 있는 세수를 확보하기 위해 국가 차원에서 소득세 감면혜택까지 주어가며 신용카드의 사용을 촉진한 것이 결과적으로 모바일 결제 시스템의 확산을 막고 있다.

이런 현상은 첨단기술 분야에서는 수시로 일어나는 일이다. 아프리카의 경우 많은 나라에서 우리에게 익숙한 유선통신, 그러니까 집 전화를 뛰어넘고 바로 휴대폰 시대로 넘어갔다. 아프리카 국가들을 보면 유선전화 보급률은 한 자릿수가 아니라 1%도 안 되는 나라들이 많다. 콩고 같은 나라는 인구가 6,000만 명이지만 유선전화는 10만 대가 고작이었다. 관공서나 군부대, 고관대작들 집에서나 볼 수 있는 게 전화기였다. 하지만 콩고의 휴대폰 보급률은 2017년 기준으로 무려 40%가 넘는다. 비록 요금이 부담되어 ARPU라고 부르는 인당 통화 요금은 몇 천 원에 불과하지만 휴대전화만큼은 모두들 가지고 있다.

5G가 기존에 온라인이나 모바일화되지 않은 오프라인 경험을 모바일화하는 데 성공만 한다면 1990년대 인터넷의 등장으로 오프라인 경험이 온라인화된 것과 같은 수준의 생산성 증대효과를 가져올 것이다. 그렇게 된다면 3차 산업혁명 역시 앞선 산업혁명들과 같은 반열에 오를 수 있을 것이다. 물론 쉽지 않은 일이고 통신업계에서도 많은 사람들이 이에 대해 과연 가능할까 하는 고민을 하고 있다. 혁명이라는 것이 그리 쉽게 오지는 않는다. 일례로, 세계 이동통신 사업자협회GSMA가 전 세계 750개 통신사의 CEO를 대상으로 '5G에 대

한 위험요인이 무엇이라고 생각하는가?'라는 설문조사를 했는데 절반 이상이 아직 명확한 사업화 방안이 없는 것이라고 대답했다.

3차 산업혁명에는 아직 5G라는 패가 남아 있다고 했다. 모든 패가 까보니 장땡이라면 누구나 타짜가 되지 않겠는가. 통신사로서도 과연 자신들이 진정한 타짜였는지 아니면 단순히 첫 끗발이 잘 맞아서 한두 판 싹쓸이한 초짜였는지 증명하게 될 순간이 다가오고 있다.

5

간극에서 살아남기 위한 몸부림

기술 프로파간다

아직 3차 산업혁명이 완전히 끝나지도 않았는데 사람들은 4차 산업혁명에 대해 이야기하고 있다. 아니, 단순히 이야기하는 것을 넘어서서 엄청난 화두가 되고 있다. 곧 인공지능이 대부분의 직업을 대체해서 사람들은 실업자가 되는 것을 걱정해야 하고, 집에서는 냉장고와 에어컨이 질세라 서로 말을 하기 시작할 것이다. 하늘에서는 드론이 붕붕 날아다니며 어딘가로 배달을 가고 앱으로 부르기만 하면 무인자동차가 집 앞으로 나를 데리러 오는 미래의 일상이 바로 눈앞에 펼쳐질 듯이 유혹하고 있다. 기대도 되지만 걱정도 앞선다. 이런 세상에 내가 적응할 수 있을까? 아니, 적응을 걱정하기 전에 인공지능이 모든 직업을 대체하는데 과연 살아남을 수나 있을까?

일단 꿈부터 깨시고 걱정은 접어두시라. 적어도 이 책을 읽을 정도의 연령대라면 당신이 경제활동을 하는 동안에는 그런 일이 일어나지도 않을 것이고 설혹 일어나더라도 당신이 실업자가 되는 일은 없을 것이다. 그렇다면 왜 모든 IT 기업들은 4차 산업혁명에 대해 공상과학영화에 나올 법한 그림들을 쏟아내고 이에 대해 심각하게 논의하고 있을까? 3차 산업혁명의 서론과 본론 사이, 혹은 3차 산업혁명과 4차 산업혁명 사이의 간극에서 잊혀지지 않기 위해서이다.

2차 산업혁명이 마무리된 1970년대 이후, 세계경제는 장기저성장 국면에 진입했다. 당연한 일이다. 우리가 사는 삶의 방식을 송두리째 바꾼 2차 산업혁명 기간에 전자산업과 통신, 자동차와 기계공업 분야에서 현재도 세상을 지배하고 있는 기업들이 쏟아져 나왔고 이는 생산성 증대뿐 아니라 전반적인 삶의 변화를 이끌어냈다. 2차 산업혁명 중에도 대공황과 2차 세계대전 등 경제를 들었다 놨다 하는 사건사고는 이어졌지만 전반적인 추세는 우상향 곡선이었다.

WACC 추세

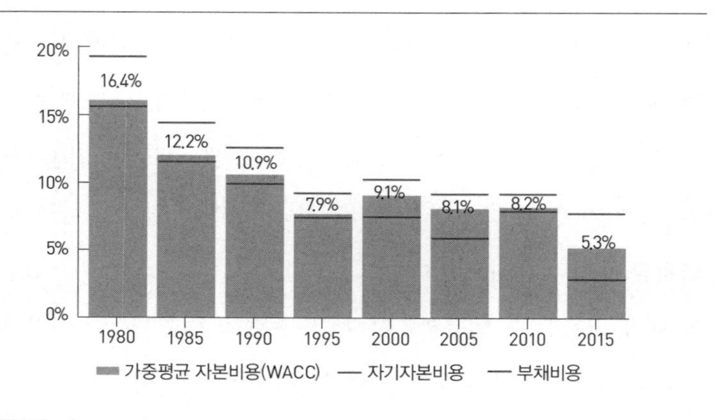

출처: 베인&컴퍼니

그리고 산업이 발전하면서 새로운 투자기회가 늘어났고 이는 필연적으로 자본에 대한 수요를 자극하여 자본비용, 즉 금리 역시 2차 산업혁명 기간 중에는 높은 수준을 유지했다. 자본비용은 2차 산업혁명이 끝나고 나자 곧바로 하락하기 시작했다. 이를 자본수익률이라는 개념이 아니라 투자 분야에서 흔히 쓰는 가중평균 자본비용WACC, weighted average cost of capital으로 계산해보아도 동일한 결과가 나온다. WACC 역시 2차 산업혁명이 마무리되면서 우하향 곡선을 그렸고 1990년대 3차 산업혁명으로 일시 반등했다가 다시금 낮아지기 시작했다.

그렇다면 현재는 왜 생산성이나 자본에 대한 수요가 낮아졌을까? 1990년대는 마이크로소프트와 오라클, 썬, SAP, 씨블Sieble, 시스코Cisco 등 기업의 컴퓨터와 통신을 활용해 산업 생산성을 높이는 기업들이 스타기업이었다. 현재 IT 업계의 스타기업은 누구인가? 지금의 스타기업들과 이들의 창업연도를 한번 상기해보자.

페이스북, 트위터, 인스타그램 등 요즘 가장 사람들 입에 오르내리는 IT 기업들은 모두 2000년대 중반 이후에 설립되었다. 1994년에 설립된 구글과 1970년대부터 이어져온 애플이 이들 핫한 IT 기업에 끼는 것 자체가 대단한 것이다. 그런데 이들 새로운 스타기업들이 뭔가 이전의 스타기업들과 달라 보이지 않는가? 이들 중 기업의 생산성을 높이는 업체는 거의 찾아보기 힘들다. 여기 다니는 직원들 혹은 주주들에게는 미안한 얘기지만 이들 기업의 공통점은 '애들 노는 거 만드는' 회사들이다. 1990년대 3차 산업혁명이 가져온 생산성의 증대는 2000년대 중반까지 마이크로소프트와 오라클, SAP 등 당시의 스타기업들이 개발한 기술과 제품들이 도입되며 마무리가 되었다. 그리고 이제는 생산성과는 상관없는 IT 기업들이 언론을 장식하고 벤처캐피탈들의 자금을 빨아들이며 30대 억만장자들이 탄생하는 성지가 되었다. 1990년대와 2010년대 스타 IT 기업들의 면면을 비교해보면 왜 생산성 그래프가 정체되었는지 이해될 것이다.

2000년대 중반 이후 상상할 만한, 혹은 현재의 IT 환경에서 현실적으로 나올 만한 기술들은 거의 다 나왔다. 하지만 업계는 계속 돌아가야 한다. 벤처캐피탈 업계는 계속해서 투자를 해야 하고 이 투자에서 성과를 내야 한다. 그러기 위해서는 스타기업들이 계속 나와야 한다. 하지만 어떻게 그게 가능할까?

가능하다. 업계가 충분히 커지고 영향력이 생기면 가능하다. 실리콘밸리는 그것을 해냈기에 지금의 실리콘밸리가 된 것이다. 2000년대 후반 이후 실리콘밸리에서 일어나는 투자는 머니게임에 가깝다. 창업을 해서 엄청난 자금을 모으고 기존 산업에 비해 비교도 안 되게 높은 가치로 기업공개에 성공해서 돈방석에 오르면, 다시 이 돈으로 작은 벤처들을 엄청나게 비싼 가격으로 사들인다. 페이스북이나 구글, 아마존 등등이 사들인 기업들 상당수는 이들 모기업 안에서도 흔적도 없이 사라진다.

이들은 이것을 새로운 채용 방식이라고 포장한다. 공식적인 가격표는 없으나 구글이나 페이스북이 관심을 가질 만한 스타트업 정도면 대개 핵심 엔지니어 한 명당 백만 달러 이상의 값어치를 쳐준다. 기업가치를 산정하는 일반적인 방식인 현금흐름을 산정할 매출도 이익도 없고 자산도 없고 아직 생기지도 않은 새로운 산업 분야의 특허나 알고리즘의 가격을 산정할 방법은 전무하기 때문이다. 이들이 큰 돈을 받고 구글이나 페이스북에 '취업'을 하기 위해 필요한 것은 미국 내에서도 먹힐 만한 학교 간판과 그럴듯한 사업모델, 적어도 베타테스트는 끝난 앱이나 웹 페이지, 그리고 매입할 회사에 궁극적으로 넘겨줄 알고리즘이나 코딩 등이다. 이후 2~3년간은 모회사 안에서 해당 사업을 진행하지만 대개는 흐지부지되면서 안정적인 삶을 원하는 사람은 모기업 안의 다른 부서로 이동을 하고, 돈맛을 못 잊는 사람은 회사를 매각한 돈을 순차적으로 받는 베스팅 기간이 끝난 후 다시 창업을 한다. 이게 가능한 이유는 구글이나 페이스북에 천문학적인 돈이, 그것도 동부의 IB에서 농담처럼 외치는 남의 돈OPM, Other People's Money이 넘쳐나기 때문이다.

2017년 미국 대선에서 실리콘밸리의 주요 기업들은 모두 도널드 트럼프에 대해 날선 비판을 쏟아냈다. 아메리칸 드림을 억압하는 수구꼴통 지도자라고 말이다. 하지만 이들이 트럼프를 비난하고 힐러리 클린턴을 지지한 이유는 다른 데 있었다. 실리콘밸리는 닷컴 버블을 이끌어낸 빌 클린턴 이후 민주당의 돈줄 역할을 하며 끈끈한 관계를

오바마 재선 성공 후 외교통상부 보고서 요약

美 오바마 2기 정부 정책이 실리콘밸리에 미치는 영향

– 2기 오바마 정부의 기술 관련 정책 분석

오바마 대통령은 앞으로 4년 동안 지난 1선 임기에 진행한 것과 비슷한 기술 관련 정책을 펼 것으로 전망됨. 오바마가 2선 임기에서 이민법 폐지, 에너지 분야 투자 확대, 소프트웨어 특허 폐지, 혁신 스타트업에 대한 투자와 혜택 확대 등이 있으며, 평소 오바마 대통령이 여러 번 방문해 여러 가지 지원책을 약속한 실리콘밸리는 오바마의 재선 성공으로 다른 지역보다 훨씬 큰 영향을 받게 될 전망임.

유지하고 있기 때문이다. 앞에 나온 문건은 오바마 대통령이 재선에 성공한 후 우리나라 외교통상부에서 작성한 문건이다. 우리나라 외교통상부는 각종 세제 혜택을 비롯해 실리콘밸리에 대한 오바마 집권 1기의 지원책을 이어갈 것이라고 예상했고, 그대로 되었다.

실리콘밸리는 클린턴에 이어 오바마에게도 월스트리트를 능가하는 정치자금을 희사하며 지원책을 받아냈다. 이들이 원하는 지원책 중 가장 중요한 것은 취업비자이다. 꼭 집어서 말하자면 인도의 IT 인력을 저렴한 가격에 고용하기 위한 취업비자이다. 이것이 없으면 실리콘밸리는 돌아가지 못한다. 그래서 이들은 아메리칸 드림을 강조하며 능력 있는 이민자를 받아야 미국이 돌아간다고 강조한다. 그런데 트럼프는 불법 이민자 추방으로 맞서고 있다. '불법' 이민자를 추방한다는 것이 어찌 보면 당연한데 실리콘밸리를 주축으로 이 불법을 단속하는 것에 이리도 비난을 하는 이유는 전임 오바마 대통령은 '불법' 이민자들을 대거 눈감아주었기 때문이다.

트럼프를 지지하는 미국 중서부의 중산층들이 하고 싶은 말은 '이민을 받지 말라'가 아니라 IT 인력이 필요하면 자국민들을 교육시킬 생각을 먼저 하는 것이 순서가 아니냐는 것이다. 미국에는 레드넥, 혹은 힐빌리라는 표현이 있다. 레드넥은 우리말로 빨간 목, 중서부에서 농장 일을 하느라 목이 빨갛게 햇빛에 익은, 한마디로 촌놈이라는 표현이다. 힐빌리는 산간 마을에 사는 촌놈으로 비슷한 어감이다. 미국에서는 이 레드넥을 놀리는 것이 일종의 국민정서이다. 반스앤노블 같은 대형 서점에 가면 한쪽에 이 레드넥을 놀리는 레드넥 농담 서적 코너가 따로 있을 정도다. 그중에 하나를 소개하자면 이런 식이다.

> 레드넥 판별법: 보통 사람은 고등학교를 졸업하고 취업을 하고 결혼을 하고 아이를 낳는데 당신 가족 중에 이 순서가 정반대로 된 사람이 있으면 당신은 레드넥이다.

실리콘밸리의 투자자이자 변호사인 J.D. 밴스는 오하이오의 러스트벨트에서 태어나 미국 중서부의 공교육 현실을 고스란히 경험하고 대학등록금을 벌기 위해 해병대에 입대했다. 밴스는 2016년에 출간한 『힐빌리의 노래』라는 책에서 똑똑한 것 못지않게 운이 좋아 예일대 로스쿨을 나오게 된 자신의 경험을 바탕으로 미국 중서부의 답 없는 공교육 현실을 적나라하게 묘사한다. 이들은 자신들이 소셜미디어를 개발해 재벌이 된 실리콘밸리의 젊은 억만장자들이 생각하듯 머리가 나빠서 좋은 학교를 못 갔거나 좋은 IT 직장에 들어갈 만한 자질을 갖추지 못했다고 생각하지 않는다. 정당한 기회가, 양질의 교육을 받을 기회가 주어지지 않았기 때문이라고 생각한다. 그리고 세계 최강 미국의 공교육이 이렇게까지 쇠퇴하는 데는 민주당 정부의 책임도 크다고 생각한다.

오바마 대통령이 취임했을 때 세간의 시선은 과연 서민 대통령, 민주당의 얼굴인 오바마 대통령이 두 딸을 워싱턴에 있는 공립학교에 보낼지에 쏠렸다. 혹시나는 언제나 역시나로 바뀌듯이 오바마도 역시나 두 딸을 부시와 공화당 재벌 정치가들의 아들딸이 다니는 억 소리 나는 사립초등학교에 보낸다. 미국의 중산층들은 민주당의 대통령이 공교육을 정상화시키겠다는 의지를 표명하기를 바랐다. 그리고 그 의지의 표명이 공화당의 재벌 대통령들과는 달리 딸들을 공립학교에 보내는 상징적인 행위로 나타나기를 바랐던 것이다. 하지만 오바마는 그렇게 하지 않았다. 공교육 정상화는 민주당이 정권을 잡는 데 기여한 돈줄들이 관심을 갖는 분야가 아니었기 때문에 굳이 그런 정치적 제스처를 할 필요성도 느끼지 않았던 것이다. 빌 클린턴 이후 민주당의 동력은 실리콘밸리의 돈줄이었고, 실리콘밸리가 원하는 것은 공교육 정상화를 통해 미국 중산층들이 실리콘밸리에서 일할 수 있는 수준으로 성장할 때까지 투자하고 기다리는 것이 아니라 당장 싼 값에 데려다 쓸 수 있는 인도 사람들에게 취업비자를 많이 내주는 것이다. 2001년 이후 미국의 취업비자(H-1B) 중 정확히 50.5%가 인도 출신 IT 인력에게 돌아갔다. 그런데 이 아메리칸 드림으로 포장된 오바마의 이민 정책을 트럼프가 뒤집어버린다. 한때 매케인을 외면하고 오바마를 찍었던 중서부의 중산층들이 지난 대선에는 민주당에서 이탈하여 대거 트럼프를 찍었기 때문에 가능한 일이었다.

미국의 민주당이 중서부의 중산층 정당에서 실리콘밸리 IT 거부들의 정당으로 변한 것은 오바마의 책임은 아니다. 우리말로 강남좌파쯤으로 번역할 수 있는 '보보스'라는 단어는 1990년대 등장했다. 실제로는 큰돈을 벌지만 정서상으로 진보 성향을 유지하는 새로운 경향의 사람들을 지칭하기 위해 〈뉴욕타임스〉에서 만들어낸 말로 보보스의 대표적인 인물이 빌 클린턴과 앨 고어이다. 빌 클린턴 치하에서 실리콘밸리는 닷컴 버블을 누렸고, 환경운동가로 잘 알려진 앨 고어 전 부통령은 대통령 선거에 낙선한 이후 미국에서 가장 큰 벤처캐피탈인 KPCB의 환경사업 담당 파트너로 재직하며 민주당과 실리콘밸리 사이의 끈끈함을 상징적으로 보여주고 있다.

연도별 미국 벤처투자금

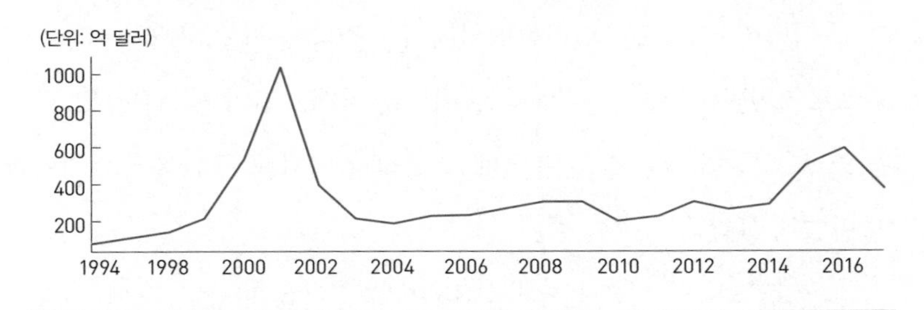

출처: quandl.com

실리콘밸리가 오랜 기간 많은 돈을 들여 한편으로 만들어 놓은 민주당과 오바마의 친 실리콘밸리 정책 덕분에 미국 벤처캐피탈의 투자금액은 오바마 정권 말기에 가면 닷컴 버블 붕괴 후 최고 수준에 달한다. 그리고 이 돈은 10대들이 사진과 동영상을 재미있게 공유하게 해주고 원하는 신발을 쉽게 찾아주는 사이트를 수조 원에 사고파는 데 쓰였다. 닷컴 버블 이후 절정을 구가하던 미국의 벤처투자 금액은 트럼프의 당선 가능성이 높아지자 미국 전역이 경제회복에 따른 호황을 누리던 2016년, 홀로 침체를 보이며 전년 대비 반 토막을 기록했다.

유니콘의 몰락 - 고프로와 조본

고프로는 아마 닷컴 버블 이래 가장 과대평가된 기업 중 하나일 것이다. 고프로는 액션캠이라고 하는 새로운 분야를 개척해내며 한때 실리콘밸리의 유니콘으로 불리던 기업이다. 유니콘이란 창업한 지 얼마 안 되어 기업가치가 10억 달러 이상으로 성장한 벤처기업을 말한다. 그러니까 고프로는 실리콘밸리에서도 스타 중의 스타기업이었다. 고프로가 만들어낸 액션캠이라는 새로운 카테고리의 제품은 익스트림 스포츠를 즐기는 젊은 층에게 폭발적인 인기를 끌면서 스타기업의 반열에 올랐다.

최근 고프로의 주가는 최고 86달러를 기록한 전성기에 비해 1/17에 불과한 5달러대에 머무르고 있다. 전반적인 주식시장이 안 좋아서 주가가 떨어진 것이라면 할 말이 없는데, 현재 미국의 주가는 나스닥이나 NYSE 할 것 없이 저금리와 이에 따른 경기회복으로 사상 최고치를 갱신하고 있다. 주식시장 전체가 폭등하는 지금, 한때 실리콘밸리의 스타기업이던 고프로의 주가는 반의 반 토막이 아니라 수십 분의 일로 줄어든 것이다.

액션캠에 이어 드론 사업을 하겠다고 야심차게 직원을 충원하던

고프로 주가, 미국 나스닥 추이

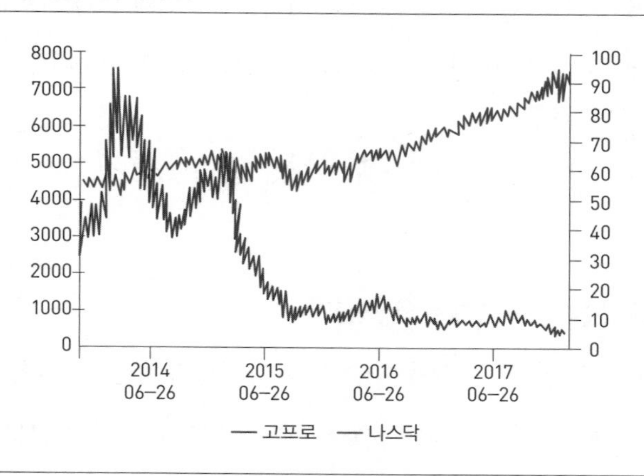

출처: Yahoo Finance

고프로 Here 5(좌)와 조본(우), 출처: Amazon

고프로는 이 드론 사업도 접고 2016년, 전 직원의 15%를 감원한 데 이어 2017년에도 직원 20%를 추가로 줄였다. 2년 사이에 전 직원의 1/3 이상을 해고한 것이다. 2015년부터 계속 적자가 이어졌기 때문이었다. 스타기업 고프로가 왜 적자를 보고 있을까? 고프로는 아무런 핵심기술 없이 그냥 다른 기업들이 만든 이미징 센서와 부품들을 패키징만 해서 액션캠이라는 카테고리를 만들어 언론홍보로 성장한 기업이다. 소니를 비롯해 디지털 카메라에 원천기술을 가지고 있는 대기업들이 이 시장으로 진입하자 기술적 차별성이나 경쟁우위가 없는 고프로는 처음부터 사장될 운명이었다. 아무런 원천기술도 없는 단순 패키징 업체에 실리콘밸리의 벤처캐피탈들이 투자한 금액은 무려 3,000억 원이 넘었다.

고프로와 함께 한때 실리콘밸리의 젊은 유니콘이었던 조본은 아예 파산했다. 실리콘밸리에 웨어러블 열풍이 불자 블루투스 스피커를 만들던 회사가 발 빠르게 손목에 차고 다니면서 맥박과 체온을 재고 운동량을 계산해주는 플라스틱 밴드를 만들어 내놨다. 그러자 손목에 차는 플라스틱 밴드가 세상을 바꿀 것처럼 투자금이 쏟아졌다. 이 유행은 알다시피 몇 년 못 가서 시들해졌고 고프로의 2배가 넘는

6,000억 원을 디지털 만보기 업체에 투자한 벤처캐피탈들은 돈을 모두 날리게 되었다. 조본의 파산을 보고 〈뉴욕타임스〉는 2017년 7월 기사를 통해 "실리콘밸리에 홍수처럼 쏟아지는 투자금이 미래 없는 회사를 생존시켜준 극명한 사례"라고 평했다.

> 조본은 투자과다로 사망했다Death by Overfunding.
>
> – 미국 CNBC

그럼 왜 제대로 된 특허도, 기술적 차별성도 없는 회사들에 홍수처럼 자금이 쏟아진 것일까? 앞서 말한 것처럼 1990년대에는 IT를 활용해 생산성을 높이는 기업들이 세상을 이끌었고 여기에 자금이 집중되었다. 하지만 2000년대 중반쯤 되자 3차 산업혁명의 첫 번째 파도는 진즉 지나가 버렸다. 그러자 벤처캐피탈 업계는 3차 산업혁명의 다음 물결, 혹은 4차 산업혁명이 오기까지의 간극을 정부지원과 언론홍보로 버티는 전략을 선택한다. 오바마와 민주당에 어마어마한 정치자금을 희사해서 싼 가격에 쓸 수 있는 취업비자를 확보하고 벤처투자에 대한 세제 혜택을 늘렸으며, 공교육이나 도로, 지하철 등 공공시설에 들어가야 할 정부예산을 IT 지원사업에 돌리게 한 것이다. 그리고 산업의 생산성을 증가시키는 기술이 더 이상 나오지 않자 고프로나 조본, 페이스북, 인스타그램, 트위터 등등 좋게 말해 B2C 서비스인 엔터테인먼트 서비스에 천문학적인 돈이 투자되기에 이른다. 그리고 이 돈의 일부가 언론홍보에 쓰여 우리는 마치 이들이 4차 산업혁명을 이끄는 것처럼 생각하게 되었다.

페이스북은 고프로나 조본 정도는 아니지만 역시 엄청난 과대평가를 받고 있는 기업이다. 구글과 함께 세상을 바꾸는 최첨단 기업으로 인식되고 있지만 곰곰이 생각해보자. 페이스북은 무엇을 하는 기업인가? 친구들과 사진과 동영상, 혹은 자신의 생각을 나누는 온라인/모바일 공간을 제공하는 곳이다. 필요한 서비스이고 이전의 싸이월드나 마이스페이스에 비해 사람들에게 홍보도 잘되고 사람들에게 필요한 기능을 적절히 제공해주고 있다. 그런데 페이스북이 나오기 이전과 이후, 세상은 어떻게 바뀌었는가? 페이스북은 어떤 기술을 이용해 우리의 생활을 바꾸었는가? 페이스북이 고프로나 조본과 다른 점은 이런 천문학적인 투자금액도 유치했지만 실제로 돈도 엄청나게 벌고 있다는 것이다. 그리고 페이스북이 이런 큰돈을 실제로 버는 배경에는 애드테크라는 기술 분야가 있다.

페이스북이 사람들의 시선을 끌기 위해 드론이니 VR이니 온갖 이벤트를 벌이지만, 구글의 핵심이 검색엔진이듯 페이스북의 핵심기반은 애드테크이다. 애드테크가 하는 일을 간단하게 설명하면, 페이스북에서 당신이 행하는 모든 행동패턴과 사회적 관계를 분석해서 당신이 가장 관심 가질 만한 광고를 페이스북 화면에서 눈에 거슬리지 않게 적절히 배치해주는 것이다. 혹은 광고 문구를 당신의 취향에 맞추어 맞춤형으로 변경해 보여준다. 애드테크가 기존의 고객정보에 기반한 광고와 다른 점 중의 하나는 당신이 하는 행동과 말의 패턴, 사회적 관계를 종합하여 가상인격을 새로 부여하는 것이다. 실제 당신이 몇 살인지 어디 사는지는 중요하지 않다. 50대 남자도 얼마든지 20대 여자와 같은 가상인격을 부여받을 수도 있다. 광고주에게는 이

것이 더 중요하기 때문이다. 애드테크가 등장하면서 광고계의 생산성은 분명히 높아졌을 것이다. 쓸데없이 돈을 낭비하지 않고 정확히 타깃팅이 가능하기 때문이다. 하지만 옷을 집에서 만들어 입다가 상점에서 사서 입게 된 이전의 산업혁명과는 달리 현재의 애드테크가 사회에 가져온 효과는 집에 이미 열 벌쯤 있는 바지를 충동구매로 한 벌 더 사는 정도이고 친구의 휴가사진을 보다 순간적으로 비행기표를 예매하는 정도이다. 애드테크의 도입으로 사회의 생산성이 전반적으로 상승했을까? 광고업계 사람들은 그렇게 생각할 것이다. 브릿지가 등장하자 레벡을 연주하던 사람들이 혁명이라고 느꼈던 것처럼 말이다. 하지만 총요소생산성 그래프는 미동도 하지 않았다.

구글이 돈을 버는 배경에도 애드테크가 있다. 인스타그램이나 트위터, 페이스북과는 다르게 구글은 3차 산업혁명 시절에 등장한 기업이다. 3차 산업혁명 초기의 검색엔진은 알타비스타의 시대를 거쳐 야후가 파이낸스나 지도 등 다양한 서비스를 제공하며 평정하는 듯했으나, 차원이 다른 알고리즘으로 작동하는 검색엔진을 내놓은 구글의 완승으로 마무리되었다. 그리고 구글은 3차 산업혁명의 대미를 장식하는 기업답게 안드로이드나 구글맵, 무인자동차 등 실제 의미 있는 사업들을 중점적으로 하고 있다.

그렇다면 구글은 구글글래스 같은 최첨단 분야에서 떼돈을 벌고 있을까? 그렇지 않다. 구글 역시 페이스북과 마찬가지로 실제 돈을 버는 분야는 광고이고 애드테크를 가장 잘 활용하는 기업 중의 하나이다. 애드테크를 이용해 구글은 광고를 하려는 사업자들에게 실시간으로 검색어를 경매를 붙여 판다. 구글은 순간순간 이슈가 되는 검색어를 자사의 광고와 연동하려는 기업들이 지불하고자 하는 비용을 최대한 뽑아낼 수 있는 플랫폼을 만들어 광고사업에 활용한다.

그렇다면 이 최첨단 애드테크를 이용해서 어떤 검색어를 돈을 주고 살까? 구글 검색 분야에서 가장 가격이 높은 단어는 주로 보험이나 중고차, 변호사 광고이다. 최첨단을 달리는 구글이지만 이런 전통적인 산업에서 광고를 해줘야만 돈을 번다. 구글 역사상 가장 비싸게 경매된 검색어는 우리에게 매우 낯선 흑색종Melanoma이라는 단어이다. 의사가 아니면 알기도 힘든 이 단어에 대한 경매가는 2016년 비아그라가 흑색종 위험을 높인다며 수백 명이 제약사 화이자를 고소하면서 클릭당 무려 90달러까지 치솟았다. 소송대리 광고를 하는 변호사들이 앞다투어 이 검색어 확보에 뛰어든 것이다.

구글은 3차 산업혁명을 완성한 기업으로 여타 기업들과는 차원이 다른 기술기반과 비즈니스 모델을 가지고 있다. 하지만 이 3차 산업혁명의 간극에서 초조한 것은 구글이나 페이스북이나 마찬가지이다.

전 세계를 IT 기술로 지배할 것 같은 이 거대기업들이 초조한 이유는 무엇일까? 대놓고 말하지는 않지만 마이크로소프트같이 되고 싶지 않기 때문일 것이다. 마이크로소프트는 사무자동화 시대 혁신의 아이콘으로 인터넷 시대에도 비교적 파도를 잘 타 윈도우에 익스플로러Explorer를 끼워 파는 대기업의 횡포를 부린 끝에 1990년대 대세였던 넷스케이프Netscape를 밀어내고 인터넷의 초기 시대를 장악했다. 하지만 이제 마이크로소프트는 혁신의 상징이라기보다 안정적인 대기업이다. 야후를 따라한 MSN 포털 서비스부터 구글의 미투 제품인 빙Bing, 윈도우폰과 노키아를 인수하는 무리수까지 두게 된 마이크로소프트는 줄기차게 혁신이 아닌 뒷북의 아이콘이 된다.

어쨌든 마이크로소프트가 뒷북을 치고 뻘짓을 해도 여전히 살아남아 대기업의 지위를 누리는 것 자체가 아직 우리가 3차 산업혁명의 그늘에서 살고 있고 4차 산업혁명은 아직 멀었다는 반증이기도 하다. 마이크로소프트는 지금은 수많은 혁신기업들의 뒷북을 치는 고수로 전락했지만 윈도우와 오피스, MS SQL 등을 통해 여전히 잘나가고 있다. 즉 3차 산업혁명이 아직 끝나지 않았기 때문에 이들 제품과 서비스에 대한 수요가 계속 존재하는 것이다. 정말 우리가 말하는 4차 산업혁명이 오면 마이크로소프트가 제공하는 3차 산업혁명 시대의 IT 제품들은 다른 기업이 내놓은 제품들로 대체될 것이다. 이미 모바일의 운영체제는 모바일 윈도우가 아닌 iOS와 안드로이드가 장악했고, 차세대 운영체제 전쟁이 될 자율주행차의 운영체제 경쟁에도 마이크로소프트의 모습은 잘 보이지 않는다. 하지만 마이크로소프트는 1990년대의 제품으로 여전히 잘 버티고 있다.

더 이상 실리콘밸리의 최고 인재가 가고 싶어 하는 곳은 마이크로소프트가 아니다. 혁신을 멈추고 뒷북과 대기업 자본력의 묘한 콤비네이션을 보여주는 마이크로소프트는 안정적인 삶을 꿈꾸는 직장인에게는 꿈의 직장이지만, 세상을 바꿔보겠다는 야심만만한 엔지니어들이 몰리는 곳은 아니다. 구글과 페이스북이 스스로도 얼마 못가 개발을 중단하는 구글글래스 같은 설익은 제품들을 끊임없이 출시하며 언론의 스포트라이트를 받는 이유도 마이크로소프트의 사례를 되풀이하지 않고 사람들의 마음속에서 첨단기업으로 존속하기 위해서이다.

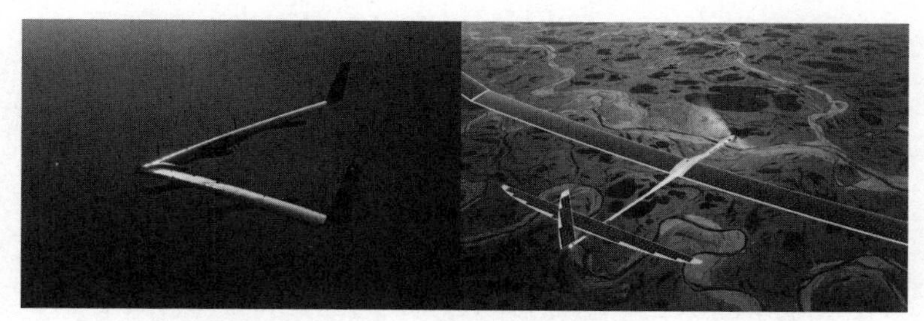

페이스북의 드론 아퀼라(좌)와 구글의 드론 타이탄(우). 출처: 페이스북, 구글

이 중에서 특히 정치적 야심을 감추지 않으면서 차기 대선 출마설까지 도는 마크 저커버그의 초조함이 두드러져 보이기는 하지만, 구글과 페이스북은 모두 세상을 구원하는 첨단기업으로 비쳐지기 위한 이미지 메이킹에 엄청난 노력을 하고 있다. 단적인 사례가 인터넷의 혜택을 받지 못하는 저개발국 오지의 주민들에게 초고속 인터넷을 제공하겠다는 두 회사의 프로젝트다.

현재 이런 오지에는 유선망뿐 아니라 마이크로파를 이용한 통신 백홀도 들어가기 어려워 그 비싸다는 위성만이 유일한 인터넷 공급 수단이었다. 이 비싼 위성을 대신하기 위해 구글과 페이스북 모두 2015년에 고고도에 오랜 기간 체류하며 지상에 인터넷망을 공급할 수 있는 대형 드론을 생산하는 업체를 인수했다.

선진국이나 개도국에 사는 사람들 대부분이 빠르든 느리든 인터넷을 통해 세상 돌아가는 소식을 접하고 새로운 서비스들을 이용하는데, 낙후된 오지에 사는 사람들은 이런 빠르게 돌아가는 세상의 움직임에서 소외되어왔다. IT를 통해 재벌이 된 이들이 드론이라는 첨단기술을 활용하여 정보의 혜택에서 소외된 이들에게 무료로 문명의 이기를 맛보게 해준다고 하니 참으로 가슴 뛰는 꿈같은 얘기가 아닐 수 없다. 그런데 이들이 이런 프로젝트를 하는 이유가 바로 여기에 있다. 꿈같은 이야기이기 때문에 하는 것이다. 그게 실현 가능하느냐는 문제는 둘째치고 말이다. 아니, 솔직히 말하면 그들은 그 실현에는 별로 관심이 없어 보인다.

오지에 있는 이들에게 인터넷을 제공하는 문제는 오래전부터 이들 나라 정부에서 먼저 고민해왔다. 자국 내에 존재하는 디지털 격차 Digital Divide를 해소하기 위해 이들 국가의 정부는 국가차원에서 예산을 조성하거나 통신사들에게 매출의 일정 부분을 각출해 오지의 인터넷 환경을 개선하는 작업을 했다. 그리고 이런 사업을 지원하는 국제기구 Telecenter.org도 이미 오래전부터 존재해왔다. 이들은 각국의 정부와 협력하여 동남아시아나 아프리카 등 저개발국가 오지마을에 텔레센터라고 불리는 일종의 국영 피씨방을 설치한다. 오지에서 인터넷을 제공하려면 단순히 통신망만을 제공해서는 안 된다. 인터넷에 접속할 수 있는 컴퓨터나 스마트폰 같은 개인단말기가 없기 때문이다. 오지마을마다 국영 피씨방을 설치하고 무료나 아주 저렴한 비용으로 주민들에게 개방한다. 경우에 따라서 PC이용법 같은 정보화 교육과정도 운영한다. 텔레센터의 통신망은 대개 위성을 활용한다. 위성 외에는 오지까지 통신망을 연결할 방법이 없기 때문이다.

그런데 텔레센터에 제공되는 위성통신망은 기가인터넷급은 어림도 없고 메가급도 아닌 대개 640KB 정도의 대역폭이다. 640KB도 혼자 쓰는 것이 아니라 인근 지역의 텔레센터 5~10여 곳이 함께 공유한다. 그리고 텔레센터마다 적어도 20대 이상의 컴퓨터가 동시에 같은 망에 접속이 되어 있다. 우리나라 같으면 혼자 쓰기에도 느리다고 툴툴거릴 정도의 대역폭에 컴퓨터 수백 대가 함께 물려 있는 것이다. 운이 좋은 경우는 쓸 만하지만 동시접속자가 늘어날수록 속도는 답답하다 못해 울화통이 터질 수준까지 내려간다.

동말레이시아 Kuala Tomani 마을에 위성을 이용해 SKT가 설치한 텔레센터 앞에서 찍은 저자 사진

먼 우주가 아닌 위성 궤도 내에서 지상과 교신하는 통신주파수는 오래전부터 포화상태이다. 통신에서 사용하는 주파수는 지상과 우주를 막론하고 쓸 만한 대역대는 아주 꽉꽉 차 있다. 장애물의 영향을 받지 않고 멀리 쭉쭉 잘 가는 주파수 대역부터 사용하기 시작해서 이제는 장애물을 돌아가기도 힘든 고주파 영역대까지 끊임없이 사용영역이 넓어지고 있다. 우주도 마찬가지이다. 장애물의 영향을 받지 않는 L밴드와 S밴드 대역은 이미 바늘 하나 들어갈 틈 없이 촘촘히 사용되고 있기 때문에 요즘 새로 생기는 위성들은 어쩔 수 없이 이 영역을 피해 장애물의 영향을 많이 받는 KU밴드나 KA밴드 대역에서 위성통신 서비스를 제공하고 있다.

장애물이라고? 지상에서라면 건물이나 산이 장애물이라고 치지만 우주에서 지구로 주파수를 쏘는데 무슨 장애물이 있단 말인가? 하늘에도 장애물이 있다. 그것도 시도 때도 없이 여기저기 옮겨 다니면서 주파수를 가로막는 빗방울이라는 장애물이 있다. 주파수 입장에서는 물방울 하나하나도 모두 이동을 가로막는 장애물이다. 이를 두고 강우감쇄라는 용어를 쓴다. 이동통신 중계기가 띄엄띄엄 있거나 출력이 낮은 저개발국가에서는 비가 오면 휴대전화가 잘 안 되거나 인터넷이 잘 안 되는 이유가 바로 이 강우감쇄 때문이다. KU밴드나 KA밴드를 이용하는 위성통신은 비가 오면 통신이 두절되는 경우가 많은데 이를 극복하려면 출력을 상당히 높여야 한다. 출력을 높이려면 무게에 민감한 위성의 비용은 또 올라간다. 많은 오지 저개발국가들이 비도 많이 오고 태풍도 수시로 부는 적도 인근에 위치한 것을 생각하면 큰 장애요인이다. 쓰긴 쓰지만 이 문제를 해결할 대안이 절실한 상황이다.

초기에 대안을 들고 나온 O3B라는 회사가 있었다. O3B는 'Other 3 Billion', 나머지(혹은 소외된) 30억 명이라는 뜻이다. 이 회사는 전 세계에 아직 인터넷에 연결되지 않은 30억 명에게 인터넷을 제공하려고 했다. 이들은 텔레센터가 쓰는 포화상태의 기존 고궤도 위성을 피해 중궤도에 촘촘하게 중형 위성을 깔아 인터넷을 제공하는 아이디어를 내놓았는데 구글 역시 O3B의 주요 투자자였다. 2007년에 설립해 2012년부터 위성을 띄우기 시작한 O3B는 지난 10년 동안 12개의 위성을 중궤도에 띄웠지만, 그다지 큰 성과 없이 세간의 관심에서 멀어졌다. O3B 사업이 지지부진해지자 오지 인터넷이라는 아젠다를 위해 풍선을 이용한 룬 프로젝트와 드론에까지 손을 뻗친 구글은 결국 2016년에 O3B의 지분을 모두 팔아치웠다. 드론이라는 더 쿨한 소재가 있는데 굳이 철 지난 위성이라는 테마에 매달려 있을 필요가 없었기 때문이다.

O3B가 난관에 부닥친 이유는 중궤도 위성의 기술적 한계 때문이

다. 고궤도 위성은 커버리지가 넓기 때문에 하나의 위성으로 넓은 지역에 방송이나 통신 서비스를 제공할 수 있다. 정지위성이나 고궤도 위성은 3개면 지구 전체를 커버하지만 중궤도 위성은 10개 이상, 저궤도 위성은 궤도에 따라 최대 60개까지가 필요하다. 인구밀도가 높은 지역이 아니라 O3B가 타겟한 오지마을이라면 더더욱 고궤도 위성이 적합하다. 하나의 위성으로 넓은 지역에 드문드문 있는 마을을 커버할 수 있기 때문이다. 반면 저궤도 위성은 커버리지가 좁아 수시로 위성 안테나를 조정해주어야 하고 위성 하나로는 넓은 지역을 커버할 수 없는 만큼 다른 위성으로 전파를 넘기는 핸드오버도 필요하다. 따라서 저궤도 위성은 낮은 고도의 이점을 살린 군사위성이나 관측위성으로 활용되고 고궤도 위성은 주로 통신이나 방송용으로 사용되는데 O3B는 반대로 한 것이다. 더구나 O3B의 위성 용량으로는 1개의 위성으로 지상 기지국을 최대 600여 개밖에 연결하지 못한다. SK텔레콤의 기지국만 해도 6,000개가 넘는다. 한국 같은 좁은 나라 하나에 통신 서비스를 제공하기 위해 위성 10개를 띄워야 하는 것이다. 인구밀도가 높은 나라에서는 지상통신망에 비해 비용 효용이 안 나오고 오지에서는 커버리지가 좁아 도저히 채산성이 안 나온다. 중궤도 위성의 경우 비교적 저렴한 중형 위성을 쓴다지만 이런 위성을 하나 발사하는 비용은 기본적으로 1,000억 원이 넘는다. 그리고 상업용 위성의 경우 최소 10년을 손익분기점으로 본다. 구글이 운영비용까지 포함해서 수조 원을 오지의 소외받은 사람들을 위해 장기간에 걸쳐 기부할 생각이 없는 한 유지될 수 없는 사업이다.

구글이 발을 뺀 뒤 O3B는 소외된 30억 명이라는 초기의 슬로건이 무색하게도, 주로 대양을 지나는 크루즈선의 부자 고객들에게 인터넷을 제공해주면서 연명하고 있다.

위성의 한계를 깨달은 구글은 별로 티도 안 나면서 돈만 잡아먹는 O3B 사업에서 발을 빼고 독자적으로 세간의 주목을 받을 만한 일을 추진한다. 바로 풍선을 띄워 위성을 대체하는 룬 프로젝트이다. 얼마나 천재적인 아이디어인가. 천하의 구글이라 하더라도 식상할 대로 식상한 KU밴드나 KA밴드 위성을 이용해 오지에 인터넷을 제공한다고 보도 자료를 뿌리면 어느 언론사가 관심을 갖겠는가. 동남아시아나 아프리카 이장님 댁마다 빠짐없이 달려 있는 위성수신기를 통장님 댁까지 달아드리겠다고 야심차게 외쳐봐야 그다지 임팩트가 없는 것이다.

사실 구글은 위성에서 답이 안 나오자 이미 다른 시도를 했었다. TVWS, 티비화이트스페이스라고 불리는 대부분의 사람들에게는 낯선 용어의 통신 서비스에 참여했던 것이다. TVWS는 기존의 아날로그 TV를 켜면 지지직하고 잡음이 나오는 주파수 대역이다. 대부분의 국가에서 아날로그 TV 서비스가 종료되고 디지털로 전환되면서 남게 되는 이 주파수 대역으로 통신 서비스를 제공하려는 시도가 있었다. 구글은 2013년 TVWS 주파수를 이용하여 남아프리카공화국 케이프타운의 일부 마을에서 인터넷 서비스를 제공했다. 이 주파수 대역은 저주파의 특성상 건물이나 언덕 등의 장애를 받지 않아 해당국 정부의 지원만 있다면 오지뿐 아니라 전국에 인터넷 서비스를 제공하는 데도 아주 적합한 주파수 대역이다. 그러자 마이크로소프트도 케냐에서 TVWS 대역을 이용해 인터넷을 제공하겠다고 나섰다. 마이크로소프트는 한 술 더 떠 태양열로 작동하는 기지국을 설치해 전기가 들어오지 않는 오지에도 인터넷이 되게 하겠다고 선언했다.

하지만 적어도 통신업계에서는 한때 떠들썩했던 TVWS에 대한 얘기는 쏙 들어간 지 오래이다. 방송업계에서 이 주파수 대역에 눈독을 들이며 경쟁이 생기자 구글은 대중에게 설명하기도 복잡한 TVWS는 바로 접고 신문 기사를 화려하게 장식할 커다란 하얀 풍선 무리를 들고 나왔다.

구글이 선택한 풍선은 대성공이었다. 언론의 눈길을 확 사로잡으며 대뜸 역시 구글이라는 찬사가 쏟아졌다. 룬 프로젝트를 통해 인터넷이 공급되는 나라는 전 세계에 딱 2개이다. 하나는 최근에 정부의 허가를 받은 스리랑카이고 또 하나는 제일 먼저 풍선을 통해 전국망 구축에 성공한 바티칸이다. 바티칸도 엄연한 독립국이니 교황청 상공에 풍선 하나 띄워 놓으면 전국망 구축에 성공했다고 말할 수 있는 것이다. 얼마나 가성비가 뛰어난 프로젝트인가. 한반도 면적의 1/3인 스리랑카 역시 풍선 12개로 전국을 커버했다.

구글이 오지 인터넷 아젠다를 선점하는 것처럼 보이자 페이스북은 더 참신하면서 최신 트렌드인 드론을 들고 나왔다. 2014년 영국의 드론업체 어센타Ascenta를 인수하여 엄청나게 큰 크기의 드론을 하늘에 둥둥 띄워 놓고 지상에 인터넷을 제

구글의 인터넷 풍선 '룬', 출처: 구글

공하겠다는 프로젝트 아퀼라Aquila를 시작한 것이다. 아무래도 구글이 띄운다는 풍선보다 훨씬 쿨해 보인다. 요즘 대세는 드론이 아닌가. 그러자 구글도 룬 프로젝트를 슬그머니 내려놓고 같은 드론으로 맞불을 놓는다. 구글 역시 페이스북처럼 대형 드론을 만드는 회사를 인수해서 드론을 하늘에 촘촘히 띄우겠다고 선언한다. 페이스북은 세계 각국의 하늘에 직경 100km 반경을 선회하는 드론을 최대 만 대까지 띄워 놓고 인터넷을 제공하겠다고 한다. 드론에서 레이저 통신 기술을 이용해 현재 유선 광케이블 수준인 10Gbps로 지상 기지국에 데이터를 전송하고, 지상 기지국은 이 신호를 4G나 5G로 변환하여 기지국 반경 50km 내에서 인터넷 서비스를 제공한다고 한다. 정말 환상적이다. 당장 마크 저커버그를 세계 대통령으로 만들어서 모두가 이런 인터넷 환경을 누리고 싶어진다.

통신회사 입장에서 보자면 이런 기대는 전형적으로 김칫국부터 마시는 격이다. 어느 나라에서 지상 기지국을 허가해주며, 또 자국 하늘에 페이스북이라는 민간기업이 띄운 드론이 윙윙거리면서 날아다니게 해준단 말인가? 페이스북은 이미 프리 베이직Free Basics이라고 불리던 무료 인터넷 사업을 하다 이집트와 인도에서 쫓겨난 적이 있다. 그런데도 똑같은 사업을 드론 만 대를 띄워 전 세계로 확장하겠다고 주기적으로 언론홍보를 하고 있는 것이다.

앞서 말한 대로 통신 위성의 주파수 대역은 이미 포화상태이다. O3B도 별 수 없이 비 오면 안 되는 KU밴드와 KA밴드를 선택했다. 선택의 여지가 없었기 때문이다. 그렇다고 이 돈 잘 벌고 있는 상업용 위성을 엄청난 돈을 들여 사서 오지에 있는 사람들에게 무료로 인터넷을 제공하고 싶은 생각은 구글이나 페이스북이나 추호도 없다. 그렇기 때문에 이들은 풍선이나 드론을 위성에 대한 대안으로 제시하면서 LTE라고도 불리는 4G망을 사용한다고 한다. 일견 그럴듯한 말이다. 저궤도에서는 도달거리가 충분하고 많은 활용사례가 있는 주파수 대역이라 단말기나 중계기 등 흔히 말하는 에코시스템 활용이 용이하기 때문이다.

하지만 한 가지 이슈가 있다. 이 주파수 대역대는 정부에서 관리하는 라이선스가 필요한 영역이다. 그러니까 아무나 풍선을 띄워서 쏘면 되는 주파수가 아니다. 그리고 4G 라이선스는 엄청나게 비싼 라이선스이다. 일각에서는 역시 공공의 적인 통신사다운 발상이라고 볼멘소리를 할 수도 있지만 어느 나라나 주파수를 이동통신 같은 영리목적에 사용할 경우 매우 많은 사용료(한국의 경우 2011년 1조 7,000억 원, 2013년 2조 4,000억 원, 2016년 2조 1,000억 원에 이어 2018년 5G 주파수 경매낙찰가는 5조 원 이상으로 예상하고 있다)를 부과한다. 구글이나 페이스북이 하자는 대로 하면 국가는 이미 거둔 수조 원을 통신사에게 돌려주거나 앞으로는 주파수 비용을 받지 못하고 아무나 와서 다 쓰라고 할 수밖에 없다.

이 주파수는 선진국만이 아니라 저개발국가에서도 매우 엄격히 관리가 된다. 관리는 안 되더라도 적어도 임자는 있다. 이들 나라 대중들은 광산채굴권에는 민감할지 몰라도 눈에 보이지 않는 주파수 대역을 쪼개서 사업권을 선점하는 이슈에 대해서는 그다지 신경 쓰지 않는다. 잘 모르기 때문이다. 따라서 이들 국가의 통신사업권은 전직 통신장교들이 세운 이름뿐인 회사가 보유하고 있는 경우가 많다. 이들은 외국 기업에 자신의 회사를 비싼 값에 팔기 위해 대개 수도의 일부 지역을 대상으로 시범 사업 정도만 진행하고 있다. 물론 저개발국가에 가도 이런 회사는 여간해서는 손을 대지 않는다. 불확실성이 너무 크기 때문이다. 예전에 아프리카 어느 국가에서 매물로 나온 통신주파수를 가진 회사 하나를 검토한 적이 있었다. 물론 그런 매물은 수시로 나온다. 특이한 것은 이 회사 지분을 미국 회사가 가지고 있다는 것이고 이 미국 회사는 아무리 찾아봐도 그 실체가 나오지 않았다. 여러 경로를 통해 확인해보니 이 회사는 등록만 미국에 되어 있고 실제 대주주는 전직 장성을 포함해 해당 아프리카 국가 사람들이 포함되어 있었다. 그러니까 국가 자산인 주파수를 권력자들이 미국 회사 명의로 빼돌린 것이다.

구글이나 페이스북이 요즘 하는 얘기는 이런 국가 상공에다 풍선이나 드론을 빽빽하게 띄워 놓고 정부에서 규제하는 라이선스 대역인 주파수를 가지고 무료로 인터넷을 제공하겠다는 말이다.

구글이나 페이스북이 이들 국가의 상공에 드론을 띄워 놓고 무료로 인터넷을 제공하는 순간 이들 국가의 장성이나 전직 통신장교들이 보유한 통신회사의 가치는 휴지조각이 되어버린다. 이 나라 중 하나에 가면 수도에 외국인이 묵을 만한 호텔이 딱 3개가 있다. 그중 하나는 한때 세계를 경영하겠다던 국내 대기업이 소유했던 호텔이다. 해당 국가의 주재원과 몇 안 되는 교민들 사이에서 전해지는 얘기로는 지금은 공중 분해된 이 대기업 총수는 이 호텔을 헐값에 넘기라던 유력자의 요구를 거절했다고 한다. 얼마 후 이 기업의 주재원이 집 앞에서 머리에 조준사격을 당하고 숨지는 사건이 발생했다. 해당 기업은 곧 호텔을 매각하고 주재원들을 인근 국가로 철수시켰다. 이 나라는 내가 출장을 다니던 10여 년 전에도 수시로 정부군과 반군 사이에 총격전이 벌어지고 외국인 밀집구역에 폭탄이 터져 공항이 폐쇄되던 곳이다. 구글과 페이스북은 바로 이런 국가에서 국영통신사나 장성들이 보유한 통신사의 기업가치를 심각하게 훼손시키는 드론을 띄우고 지상에 기지국을 운영하겠다는 것이다.

구글은 이것이 절대로 지속가능한 사업이 될 수 없음을 이미 경험으로 알고 있다. 아프리카 오지도 아닌 바로 구글의 홈그라운드인 샌프란시스코에서 시 정부와 함께 도시 전체에 무료 와이파이를 제공하겠다는 프로젝트를 야심차게 추진하다 몇 년 안 되어 접었기 때문이다. 이미 10년도 더 지난 일이다. 도시 전체에 무료로 와이파이를 제공하는 이 엄청난 프로젝트를 추진하면서 구글은 광고 유치를 통해서 재원을 조달하겠다고 했다.

하지만 턱도 없는 일이라는 계산이 나왔고 통신사업을 해본 적이 없는 구글을 대신해 실제로 와이파이 네트워크를 구축하기로 한 파트너사인 어스링크EarthLink는 2007년도에 이 사업에서 빠지겠다고 공식 선언했다. 구글이 말하는 광고수입으로는 도저히 투자금과 운영비를 맞출 수 없기 때문이었다. 그렇다고 구글이 언론에 홍보하듯 세상 모든 사람들을 위해 자기 돈을 들여 무료 인터넷을 제공할 생각은 애초부터 없었다. 샌프란시스코 무료 와이파이 프로젝트는 어스링크가 포기를 선언한 후 참여자가 나오지 않아 10년째 표류 중이다.

구글에서 이 사업을 하는 사람들을 예전에 만난 적이 있다. 적어도 나보다는 통신과 주파수에 대해 많이 아는 사람들이다. 만약 내가 이들보다 더 많이 안다면 구글에서 나를 스카우트해서 그 일을 하라고 하지 않았을까? 통신망과 주파수의 사용에 대해 누구보다 잘 아는 이들이 이런 말도 안 되는 일을 진행하는 이유는 하나밖에 없다. 애초에 할 생각이 없는 것이다. 그들은 하늘에 풍선을 날리고 드론을 띄우고 주기적으로 언론에 그럴듯한 사진과 보도 자료를 제공하는 것에 만족한다. 이들이 드론 회사를 사는 데 들인 돈은 개인적인 입장에서 보면 엄청난 금액이지만, 구글이나 페이스북에게 이 정도의 금액은 엔지니어 10여 명이 있는 스타트업 하나 사는 비용에 불과하다. 그럴듯한 보도 자료를 만들기 위한 선투자로 넘치지도 모자라지도 않는 수준이다.

3차 산업혁명의 간극에서 탄생한 페이스북과는 달리 태생부터 3차 산업혁명의 대미를 장식한 기업인 구글은 여기에서도 페이스북과 행보를 달리한다. 적어도 구글은 이들 통신사업권의 중요성을 인식하고 하늘에 풍선을 띄워 가난한 오지 사람들에게 무료로 인터넷을 제공한다는 뜬구름 잡는 소리는 더 이상 하지 않고 있다. 그러면서 국가별로 기존 통신사들과 제휴를 맺기 시작했다. 예를 들면 인도네시아에서는 제1통신사인 악시아타Axiata와 제휴하여 기존 통신망이 커버하지 못하는 지역에서 일종의 보완 백홀로 구글이 보유한 풍선이나 드론을 활용하는 방안을 논의 중이다.

분명 현실적이긴 하지만 초기에 이들이 들고 나왔던 공중에 풍선과 드론을 쫙 깔아서 오지에 사는 사람들에게 인터넷을 무료로 제공하겠다던 가슴 뛰는 계획에 비하면 찻잔 속의 태풍일 뿐이다.

이에 비하면 페이스북은 아직 상황 파악을 못하고 있거나 적어도 드론 인터넷이라는 프로파간다를 좀 더 우려먹어야겠다는 생각을 하고 있음이 틀림없다. 페이스북은 드론 인터넷에 대한 보도 자료는 엄청나게 뿌려대지만 정작 이 오지 주민들이 어떤 단말기로 접속할 수 있는지, 이 주파수를 받을 수 있는 단말기는 누가 언제쯤 개발할 것인지, 전용 단말기를 뿌릴 생각이 아니라면 이 주파수를 받아서 지상에서 쓰는 주파수로 변환해주는 지상 기지국은 어떻게 구축할 것인지, 지상 기지국을 구축하고 지상에서 재전송하는 문제를 협의한 나라가 몇 개나 되는지는 일언반구도 없다. 보통 이 협의에만 몇 년이 걸린다. 이미 프리 베이직이라는 구호를 외치며 들어갔던 이집트와 인도에서 쫓겨난 데에 대해서도 역시 아무 말이 없다. 단지 자기들이 개발한 드론이 하늘에 몇 시간이나 떠 있을 수 있는지, 저커버그가 얼마나 원대한 포부를 가지고 이들 오지에 인터넷을 공급할 것인지에 대한 이야기만 있다. 어차피 대중은 지상 기지국이 어쩌고 통신사업권이 어쩌고는 알고 싶지도 않고 관심도 없기 때문에 이 부분은 그냥 패스하고 대중들이 들을 때 가슴 벅찬 얘기만 하는 것이다.

이 '스카이 인터넷'을 두고 글로벌 IT 기업들이 벌이는 아무 말 대잔치에 삼성이 빠질 수는 없다. 2015년 미국에 있는 삼성리서치센터의 칸 센터장은 4,600대의 저궤도 위성을 띄워 전 세계에 월 1제타바이트(10의 21승 바이트, 테라바이트는 10의 12승) 용량의 인터넷 서비스를 제공한다는 원대한 계획을 발표했다. 이에 비하면 또 하나의 괴짜 재벌인 버진 그룹의 리처드 브랜슨의 계획은 소박해 보이기까지 하다. 원웹OneWeb이라는 프로젝트를 통해 전 세계에 '고작' 648대의 위성을 띄우겠다는 것이다. 사실 스카이 인터넷에 대한 아무 말 대잔치의 포문을 연 것은 구글도, 페이스북도 아니었다. 지금은 흘러간 추억의 이름이 되었지만 한때 에어캐나다를 제외하면 외국인도 아는 유일한 캐나다 기업이었던 통신장비업체 노텔Nortel이 전성기를 구가하던 닷컴 버블 시절, 저궤도 위성을 띄워 인터넷을 제공하겠다는 아젠다를 처음으로 던졌다. 그리고 20년이 흘렀지만 그동안에 실제 이 목적으로 띄워져서 운영 중인 위성은 O3B가 쏜 12대뿐이다. 그나마 운영비를 대기 위해 오지 주민이 아닌 크루즈선을 대상으로 영업 중이다.

일단 언론홍보를 실컷 하고 나면 실질적인 문제들이 불거질 때쯤에는 이미 다른 기술이 나오거나 기존 기술이 식상해져 이들은 다시 아무 미련 없이 현 프로젝트에서 손을 떼고 다음에 나오는 쿨하고 멋진 기술을 활용해 인류를 구원하겠다는 홍보자료를 뿌릴 수 있다. 구글이 O3B라는 위성과 티비화이트스페이스라는 유행 지난 기술에서 얼른 손을 떼고 풍선이나 드론같이 쿨하고 멋져 보이는 아이템으로 갈아탄 것처럼 말이다. 구글은 여기에 더해 비행선으로 와이파이를 제공하는 방안을 검토하고 있다. 이거저거 막 던져보는 것이다. 이런 행위를 두고 흔히 '아젠다를 선점한다'는 표현을 쓴다. 실제 현실화시키는 방안은 차치하고 그냥 떠들썩하게 구호를 외치다 보면 사람들은 내가 그것을 실제로 한다고 생각하는 것이다.

과학기술 분야에서 아젠다를 선점하는 가장 대표적인 사례가 아폴로 우주선의 달 착륙이 아닐까. 인류가 달에 첫발을 내딛은 지 50여 년이 흘렀다. 이 50년 동안 2차 산업혁명이 완성되었고 3차 산업혁명이 시작되었으며, 이제 모두들 4차 산업혁명에 대해 얘기하고 있다. 엄청난 기술 발전이 있었다. 하지만 인류는 50년 전에 첫발을 내딛은 달에 이후 몇 번 가지 않았다. 실제 달에 갔느냐 안 갔느냐는 음모론은 차치하더라도 당시와는 비교도 안 될 만큼 기술이 발전한 지금도 여전히 달에 갈 생각은 없다. 아이언맨이라는 일런 머스크의 스페이스X 프로젝트에 따르면 앞으로 몇 년 후에 달나라에 갈 것이라고 한다. 뭐라고? 이미 50년 전에 갔던 달에 다시 한 번 가는 것이 일런 머스크의 목표라고? 50년 전에 실제 달에 갔냐 안 갔냐보다 중요한 것은 갔더라도 다시 갈 만큼 이게 중요하거나 가치 있는 일이 아니었다는 뜻이다. 중요한 것은 미국과 소련 사이의 냉전 상황에서 누가 먼저 우주에 인류를 보내느냐, 누가 먼저 달에 가느냐에 대한 아젠다를 선점하는 것이었다. 실체가 무엇이든 간에 미국은 인류를 달에 보내는 아젠다를 선점하는 데 성공했다. 그것으로 끝이다. 굳이 또 갈 필요도, 갈 이유도 없었다.

일런 머스크의 스페이스X는 2018년 2월, '세계 최강' 로켓이라고 불리는 팰컨 헤비 발사에 성공했다. 팰컨 헤비는 헤비라는 이름에 걸맞게 과거 사용된 팰컨 9에 사용된 로켓 3개를 묶어 하나로 만든 '세계 최강' 로켓이었다. 그렇다면 이전의 세계 최강 로켓은 언제 만들어진 것이었을까? 1973년에 사용된 '새턴5'는 팰컨 헤비가 나오기 전까지 무려 45년간 세계 최강 로켓 자리를 지키고 있었다. 그러니까 지난 45년간 모든 과학기술은 비교도 할 수 없이 발전했지만 나사NASA는 1973년에 쓰인 로켓보다 더 크고 좋은 로켓을 개발할 필요성을 느끼지 못했다.

일런 머스크는 이 '세계 최강' 로켓에 자기가 타던 테슬라 로드스터를 실어 보내 우주에서 자기 차를 찍은 사진을 트위터에 올렸다. 일런

일런 머스크가 트위터에 공개한 팰컨 헤비의 우주 비행 사진과 팰컨에 실은 머스크의 차. 차에 탄 우주인은 심지어 마네킹이다. 출처: 트위터

머스크 역시 3차 산업혁명의 간극에서 살아남기 위해서는 1873년(1973년이 아니다)에 처음 개발된 전기자동차의 효율을 개선하는 것만으로는 모자라다는 점을 잘 알고 있는 것이다.

그리고 여기에도 구글은 빠짐없이 등장한다. O3B를 끝으로 위성에서는 손을 떼고 풍선이나 드론으로 갈아탄 것처럼 보였던 구글은 스페이스X가 세간의 관심을 받기 시작하자 스페이스X의 스타링크Starlink 프로젝트에 잽싸게 숟가락을 얹으며 초기 투자자로 참여한다. 스타링크는 2025년까지 무려 4,425대의 위성을 전 세계에 띄우겠다는 계획으로 미국에만 800대를 띄워 1GB 대역의 인터넷을 하늘에서 제공하겠다고 한다. 위성만 따져도 삼성의 4,600대와 리처드 브랜슨의 640대에 일런 머스크의 4,425대인데 여기에 페이스북의 대형 드론 만 대와 구글의 룬 기구, 드론까지 다 띄우면 하늘이 까맣게 덮여 낮에도 해가 안 들지 모른다.

일런 머스크의 4,425대 위성 계획은 페이스북이 비슷한 짓을 하다가 쫓겨난 인도나 이집트 등의 저개발국가는 고사하고 미국 내 인허가권자인 FCC와도 아직 협의가 안 된 상황이다. 2018년에는 FCC의 승인을 받은 2대를 띄울 예정이라고 하는데 과연 몇 대나 띄우고 또 다음 기술로 넘어갈지 흥미진진한 대목이 아닐 수 없다. 이에 비하면 그나마 현실적인 위성사업을 하는 O3B가 지난 10년간 띄운 12대에 앞으로 8대를 더 띄워 총 20대를 운영하겠다는 계획은 소박하다 못해 애처로워 보이기까지 한다. 그리고 한때 구글이 참여하며 기세등등했던 O3B가 10년 동안 위성 12대를 띄웠다는 사실은 일런 머스크가 위성 4,400대를 쏘겠다는 계획을 세우는 데는 아무런 참고가 안 된 듯하다.

2017년을 기준으로 전 세계에는 4,635대의 위성이 있다. 그러니까 전 세계가 수십 년 동안 쏘아올린 위성만큼을 혼자서 7년 동안 다 쏘겠다는 것인데, 첫해는 일단 2대만 쏘고 나머지 4,423대는 1년에 740대씩 6년 동안 나누어 쏠 거니 믿어달라고 한다. 매년 전 세계가 쏘아 올리는 위성은 200~300대 정도이다. 참고로 설립 후 15년 연속 적자를 낸 테슬라는 2017년에 사상 최대인 22억 달러의 적자를 기록하며 파산설이 돌고 있다.

물론 예약금 1,000달러를 내고 모델 3를 예약해 놓은 내가 테슬라의 파산을 비는 것은 절대 아니지만 2018년 무디스는 테슬라의 신용등급을 정크본드 중에서도 가장 낮은 B3로 분류했다. 국가로 치면 B1인 감비아나 B2인 가나보다 낮고 니카라과나 에콰도르와 같

전 세계 위성 VS 스페이스X 위성

분류	전체 위성 수	연간 발사 위성 수	비고
전 세계(미국, 러시아, 중국 유럽 등 모든 국가 합계)	4,635대(2017년)	200~300대	현재 궤도상에서 운용 중인 위성
일런 머스크의 스페이스X	4,425대 (2025년까지 목표)	740대 (2019~2025년)	2018년 2대 발사 예정

출처: Union of Concerned Scientists, Pixalytics.com 인용

은 수준이다. 자동차 회사들만 보면 현대차는 10등급인 Baa1으로 Aa3(4등급)인 도요타보다는 낮지만 테슬라보다는 훨씬 높다. 테슬라가 받은 B3는 전체 21등급 중 16등급이다.

위성, 드론에서 가상현실로

일런 머스크뿐 아니라 정치적 야망을 숨기지 않는 마크 저커버그 역시 아젠다를 선점해야 한다는 초조함을 감추지 못하고 있다. 2017년 10월, 세상에서 가장 돈이 많은 이 30대 청년은 페이스북의 자회사인 오큘러스의 신제품 발표행사에 나와 신제품 오큘러스 고의 판매목표가 10억 대라고 밝혔다. 문제는 2017년 10월에 발표한 이 신제품이 해가 바뀌어서야 출시되었고 오큘러스는 지금까지 한 번도 미리 발표한 출시 시점을 지킨 적이 없다는 것이다. 출시 시점은 둘째치고 이미 나온 지 수십 년이 지난 가상현실VR은 여전히 상용화하기에

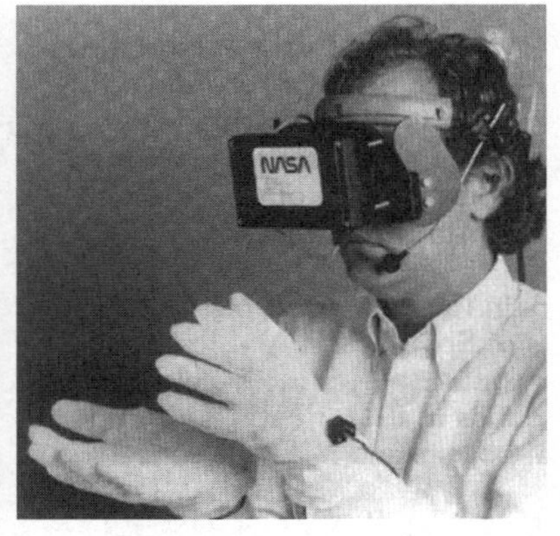

2017년 오큘러스 고를 시연하는 저커버그(좌)와 1960년대 나사에서 쓰던 VR(우). 출처: 연합뉴스, Pinterest

는 먼 기술이다. 더구나 애플의 스티브 잡스가 아이폰 성공을 위해 심혈을 기울여 만들었던 앱스토어 같은 생태계 조성도 미미하다. 볼만한 콘텐츠가 별로 없다는 것이다. 이 오큘러스로 볼 수 있는 VR 콘텐츠가 미미하고 또 그렇기 때문에 오큘러스가 안 팔리는 악순환이 지속되고 있다.

많은 사람들이 VR을 4차 산업혁명의 아이템이라고 믿고 있지만 지금 저커버그가 쓰고 나온 것과 유사한 형태의 HMDHead Mounted Display는 이미 1960년대에 등장했다. 당시 나사는 이 HMD를 이용해 아폴로 우주인들의 우주비행훈련 과정을 만들었다. VR은 1980년대 PC의 발전과 더불어 대중의 관심을 한 몸에 받았다가 대중의 상상만큼 기술 발전이 빠르지 않자 점점 잊혀져갔다. 페이스북이 밀면서 다시금 관심을 잠깐 받았지만 한때 유행했던 재탕 기술인 3D TV처럼 이 VR도 사람들의 관심 밖으로 또 한 번 밀려나고 있다. 저커버그는 VR을 두 번 죽인 셈이다.

2016년에 350만 대가 팔린 오큘러스가 10억 대나 팔리려면 300년간 쉼 없이 팔거나 갑자기 수요가 폭발적으로 늘어 지하철만 타면 사람들이 너나 할 것 없이 이 오큘러스 고를 쓰고 있어야 할 것이다. 이 제품은 기기의 크기나 형태도, 사용 환경도, 콘텐츠를 즐기려면 손잡

제품	누적 판매량	연간판매량	판매 기간
닌텐도 위	1억 대	900만 대	12년(2006년 출시)
소니 플레이스테이션	3억 대	1,200만 대	24년(1994년 출시)
오큘러스 고	10억 대(목표)	350만 대(전작 오큘러스 리프트, 2016년)	80년(소니 수치 대입)~300년(자사 수치 대입)

출처: Wikipedia

이를 휘두르는 등 온몸을 써야 하는 특성상 아직까지는 집에서나 쓰는 일종의 오락기일 뿐이다. 이런 류의 오락기에서 신화를 써내려간 닌텐도는 한국에서 명텐도라는 관제아류작까지 나온 닌텐도 위를 가지고 연간 1,000만 대가 조금 안 되는 판매량을 보였다. 이 닌텐도 위의 전 세계 누적 판매량은 지난 12년간 1억 대가 약간 넘는다. 1994년 처음 출시된 소니의 플레이스테이션은 2000년에 출시된 PS2와 2013년에 출시된 PS3까지 모두 합쳐서 24년간 전 세계에서 약 3억 대를 팔았다. 그러니까 오큘러스 고가 닌텐도 위나 플레이스테이션 급의 센세이션을 일으킨다고 쳐도 마크 저커버그가 말하는 10억 대를 채우려면 100년 동안 팔아야 하는 것이다. 아무 말 대잔치라는 말은 딱 요즘 이 IT 거부들을 미리 예견하고 만든 말인 듯싶다. 돈이라면 아쉬울 게 없는 젊은 야심가가 해묵은 VR 기술을 재탕하면서 막 던지는 말을 들어보면 트럼프의 재선이냐 민주당의 탈환이냐를 판가름하는 대선을 앞두고 차세대 IT 리더의 이미지를 공고히 하고자 저커버그가 얼마나 초조해하는지 알 수 있다.

6

4차 산업혁명은 언제 시작되나

인공지능은 인간보다 지혜로울 수 없다.

– 마윈 알리바바 회장, 2016년 중국경제발전포럼에서

갑자기 닥친 한파로 서울이 영하 15도 이하를 기록하던 2018년 1월, 나는 영상 15도의 따뜻한 지중해 연안의 텔아비브에서 챗봇 Chatbot을 주제로 한 행사장에 앉아 있었다. 챗봇은 말 그대로 채팅을 하는 로봇이다. 미디어에서는 인공지능에 대한 장밋빛 미래가 난무하고 있다. 거실에 앉아서 켜져라 하면 TV와 에어컨이 서로 다른 목소리로 "저 말입니까?"를 외칠 것 같고 변호사와 회계사, 의사들도 모두 인공지능으로 대체가 된다고 한다. 챗봇은 우리가 상상할 수 있는, 말을 하고 알아듣는 로봇 중에서 가장 단순한 형태이다. 눈에 보

이는 형태는 존재하지 않고 어딘가에 있는 서버에 존재하며 내가 보는 화면과는 통신망으로 연결되어 있을 뿐이다. 한때 유행하던 심심이를 생각하면 된다. 심심이라는 챗봇은 생물로 표현하면 그야말로 아메바 같은 존재였고 지금의 챗봇은 단세포 생물에서 다세포 생물로 진화하는 해면동물 수준까지는 올라와 있다.

신문 기사나 광고에서는 냉장고와 음성언어로 대화를 하지만 실제 대부분의 IT 기업들은 이 챗봇에 심혈을 기울인다. 현재 기술로는 실생활에서 말을 알아듣고 대화를 하는 게 챗봇으로만 가능하기 때문이다. 챗봇은 그냥 채팅창이다. 사람이 채팅창에 입력한 글을 해독하고 다시 글로 대답한다. 인간이 아닌 기계와의 커뮤니케이션에 손 글씨도 아니고 입력하는 글자만큼 해독하기 쉬운 것은 없다. 챗봇을 이용하면 콜센터 비용을 상당히 절약할 수 있다. 챗봇의 유용성은 피자를 주문하거나 AS 접수를 위해서 각각의 앱을 다운받아 설치를 하고 각기 다른 메뉴와 절차대로 이거저거 입력을 하지 않고 평소에 쓰던 방식(카카오톡이나 라인, 위챗 등)으로 사람에게 하듯 채팅창에 입력을 하면 된다는 것이다. 그러면 챗봇은 즉각 주문에 반응하고 응대한다. 아직 속단하기는 이르지만 현재 쓰고 있는 앱들이 대부분 챗봇으로 통합될 것이라는 관측도 있다. 앱이 사라지는 것은 아니고 각 앱별로 가지고 있는 UI와 어드민Admin 기능들은 사라지고 모두 카카오톡이나 페이스북 메신저 대화창을 통해 앱을 실행한다. 이렇게 되면 기업은 모든 역량을 서비스에 집중할 수 있다. 동영상을 보거나 음악을 듣고 싶으면 지금은 유튜브나 멜론을 열고 각자의 방식으로 실행을 해야 하지만 앞으로는 카카오톡이나 라인 같은 채팅창에 듣고 싶은 음악 종류를 말하면 알아서 틀어주거나 영화를 추천해달라고 할 수도 있다. 하부기능은 유지되겠지만 사용자가 쓰는 채널은 챗봇 하나로 통합이 되는 것이다.

효용성으로 따지면 상당히 유용한 기능이지만 우리가 상상하는 인공지능과 말을 알아듣고 말동무까지 해주는 로봇에 비하면 상당히 단순한 형태의 로봇이다.

이 챗봇 컨퍼런스에 참석한 벤처캐피탈이나 IT 분야에서 각자 대가 소리를 듣는 사람들은 모두 한 가지 목소리를 내고 있었다. 아직 갈 길이 멀며 이거저거 말고 하나라도 잘하는 챗봇을 만들라고 말이다. 미디어에 나오는 냉장고는 사람과 대화를 하지만 실제 챗봇을 개발하고 이에 투자하는 사람들이 모여 있는 곳에서는 이런 꿈같은 얘기는 하지도 않는다. 아직 머나먼 미래의 얘기이고 실제 돈이 오가는 곳에서 그런 뜬구름 잡는 얘기를 해봐야 업계에서 본인의 입지를 다지는 데 도움이 안 되기 때문이다.

전날 따로 만난 챗봇 써밋의 최고기술책임자CTO는 사석에서 조금 더 솔직한 얘기를 털어놓았다. 주최자인 만큼 이 챗봇에 대해서 장밋빛 전망을 늘어놓는 CTO에게 기업의 입장에서 필요한 기능을 물어보았다. 챗봇으로 비용을 절감하고 소비자 만족도를 높이고 다 좋은데 챗봇이 불만 있는 고객도 응대할 수 있냐고 말이다. 현재로서는 불가능하다는 명쾌한 답이 돌아왔다. 앞으로 1년 이상은 걸리지 않겠냐고 말이다. 이런 핫한 기술을 다루는 사람들 세상에서 1년이란 마치 영겁의 세월과도 같은 것이다. 시골 사람들이 하는 저~만큼만 가면 된다는 말이다. 얼마나 걸릴지는 가봐야 안다. 화를 내는 고객을 다루려면 먼저 고객이 화가 나 있는지를 알아야 한다. 고객의 텍스트만 봐서는 판단이 안 된다. 욕이나 비속어를 입력했다고 해서 고객이 화가 난 것인지 원래 쓰는 말투인지 장난인지 챗봇이 판단할 방법은 없다. 설사 그것을 판단했다고 해도 비이성적으로 앞뒤 없이 쏟아내는 화가 난 고객의 말을 다 알아듣고 차분하게 대답을 할 정도까지는 인공지능의 수준이 올라오지 못했다. 의사나 변호사는 고사하고 콜센터 직원들도 일자리 걱정을 하려면 아직 멀었다.

화가 난 고객을 응대하려면 먼저 고객의 감정 상태를 알아야 한다. 이는 텍스트가 아닌 목소리나 행동을 보아야 정확히 알 수 있다. 이스라엘의 한 벤처기업이 목소리 톤을 분석해서 감정을 분석하는 기술을 개발했다. 억양만을 가지고 희로애락을 판단하며 한국어를 포함한 약 40개 국어로 테스트를 했다고 한다. 애석하게도 20년 전에 처음 나온 이 기술은 아직까지도 실용화 단계에 접어들지 못했다. 여러 기업들의 테스트를 거쳐 빨라야 수 년 후에야 SKT의 '누구'나 아마존의 알렉사 같은 스마트 스피커에 우선 탑재가 될 것이다. 현재로서는 비싼 돈 주고 산 스마트 스피커가 내 기분을 몰라준다고 벽에 집어던져봐야 나만 손해이다. 어쨌든 이 기술은 개인 용도인 스마트 스피커에 먼저 적용이 될 것으로 보인다. 그리고 수많은 검증을 거치고, 음성언어 인식과 발화기능까지 완벽하게 갖춘 인공지능이 나온 후에야 비로소 콜센터에 사용이 될 것이다. 이에 비하면 환자의 병 진단과 법률 자문을 인공지능으로 하기 위해 거치고 검증해야 할 단계는 끝도 없어 보인다.

챗봇 컨퍼런스가 있었던 날로부터 이틀 후, 예루살렘에서 열린 이스라엘에서 가장 큰 벤처캐피탈이 주최하는 투자자 행사에 참석했다. 세계 스타트업의 요람이라는 이스라엘답게 행사장에는 각국의 벤처캐피탈과 벤처기업들에서 나온 수천 명의 사람들로 붐볐고, 인공지능, 자율주행, 빅데이터 등 가장 핫한 기술에 대한 이야기로 가득 찼다. 한 가지 흥미로운 점은 챗봇 따위를 화제로 삼는 사람은 아무도 없었다. 모두들 세상을 바꾸고 사람들의 시선을 확 사로잡을 미래에 대해 말하는데 채팅창을 띄워 텍스트로나 간신히 소통하는 챗봇은 너무 뒤떨어진 주제로 보였다. 키노트 스피치에 나선 한 투자펀드의 임원은 행사장을 가득 메운 투자자들에게 인공지능이 나와서 조만간 당신들 모두 실업자가 될 수도 있으니 조심하라는 말로 스피치를 시작했다. 이틀 전 챗봇 컨퍼런스의 키노트 스피커는 그 자리에 모인 여러 스타트업뿐만 아니라 구글과 IBM의 인공지능 담당자들에게 샌드위치밖에 못 만들더라도(예시적인 표현이다. 어차피 챗봇은 가상의 머신이다) 뭐 하나라도 제대로 할 수 있는 챗봇을 만드는 데 집중하라고 일갈했다. 두 집단의 온도 차이는 극명해 보였다. 미디어로 가면 이 온도차는 더욱 심해진다. 당장 시청자들의 시선을 사로잡아야 하니 이들이 그린 그림에서는 냉장고가 말을 하고 에어컨이 대답할 수밖에 없다.

4차 산업혁명은 이미 시작되었다고 주장하는 사람들도 있고 그 주장에도 일리는 있다. 그러나 앞서 말했지만 혁명이라는 단어는 아무데나 쓰는 단어가 아니다. 내가 원하는 성향의 대통령이 뽑혔다고 해서 혁명은 아니라는 말이다. 우리가 주변에서 흔히 보는 발전은 대부분 개선이다. 광산에서 사용하기 위해 만들어진 증기기관은 곧이어 방직업에 사용되었다. 그러자 인도에서 숙련된 장인들이 생산하는 옷감에 비해 영국의 비숙련공들이 방직기로 생산하는 면직물의 생산성의 차이는 수백 배에 달했다. 제니방직기가 나오면서 실의 생산량은 딱 300배가 늘었다. 폴 베어록Paul Bairoch이 「Journal of European Economic History」에서 발표한 연구결과에 따르면 산업혁명이 막 시작된 1800년도, 유럽의 1인당 생산량은 아시아보다 약 20% 많았다고 추산된다. 하지만 산업혁명이 진행되면서 유럽, 특히 영국 방직산업의 1인당 생산성은 중국의 60배에 달했다(Joel Mokyr, The Lever of Riches, 1990). 이 정도가 되어야 혁명이라고 불릴 수 있다.

4차 산업혁명의 핵심인 인공지능은 지금까지 우리가 볼 수 없었던 새로운 노드를 엄청난 숫자로 공급할 것이다. 맥킨지에서 4차 산업혁명이 시작되면 생산성이 수백 배 늘어날 것이라고 예측하는 주된 이유도 인공지능의 상용화이다. 인공지능은 1차 산업혁명 시대의 증기기관이나 2차 산업혁명의 진공관과 트랜지스터, 3차 산업혁명 시대의 초고속 통신망과 같이 기존 산업의 완만한 발전 기울기를 벗어나 하늘로 치솟는 생산성 곡선을 만들어낼 것이다.

그렇다면 지금 인공지능은 어디까지 왔을까? 애석하게도 언론의 화려한 말잔치에도 불구하고 인공지능은 앞서 말했듯 우리의 기대수준에 비하면 아주아주 초보적인 수준에 머무르고 있다. 더구나 인공지능에 대한 장밋빛 기대가 정점에 달한 것은 현재가 아닌 1980년대였다.

다음에 나오는 그래프는 인공지능의 본좌인 IBM에서 인공지능의 유행 사이클에 대해 표현한 것이다. 인공지능에 대한 관심은 메인프

IBM이 Chatbot Summit에서 발표한 AI에 대한 관심주기

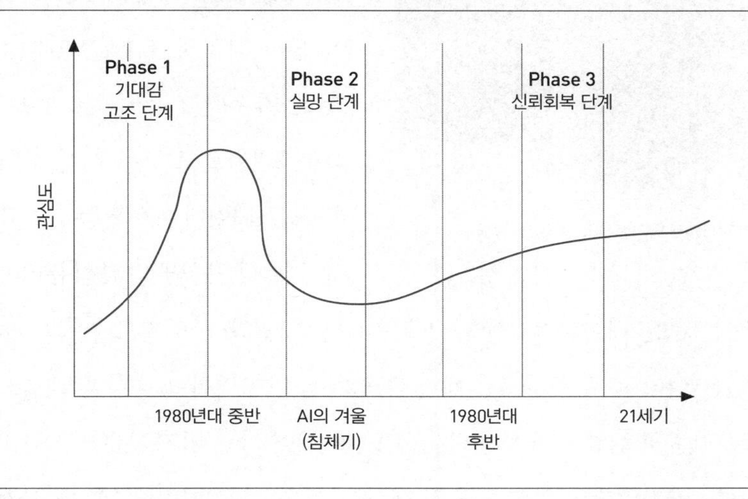

출처: IBM

레임 컴퓨터의 성능이 일취월장한 1980년대 초부터 활발하게 시작되어 1980년대 중반에 이미 정점에 달했다. 지금으로부터 약 30여 년 전에 인공지능이 지배하는 미래에 대한 장밋빛 혹은 암울한 전망이 세계를 휩쓸었다. 그리고 다른 모든 새로운 기술에 대한 초반의 기대가 그렇듯이, 인공지능에 대한 사람들의 관심도 실제 컴퓨터의 성능이 사람들의 공상을 따라잡지 못하면서 급격히 사그라졌다.

1980년대에 열풍이 불었다 곧 시들해진 인공지능에 세간의 관심이 확 쏠리게 된 배경에는 구글의 알파고와 함께 캐나다의 D-Wave에서 2011년에 첫 양산제품을 내놓은 (양산이라고는 하나, 방 하나만 한 크기에 100억 원이 넘는 가격이다) 양자컴퓨터가 자리 잡고 있다. 양자컴퓨터의 이론적 개념을 제시한 사람은 웬만한 문과생도 다 아는 리처드 파인만이다. 그리고 파인만이 양자컴퓨터의 개념을 제시

D-Wave의 양자컴퓨터, 출처: D-Wave

한 시점이 바로 인공지능 열풍이 불기 시작하던 1980년대 초였다. 기존의 컴퓨터는 0과 1이라는 2진법으로 모든 계산을 하며 모든 데이터는 0 또는 1로 표시가 된다. 반면 양자컴퓨터에서는 모든 데이터가 0인 동시에 1이 될 수도 있다. 원자보다 작은 물질은 여러 곳에 동시에 존재할 수 있다는 양자역학에서 나온 개념으로 기존의 컴퓨터가 사용하는 비트 (0, 1)이 아닌 양자컴퓨터의 큐비트는 양자역학의 얽힘과 중첩 현상을 이용하여 0이면서 1인 네 가지 상태 (00, 10, 11, 01)을 나타낼 수 있다. 중첩상태를 이용하여 양자컴퓨터는 한 대의 컴퓨터 안에서 병렬처리가 가능해졌다. D-Wave가 2011년 내놓은 D-Wave One은 이미 구글과 나사에서 구입해서 쓰고 있지만, IBM은 아직까지 시제품만을 내놓고 있고 상용화에는 10년 이상 더 걸릴 것이라고 한다. 당연히 IBM은 D-Wave의 양자어닐링 방식을 진정한 양자컴퓨터라고 인정하지 않는다. 현재 양자컴퓨터 분야에서는 선두로 치고 나간 D-Wave, IBM, 구글에 이어 수학계의 노벨상인 필즈상 수상자를 양자컴퓨터 담당 부서장으로 영입한 마이크로소프트가 치열한 경쟁을 벌이고 있다.

1969년, 실제 달에 착륙했든 안 했든 미국은 최초로 달에 우주인을 보낸다는 아젠다를 선점했고 닐 암스트롱은 달에 간 최초의 인간이 되었다. 진정한 양자컴퓨터이건 아니건 D-Wave 역시 최초의 상용 양자컴퓨터라는 타이틀은 반쯤 확보했다.

언젠가는 오게 될 4차 산업혁명이 시작되면 가장 각광받을 기업은 어디일까? 어디선가 갑툭튀가 나올 확률도 상당히 높지만, 우선은 IBM과 구글의 진검승부가 될 것이다. 마이크로소프트의 DOS도, 오라클의 RDBMS도 ERP의 아버지인 SAP도 모두 IBM이 없었다면 태어나지 못했을 것이다. 이를 IBM의 슬픈 전설이라고 희화화했지만 IBM의 판단이 틀렸던 것은 아니다. IBM은 다수의 식당들이 찜닭에서 조개구이로, 수제 햄버거로, 시장에서 유행하는 아이템을 좇아 메뉴판을 끊임없이 수정하는 동안 평생에 걸쳐 묵묵히 사골만을 끓여내는 장인처럼 메인프레임 컴퓨터와 미들웨어라는 한 우물만 파왔다. IBM은 80년대 후반, 훗날 딥블루Deep Blue라고 불리게 된 슈퍼컴퓨터의 개발을 시작한다. 구글의 알파고가 이세돌 9단을 이겼다며 인공지능이 이제 곧 사람을 대체할 것이라는 기사가 언론을 장식했는데, 알파고와 이세돌 9단의 바둑대결은 이미 20년 전에 펼쳐진 IBM의 딥블루와 러시아의 체스기사 카스파로프와의 세기의 체스대결을 카피해서 우려낸 사골일 뿐이다. 개발하는 데 8년이 걸린 딥블루는 초당 3억 개의 경우의 수를 계산하는 사기 캐릭을 앞세워 1997년, 12년간 세계 체스 챔피언의 자리를 지킨 카스파로프에게 전년도의 패배를 설욕한다(딥블루는 1996년에는 패했다). 사실 딥블루는 당시에도 가장 강력한 슈퍼컴퓨터는 아니었다. 단지 체스게임을 위해 별도로 개발된 칩을 달았을 뿐이었다. 인간 체스챔피언에게 승리하며 언론의 관심을 확보한 IBM은 다음 프로젝트인 왓슨 개발에 착수한다.

IBM 전 회장인 도널드 왓슨의 이름을 딴 왓슨은 진정한 의미에서 최초로 상용화된 인공지능이라고 할 수 있다. 딥블루와 마찬가지로 이벤트를 통해 세간의 관심을 얻으려던 IBM은 2011년, 왓슨을 당대 최고의 인기 퀴즈 프로그램인 제퍼디에 출연시킨다. 여기서 왓슨은 인간 출연진들을 가볍게 물리치고 74연승을 구가하며 상금 250만 달러를 따냈다. 제퍼디 출연 중에 왓슨의 인터넷 접속은 차단되었다고 한다.

이 인공지능 왓슨은 이미 많은 분야에 적용되기 시작했다. 가장 활발한 분야는 의료와 법률이다. 왓슨 헬스케어 그룹은 7만 편의 논문을 한 달 만에 분석해서 치료법을 찾는다고 한다. 미국의 로펌에서도 왓슨을 도입해서 판례 분석을 시작했고 금융투자 분야에도 왓슨이 이용되고 있다. 영상보안 분야의 컨퍼런스에 가도 기존의 보안사업자들 로고보다 IBM 왓슨의 로고가 더 크게 행사장 중앙을 차지하고 있다. 한 가지 짚고 넘어갈 것은 왓슨이 하나가 아니란 것이다. 이 모든 영역마다 각자의 데이터를 입력해 훈련을 받은 저마다의 왓슨이 있다. 잘츠부르크 대주교의 궁정처럼 모차르트라는 음악하는 하인, 알마니라는 옷 만드는 하인, 고든 램지라는 음식하는 하인이 각각 다 따로 있어야 하는 것이다. 이스라엘 챗봇 써밋에서 뭐 하나라도 제대로 하는 챗봇을 만들어야 한다고 참석자들이 하는 말이 허튼소리가 아니다. 아직까지 인공지능은 한 가지 기능 이상 수행할 수 있는 단계까지 오지는 못했다.

인공지능이 금융산업에 적용되어 곧 많은 금융전문가들이 실업자가 될 것이라고 한다. 헌데, 이 책에도 여러 번 등장하는 버냉키 전 연준의장이 퇴임 후인 2014년에 주택담보대출 연장 신청을 했다가 승인을 거절당했다. 인간이 아닌 프로그램에 의해 대출 심사를 하는 이 은행은 버냉키 전 의장이 안정적인 공무원에서 한 연구소의 비정규직 연구원으로 신분전환이 되자 대출 부적격 판단을 내린 것이다. 안정적인 공무원으로 연봉 20만 달러를 받던 버냉키는 '비정규직'이 된 당시, 연구소의 연봉 외에도 1회 25만 달러나 되는 강연 요청을 여기저기서 받고 있었고, 이미 출판사로부터 선인세 백만 달러에 회고록 계약까지 마친 상태였다. 〈하버드 비즈니스 리뷰〉는 이 에피소드를 컴퓨터의 의사결정에 사람이 반드시 개입해야 하는 대표적인 사례라고 꼽았다. 버냉키는 그나마 유명인이기 때문에 화제가 된 것뿐이다. 이미 여러 분야에 도입된 '인공지능'이 이런 잘못된 의사결정을 한 알려지지 않은 수많은 사례가 있을 것이다. 이는 대출을 거절당한 개인의 손해일 뿐만 아니라 이자수입 기회를 놓친 금융기관의 손해이기도 하다.

인공지능 분야에서 IBM과 맞장 뜰 수 있는 기업은 아직까지 구글밖에 없는 것처럼 보인다. 구글의 알파고는 딥블루와 왓슨의 아류작답게 등장부터 IBM의 체스경기와 제퍼디 출연을 그대로 본뜬 이세돌 9단과의 바둑 경기로 이목을 끌었다. 이후 구글은 역시 3차 산업혁명 최후의 강자답게 빠르게 알파고만의 영역을 구축하고 있다. 왓슨이 제퍼디에서 보여주었듯 자연어 처리에 강점이 있다고 하면, 알파고를 만든 구글의 딥마인드는 이미지 인식에 강점이 있다. 구글은 이미 수많은 사진에서 카스테라와 갈색 고양이를 구분하는 데 성공했고(대단한 인공지능이다!), 정상조직에서 종양을 찾아내는 수준에 이르렀다.

구글의 인공지능은 왓슨에 비해 새롭게 개발된 것이니만큼 첨단의 알고리즘과 이미지 검색 분야에 강점이 있는 반면, 왓슨은 이미 다양한 산업에 적용이 된 검증된 모델이라는 장점이 있다. 왓슨 역시 후발주자인 알파고가 사용한 엔비디아의 GPU를 바로 채용하여 연산 능력을 향상시켰다. 반면 드론 수만 대를 띄워 전 세계의 가난한 사람들에게 무료로 인터넷을 제공하고 VR 기기를 10억 대씩 팔겠다는 페이스북은 인공지능 영역으로 오면 그 흔적을 찾아보기 힘들다. 알파고가 뜨자 이를 흉내 내 다크포레스트라는 존재감 제로의 바둑 프로그램을 만들었을 뿐이다. 이 다크포레스트는 아직 정식으로 인간 바둑기사를 이긴 적은 없다.

사실 인공지능 경쟁에서 승자와 패자, 그리고 대세를 가리기에는 너무 이르다. 장밋빛 전망과는 달리 왓슨이나 알파고를 사용하여 콜센터 직원을 대체하는 챗봇조차 만들지 못했기 때문이다. 진정한 인공지능은 양자컴퓨터가 상용화된 이후에나 그 진가를 발휘할 것으로 예상된다. 아직까지의 인공지능은 그것이 미리 정한 알고리즘이든 딥러닝이나 머신러닝이든 간에 학습과정이 필요하다. 인텔은 2017년 인간의 뉴런과 시냅시스를 본떠 13만 개의 뉴런과 1.3억 개의 시냅시스를 가진 일종의 인공신경망을 내재해 사용 패턴에 따라 스스로 결정을 내리는 칩을 발표했다. 하지만 로이히Loihi라는 칩은 연구용으로 발표가

스스로 학습하는 인텔 로이히 칩, 출처: 인텔

되었다. 아직 상용화 제품은 아니라는 것이다.

인공지능의 시대는 과연 언제쯤 도래할까? 그리 멀지는 않았다고 믿고 싶지만 속단하지는 말자. 1980년대에도 다들 그렇게 생각했었다. 80년대의 수많은 로봇만화들은 당시 유행하던 인공지능 열풍이 파생시킨 부산물이었다. 2005년에 발간되어 아직까지도 특이점이라는 말을 인구에 회자시킨 책, 『특이점이 온다』의 저자 레이 커즈와일은 2009년이면 모든 컴퓨터가 시야에서 사라지고 웨어러블 형태로 될 것이라고 '예측'했었다. 여전히 존경을 받으며 우리에게 미래에 대한 수많은 지침을 꾸준히 제공하는 이 구루는 같은 책에서 10년 후면 (그러니까 3년 전을 말한다) 컴퓨터가 인간의 뇌에 필적할 수준으로 연산능력이 향상되고, 2020년이면 (2년 남았다) 개인용 PC에도 인공지능이 가능할 것으로 내다보았다. 3차 산업혁명이 시작되기 전에 지나치게 보수적으로 미래를 예측한 빌 게이츠와는 정반대로 3차 산업혁명의 물결이 정점에 달한 2000년대 초중반에 책을 쓴 커즈와일은 컴퓨터와 인터넷이 주도하는 기술혁명에 취해 이 흐름과 속도가 영원히 유지되리라고 믿었던 것이다. 그리고 『특이점이 온다』가 나오자마자 3차 산업혁명은 귀신같이 잠잠해져버렸다. 다시 말하지만 기술의 발전과 산업혁명은 빙하기와 간빙기처럼 주기적으로 찾아왔지 끝도 없이 이어지는 영원한 발전과정은 아니었다.

그럼 인공지능이 요즘 갑자기 각광을 받기 시작한 것은 그동안 수면에서 진행되어온 기술개발이 이제 '빵' 터질 시기가 되어서인가? 역시 그렇게 믿고는 싶지만 이 기술을 최근에 밀고 있는 기업들의 면면을 보면 꼭 그렇게 믿기도 힘들다. 인공지능은 AI의 본좌인 IBM이 아니라 후발주자인 구글이 알파고와 이세돌 9단의 바둑경기를 통해 사람들의 이목을 끌었다. 이미 딥블루의 체스경기와 왓슨의 제퍼디를 성공적으로 마치고 더 이상 대중을 겨냥한 이벤트가 필요 없어진 IBM에 비해 신규 진입을 꾀하는 구글은 이벤트가 필요했기 때문이다.

구글의 딥마인드는 종양을 찾아내고 녹내장을 진단하는 수준에 올랐지만 딥마인드가 현재 이용될 수 있는 분야는 안과질환에 국한되어 있다. 딥마인드는 수년 동안 안과 영상자료만을 집중적으로 훈련받았기 때문이다. 구글은 앞으로 딥마인드에게 두경부암(뇌와 가슴 사이에서 발생하는 모든 암의 총칭)의 영상을 훈련시킬 것이라고 밝혔다. 그리고 두경부암을 배우는 데에만 최소 5~6년이 소요될 것이라고 예상했다. 종합병원에 도대체 몇 개의 과가 있으며 여기서 다루어야 할 질병의 종류는 얼마나 될까? 앞으로 AI가 나오면 의사 변호사다 필요 없어진다고 의대를 포기하는 수험생은 없기를 바란다.

현재 우리가 꿈꾸는 고도의 인공지능을 개발하려면 양자컴퓨터의 완성이 필수불가결하다. 양자컴퓨터는 AI에 필수적인 최적화 계산에 특화되어 있다. 양자의 중첩과 얽힘을 이용하면 기존 슈퍼컴퓨터의 수천 배의 속도로 연산을 할 수 있을 것으로 기대하고 있다. 양자컴퓨터를 활용하면 딥마인드가 5~6년 걸려야 배우는 두경부암을 한두 시간 안에 배울 수도 있을 것이다. 그렇게 되면 6년 걸려 의대를 나오고도 4~5년간 수련의 과정을 거쳐야 하는 전문의 과정을 인공지능은 하루 만에 마칠 수도 있다. 하지만 양자머신러닝은 이제 막 연구가 시작된 단계이다. D-Wave에서 만든 머신러닝 알고리즘조차 자사의 양자칩에서보다 엔비디아의 GPU에서 더 잘 돌아간다.

D-Wave는 머신러닝이 제대로 작동할 수 있는 양자칩을 2019년을 목표로 개발 중이다. 물론 그때 과연 개발이 완료될지, 또 잘 돌아갈지는 나와봐야 안다. 물론 이 단계에 오른 후에도 실제 기업이나 병원에서 의료사고와 소송에 대한 걱정 없이 인공지능을 활용하려면 만만치 않은 검증기간과 함께 관련 법규의 제정과 보험까지 포함해 꽤 오랜 기간이 소요될 것이다.

더구나 구글이 택한 분야는 컴퓨터 안에서의 이미지 분석이고 실생활에서 우리 눈앞에 보이는 영상데이터를 분석하는 것이 아니다. 영상분석 기술이야말로 대중의 기대와 현실의 차이가 극명한 분야이다. 우리가 꿈꾸는 인공지능 정도 되면 로봇이 주인 얼굴을 인식하는 것쯤은 너무 간단한 일일 것이다. 하지만 인간의 얼굴은 정말 복잡 미묘한 분야이다. 개개인마다 다른 안면근육의 움직임을 모두 학습시킬 수는 없다. 이 데이터는 또 인종마다도 다르다. 영화에서는 CCTV가 멀리 지나가는 사람도 줌인을 해서 쫓기는 비밀 요원의 얼굴을 식별하지만 현실에서는 어림도 없다. 각도에 따라 거리에 따라, 그리고 무엇보다 사람이 저마다 짓는 표정에 따라 기계가 도저히 인식할 수 없는 수준으로 변하기 때문이다. 사람은 그 정도의 표정 변화를 알아차리지만 현재까지의 인공지능은 할 수 없다. 서울 번화가에 이 안면인식 기능을 갖춘 CCTV가 시범적으로 설치된 지 10년 가까이 지났다. 원래 목적은 지명수배범의 사진을 입력해서 붐비는 지하도를 지나가기만 해도 바로 추적하는 것이었다. 하지만 10년간 단 한 건의 추적 사례도 없었다. 그 정도 거리에서 아무 각도로나 지나가는 사람을 식별할 수 없기 때문이다. 혹시 행사장에서 안면인식 기능 시연회를 해본 적 있는가? 대개의 안면인식 장치들은 성별과 나이를 기본으로 알려주는데 센스 있는 개발자들은 실제보다 2~3살 어리게 나오도록 미리 세팅한다. 그런데 여러분이 그 어리게 나오는 나이를 보고 기분이 좋아서 씨익 하고 웃어버리면 그 자리에서 바로 10살쯤 올라간다. 현재의 안면인식 기능은 웃음과 주름을 구분하지 못하기 때문이다.

시간이 지나면 이 문제도 해결되지 않을까? 하지만 시간은 충분히 지났다. 이 기술이 나온 지 수십 년이 흐른 것이다. 대부분의 안면인식 기술업체들은 저 멀리 지나가는 범죄자를 찾아낸다는 꿈은 애저녁에 버리고 정지 상태의 안면인식에 집중하기 시작했다. 여러분이 인천공항 출국장의 자동심사 줄에서 지문인식대에 손가락을 올리고 응시해야 하는 카메라가 이 기술을 이용한 것이다. 1단계로 여권의 사진을 스캔대에 올려놓고 2단계로 가서 카메라를 응시하면 여권 사진과 여러분의 얼굴을 대조해서 본인인지 파악하는 것이다. 이 기능은 현재 기업체 사옥의 출입보안 분야에도 적용되어서 분실하거나 타인에게 빌려줄 수 있는 사원증 대신 안면을 인식하여 출입하는 시스템으로 개발되었다. AI가 멀리서 사람의 얼굴을 알아보는 비교적 단순해 보이는 기능을 우리가 원하는 수준으로 구현하기 위해서는 현재의 컴퓨터 기술로는 불충분하고 양자컴퓨터의 연산능력이 필요하다. 이미 구글은 구글글래스에서 눈 깜빡임과 윙크를 구별하기 위해 D-Wave 사의 양자컴퓨터를 이용했다. 인간에게는 어처구니없을 만큼 간단한 이 작업도 인공지능에게는 기존의 슈퍼컴퓨터로도 엄두를 못 내 양자컴퓨터가 필요한 일인 것이다.

하지만 양자컴퓨터는 PC로 따지면 1950년대 에니악의 수준에 머무르고 있다. D-Wave 사의 제품은 에니악 만한 크기에 100억 원이라는 가격표를 달고 있다. 에니악이 아이폰이 되는 데는 50년이 넘는 시간이 걸렸다. 기술이 발전해 이 기간을 단축한다고 해도 당장 몇 년 후는 절대로 아닌 것이다. IBM은 수년 후, 인텔은 10년 이상을 말하고 있다. 나와봐야 알 수 있다는 말이다. 첨단기술 분야에서 10년 후라면 매우 먼 미래 같지만 막상 지나고 나면 그리 긴 시간도 아니다. 커즈와일 역시 지난 10년이 이렇게도 허무하게 빨리 지나갈 줄 알았으면, 10년만 있으면 이것도 되고 저것도 될 거라고 책을 쓰지는 않았을 것이다. 그리고 빨라야 10년 후에 나올 양자컴퓨터는 여전히 장롱보다도 클 것이다.

자동차에서 시작되는 4차 산업혁명

그렇다고 마냥 기다릴 필요는 없다. 우리가 꿈꾸는 인공지능이 적

미국 자동차기술자협회(SAE)가 제시한 자율주행 단계

0단계(비자동화)	자율주행 기술 없이 사람이 차량을 운전하는 상황
1단계(운전자 지원)	운전자 운전 상태에서 핸들 조향 및 가·감속 지원
2단계(부분 자동화)	핸들 방향 조종 및 가·감속 등 하나 이상의 자동화 기능 포함
3단계(조건부 자동화)	차량이 주변 환경을 파악해 자율주행을 하지만, 특정 상황시 운전자 개입 필요
4단계(고도의 자동화)	시내주행을 포함한 도로 환경에서 운전자 개입이나 모니터링이 필요 없는 자율 주행. 일반적인 완전 자율주행 상태
5단계(완전 자동화)	시골길 등 모든 환경하에서 운전자 개입 없는 자율 주행

출처: SAE

어도 자동차 분야에서는 자율주행이라는 제한적인 기능을 수행하며 첫 스타트를 끊을 것으로 보이기 때문이다. 운전이라는 행위는 인간의 입장에서 보면 어려울 수도 있지만, 기계의 관점에서 보자면 그 변수가 비교적 제한적이다. 물론 결론부터 말하자면 자율주행 역시 인간이 정신줄까지 놓아도 되는 Mind Off 레벨 5까지 가능한 시점은 2030년 이후가 될 것이다. 그 전까지는 꾸준히 레벨 3과 4를 테스트하는 수준에서 발전해 갈 것이다.

자율주행이 인공지능의 첫 스타트를 끊은 이유는 난이도에 비해 그 경제적 효과가 엄청나기 때문이다. 자율주행은 단순히 운전기사를 대체한다는 차원이 아니다. 차량 공유서비스의 혁명을 가져와 단순히 기사 인건비를 절감하는 수준이 아니라 자동차 산업의 판도 자체를 바꿀 수도 있다. 지구상에서 가장 낭비되는 자원 중의 하나가 개인용 자동차일 것이다. 한 대당 수천만 원을 호가하는 자동차는 그 사용기간 대부분을 주차장에 가만히 있으면서 내구연한을 까먹고 있다. 그래서 나온 것이 차량 공유서비스인데 아직 본격적으로 확산은 안 되고 있다. 내 집 주차장에 서 있는 자가용만큼의 편이성을 현재의 차량 공유서비스가 제공하지 못하고 있기 때문이다. 그래서 아파트 단지 단지마다 공유차량을 종류별로 비치할 수준이 아니라면 차량 공유서비스는 자가용을 대체할 수 없다.

만약 자율주행이 완전히 상용화되어서 내가 앱으로 호출만 하면 (챗봇을 사용해 카카오톡에 "차 좀 불러줘"라고 한마디만 하거나 인공지능 스피커에 "차 좀 불러줘" 하면 된다) 언제고 내가 원하는 차량이 집 앞으로 온다면 어떨까? 이쯤 되면 차량 공유서비스와 택시의 경계가 허물어질 것이다. 자율주행은 자동차라는 지난 산업혁명이 가져다준 혁명적인 기술에 또 하나의 혁명을 더하는 것이다. 수억 대의 자동차가 가만히 서 있으면서 낡아가는 비효율을 제거하는 것이다. 그리고 이 자율주행 기술이 3차 산업혁명과 4차 산업혁명의 가교 역할을 할 것이다.

앞서 3차 산업혁명이 5G와 IoT이라는 마지막 패를 남기고 있다고 했다. 5G가 반드시 필요한 영역이 있다. 바로 자율주행이다. 자율주행이 말 그대로 운전자가 정신줄을 놓고 잠을 자거나 영화를 보는 레벨 5단계에 이르려면 주변 장애물을 감지하는 수준으로는 안 된다. 주변을 지나는 차량들과 서로 통신을 주고받아 서로의 간격을 조정해야 하고 보행자들도 카메라 영상으로 감지하는 것이 아니라 들고 있는 휴대폰에서 나오는 신호를 받아 갑자기 차량 앞으로 뛰어드는 보행자의 속도와 방향까지 감지해야 하는 것이다. 물론 휴대폰을 안 들고 있는 보행자는 여전히 카메라와 라이다로 감지한다. 교통신호 역시 빨간불 파란불을 차량의 카메라가 보는 것이 아니라 자동차가 신호등으로부터 데이터를 받아가며 움직인다. 여기에는 당연히 모두 무선통신망이 필요하고, 이때 필수불가결한 요건은 바로 낮은 지연속도이다.

현재의 4G 환경에서는 아무리 빨라봐야 30~50ms, 즉 0.03~0.05초 정도의 지연시간이 생긴다. 친구와 카톡을 주고받거나 음악을 듣는 데는 아무 문제가 없으나 자동차를 제어하는 통신속도로는 문제가 있다. 시속 100km로 달린다고 가정했을 때 이 정도면 제동거리가 최소 1m 이상 늘어난다. 반면 5G의 지연속도는 1ms, 0.001초가 목표이다. 이를 앞선 제동거리로 환산하면 0.03m 이하이다. 즉 4G와 5G는 제동거리 면에서 30배 이상 차이가 난다. 단순히 제동거리만 환산했을 때 이렇고 실제 자율주행 차량은 주변 환경으로부터 수많은 데이터를 실시간으로 받아들이고 연산을 해서 상황판단을 해야 한다. 5G의 저지연성이 자율주행 차량의 핵심요소가 되는 것이다. 100~300ms 정도의 지연성을 보이는 위성을 비롯한 스카이 인터넷이 차세대 통신망이 될 수 없는 이유 중의 하나이기도 하다.

자율주행 차량에서 5G가 중요한 또 하나의 이유는 바로 통신의 신뢰성이다. 기존의 데이터 센터와 클라우드 센터가 다른 점은 단순히 데이터를 쌓아 놓고 필요할 때마다 이를 전송해주는 것이 아니라 우리가 쓰는 컴퓨터의 여러 기능 자체를 클라우드에 설치하고 개인의 단말기로 여기에 접속해서 필요한 작업을 하는 것이다. 이렇게 되면 개인의 단말기에는 기능을 설치하지 않아도 되고 따라서 빠른 통신 모듈과 메모리만 충분하면 다른 값비싼 요소는 최소화할 수 있다. 이를 두고 보통 클라우드단에서 처리한다는 표현을 쓴다. 반면, 단말기에 기능을 설치하고 독립적으로 작업을 수행하는 경우를 엣지단에서 처리한다고 표현한다. 엣지Edge, 그러니까 각 네트워크의 말단에 위치한 각각의 단말기단에서 작업을 수행한다는 의미이다.

자율주행에도 이 원칙은 그대로 적용될 수 있다. 자율주행 차량의 모든 주요 기능을 클라우드에 탑재하면 차량에 설치된 자율주행 플랫폼은 각종 센서로부터 들어오는 신호를 클라우드로 보내고 클라우드에서 이를 분석, 판단하여 실시간으로 차량에 명령을 내려주면 된다. 이렇게 되면 양자컴퓨터를 굳이 차량에 설치할 필요 없이 클라우드 센터에 양자컴퓨터를 놓고 자율주행 차량의 플랫폼은 정보를 보내주고 여기서부터 오는 지시만 받아 수행하면 된다.

하지만 현재 자율주행 기술을 개발하는 대부분의 업체들은 클라우드단이 아닌 엣지단을 염두에 두고 기술을 개발하고 있다. 선진국을 포함해서 통신환경의 신뢰도가 아직 자율주행을 믿고 맡길 만큼 높지 않기 때문이다. 매우 드문 일이지만 통신지연으로 택배기사나 대리기사들이 콜을 못 받아 집단소송을 하는 경우도 있다. 어느 지역에 일시적으로 통신속도가 저하되어 10중 충돌사고가 났다고 가정해보자. 누가 배상할 것인가? 대부분의 자율주행 업체들은 클라우드가 언젠가는 그 방향으로 발전할 수도 있다고 생각하지만 현재는 엣지단에 집중한다. 클라우드를 활용하는 업체들도 단지 차량 관련 데이터를 쌓아두는 용도이지 즉각적인 자율주행을 위해서 쓰지는 않는다.

자율주행은 인간의 생명을 담보로 하는 것이기 때문에 이런 분야는 최대한 보수적으로 접근해야 한다. 5G의 신뢰성과 저지연성이 완전히 확인되어야 이를 자율주행에 적용하기 시작할 것이다. 한동안은 이런 기능들이 각 차량 내에 탑재된 플랫폼에서 독자적으로 돌아가는 형태의 자율주행 차량이 개발될 것이다. 주요 국가들에서 무선통신이 자율주행의 안전을 담보할 수준의 안정성이 확보되기에는 시간이 걸릴 것이기 때문에 완전한 자율주행은 빨라야 2030년에야 등장할 것이다. 2020년대 초중반에 5G 통신이 안정화되고, 여기에 기반한 차량 플랫폼과 클라우드 환경이 개발 및 조성되며, 신호등을 비롯한 도로 시설물들에 통신모듈이 장착되어 이 에코시스템의 안정성이 테스트되기까지 걸리는 시간을 낙관적으로 생각해도 2030년까지는 잡아야 한다. BIBusiness Intelligence는 2025년까지 레벨 2~5 수준의 자율주행차가 전 세계적으로 200만 대 정도 있을 것으로 추산했다. 전 세계 자동차 수는 약 10억 대이고 그중 미국에만 2억 5,000만 대가 있다. 전체 자동차 수의 0.2%에 불과한 200만 대가 자율주행차인데 그중 대부분은 레벨 2~3 수준으로 예상되니 자율주행차의 시대가 바로 오는 것은 아니다.

물론 자율주행 기술 자체는 곧 상용화 수준에 이를 것으로 예상된다. 매우 낙관적인 전망이긴 하나 2017년 2월 포드는 구글과 우버 출신들이 만든 아르고 AI라는 회사에 10억 달러를 투자하면서 2021년까지 레벨 3을 뛰어넘고 바로 레벨 4 수준의 자율주행차를 개발할 것이라고 밝혔다. 포드의 CTO 라즈 네어는 레벨 3 자율주행차는 위험한 상황이 발생하면 제어 기능에 문제가 생길 수 있다며 가속페달과 핸들이 없는 레벨 4 수준의 차량 생산이 목표라고 밝혔다. 하지만 2021년에 이런 차를 만든다고 바로 전 세계에 팔 수 있는 것은 아니다. 우선, 전파를 이용하는 신호등과 표지판 등 교통신호 체계가 정비되어야 하고 관련 법규 및 보험제도 등이 정비되어야 한다. 제도가 기술의 발목을 잡는 것 같지만 생명을 담보로 하는 자동차에 대해 공무원이나 정부, 금융기관이 나서서 모든 리스크를 짊어지고 선제적으로 혁신적인 제도를 만들기란 쉽지 않다. 모든 기술이 완비가 되고 신도시를 중심으로 몇몇 도시에서 테스트가 된 이후에나 점진적으로 확산이 될 것이다.

2030년이 되면 자율주행 자동차에서 시작하는 4차 산업혁명이 본격적으로 시간당 생산량이나 총요소생산성 등 경제지표에 유의미한 변화를 가져올 것으로 기대된다. 이 책에서 일관적으로 주장하는 산업혁명의 시점은 그 기반기술이 개발되는 '준비기간'을 제외하고 기술들이 상용화 단계에 들어가 본격적으로 생산성 증대 효과를 발휘하는 시점을 말한다.

4차 산업혁명은 이때가 되면 양자컴퓨터의 상용화와 함께 본궤도에 오를 것으로 전망된다. 그러면 4차 산업혁명은 그간의 오랜 장기 저성장을 끝낼 것이다. 1970년대부터 하락세를 이어오며 1990년대 3차 산업혁명으로 잠시 반등하는 듯했다가 다시 내려간 자본수익률의 우하향 곡선을 끝내고 다시 생산성을 수십 배 끌어올리며 제3의 도금시대를 불러올 것이다. 그리고 이후 20~30여 년간 1, 2차 산업혁명 당시만큼 사회 전반의 생산성을 끌어올릴 것이다. 맥킨지 글로벌 인스티튜트는 인공지능으로 인한 경제 변화는 앞선 산업혁명보다 10배 이상의 속도로 수백 배의 충격을 줄 것이라고 예상했다. 즉, 앞으로 다가올 수십 년의 전망은 20세기 후반과 비교하면 더할 나위 없이 밝다. 4차 산업혁명으로 인한 실업은 걱정할 것이 못된다. 실업률이 오르는 것이 아니라 노동시간이 줄어들 것이기 때문이다. 주식시장은 다시 장기 호황에 접어들 것이다. 하지만 현재 시점에서 보면 이 밝은 미래는 바로 오지는 않고 최소한 한 번의 역대급 경제위기를 거친 후에 올 것으로 예상된다. 이 책의 서두에 밝혔던 금리와 물가, 이 현대 경제정책의 기반이 되는 두 가지 기준점이 블랙홀에 들어선 우주선의 계기판처럼 걷잡을 수 없이 흔들리고 있기 때문이다.

4장

세계는 발전하지만
경제는 혼란스러운 이유

1

경제의 두 가지 좌표, 금리와 리스크 프리미엄

램프의 요정 지니가 당신 앞에 서 있다고 하자. 이 요정은 당신이 알고 싶어 하는 미래의 모습 한 가지를 알려준다. 무엇을 물어볼 것인가? 미래 배우자의 얼굴이 보고 싶을 수도, 자신이 늙은 모습을 보고 싶을 수도 있다. 하지만 현실적인 관점에서 보면 이보다는 뭔가 실질적인 것, 그러니까 돈 되는 것을 알고 싶을 것이다. 10년 후 삼성전자 주가를 물어보는 것도, 지금 내가 살까 말까 망설이는 아파트 가격이 어떻게 될지를 물어보는 것도 좋겠다. 로또 번호는 두말할 나위 없이 좋은 선택이다. 하지만 아쉽게도 지니는 이 모든 질문에 대한 답을 주지 않는다. 단 한 가지만 알려줄 것이다. 그렇다면 어떤 것을 선택해야 할까? 삼성전자 주가일까? 로또 번호일까?

답은 둘 다 아니다. 학교와 직장에서 잘 훈련된 금융투자자라면 미래의 금리를 알려달라고 할 것이다. 이 금리를 알면 삼성전자 주가니 아파트 가격이니 이런 세세한 사항은 저절로 알게 된다. 채권, 주식, 부동산, 외환까지 다양한 금융/비금융 자산들을 미래에 가서 엿보고 온 금리를 바탕으로 가격을 예측하고 투자할 수 있기 때문이다. 경제학자들은 선호하나 실제 투자자들은 매우 싫어하는 표현인 '다른 조건이 모두 같다면Other things being equal', 기본적으로 금리가 오르면 채권값은 내린다. 상업용 부동산도 내리고 주식은 오를 수도, 내릴 수도 있다. 외환은 좀 더 명확하다. 금리가 오른 국가의 통화가치가 오른다. 금리는 단 하나의 지표를 가지고 경제를 마음먹은 대로 들었다 놨다 할 수 있는 마법의 지표이며 생각보다 우리 삶의 세세한 부분까지 영향을 미치는 지표이다.

금리는 한마디로 돈에 대한 값이다. 모든 값은 돈으로 측정한다고 생각할 수 있지만, 이는 틀린 생각이다. 값어치라는 것은 상대적인 것이다. 돈이 많이 풀리면 돈의 값어치가 폭락한다. 인플레이션이 발생하는 것이다. 따라서 자산시장에 투자할 생각이 있다면 모든 값어치를 돈으로 측정하는 사고에서 벗어나 여러 자산들의 상대적인 가격을 비교해서 자산들을 상대적 가치의 등락에 따라 매수/매도한다는 개념으로 접근해야 한다. 자산에는 크게 봐서 주식, 채권, 부동산, 현금이 있다. 외환이나 원자재 등은 일반인들이 접근하기는 까다로운 분야라 일단 제외하고 생각해보자. 내가 2017년에 쓴 『오르는 부동산의 법칙』을 보고 간혹 부동산 상승론자의 책이라는 서평을 쓰는 사람들도 있었다. 하지만 나는 어느 자산을 막론하고 상승론자가 아니다. 나는 부동산 가격이 올라야 한다고 생각하거나 올리기 위해서 그 책을 쓴 것이 아니다. 여러 자산을 저글링하던 중에 돈으로 표시되는 부동산 가격이 올라갈 시점, 즉 자산가치 인플레이션이 예측되었기 때문에 부동산 가격이 오를 것이라고 책을 쓴 것이다. 자산가치의 상대성을 이해하면 상대적 가치가 낮아지는 자산을 처분하고 가치가 높아질 자산을 취득하면 되는데 굳이 특정 카테고리의 자산에 인생을 걸고 제발 오르라고 치성을 드릴 이유가 있을까? 때가 되면 부동산 가격이 하락한다는 책을 쓸 것이다.

다음 그래프는 지난 100여 년간 미국 '돈'의 값의 변화를 보여준다. 돈의 값은 보통 우하향한다. 돈의 가치가 금이나 은 같은 귀금속에 연동이 되지 않는다면 정부가 돈을 찍어내서 경기를 부양하려는 욕구를 참기 힘들기 때문이다. 하지만 돈의 값어치가 반드시 하락만 하는 것은 아니다. 1929년 대공황이 오기 전인 1920년부터 미국의 디

미국 인플레이션 추이(1913~2013년)

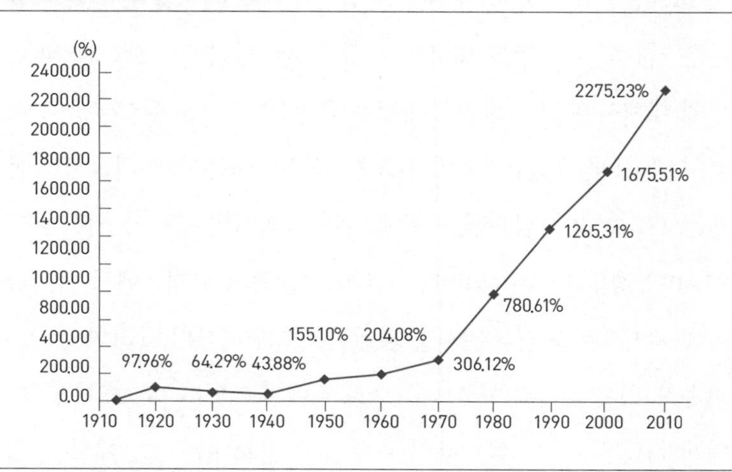

1970년대부터 인플레이션이 본격화되었다.
출처: inflationdata.com

플레이션이 시작되었다. 즉 돈의 가격이 올라간 것이다. 케인즈는 이 기간 동안 유효수효 부족으로 대공황이 촉발되었다고 주장했다. 이유는 1차 세계대전이 끝나면서 본격적으로 2차 산업혁명의 성과가 나타나기 시작했기 때문이다. 그런데 기계화로 생산의 효율성이 높아지면서 물건은 흔해졌지만 여기에 맞게끔 통화의 공급이 늘어나지 못했다. 당시에는 지금같이 아무 내재가치가 없는 종이돈이 아니라 돈의 가치와 금의 가치가 연동된 금본위제였기 때문이다. 미국은 1873년 화폐법으로 35달러를 1온스의 금의 값어치에 해당한다고 규정했다. 그러니 정부가 마음대로 돈을 찍어낼 수는 없었다. 돈의 값어치가 올라가자 사람들은 소비를 멈추고 저축을 하기 시작했다. 물건의 가격은 떨어지고 돈의 가격은 올라가니 물건이 아니라 돈을 들고 있는 사람이 승자가 되는 세상이었다.

결국 돈의 공급을 늘리기 위해 영국은 대공황이 한창이던 1931년에 1821년부터 100년간 유지해온 금본위제를 폐지한다. 반면 미국은 같은 기간인 1933년에 내국인에 대한 금태환은 정지했으나 외국 은행에 대해서는 달러의 금본위제를 유지한다. 신흥 강대국으로서 달러의 국제위상을 높여야 할 필요가 있었기 때문이다. 미국의 금본위제는 1971년 베트남전쟁을 위해 달러를 찍어낼 필요가 생길 때까지 약 40년 정도 더 유지되었다. 그리고 327쪽의 그래프에서 나타나듯이 대외적으로도 금본위제를 포기한 1970년대부터 달러의 값어치는 지속적으로, 그리고 아주 극적으로 떨어지고 있다. 투자의 귀재라는 워렌 버핏은 버크셔헤더웨이 주주들에게 보내는 서한에서 '현금과 예금'이 가장 위험한 투자라고 말했다. 그 이유는 인플레이션으로 돈의 가치가 지속적으로 하락하고 있으며 1965년 이후 달러의 가치는 86%가 하락했다고 설명했다. 미국이 금태환을 대내외적으로 포기한 이후 가장 가격이 폭락한 자산은 현금이었다.

자산 시장, 특히 부동산 시장에서 돈을 빌려 쓰는 가격인 금리에 대한 사람들의 관심은 점점 높아지고 있다. 미국 연준의 금리 인상과 이것이 부동산 시장에 미치는 영향을 다룬 기사가 쏟아지니 금리에 대해 평소 크게 생각해보지 않는 사람들도 집을 사고팔 때 금리를 논하기 시작한 것이다. 10여 년 전에 뉴타운 개발을 기대하고 투자했던 천호동의 한 다세대 주택을 얼마 전 매각하기 위해 인근 부동산을 찾았다. 서울 외곽의 전형적인 다세대촌인 이곳에서 부동산 실장님 한 분이 집을 보러 온 다른 아주머니 한 분을 앉혀 놓고 여러 가지 조언을 하고 있었다. 인상적인 부분은 그 실장님 입에서 "이제 곧 미국이 금리를 올리면 한국은행도 올릴 수밖에 없고" 이런 얘기가 너무 자연스럽게 물 흐르듯 나오고 있었다는 것이다. 이제 서울 변두리의 부동산 실장님들도 연준의 금리 향방 정도는 썰을 풀 수 있어야 다세대 한 채 사고팔 수 있는 시대가 온 것이다.

이 금리 결정에서 재미있는 표현이 있다. 무위험 자산Risk-free asset이라는 표현이다. 리스크 프리미엄이라는 표현 자체가 차주별로, 혹은 담보 종류별로 상대적인 리스크 프리미엄을 더해서 금리를 결정한다는 말이다. 이때 리스크 프리미엄 = 금리가 아니다. 리스크 프리미엄은 말 그대로 가산금리일 뿐, 기준이 되는 금리가 있어야 한다. 그러니 이때 기준이 되는 금리는 리스크가 없는 금리, 즉 무위험 대출에 적용되는 금리가 될 것이다. 그리고 이 금리는 0이 아니다. 원금의 가치가 줄어들지 않기 위해서는 최소한 인플레이션 이상의 금리는 필요하기 때문이다. 경제나 재무 분야에서는 보통 미국 재무부 채권Treasury Bond 3년물이나 10년물을 무위험 자산으로 간주하고 이 채권 금리를 기준으로 각 자산별 리스크 프리미엄을 더해 금리를 결정한다. 그런데 너무 당연하게도 무위험 자산은 무위험이 아니다. 미국 재무부 채권은 미국 정부가 원리금 상환을 보장하는 데 위험이 없다고 누가 보장할 수 있는가? 이미 미국은 불과 40년 전인 1971년, 모든 미국 달러화에 명확히 쓰여 있는 '금으로의 태환'에 대해 디폴트를 선언한 적이 있다.

미국의 정부 부채는 GDP 대비 100%를 넘어서면서 2차 세계대전 이후 최대치를 기록하고 있다. 국가별로 비교해도 250%에 달하는 일본을 제외하면 선진국 중 유례없이 높은 수준이다. 일본의 경우 국채 대부분을 국내 금융기관이 보유하고 있어 실제 디폴트 위험은 매우 낮다. 국가부도 상황이라면 정부에서 국제분쟁의 여지없이 이 채권 대부분을 무효화해버릴 것이다. 게다가 일본중앙은행BOJ은 이미 발권력을 동원해 국채 상당수를 회수하고 있다. 따라서 시장에서는 머지않아 일본의 정부부채 비율은 100% 수준까지 내려갈 것으로 예상하고 있다. 반면 미국의 국채 대부분은 외국 중앙은행이나 금융기관들이 보유하고 있다. 마음대로 상각해버릴 수 없는 것이다. 미국 정부가 발행한 채권은 분명 짐바브웨 정부가 발행한 채권에 비해 위험도가 현저히 낮다고 말할 수는 있어도 위험이 전혀 없다고 말할 수는 없다. 역사적으로도 증명이 되었고 현재 눈에 보이는 지표도 무시할 수 없는 위험도를 보여주고 있다. 하지만 이보다 더 안전하다고 간주할 수 있는 자산은 없기 때문에 '현실적으로' 미국의 국채를 무위험 자산이라고 간주하는 것뿐이다. 무위험 자산은 국채 하나만이 아니다. 미국의 연방예금보험공사FDIC는 미국 은행의 자산을 규제하는 법규Regulatory Capital Rules에서 은행이 보유한 자산 중 다음 자산을 무위험 자산이라고 공식적으로 규정하고 있다. "현금, 금, IMF 등 국제개발기구가 발행한 채권, 국가가 무조건적으로 보증하면서 특정 요건을 충족하는 채권".

경제학과 재무학에서 무위험이 아닌 자산을 무위험이라고 간주하는 이유는 기준점이 필요하기 때문이다. 필요에 따라 임의대로 기준점을 설정하는 것은 경제학만이 아니다. 이만큼의 길이를 1m라고 정의하는 기준은 무엇인가? 미터에 대한 기준은 누가 만들었는가? 절대로 하늘에서 정해준 절대불변의 기준은 아니다. 킬로그램도 마찬가지이다. 이만큼의 무게를 1kg이라고 정의한 것은 누구이고 그 근거는 무엇인가?

킬로그램에 대한 기준은 다음 사진에 나오는 백금과 이리듐으로 만든 '원기'이다. 1889년 국제사회가 모여 이 원기에 해당하는 무게를 1kg이라고 임의로 정의했고 지금까지 우리는 이를 기준으로 무게를 평가해왔다. 하지만 이 기준점은 2019년부터 바뀐다.

백금과 이리듐으로 만든 질량(kg)원기, 출처: 한국표준과학연구원

반응성이 낮은 백금 90%와 이리듐 10%로 구성된 원기는 유리병에 담겨 국제도량국의 금고에 보관되어 있지만, 세월이 흐름에 따라 미미하게나마 공기와 반응하며 미세하게 질량이 변한 것이다. 과학자들은 현재 최대 100마이크로그램(1만 분의 1g) 정도 가벼워진 것으로 추산하고 있다.

이렇듯 자연에서 부여하는 기준점이 없는 경우 사람들은 임의로 기준을 정해서 쓰고 있다. 하지만 도량형과 달리 경제학에서 사용하는 임의의 기준점은 그 기준이 굳건하지 않기 때문에 많은 혼란을 야기하고 있다. 현재 경제나 금융 분야에서 발생하는 많은 혼란들은 정보의 비대칭이나 시시각각 변하는 변수를 반영하지 못하는 측정 방식 등의 문제점들도 있지만, 근본적으로는 기준점이 굳건하지 못해서, 즉 분명히 위험을 내포하는 자산을 무위험 자산으로 간주할 수밖에 없는 한계 때문에 발생하는 혼란이다. 만약 1kg이라고 간주하는 원기의 무게가 어제는 995g, 내일은 1.1kg 이런 식으로 조변석개한다면 무게로 가격이 표시되는 원자재와 귀금속 시장에 크나큰 혼란이 벌어질 것이다. 자연과학에서는 1kg이 100년 만에 1만 분의 1g만 변해도 기준을 재정비해야 할 만큼 큰일이지만, 금융 분야에서는 이 기준점이 조변석개하기 때문에 이런 혼란이 매일같이 벌어진다. 물론 더 나은 대안이 없기 때문에 이 기준을 쓰는 것이고 그렇기에 혼돈은 계속될 것이다.

여기에 더해 '기준'금리를 정하는 참고지표마저 2차 산업혁명의 기술 발전으로 20세기 초반부터 흔들리기 시작하더니, 3차 산업혁명이 시작된 20세기 후반부터는 지표 자체가 더 이상 측정 불가능한 수준으로 변동하기 시작했다. '기준'금리를 결정하기 위해 참고하는 자료에는 여러 가지가 있지만 가장 핵심적인 참고지표는 '물가'이다. 물론 물가 하나만을 가지고 결정하지는 않는다. 금융통화위원회나 미국 연방공개시장위원회FOMC에서 경제 상황 및 금융시장 상황을 종합적으로 판단하여 결정한다. 하지만 물가동향이 가장 먼저 고려하는 사안이고 핵심지표라는 데는 변함이 없다. 아주아주 간단하게 표현하자면 물가가 치솟으면 경기가 과열되었다고 판단하고 금리를 올린다. 그러면 시중에 풀린 자금 중 일부가 높은 금리를 바라고 금융기관으로 회수되며 시중 자금이 줄어든다. 물가가 올랐다는 얘기는 바꿔 말하면 돈의 값이 떨어졌다는 말이다. 금리를 올려 돈의 값을 높여주면 시중 자금이 일부 금융기관으로 회귀하고 유통량이 적어지는 만큼 돈의 가치는 오른다. 그러면 상대적으로 물가는 다시 낮아진다. 이렇듯 중앙은행은 경기를 판단하는 지표로서 물가를 활용하고 이 물가에 따라 기준금리를 높이고 낮추면서 경기를 조절한다.

그런데 물가를 측정하는 일이 현재는 거의 통제 불가능한 상황에 이르렀다.

2

금리를 결정하는 물가

물가에는 크게 보면 소비자 물가와 생산자 물가가 있지만 보통 소비자 물가를 가지고 얘기한다. 미국 연준은 소비자 물가CPI의 단점을 보완하기 위해 개인소비지출PCE 지수를 만들어 쓰고 있으나 근본적인 차이는 없다. 요즘에는 누구나 물가에 민감하고 조금 더 전문적으로 표현하면 인플레이션에 대해 관심이 높다. 단순히 내가 장 보는 비용이 더 들기 때문에 신경 쓰는 게 아니라 인플레이션에 따라 금리가 오르내리고 부동산 같은 자산가격이 변한다고 알고 있기 때문이다.

그런데 이 물가지수라는 것이 우리 실생활은 고사하고 경제학에서도 주요 관심대상이 된 지 그리 오래되지 않았다. 독일의 경제학자 하노벡은 『인플레이션』이라는 책에서 19세기 초까지는 영어 문헌에 인플레이션이라는 단어가 거의 등장하지 않다가 1870년대부터 전문서적에서 등장하기 시작했다고 밝혔다. 이후 1930년대부터 1970년대까지 점점 사용횟수가 증가하다가 1980년대에 이르러 정점에 달했다. 이유는 금본위제에서는 인플레이션이 드물게 발생했는데 대공황과 베트남전쟁 등으로 금본위제가 폐지되고 내재가치가 없는 종이돈이 화폐로 자리 잡으면서 인플레이션이 본격적으로 시작됐기 때문이다. 미국이 대외적으로도 금태환을 포기한 1970년대에 들어서자 물가는 본격적으로 뛰기 시작했고 이 새로운 현상에 놀라 1980년대에 인플레이션에 대한 관심이 절정에 달했던 것이다.

그렇다면 이전에는 인플레이션이 없었을까? 근대까지만 해도 대개 금이나 은, 동 같은 금속화폐가 주종을 이루었다. 정부에서 금 함량을 엄격히 지킨 베네치아의 두카토와 금 함량으로 장난을 치던 피렌체의 피오리나의 환율이 다른 것처럼 귀금속의 함량과 중량에 따라 화폐가치가 변하기도 했지만, 기본적으로 화폐의 가치는 종이돈보다는 안정적일 수밖에 없었다. 또한 산업혁명이 본격적으로 시작되기 전에는 신제품이 쏟아져 나오며 새로운 수요를 자극하는 일도 별로 없어 가끔 오는 흉년이나 홍수 등의 자연재해나 전쟁을 제외하면 물가지수는 비교적 안정적이었다. 물론 과거에는 전쟁이 워낙 자주 발생하고 자연재해에는 대비할 방법이 적어 물가변동이 발생했지만, 이런 외부변수가 아닌 화폐나 경제의 내생변수에 의한 경기변동은 훨씬 적었다.

하지만 이런 상황에도 예외는 있었다. 16세기에 가격혁명이라는 특이한 이름의 혁명이 유럽을 강타하며 물가가 3~4배씩 오른 것이다. 유럽의 식민지배가 본격화되면서 식민지의 귀금속이 유럽으로

가격혁명 – 16세기 스페인 물가상승

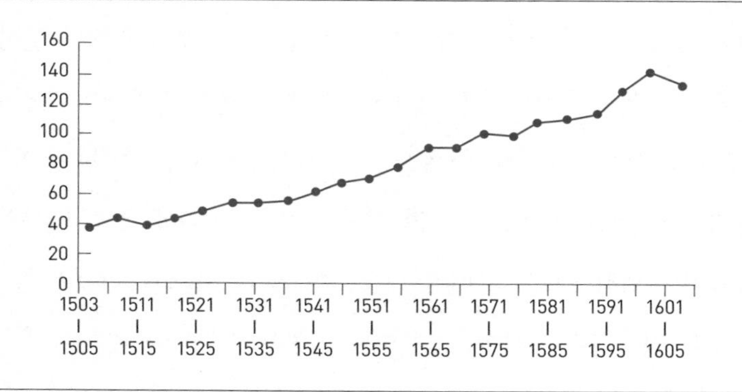

출처: Vladimir Mau

쏟아져 들어왔기 때문이다. 스페인이 잉카제국을 점령하면서 막대한 양의 황금이 유럽으로 유입되었지만 이는 새 발의 피였다. 물가를 크게 뒤흔들 만큼 귀금속이 유입된 것은 아직까지도 원주민의 혹사와 강제노동으로 악명 높은 볼리비아의 포토시 은광이 개발되면서였다. 산 전체가 은으로 되어 있다는 거대한 은광이 개발되며 유럽의 물가가 치솟기 시작했다. 이전까지 비교적 안정적이었던 금과 은의 공급은 금화와 은화의 유통으로 돌아가던 경제의 안정을 가져왔지만, 대규모 은광의 개발은 마치 현대의 정부가 종이돈을 마구 찍어내는 것과 같은 효과를 가져왔다. 포토시에 가려져서 많이 알려지지는 않았지만 가격혁명 당시 포토시에 버금가는 세계 제2의 은광은 일본에 있었다. 14세기에 개발되기 시작해 에도 시대 본격적으로 생산을 시작한 시네마 현의 이와미 은광이다. 이 은광은 한때 전 세계 은 생산량의 1/3을 차지했는데 남미의 포토시와 더불어 유럽 인플레이션의 주범이었다. 16세기 초반, 유럽 전체의 은 보유량은 약 3만

7,000톤으로 추정되는데, 18세기까지 남미와 일본으로부터 유럽에 유입된 은의 양은 10만 톤에 달했다.

포토시와 이와미 은광, 출처: southamericana.com, japanguide.com

일본이 조선보다 먼저 개항을 하고 유럽의 문물을 받아들인 배경에는 여러 가지 해석이 있겠지만 경제학적인 시각에서는 이와미 은광이 핵심적인 역할을 했다. 막부 시대부터 여러 다이묘들 사이에서 쟁탈전이 벌어진 이와미 은광은 결국 도요토미 히데요시 손에 들어가 임진왜란의 군자금 조달처가 되었고, 이후 네덜란드 동인도 회사와의 교역에 핵심적인 역할을 했다. 유럽 열강들은 은을 보고 일본에 접근했다. 이미 포토시 은광을 손에 넣은 스페인이나 브라질과 동남아시아에 기반을 가지고 있던 포르투갈에 비해 네덜란드가 보다 적극적이었다. 상업과 교역으로 먹고사는 소국이지만 교역수단인 귀금속의 산출은 적었기 때문이었다. 화승총을 비롯한 유럽의 과학기술은 대부분 네덜란드를 통해 일본으로 전해졌다. 그러자 일본에는 네덜란드를 의미하는 난학이 유행하고, 네덜란드에는 '자포니즘'이 등장하여 반 고흐가 일본풍의 그림을 그리기 시작했다.

이전의 인플레이션은 전쟁이나 자연재해로 먹을 것이 귀해져서 식량값이 급등하면서 발생했다면 가격혁명은 갑자기 화폐의 유통량이 늘면서 돈의 값이 떨어진 최초의 사례라고 볼 수 있다. 그렇지만 이

가격혁명도 기본적으로 금이나 은의 가치에 연동된 화폐라는 데에서 현재의 종이돈과는 인플레이션의 레벨이 질적으로 다를 수밖에 없었다. 가격'혁명' 당시의 연간 인플레이션은 1~1.5%였다. 현재의 기준으로 보면 인플레이션이 아니라 디플레이션을 걱정해야 할 수준이 당시로서는 혁명적인 인플레이션이었던 것이다. 역으로 생각해보면 현재의 인플레이션이 역사적으로 볼 때 얼마나 높은 수준이고, 이에 따른 경제변동이 얼마나 심할 수밖에 없는지를 알 수 있다. 1% 남짓한 인플레이션에 놀라 가격혁명이라는 표현을 붙일 만큼 적어도 물가라는 측면에서는 수천 년간 비교적 안정된 모습만을 보아왔던 경제학자들은 화폐의 유통량 증가가 초래한 인플레이션에 관심을 갖고 연구했다. 이렇게 화폐수량설이 탄생했고, 그 결과로 우리에게 현재 익숙한 화폐의 유통량으로 경기를 조절하는 통화정책이 나오게 되었다. 정부가 예산을 사용하여 조절하는 재정정책에 비해 통화정책은 기준금리를 가지고 시중의 통화량과 이자율을 조절하는 방식이다.

2000년대 초반, 닷컴 버블이 붕괴되며 경기가 급격히 냉각되자 기준금리를 큰 폭으로 내리며 결국에는 또 다른 부동산 버블을 야기한 그린스펀의 베이비스텝(기준금리를 한 번에 0.25%씩만 조절하여 붙여진 별칭)도, 부동산 버블이 꺼지면서 초래된 디플레이션에 대처하는 버냉키(후보자 중 우선순위가 낮았던 버냉키가 연준의장이 된 것은 주 연구 분야가 디플레이션으로 촉발된 대공황이었기 때문이었다)가 헬리콥터 벤(디플레이션을 막을 수만 있다면 공중에서 헬리콥터로 돈을 뿌리겠다고 선언했다)이라는 별명을 얻은 배경도, 모두 가격혁명 시기에 등장한 통화정책에 기인했다. 그리고 통화정책의 태생적 배경은 인플레이션,

즉 물가지수를 그 기준점으로 삼는다. 물가가 급속히 오르면 금리를 올림으로써 통화량을 줄여 (즉 돈의 가치를 올려) 물건의 가격을 낮추고, 종이돈 체제에서는 드문 일이지만 2010년 초의 경우처럼 물가가 내리거나 내릴 조짐을 보이면 헬리콥터에서 돈을 살포해서라도 (즉 돈의 가치를 떨어뜨려) 물가를 다시 올리는 것이다. 물가가 내리면 소비자들에게 좋을 것 같지만 물가가 지속적으로 하락하면 사람들이 오늘 하나 살 돈으로 내일 2개 살 수 있다는 학습효과로 인해 소비를 미루고 결국에는 장기적인 불황으로 이어진다. 20세기 초반의 대공황은 그렇게 발생했다.

하지만 통화정책은 물가를 정확히 측정할 수 있다는 대전제에서 출발한다. 그린스펀처럼 0.25%씩 베이비스텝으로 금리를 조절하든, 버냉키처럼 헬리콥터에서 돈을 뿌려대든 간에 물가가 얼마나 오르거나 내리는지를 명확히 알고서 대처를 해야지 실제 물가는 내리는데 금리를 올려버리면 가뜩이나 혼란한 경제 상황이 카오스에 빠지게 된다. 나는 전작 『오르는 부동산의 법칙』에서 부동산 가격의 등락을 예측하는 지표로서 특정 지역의 공급량을 살펴보라고 조언했다. 가격이란 당연히 수요와 공급곡선에서 결정이 된다. 부동산도 수요공급곡선을 그릴 수만 있다면 가격을 정확하게 예측할 수 있다. 공급량, 특히 아파트의 경우 인허가부터 분양, 착공, 준공, 입주까지 시기별로 지역별로 일목요연하게 정리된 데이터가 공개되기 때문에 수요만 알면 완벽한 수요공급 곡선을 그릴 수가 있다. 하지만 특정 지역 부동산에 대한 수요를 정확히 측정하기란 불가능하다. 특히나 하락장에서는 거주 수요가 매매가 아닌 전세 등의 임대로 분산이 되기 때문에 정확히 측정할 수 없는 수요를 알려고 애쓰기보다는 수요는 큰 틀에서 강남, 서울, 지방 등의 몇 가지 변수로만 한정하고 모든 데이터가 정부에 의해 공개되는 공급을 가지고 가격을 예측하는 것이 오히려 정확하다는 주장이었다. 즉 정확히 측정할 수 없는 지표는 과감히 포기하고 측정할 수 있는 지표로만 분석을 하는 것이 오히려 예측의 정확성을 높일 수 있다.

물가라는 것이 한때는 측정 가능한 지표였으나 현재 시점에서는 아예 예측이 불가능한 수준에까지 이르렀다. 그리고 장차 4차 산업혁명 시대가 오면 결국에는 물가의 측정 자체를 포기해야 할 것으로 보인다. 지금도 격주로 열리는 금융통화위원회나 미국 연방공개시장위원회FOMC에서 각 국가에서 최고라고 인정받는 경제학자들이 심각한 표정으로 물가지수 데이터를 항목별로 살펴보며 금리를 올릴지 말지 토의한다. 테이블 위에 올라온 물가 데이터가 정말로 현재 물가를 반영한다고 믿고 말이다. 벌거벗은 임금님 우화는 정말 천재적인 발상이다. 오늘날 금융통화위원회나 FOMC에서는 화려한 금융계 경력을 지닌 각국의 원로들이 심각한 표정으로 모여앉아 존재하지 않는 임금님의 옷을 응시하며 이 옷의 기장을 줄여야 할지 말지 매우 진지하게 토론하고 있다.

3

소쉬르와 제프 베조스로 보는 물가의 미래

일물일가의 종말

이런 가격 하락이 물가지수에 잡힌 적은 한 번도 없다.

– 윌리엄 노드하우스(예일대 경제학과 석좌교수, 같은 밝기를 내기 위해 양초와 전등에 드는 비용이 100년 동안 약 6,000분의 1 수준으로 떨어진 것을 밝혀냈다)

물가가 과연 측정할 수 있는 것인지 따지기에 앞서, 현재 물가는 어떻게 측정되고 있는지 알아보기로 하자. 앞서 물가 얘기를 하면서 중앙은행과 경제학자들을 지나치게 비하한 것 같지만 실제 소비자 물가지수는 중앙은행이 아니라 통계청에서 매월 1회 측정한다. 그 방법은 다음과 같다.

먼저 통계청이 소비자 물가지수 조사를 할 대표 품목을 선정한다. 대표 품목은 식료품 주류 및 담배, 의류 및 신발 등의 12개 대분류하에 460개의 품목이 각각의 가중치를 가지고 구성된다. 예를 들면 2015년을 기준으로 쌀의 가중치는 5.2%이고 비스킷의 가중치는 1.7%이다. 홍삼의 가중치는 1.2%인데 컴퓨터의 가중치는 2.1%, TV의 가중치는 1.7%이다. 매월 통계청 조사직원들이 표본으로 선정된 전국 38개 도시의 2만 5,000개 소매점을 방문하거나 전화를 걸어 가격자료를 수집하며 가격변동이 심한 농축산물 등은 월 3회 조사를 한다.

여기서 중요한 것 하나. 이 가격은 정부 보조금이 있으면 이를 제외하고 실제로 소비자가 납부하는 가격을 조사하며 할인 가격은 불특정 다수를 대상으로 한 경우는 포함하지만, 가격차별이나 초단기적 염가는 제외한다. 또한 통신판매 가격도 비정상적인 가격으로 보아 제외한다.

여기서 한 가지 더 짚고 넘어가야 할 것은 이 대표 품목을 선정하는 기준이다. 통계청은 명확하게 이 기준을 밝히고 있다.

1. 전국 가구의 월평균 소비자지출액이 일정 비율 이상이고
2. 동종 품목군의 가격을 대표할 수 있으며
3. 시장에서 계속적으로 가격조사가 가능한 품목이어야 한다.

여기에서는 3이 핵심이다. 그러니까 통계청은 가격조사가 가능한 품목만 가격지수를 측정한다. 당연한 말이다. 이런 농담이 있지 않은가. 한밤중에 가로등 아래에서 뭔가를 열심히 찾는 사람이 있다. 지

나가는 사람이 무얼 찾느냐고 묻자 반지를 잃어버렸다고 한다. 선량한 행인은 안타까운 마음에 가던 길을 멈추고 열심히 함께 반지를 찾아준다. 한참 동안 가로등 아래를 샅샅이 훑었지만 반지는 나오지 않았고 답답해진 행인은 반지를 잃어버린 사람에게 지나가는 말로 묻는다. 반지를 여기서 잃어버린 것 맞아요? 아니요. 오다가 저 골목에서 잃어버렸어요. 아니 근데 왜 여기서 찾고 있어요? 저기는 어두워서 아무것도 안 보이는데 여기는 밝잖아요.

3차 산업혁명이니 4차 산업혁명이니 하며 신제품이 쏟아져 나오고 자식들이 사달라는 선물이 PMP에서 닌텐도로, 아이패드에서 오큘러스로 줄기차게 바뀌어도 이는 전혀 물가지수에 반영되지 않는다. 시장에서 '계속적으로' 가격조사가 가능한 품목이 아니기 때문이다. 오큘러스가 저커버그의 바람대로 10억 대나 팔려서 집집마다 애들 선물로 하나씩 사주는 시절이 오더라도, 이는 한동안은 물가지수와 상관없는 일이다. 2015년에 선정된 대표 품목은 5년간 바뀌지 않기 때문이다. 금통위는 이 와중에도 격주로 열리며 7명의 석학들이 물가 데이터 세부항목들을 매우 심각한 표정으로 들여다보며 기준금리를 0.25% 올릴 것인지 내릴 것인지 갑론을박을 이어간다.

그리고 여기서 다시 소쉬르의 시니피앙과 시니피에가 등장한다. 각 품목의 시니피앙은 하나이다. 예를 들면 물가지수에서 가중치 2.1%를 차지하는 컴퓨터가 바로 시니피앙이다. 이 컴퓨터의 시니피에는 무얼까? 애플 1이 나온 1970년대부터 약 30년 이상 컴퓨터의 시니피에는 극적인 변화를 거쳤다. IBM 호환 PC는 286부터 386, 486, 펜티엄과 펜티엄 4까지 거치면서 CPU와 메모리 용량에 극적인 변화를 거

데이터 이용가격의 하락

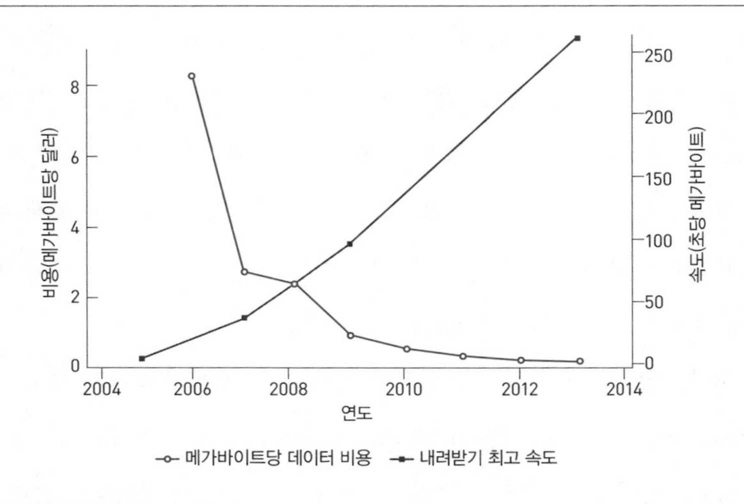

출처: 보스턴컨설팅그룹

쳤다. 나는 1990년대에 486 컴퓨터를 300만 원 정도 주고 구입했다. 이후 지속적인 가격변화를 거쳐 2000년 무렵, 펜티엄 2 컴퓨터 한 대를 200만 원대에 구입할 수 있었다. 휴대폰이나 MP3 플레이어 등 우리의 소비에 많은 비중을 차지하는 품목 상당수가 이런 패턴을 겪고 있다.

음악에 대한 소비를 한번 살펴보자. 현재 음악 한 번 듣는 데 얼마나 지불하는가? 모른다. 대다수 사람들은 이 비용을 계산해본 적도 없고, 필요성도 느끼지 않는다. 대부분의 젊은 층들은 스트리밍 서비스를 이용할 것이다. 굳이 음악을 구입할 필요도 없다. 이미 정액제로 쓰는 통신망을 이용해서 언제든지 음악을 스트리밍으로 들을 수 있는데 굳이 메모리 용량을 희생하면서까지 다운로드를 하지 않는다. MP3와 스트리밍 서비스가 나오기 전인 20여 년 전으로 돌아가 보자. 보통 10곡 내외가 들어 있는 CD 한 장에 팝송이나 클래식은 만 5천 원, 가요는 만 원 정도 했다. 그리고 다들 알겠지만 이 CD에 내가 정작 듣고 싶은 노래는 한두 곡밖에 없었다. 그 가수를 정말 좋아하는 팬들이야 소장욕구 때문에라도 샀겠지만 원하는 곡을 원하는 때에 듣고 싶어 CD를 산 대부분의 고객들은 모든 곡을 사고 싶지는 않았다. 듣고 싶은 곡만 따지면 한 곡에 5천 원 이상이었다. 그래서 나온 것이 Max나 Now 같이 히트곡을 모아 놓은 편집음반이었고, 길거리에서 카세트테이프에 히트곡만 녹음해서 2천 원에 파는 불법테이프가 성행했다. 합법적인 Now 음반이건 길보드라고 불리던 불법 테이프건 모두 지금은 사라진 모델이다. 이제는 원하는 곡만 스트리밍해 언제든지 무한정으로 들을 수 있기 때문이다. 그 당시 음악 감상에 얼마나 비용이 들었을까? 내가 대학생이던 1990년대, 한 달 평균 CD 1~2장에 길보드 테이프 1개 정도를 구입했다. 약 2~3만 원 정도를 음악을 듣는 데 썼던 것이다. 현재는 멜론 스트리밍 월정액으로 약 7천 원 정도를 쓴다. 20여 년 전에는 3만 원이 들었고 현재는 7천 원이 든다는 가격 면에서의 문제만이 아니라, 들을 수 있는 음악의 종류는 비교도 할 수 없이 차이가 난다. 이 가격혁명은 물가지수에 어떻게 반영되었을까?

통계청의 전문가들도 이 정도로 답답한 사람들은 아니다. 우리가 흔히 아는 정도의 품질 향상은 통계전문가들도 다 알고 있는 사항이고, 그렇기 때문에 소비자 물가지수를 산정할 때는 품질 조정이라는 작업을 거친다. 품질 조정이란 품질 향상에 따른 가격 변동분과 순수한 가격 변동분을 분리해 순수한 가격 변동분만을 물가지수에 반영하는 작업을 말한다. 이 작업에는 직접비교법, 중량환산법, 전문가 판단법, 헤도닉 기법 등이 있다. IT 제품을 대상으로는 헤도닉 기법이 많이 쓰이는데 아래 수식처럼 컴퓨터의 경우 CPU 용량과 메모리, 하드 용량 등 컴퓨터의 품질에 핵심적인 변수들을 고려하여 가격을 결정한다. 헤도닉 기법은 IT 제품의 가격을 측정하기 위해 고안된 것이 아니라 가격의 질적 변수를 측정하기 위해 개발된 기법으로 부동산, 미술품 등 다양한 분야에 쓰이고 있었다. 1990년대 이후로 워낙 IT 기기들의 성능 향상과 가격 하락이 급격하게 진행되다 보니 많은 경제학자들이 헤도닉 가격모형을 활용해 IT 기기, 특히 PC의 가격을 물가지수에 반영하는 연구를 하고 있다. 그런데 아래 수식에서 보듯이 각각의 가중치와 오차항에 대해 너무나 주관적이고 자의적인 해석이 가능하다. 과연 이런 주관적인 보정을 거친 수백 개의 '권장' 가격을 보고 수많은 경제학 석학들이 골머리를 썩이며 0.25% 단위의 미세한 금리조정 결정을 고뇌하는 것이 합당할까?

헤도닉 기법을 이용한 PC 가격 보정

PC의 가격 = a + (b × CPU 속도) + (c × 하드디스크 용량) + (d × RAM 용량) + (e × 제조사) + (f × OS) + 오차항

출처: 통계청

더구나 헤도닉 기법은 3차 산업혁명 이후 더 이상 물가의 질적 보정을 위한 방법론으로서 적합하지 않다. 헤도닉 기법으로 컴퓨터의 가격을 보정하면 64KB(MB도 아닌 KB) 저장 용량이면 충분하던 시대에서 이의 1,000배인 64MB도 아닌 그의 1,000배, 즉 수백만 배로 저

장용량이 늘어난 현재의 컴퓨터 가격을 품질보정하면 가격은 수천 배가 떨어진 것으로 측정이 되어야 한다. 통화량은 계속 늘고 있는데 영원히 디플레이션에서 벗어날 수 없는 것이다. 이를 다시 보완하기 위해 전문가 판단법을 쓰는데 이게 또 당연하게도 자의적일 수밖에 없다. 통계청은 고육지책으로 '중산층이 쓰는' 제품이라는 기준을 들고 나왔다. 즉 64KB 제품이 이전의 중산층이 쓰는 대표 제품이었는데 현재는 그 백만 배인 64GB 제품이 중산층이 쓰는 대표 제품이라면 가격변동은 없는 것이다. 현재 내가 쓰는 갤럭시 S8+는 64GB와 128GB 두 가지로 출시된다. 어느 것이 대표 품목인가? 128GB는 중산층이 쓰는 대표 제품이라고 한다면 64GB는 저소득층이 쓰는 것인가? 둘 중 하나를 선택함에 따라 헤도닉 기법의 계산치는 2배로 벌어진다. 더구나 이런 통계보정기법들은 이제부터 더 자세히 설명할 동적가격결정이론과 가격의 비선형이론에 의해 무참히 효용가치를 잃을 것이다. 통계청에서 실시하는 이런 보완책은 실제 0.25% 단위로 정교하게 경기를 조절하는 통화정책의 기준근거로서 물가지수를 완벽하게 산출하는 목적으로 쓰이는 것이 아니다. 공무원들이 '우리가 그 정도도 모를 줄 아나, 다 알고 있고 고민 많이 해서 물가지수에 반영하고 있다'라고 주장할 근거를 마련하려는 면피 목적이 더 강한 것이다.

이런 현상은 단지 어제오늘의 일만은 아니다. 19세기 후반, 2차 산업혁명이 궤도에 오르며 수많은 항목들에서 엄청난 가격혁명이 일어났다. 대표적인 것이 전기의 등장이다. 에디슨이 '상용화'한 백열전구의 등장으로 집안과 거리를 밝히는 비용은 기하급수적으로 떨어졌다. 전구가 등장하기 전에 지구를 밝히는 데 가장 많이 쓰인 재료는 고래기름 램프였다. 한 마리만 잡아도 어마어마한 양의 기름을 짜낼 수 있는 이 거대 포유류는 1차 산업혁명으로 씨가 마를 뻔했다. 1차 산업혁명에서 탄생한 증기기관을 사용하는 기계류에 필요한 윤활유로 고래기름이 쓰인 것이다. 산업용 고래기름에 대한 수요는 곧 조명용 기름에 대한 수요를 압도한다. 일본에 화승총을 전해준 네덜란드가 원한 것이 이와미 광산의 은이었다면 일본을 개항시킨 미국이 원한 것은 포경선의 피난처였다. 영국에서 탄생한 1차 산업혁명이 미국으로 옮겨간 직후인 1853년 미국의 흑선이 일본의 동쪽 해안에 나타난 데는 다 이유가 있었다. 영국이 1차 산업혁명의 결과를 자랑하기 위해 만국박람회를 개최한 지 딱 2년 후의 일이었다. 자극을 받은 미국은 산업혁명에 박차를 가했고, 엄청난 양의 윤활유가 필요해지자 광활한 태평양으로 대규모의 포경선단을 보냈다. 그러자 태풍이 불 때 포경선단이 피항할 대피처와 보급품 기지로 활용할 지역 거점들이 필요해졌다. 이렇게 하와이를 비롯한 태평양의 섬들에 미국 포경선단의 피항처가 마련되었고 태평양 가장 서쪽에 있는 일본에까지 이르게 된다.

이 멸종 위기에 처했던 고래는 석유를 이용하는 내연기관이 등장하여 석유 부산물을 윤활유로 쓰게 되면서 한숨을 돌렸고 뒤이어 등장한 에디슨에게도 큰 신세를 졌다. 내구성 있는 필라멘트의 등장으로 전등의 비용이 급속히 떨어진 것이다. 고래기름 램프에 비해 촉당 비용이 불과 수십 년 만에 무려 수천 분의 1로 떨어진 전구가 나오면서 고래기름에 대한 수요가 사라졌다. 이래저래 고래에게는 2차 산업혁명이 생명의 은인인 셈이다. 그리고 현재 예일 대학 경제학과 교수로 있는 윌리엄 노드하우스가 지적했듯이 이런 가격변화는 물가지수에 한 번도 잡힌 적이 없었다.

가격은 원가에 마진을 더한 것인가?

가격을 측정하는 것은 그렇다 치자. 그럼 가격은 어떻게 정해질까? 판매자 혹은 생산자의 원가에 적정 마진을 더해 판매가가 결정된다고 많은 사람들은 생각할 것이다. 실제 많은 사업자들이 그렇게 가격을 정하기도 한다. 하지만 대기업이나 다국적 기업들이 정하는 가격은 대부분 원가 더하기 적정 마진의 산식으로 정해지는 것이 아니다. 그렇다면 어떻게 정해지는가? 유식한 말로 소비자 잉여를 최소화하

소비자 잉여와 생산자 잉여

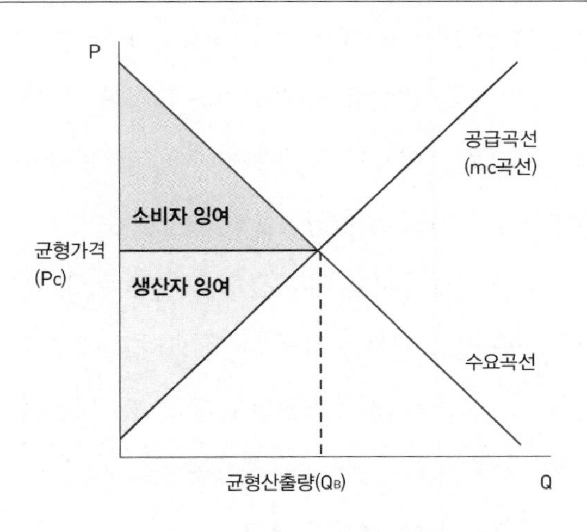

는 방식으로 정해진다. 마케팅 수업 시간에 책에서 배우는 이론이 아니라 실제로 이렇게 정해진다.

소비자 잉여의 핵심은 곧 소비자 잉여가 사람마다 다 다르다는 것이다.

모든 사람들은 각자 생각하는 특정 제품에 대한 효용가치가 다르다. 부의 정도에 따라 다를 수도 있고 기호나 가치관에 따라 다를 수도 있다. 가격결정에 관한 기업들의 꿈은 모든 사람들에게 각자 지불할 용의가 있는 효용가치에 따라 가격을 달리 받는 것이다. 그러니까 똑같은 제품이라도 A에게는 100원을 받고 B에게는 120원을 받아 판매자가 취하는 이득을 극대화하는 것이다. 말만 들어도 창렬스러움에 몸을 떨게 되는 이런 생각은 나 혼자만의 믿음이 아니다. 실제 수많은 경영대학원에서 정규 수업 시간에 가르치는 내용인 동시에 대부분의 기업에서 사용하는 방법이기도 하다. 이런 지극히 양아치스러운 가격결정 방식에는 뜻밖에도 매우 아카데믹한 이론적 배경이 있다. 영화 〈뷰티풀 마인드〉에서 러셀 크로우가 열연한 노벨경제학상을 수상한 수학자 존 내쉬가 정립한 내쉬 균형이 가격결정에 핵심 역할을 한다. 각자의 소비자와 생산자가 내쉬 균형을 찾아가는 과정을 가격결정에 도입하면 소비자 잉여를 최소화할 수 있는 가격점이 도출된다. 많은 MBA 과정에서는 내쉬 균형을 찾는 수업에서 학생들이 실제 소액의 돈을 걸고 게임을 하게 한다. 그리고 이 수업을 가르치던 행동과 말투가 지극히 내쉬스러웠던 경제학 교수님은 수업 중간중간에 본인이 미국 대기업 어디어디에서 이 모델을 가지고 가격컨설팅을 해주었는지를 자랑삼아 말하곤 했다.

이렇게 소비자 각자가 다 다른 소비자 잉여를 개인별로 분류하여 원가가 50원인 상품을 A에게는 100원을 받고 B에게는 120원을 받는 것을 '가격차별'이라고 한다. A에게 맞추어 가격을 일률적으로 100원이라고 책정하면 생산자의 이익은 (100원 − 50원) × 2 = 100원이 된다. 반면 B에 맞추어 120원으로 책정하면 A는 구매를 포기하니 (120원 − 50원) × 1 = 70원밖에 되지 않는다. 하지만 가격차별을 도입해서 A에게는 100원을, B에게는 120원을 받게 되면 생산자의 이익은 각각의 차액인 50원 + 70원 = 120원이 되는 것이다.

이게 가능할까? 어떻게 A에게는 100원을 받고 B에게는 120원을 받을까? 가능하다. 그리고 매우 광범위하게 가능하다. 지금 이 순간에도 여러분 대부분은 가격차별에 따라 소비를 하고 있고 간혹 불만을 느끼기도 하지만 대부분 군소리 없이 이를 받아들이고 있다.

비행기 티켓값이 여름 성수기와 비수기, 명절과 주말에 서로 달라도 대부분 가격차별을 받아들이고 비쌀 때는 비싼 대로, 쌀 때는 싼 대로 가격을 지불한다. 호텔의 경우도 마찬가지이다. 대개의 숙박업소는 절대 아무도 지불하지 않을 가격을 '공식'가격Published Rate으로 써놓고 시기별로 그리고 예약 채널별로 다양한 '할인율'을 적용해 가격을 달리 받는다. 항공예약을 할 때 가장 기본 중의 기본이 되는 팁은 주말을 끼고 다녀오면 싸다는 것이다. 어쩌다 출장을 가는 사람들은 주말에도 하루쯤 남아서 여기저기 돌아보고 싶은 욕구가 있겠지만 출장을 자주 다니는 사람들은 하루라도 빨리 집에 오고 싶어 한다. 이제는 별로 가보고 싶은 곳도, 호기심도 남아 있지 않기 때문이다. 그래서 금요일에 출장지에서 업무가 끝나면 하루빨리 귀국행 비행기를 탄다. 항공사는 가장 먼저 여행객과 비즈니스 탑승객을 구분해서 여행객에게는 보다 싼 금액을 제시한다. 그리고 둘을 구분하는 첫 번째 기준이 주말을 지나고 오느냐 아니냐이다. 반면 국내선의 경우 사정은 다르다. 국내선은 금요일 출발편이 가장 비싸고 화요일에 출발하는 것이 가장 저렴하다. 국토가 광활한 미국과 달리 한국은 비행기를 타고 출장 가는 일이 그리 많지 않기 때문이다. 그래서 항공사는 국내선의 경우 대개 여행객이라고 가정하고 주말에 여행 가는 사람은 직장인, 주중에 가는 사람은 학생이나 은퇴자, 혹은 시간적 여유가 많은 사람으로 가정하는 것이다. 또한 같은 시기에 같은 비행기를 탔더라도 티켓을 예약한 시점과 예약한 곳에 따라 가격이 천차만별이다. 그래서 항공사는 이에 대한 가격 저항을 최소화하기 위해 예약한 시점과 장소에 따라 같은 티켓도 클래스를 다양하게 나눠둔다. 취소 시 수수료 부과 여부, 마일리지 적립 비율 등 정말 사소한 사유로 티켓의 클래스를 다양하게 만들어 가격차별화를 정당화한다.

이러한 항공사의 가격결정 시스템은 통신사의 가격결정 시스템과 함께 전 세계에서 가장 정교한 모델을 자랑한다. 스마트폰의 등장으로 통신사의 요금 테이블이 마치 2차 세계대전 당시 독일군의 암호차트만큼 복잡다양해지기 전인 1990년대까지 항공사는 게임이론을 전공한 경제학자들을 가장 많이 고용하거나 이들의 컨설팅을 가장 많이 받는 고객이었다. 그리고 모바일로 데이터 통신이 가능해지면서 통신사가 곧바로 항공사를 제치고 가격차별의 주역이 된다.

항공사나 통신사 모두 이렇게 계산하기도 복잡한 요금 테이블을 운영하는 이유는 최대한 고객들을 세분화해서 각각의 고객이 낼 수 있는 최대한의 요금을 받기 위해서이다. 항공사나 통신사, 혹은 호텔 업계가 악덕기업이어서 그런 것이 아니다. 대부분의 기업은 이런 기법을 활용하여 가격을 결정한다. 이런 가격차별을 조금 먹물스러운 표현으로 동적가격결정이라고 한다. 차별이라는 뉘앙스가 부정적이니 이를 다루는 마케팅 업계에서는 동적가격결정이라는 모호한 뉘앙스의 단어로 대체한 것이다. 그리고 유구한 역사와 광범위한 쓰임새를 가지고 있는 동적가격결정은 현재 시점에서 점점 더 정교해지고 있다. 즉 여러분은 더 많은 가격차별을 당하고 있다. 바로 인터넷과 빅데이터, 그리고 이를 활용한 애드테크 덕분이다.

구글과 페이스북이 정교하게 분류된 소비자를 타깃으로 한 맞춤형 광고를 제시하기 위해 사용하는 애드테크는 가격차별화를 정교하게 수행하는 데에도 쓰이고 있다. 2011년 구글은 이 동적가격결정 방식에 대해 특허권을 신청했다. 온라인 콘텐츠의 기준가격을 조정해주는 방식과 시스템에 대한 특허를 신청한 것이다.

모바일 업계의 가격차별화 사례 중 가장 유명한 것은 아마존의 OS에 따른 가격차별화 정책일 것이다. 실리콘밸리에 가면 IT 기업 직원들은 아이폰을 들고 다니고 노숙자들은 갤럭시를 쓴다는 우스갯소리도 있을 만큼 아이폰이 조금 더 고가의 이미지를 가지고 있다(물론 나는 갤럭시를 쓴다). 그러자 유통업계의 공룡인 아마존은 이미 존재하는 자사의 수많은 가격차별 기법에 모바일 기기에 대한 가격차별 정책을 추가했다. 아이폰의 OS인 iOS를 통해 접속하는 고객에게는 안드로이드 기기를 통해 접속한 고객보다 약간 더 높은 가격을 책정한 것이다. 얼마 못 가 아마존의 이 OS 가격차별화 정책은 (대부분 아이폰을 쓰며 비싼 가격을 지불한) IT 업계 관계자들에 의해 실체가 까발려져 뭇매를 맞고 공식적으로는 철회되었다. 하지만 iOS와 안드로이드에 가격차별화를 한 것은 아마존뿐이 아니다. 트레블로시티Travelocity나 오르비츠Orbitz 같은 여행 사이트들도 동일한 방법으로 가격차별을 한 것으로 확인되었다. 심지어 홈디포Home Depot 같은 유통업체들은 데스크탑이 아닌 모바일로 접속을 한 고객에게는 상품에 따라 최대 100달러 이상 가격을 더 받은 것으로 나타났다. 모바일로 접속을 한 사람은 현장에서 작업 중에 급하게 자재가 필요해서 주문을 한 것으로 간주하고 더 비싼 가격을 제시한 것이다. 우버의 경우 아예 가격차별화 정책을 공식적으로 자사 서비스에 활용한다. 택시는 심야요금제가 이미 존재하기에 심리적 저항이 덜한 분야이기 때문이다. 우버는 사업 초기부터 호출 수요에 따라 가격이 달라지는 알고리즘을 개발해서 사용하고 있다. 물론 수요에 따라 가격차별이 무려 10배 가까이 치솟아 금요일 밤에 술 마시고 뭣도 모르고 우버를 불렀다가 집에 가는 데 300달러를 냈다는 불만이 폭주하자 지금은 가격차별 폭에 제한을 걸어 놓기는 했다. 우버는 자사의 가격차별 정책을 동적가격결정Dynamic Pricing이라는 용어 대신에 급증요금제Surge Pricing라고 부른다. 카카오택시 역시 웃돈을 받는 가격차별 정책을 '신속콜'이라는 명칭으로 도입했다.

구글이나 페이스북이 빅데이터에 목숨을 거는 큰 이유 중의 하나가 바로 가격차별화를 위해서이다. 마케터들의 궁극적 꿈은 여러 사회경제적 요소로 그룹화해 가격을 달리하는 가격차별 정책을 보다 정교하게 구성해서 고객 개인별로 맞춤화된 가격을 제시하여 생산자 효용을 극대화하는 것이다. 그리고 이 꿈은 빅데이터와 애드테크에 의해 점점 더 현실화되고 있다. 10년 전의 가격차별화 기법의 정교함과 현재 가격차별화 기법의 정교함을 비교하면 마치 구석기와 청동기 이상의 차이점을 보일 것이다. 그리고 지금부터 10년 후, 빅데이터가 더 방대하게 쌓이고 집채만 한 양자컴퓨터가 산업계에서 쓰이기 시작하면 지금의 가격차별화 기법은 돌도끼처럼 보일 것이다. 이미 상당 부분 정교해진 지금의 가격차별화 수준으로도 상상하기 힘든 정도의 개인별 맞춤가격이 일반화될 것이기 때문이다. 여러분이 우버를 부를 때 제시되는 가격은 곧 개인별로, 시간대별로 목적지에 따라서 다 달라질 것이다. 지금 이 순간에도 세계 각지에서 무수히 쏟아져 나오고 있는 빅데이터 스타트업들을 만나 주 고객이 어디냐고 물어보면 첫 번째로 나오는 대답이 '애드테크'와 '온라인 쇼핑'이다.

그런데 동적가격결정은 판매자들이 가격을 정하는 기법 중 빙산의 일각에 불과하다. 기업들은 스키밍, 비선형 가격결정 등 다양한 기법을 사용한다. 이 중 스키밍 기법은 통계청의 물가조사 담당자들에게는 재앙에 가까운 것이다. 스키밍은 가격에 민감하지 않은 초기 수용자들을 대상으로 초기에는 고가에 판매하여 단기간에 생산비용을 회수하고 이후 대중을 대상으로는 점차 가격을 인하하는 가격결정 기법이다. 스키밍 전략을 가장 알차게 활용하는 대표적인 기업이 애플이다. 독일의 헤르만 지몬은 『프라이싱』이라는 저서에서 애플의 가격전략을 스키밍의 대표 사례로 소개한다. 애플은 아이폰을 처음 출시하는 순간부터 가격을 고무줄처럼 변동시켰다. 2007년 6월에 아이폰 8GB짜리 제품을 599달러에 출시한 애플은 애플스토어 앞에서 밤새 줄을 서며 아이폰이 나오기만을 고대하던 충성 고객들이 신제품 구입을 마친 뒤, 불과 3개월 만에 가격을 200달러나 내려 399달러에 팔기 시작했다. 무려 35%가 인하된 것이다. 그리고 비싸게 산 고객들이 항의하자 100달러짜리 기프트카드를 주면서 달랬다. 이 모든 것은 처음부터 계산된 행동이었다. 그리고 아이폰 16GB 제품이 나오자 8GB 제품은 다시 1년 만에 200달러 더 내려가 199달러에 판매되었다. 아이폰 3GS가 나온 2009년이 되자 다시 또 1년 만에 가격을 100달러 내려 2년 전에 599달러에 판매된 제품이 불과 99달러에 팔리게 된다. 처음 출시 후 2년 만에 가격이 무려 85%나 떨어졌다. 2007년에 아이폰 8GB는 중산층이 쓰던 제품이었는데 2년 후엔 아니란 말인가? 미국의 아이콘과도 같은 아이폰의 가격변화를 물가지수는 어떻게 반영할까?

스키밍은 꼭 혁신제품이 아니라 일반제품에도 많이 사용되는데 가장 전통적인 상품으로 보이는 종이책에도 활용된다. 양장본이라고 불리는 하드커버는 출판계의 오래된 스키밍 기법이다. 독자층이 조성되어 있는 인기 작가나 유명인의 경우 신간이 나오면 바로 사서 보려는 대기층이 존재한다. 이들에게는 최대한 가격을 높여 받고 싶은 것이 출판사의 심정이다. 하지만 그렇다고 비싸게 가격을 책정했다가 책이 나온 지 몇 달 만에 할인을 해버리면 책이 잘 안 팔려서 떨이판매를 한다고 오해받을 수도 있고 작가의 자존심에 상처를 줄 수도 있다. 그리고 우리나라는 도서정가제 때문에 그렇게 하지도 못한다. 이에 출판사는 처음부터 하드커버와 페이퍼백이라는 두 가지 버전의 책을 만든다. 그리고 신간이 막 발간되었을 때는 두툼한 표지로 고급

스럽게 양장한 하드커버만을 비싼 가격에 출시한다. 그리고 애플스토어에서 밤을 새워 아이폰을 기다리듯 인기 작가의 신간을 기다리던 독자층들이 비싼 하드커버를 다 샀을 때 저렴한 페이퍼백을 출시한다. 나부터도 앞서 말한 버냉키나 그린스펀의 회고록이 나오자마자 하드커버로 사서 잘 모셔 놓고 있다. 이 점을 잘 알고 있는 출판사에서 책정한 가격을 보면 2017년 베스트셀러 중 하나인 데이비드 그랜이 쓴 『Killers of the Flower Moon』의 하드커버 정가는 28.95달러인데 이후 출시된 페이퍼백의 정가는 40% 이상 할인된 16.95달러에 불과하다.

인터넷이나 모바일이 활성화되기 이전에도 기업들은 소비자 잉여를 최소화하려는 가격차별화 기법을 수단과 방법을 가리지 않고 발전시켜왔다. 컴퓨터와 인터넷, 온라인 판매와 빅데이터가 등장하면서 가격차별화 기법은 점점 더 유통업계에서 광범위하게 확산되고 있다. 물론 이런 가격정책을 수립하면서 통계청에서 물가조사를 어떻게 할까 걱정하는 마케팅 부서 담당자는 단 한 명도 없을 것이다.

이쯤에서 대한민국 통계청이 공식적으로 밝힌 소비자 물가의 가격조사 원칙 중 하나를 다시 한번 되새겨보기로 하자. "가격차별의 경우나 초단기적인 염매가격, 통신판매 등은 제외합니다."

왜 최근으로 올수록 중앙은행의 통화정책이 세계경제 대통령이라는 그린스펀도 '알 수 없는 일'이라며 고개를 갸우뚱거리고 수천 명의 경제학자들이 달려들어 분석의 분석을 거듭해도 경제가 안정되기는 커녕 혼돈만이 가중되는지 감이 잡힐 것이다. 경제를 분석하고 해결점을 제시하는 근거가 되는 기준점 자체가 흔들리고 있고, 또 그 진폭이 점점 커지고 있기 때문이다. 그렇다면 이 물가 측정을 제대로 하면 되지 않을까? AI와 양자컴퓨터를 사용해서 말이다. 물가의 움직임을 측정하기 힘들게 만든 바로 그 기술들을 다시 물가 측정에 활용해 정밀하게 측정할 수도 있을 것이다. 하지만 물가를 측정하는 것은 통계청의 통계학자들이지만 이를 활용하는 것은 경제학자들이다. 그런데 다음 장에서 보듯이 경제학자들은 자신들이 틀렸다는 것을 결코 인정하지 않는다. 이는 한 개인의 오만이 아니라 집단의식이다. 그렇기 때문에 혼란은 가중되고 있는 것이다.

4
가중되는 혼란
효율적 시장가설과 행동주의 경제학

인문학도로서 MBA 수업을 들으면서 크게 세 번 정도 당혹감을 느꼈다. 이미 다른 형태의 사고방식에 익숙해지고 머리가 커진 상태에서 접한 세 가지 이론은 당혹스러움을 안겨주었다. 그러나 한편으로는 왜 경제가 늘 부침을 겪을 수밖에 없는지 이해하는 데 도움을 주었다.

첫 번째 당혹스러움은 앞서 말한 무위험 자산의 개념이다. 내가 MBA 과정에 들어간 1999년으로부터 불과 28년 전인 1971년에 미국은 자국의 화폐에 엄연히 써 있는 금태환에 대해 디폴트를 선언했다. 그러자 금융시장이 패닉에 빠지며 2차 세계대전 이후 안정을 찾아가던 금값이 4년 만에 무려 4배로 치솟았다. 이 나라에서 발행한 채권이 '무위험 자산'이라는 것이다.

달러 금태환 정지로 폭등을 시작한 국제 금 가격

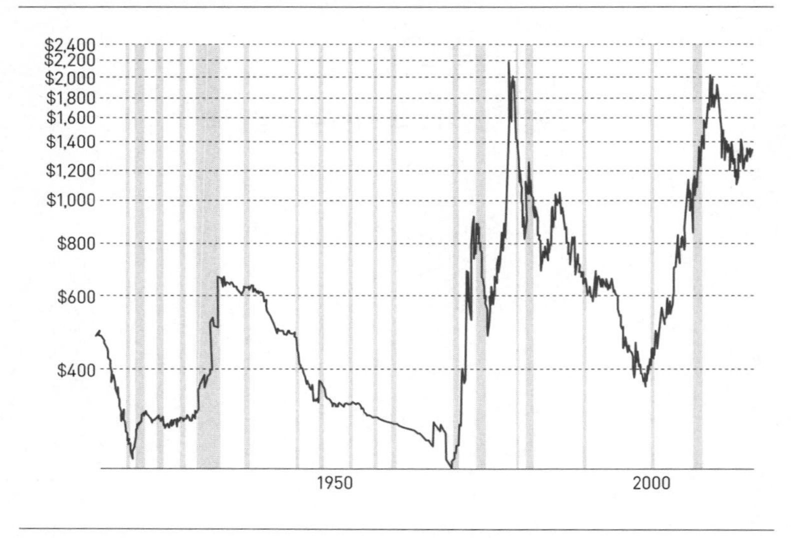

출처: macrotrends.net

두 번째 당혹감은 노벨상을 수상했다는 학자들이 이 허술한 기준점의 문제를 보완하는 방안을 찾는 데 매진하는 것이 아니라 오히려 허술한 기준점을 완벽한 근거로 가정하고 새로운 이론을 만들어낸다는 것이었다. 대표적인 것이 효율적 시장가설이다. 시카고 대학의 경제학자 유진 파머는 시장의 모든 정보는 자산가격에 즉각 반영된다는 '효율적 시장'에 대한 가설을 세웠다. 파머는 시장을 효율성에 따라 '강형과 준강형, 그리고 약형' 효율적 시장으로 나누었고, 현재 미국의 자본시장은 약형 효율적 시장으로 자산가격에는 이미 공개된 모든 정보가 반영되어 가격이 형성된다고 주장했다. 효율적 시장가설을 토대로 만들어진 재무이론이 경영학과 출신들이 재무학 개론 시간에 배운 자본자산 가격결정모형CAPM이다. 자본자산 가격결정모형은 자산별 위험도에 따른 기대수익과 위험 간의 상관관계를 나타내는 그래프로 이 모델에 따라 이론적으로는 수익률의 표준편차가 0인, 다시 말해 기대수익률과 실현수익률이 같게끔 무위험 자산과 다양한 위험 자산을 조합하여 '일정한 기대수익률하에서 가장 적은 위험'을 갖는 최적의 포트폴리오를 구성할 수 있다.

그러니까 CAPM의 이론적 근거는 1971년에 자국의 화폐에 대해 디폴트를 선언한 적이 있고, 현재 OECD 회원국 중 자국 금융기관이 주로 국채를 인수하는 일본을 제외하면 정부의 부채비율이 가장 높으며, 이 높은 부채비율을 유지하기 위해서, 다시 말해 자국통화가 기축통화로 지속적으로 인정받게 하기 위해 막대한 비용을 들여 이라크같이 자국의 기축통화 지위를 위협하는 국가들(사담 후세인은 석유 수출 대금 결제를 유로화로 바꾸려 했기 때문에 미국의 침공을 당했다)과

CAPM에서 주장하는 증권시장선(SML)

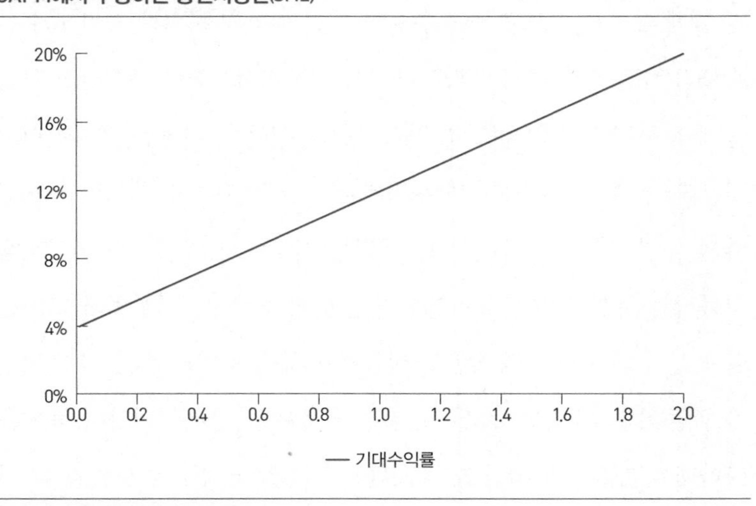

이때 무위험수익률은 4%로 가정했다.
출처: thismatter.com

수시로 전쟁을 벌여야만 하는 국가의 정부가 발행한 채권이 무위험 자산이라는 믿음이다.

현재도 생존해 있는 유진 파머 교수는 이 이론을 정립한 공로로 2013년에 노벨경제학상을 받았다. 파머 교수가 속한 시카고 대학은 앞서 말한 인플레이션에 따라 기준금리를 조절하여 중앙은행이 경기를 조율하는 통화주의의 모태가 된 곳이다. 그리고 이 현대 재무학의 아버지로 불리는 파머 교수는 2008년 글로벌 금융위기가 시작된 후 그 이유를 묻는 언론의 질문에 "원인과 효과를 구분하기는 쉽지 않은 일Cause and effect is not very easy to disentangle"이라는 모호한 표현으로 즉답을 피했다.

물론 CAPM은 경제학 전반에 걸쳐 광범위하게 비판을 받는 이론이다. 파머 교수 스스로도 CAPM이 실제 시장에서는 적용이 안 되더라는 실증적 연구결과를 발표하기도 했다. 2013년에 유진 파머 교수와 함께 공동으로 노벨상을 수상한 예일 대학의 로버트 쉴러 교수는 효율적 시장가설과는 반대로 자산시장의 비이성적인 가격결정 과정을 추적하여 인간의 비합리적인 판단과 행동이 시장을 왜곡한다고 결론을 내린 '행동경제학'의 주창자이다. 시장이 효율적으로 움직인다는 유진 파머 교수와는 정반대되는 시각에서 경제학에 심리학을 접목시켜 자산가격에 대한 경험적인 분석을 주로 하는 쉴러 교수는 실제 부동산 시장의 움직임을 정확하게 예측하기도 했다. 쉴러 교수가 만들어낸 '케이스-쉴러Case-Shiller' 지수는 미국 주택가격 동향을 나타내는 가장 일반적인 지수로 활용되고 있다. 주식투자를 하는 사람들이 미국 다우존스 지수의 움직임을 참고하듯 부동산 투자를 주

케이스-쉴러 전미 주택가격 지수

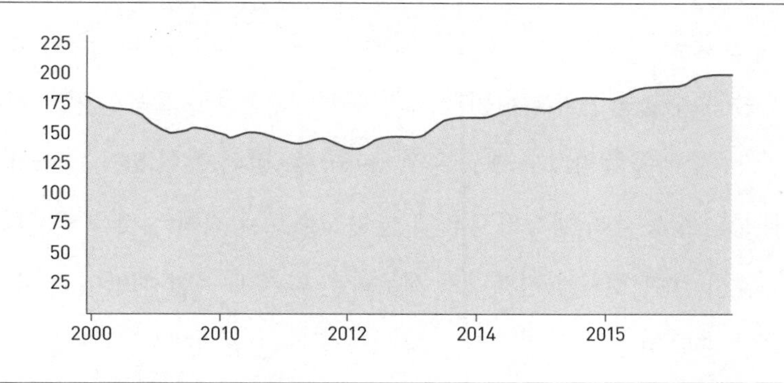

2012년 바닥을 찍고 견고하게 상승 중이다.
출처: S&P DowJones 지수

로 하는 나 역시 케이스-쉴러 지수를 북마크해 놓고 매월 수치를 확인하고 있다.

세 번째로 느낀 당혹감은 바로 로버트 쉴러 교수가 주창한 행동경제학Behavioral Economoics이라는 분야에서 찾아왔다. 나는 이 과목을 경영대학원에서 경제학이 아닌 행동재무학Behavioral Finance이라는 명칭으로 처음 배웠다. 그리고 그 학문의 명칭과 기본 전제에 경악하지 않을 수 없었다. 행동경제학은 앞서 말한 효율적 시장가설에 의해서는 도저히 설명되지 않는 자산가격의 움직임을 설명하기 위한 경제학의 세부 영역이다. 실제 시장에서 가격은 도무지 이론대로 움직이지 않는다. 이를 보완하기 위해 강형, 약형 등 효율적 시장가설 자체에 약간의 변형을 줘 봐도 마찬가지이다. 이런 상황이라면 상식적으로 이론이 잘못되었다고 생각하는 것이 보통인데 경제학자들은 반대의 결론을 내렸다. 이론은 맞는데 사람들이 틀렸다고 말이다. 그리고는 자신들이 만들어낸 이성적인 '효율적인 시장이론'의 대척점에 선

'비이성적인' 모델을 만들고 여기에 행동Behavioral경제학이라는 이름을 붙였다. 'Behavioral'을 행동이라고 번역하니 마치 요즘 들어 유행하는 주주행동주의처럼 뭔가 사회정의를 실현하는 운동같이 들리지만, 주주행동주의에서 행동은 'Activism'을 말하고 이 'Behavioral'은 동물의 행동같이 생각하지 않고 본능적으로 움직이는 것을 말한다.

앞서 말한 것처럼 경제학과 재무학은 다른 뾰족한 대안이 없기 때문에 출발하는 기준점부터 상당히 불안정한 근거에서 시작한다. 그런데 이 흔들거리는 기준점에서 시작한 자신들의 이론에 '효율적 시장이론'이라는 명칭을 붙이며 이 모델에 따라 위험도와 수익률이 완벽하게 일치하는 최적의 자산포트폴리오를 만들 수 있다고 주장했다. 이 말도 안 되는 주장은 당연히 현실에서 제대로 돌아가지 않았다. 그러자 이들은 자신들의 계량모델은 완벽하게 이성적인데 사람들이 비이성적이라 시장의 분위기에 따라 생각을 하지 않고 행동Behave하기만 한다면서 행동경제학이라는 이론을 들고 나온 것이다.

행동경제학이 전혀 효율적이지도 않고 이성적이지도 않은 '효율적 시장가설'을 진정으로 보완하기를 원한다면 효율적 시장가설을 따르지 않는 사람들을 비이성적이라고 전제한 이론을 정립하는 것이 아니라 효율적 시장가설의 비효율적인 부분을 보완했어야 한다. 당사자에게 노벨경제학상을 안겨준 효율적 시장가설을 토대로 한 CAPM에서 가장 취약한 부분은 무위험 자산과 위험 자산의 표준편차와 분산을 계산해 같은 기대수익하에서 위험이 가장 낮은 최적의 포트폴리오를 구성할 수 있다고 주장하는 부분이다. 이 이론에 따르면 대학교 2학년 학생들도 누구든지 최적의 포트폴리오를 구성할 수 있고 어느 누구도 시장 수익률을 웃도는 수익을 올릴 수가 없다. 즉, 누군가 약간 높은 수익을 기대해 수익에 비해 더 많은 위험을 감수하여 약간 높은 수익을 올리더라도 이는 단순히 운이 좋았을 뿐이고, 게임이 계속됨에 따라 수익은 평균으로 수렴하며 결국 시장수익률을 하회하게 된다고 주장한다. 그런데 실제로 이런 일은 발생하지 않았다.

그러자 이 '이성적인' 경제학자들은 일반 투자자들이 '비이성적'이라서 조금만 기대수익이 높아도 엄청난 위험을 감수하는 등 도박을 하기 때문에 시장이 비이성적으로 움직인다고 주장하기 시작한 것이다. 물론 이것도 맞는 말이다. 사람들은 적은 수익을 보고 큰 위험을 기꺼이 감수하는 도박을 하기도 한다. 하지만 더 근본적인 문제는 CAPM의 모델 자체에 있다. CAPM을 이용해 최적의 포트폴리오를 구성하려면 무위험 자산과 위험 자산을 적절히 섞어야 한다. 이때 기본 전제는 무위험 자산과 위험 자산 간의 공분산이 0이며 무위험 자산의 베타(변동성) 역시 0이라는 것이다. 무위험 자산은 늘 '기대수익 = 실현 수익'이기 때문이다. 그리고 이는 앞서 누차 말했듯 사실과 전혀 동떨어진 가정이다. 무위험 자산의 베타는 롱텀캐피탈매니지먼트LTCM 사례에서 보듯이 현실에서는 0이 아니다. 그리고 이런 잘못된 가정을 기반으로 하기 때문에 금융은 늘 혼란에 혼란을 거듭했고 10여 년을 주기로 엄청난 사건들이 일어났다.

가장 대표적인 사건이 20여 년이 지났지만 아직까지 일부 사람들의 기억에 생생한 롱텀캐피탈매니지먼트 사건이다. LTCM 사건에 대해 기술한 책 제목이 참 의미심장하다. 『천재들의 실패When Genius Failed』이다. LTCM을 운용한 사람들은 현대 파생상품의 이론적 토대가 된 '블랙 앤 숄츠'라는 공식을 만들어 그 공로로 노벨경제학상을 수상한 한 명도 아닌 무려 두 명의 천재 경제학자들이었다. 살로먼 브라더스에서 채권거래를 하던 존 메리웨더가 세계 최대의 헤지펀드를 세우면서 이들을 끌어들였다. 천재들은 자신들의 이론을 가지고 실제로 헤지펀드를 운영했지만 몇 년 안 가 파산해 온 세상을 휘청거리게 만들었다.

블랙 앤 숄츠 모델로 1997년 노벨경제학상을 공동수상한 로버트 머튼 하버드 대학 교수와 마이런 숄츠 시카고 대학 교수는 만기가 서로 다른 채권 가격의 차이를 예측하여 이론상 가격과 실제 가격에 차이가 날 경우 매수·매도를 하는 방식으로 LTCM을 운영했다. 이를 아비트레이지Arbitrage라고 한다. 블랙 앤 숄츠에서 숄츠만 있고 블랙은 안 보이는데 물리학자 출신의 피셔 블랙은 이미 세상을 떠나고 생존자에게만 상을 주는 노벨상의 원칙상 마이런 숄츠와 로버트 머튼만 상을 받게 된 것이다.

그런데 LTCM의 운영에는 효율적 시장가설과 함께 행동경제학이 동시에 활용되었다. 『천재들의 실패』에는 다음과 같은 에피소드가 나온다. 이 두 명의 천재들은 메리웨더가 세운 헤지펀드에 합류한 후 미국 전역을 투어한다. 헤지펀드로서 돈을 맡겨줄 연기금들을 찾아다니며 프레젠테이션을 하는 세일즈 투어인 셈이다. 이때 어느 한 지역의 작은 연기금을 운용하는 펀드매니저가 이들의 주장을 공개적으로 반박한다. 이 사람은 아마도 뼛속까지 효율적 시장가설을 추종하는 사람이었던 듯하다. 노벨경제학상 수상자를 두 명이나 앞에 두고 시골 펀드매니저가 "시장은 효율적이기 때문에 당신들이 주장하는 것만큼 만기가 다른 채권들의 이론 가격과 실제 가격의 차이가 발생하지 않는다"며 지극히 효율적 시장가설스러운 도발을 했다. 그리고 이에 대한 천재들의 답변은 지극히 행동경제학스러웠다. 이들은 "발생할 수 있다. 바로 당신 같은 바보들이 있기 때문에 그런 차이가 발생한다"고 질문자의 면전에서 답한 것이다.

그리고 이 자신만만한 천재들이 1994년에 설립한 헤지펀드는 불과 4년 후, 세상을 뒤흔드는 굉음을 내며 쫄딱 망해버렸다. 이들이 망한 이유는 시장의 바보들을 대할 때는 행동경제학을 활용했지만 실제 자금을 운용할 때는 효율적 시장가설에 의지했기 때문이다. 이들은 수익률 분포가 통계상의 정규분포를 따른다고 가정했다. 이 정규분포에 의하면 2시그마만 넘어도 실제 발생하는 비율은 1% 이하이다. 한때 유행했던 6시그마 정도로 가면 발생 빈도가 100만 분의 0.002 정도가 된다. 발생하지 않는다고 간주해도 좋은 수준인 것이다. 그런데 이 발생할 수 없는 일이 발생하면 재앙이 된다. 러시아가 모라토리엄을 선언하기 직전에 LTCM은 러시아가 모라토리엄을 선언할 확률을 블랙스완(검은 백조, 있기 힘든 일을 비유)으로 간주하고 이론상 과매도 국면인 러시아 채권에 대한 매수포지션을 늘려갔다. 그리고 이에 대한 리스크 헤지 역시 천재답게 잘 해 놓았다. 바로 러시아 통화인 루블에 대해서는 공매도를 걸어 놓은 것이다. 이 경우 러시아 정부가 디폴트를 선언하면 루블의 가치 역시 수직하락을 하게 되니 양쪽이 헤징이 되는 것이다. 결국 러시아 정부가 모라토리엄을 선언했다. 그런데 천재들이 바로 이 상황을 대비해 헤징을 해 놓은 루블화 공매도를 받아준 은행 역시 문을 닫았다. 손실을 만회할 대상 자체가 사라진 것이다.

효율적 시장가설에 의해 공분산과 표준편차를 구하고 어쩌고 해봐야 이 가설의 근간인 투자수익률이 정규분포를 따른다는 가정이 틀리면 말짱 꽝인 것이다. 이를 두고 한국의 토종 퀀트인 서울대 컴퓨터 공학과의 교수이자 옵투스자산운용의 대표이기도 한 문병로 교수는 저서 『메트릭 스튜디오』에서 효율적 시장가설을 팩트만을 가지고 아주 효율적으로 까버린다. 문 교수에 따르면 한국 증시를 대상으로 표준편차(시그마)를 계산해보았더니 −12시그마까지 나타난다고 한다. 미국의 투자자 밴스 하우드가 S&P 500 지수를 대상으로 추정한 계산에 따르면 6시그마 이벤트는 10년에 두 번, 12시그마 이벤트는 1만 년에 두 번 발생해야 한다. 문 교수는 한국 증시에서 −6시그마도 2,000만 년에 한 번 일어나야 한다고 계산했다. 그런데 −12시그마 이벤트가 빈번하게 일어나는 현상을 보고 문 교수는 "적어도 수익률 분포의 양 끝단에서는 정규분포가 아니다"라는 결론을 내렸다. 머튼과 숄츠는 이 사실을 몰랐거나 적어도 무시했다. 이들은 수익률이 정규분포가 아닌 이유는 시장의 바보들이 비이성적이라서 그런 것이고 바로 이 바보들 덕분에 자신들이 쉽게 돈을 벌 수 있다고 결론지은 것이다. 그래서 이에 근거한 배팅을 했고 회사는 4년 만에 망했다.

블랙스완은 어쩌다 한 번 일어나는 일이 아니다. 도저히 일어나지 않아야 하는 일이 일어난 것이다. LTCM이 파산한 지 10년 후, NYU 교수인 나심 니콜라스 탈레브가 일어날 확률은 무지무지하게 낮지만 일어나기만 하면 파급력이 엄청난 예외적인 사건들을 설명하면서 블랙스완이라는 표현을 썼다. 그런데 지금 금융계에서 이 블랙스완을 보기란 별로 어려운 일이 아니다. 미국의 연방예금보험공사는 현금,

금과 함께 국가가 무조건적으로 보증하는 국채를 무위험 자산이라고 공식적으로 분류했다. 그러니까 국가가 자신이 발행한 채권에 대해 스스로 지급을 거부하는 것은 어쩌다 한번 일어나는 것이 아닌, 도저히 일어나서는 안 되는 매우 블랙스완적인 일인 것이다.

2차 세계대전 이후 아프리카의 소국이 아닌 적어도 존재감이 있는 국가의 사례를 찾아보자. 앞서 말한 대로 다름 아닌 미국이 1971년 자국 통화에 엄연히 써 있는 금태환에 대해 지급을 거부했다. 국채에 대해 디폴트를 선언한 것은 아니지만 미국 달러를 외환보유고로 잡고 있는 타국에서 볼 때는 같은 행위이다. 이로 인해 인플레이션이 심화되며 달러의 가치는 현재까지 86% 이상 하락했기 때문이다. 그리고 20여 년 후에 러시아는 실제로 배를 쨌다. 또 다시 10년 후 서브프라임 모기지 사태가 터지면서 연이어 그리스와 스페인, 포르투갈이 디폴트 문턱까지 갔다. 이들이 디폴트를 모면한 것은 유로라는 판을 아직은 깨고 싶지 않은 독일의 구제금융 덕분이었다. 아직까지도 이들 국가와 채권국 간의 국채 상환에 대한 협상은 끝나지 않았다. 이렇게 수시로 일어나는 일은 블랙스완이 아니다. 그러니 국가가 무조건 보증한다고 해서 국채를 무위험 자산이라고 간주하는 것은 어불성설이다. 문병로 교수는 저서에서 CAPM을 두고 역사적 코미디라고 썼다. 그리고 파머 교수 스스로 부정한 역사적 코미디는 여전히 경영학과 정규수업 과정에서 매우 비중 있게 다루어지고 있다.

물론 사람들의 행동에는 이성적인 면과 비이성적인 면이 공존한다. 그렇기에 심리학이라는 학문이 존재하는 것일지도 모른다. 로버트 쉴러 교수는 경제학에 심리학을 도입했다. 사실 심리학이라는 학문은 경제학의 아류인 경영학에도 광범위하게 쓰이고 있다. 마케팅은 미시경제학의 토대 위에 통계학과 심리학이 합쳐진 학문이라고 해도 과언이 아니다. 이런 열린 접근은 어느 학문을 막론하고 바람직하며, 건설적인 접근이다. 하지만 경제학과 재무학의 기존 이론은 이성적이고 합리적인 반면 대중은 비이성적이고 무지하다는 생각 자체가 현대의 경제학이 이 복잡다단한 세상을 설명하는 데에 실질적으로 보탬이 되는 것을 가로막고 있다. 역시 논란의 여지가 많은 경제학자이긴 하지만 최근 유명세를 타고 있는 토마 피케티는 기존 경제학이 수학적 모형에 매몰되어 있다고 비판했다. 노벨상 위원회는 2009년, 전통적으로 노벨경제학상을 받아오던 경제학자나 수학자가 아닌 정치학자 출신의 공공경제학자인 엘리노어 오스트롬 교수에게 노벨경제학상을 수여했다(UC 버클리의 경제학자 윌리엄슨 교수와 공동 수상했다). 오스트롬 교수는 심지어 경제학과 소속도 아닌 인디애나 대학의 행정대학원SPEA, School of Public and Environmental Affairs 소속이다. 오스트롬 교수의 노벨경제학상 수상을 보고 많은 언론은 수학적 모델링에 매몰되어 현실에서 멀어지고 있는 기존 경제학계에 경종을 울리는 차원으로 해석하기도 했다.

행동경제학이 비이성적인 시장을 설명하는 유일한 해답은 아니다. 이미 지극히 이성적인 방식으로 자산시장에서 엄청난 수익을 올리는 사람들이 있기 때문이다. 헤지펀드의 퀀트 매니저들이 바로 이들이다. 퀀트들은 이론 가격과 실제 가격의 차이를 이용해 수익을 올린다는 출발점부터 효율적 시장가설론자들과 대척점에서 시작했다. 이들은 이성적인 모델을 근거로 순간적으로 이론 가격과 실제 가격이 벌어지는 틈을 포착하여 엄청난 수익을 올린다. 인간 대신 컴퓨터가 판단할 수 있는 알고리즘을 짜서 순간적으로 발생하는 시장의 불균형 속에서 리스크를 헤징까지 하며 매수·매도 주문을 반복한다. 퀀트의 창시자라고 할 수 있는 르네상스 테크놀로지의 제임스 사이먼은 한때 연간 성과급을 3조 원씩 받아갔다. 물론 한 해도 안 빠지고 매년 3조 원씩 받아간 것은 아니었고 1~2조 정도만 받아가는 '평범한' 해가 더 많았다. 이 전직 MIT 수학 교수가 개척해 놓은 퀀트판에서는 사이먼이 은퇴한 후에도 수많은 헤지펀드 매니저들이 1년에 수조 원씩 성과급을 벌어들이고 있다. 서브프라임 모기지 사태에 밑밥을 깔고 대박을 친 존 폴슨 역시 2007년 한 해에만 무려 4조 원을 벌었고, 시타델이나 브릿지워터, 아팔루사 같은 헤지펀드들의 퀀트 매니저들은 이런 지극히 이성적인 모델을 개발해서 대개 연간 1조 원 이상씩을 성과급으로 받아간다. 연간 수백억에서 수천억 원을 번다면 평범한 퀀트 매니저인 것이다.

여기서 문득 이런 생각이 든다. 이 퀀트들에게 물가지수를 측정하게 하면 어떨까? 중앙은행이나 통계청이 정확한 물가지수를 측정하지 못하는 것은 이들이 머리가 나쁘거나 아는 게 없어서가 아니다. 첫 번째는 그런 정확한 물가지수 측정방

2007년에만 28억 달러를 성과급으로 받은 르네상스 테크놀로지의 제임스 사이먼, 출처: Wikipedia

식을 만들어낼 예산이 없어서이고, 두 번째는 공무원 조직에서 굳이 힘들게 그걸 만들어봐야 자신들에게 돌아올 보상에 대한 명확한 동기부여가 없기 때문이다.

반면 헤지펀드 업계에서는 물가지수를 정확히 측정할 동기가 무궁무진하다. 이들은 자신들이 경쟁사보다 100만 분의 1초라도 빨리 주문을 접수시킬 수만 있다면 수천억 원을 내는 사람들이다. 이들은 2009년에 시카고에 있는 상품거래소와 뉴욕의 증권가 사이에 자신들만이 쓸 수 있는 초고속 광케이블을 매립했다. 일반적인 광통신망의 경우 시카고와 뉴욕 사이에는 16ms, 즉 100만 분의 16초가 걸린다. 그런데 일부 헤지펀드와 대형은행들이 이를 12ms, 즉 100만 분의 12초로 줄이기 위해 자신들만의 전용선을 구축한 것이다. 100만 분의 4초를 줄이기 위해 3억 달러, 한화로는 약 3,300억 원이 들었다. 1분에 수만 건의 주문을 자동으로 처리하며 수조 원을 버는 이들에게 100만 분의 4초를 줄일 수만 있다면 3,000억 원 정도는 얼마든지 쓸 수 있는 푼돈에 불과한 것이다. 이 3,300억 원을 들인 전용망도 이미 과거의 얘기이고 현재는 레이저를 이용하여 시카고와 뉴욕 사이의 주문을 처리하는 방식을 개발하고 있다.

이들이라면 얼마든지 수조 원의 비용을 들여서 물가지수를 정밀하게 실시간으로 측정하는 AI 모델을 개발할 것이다. 빅데이터 분석모델을 IBM의 왓슨이나 구글의 알파고 등에 몇 년 동안 학습시켜 실시간으로 물가지수의 대표 품목을 바꾸고 품질보정까지 할 수도 있다. 사실 꼭 통계청에서 산출하고 중앙은행에서 활용하는 물가지수 모형이 아니더라도 이들 헤지펀드에는 자신들만의 금리예측 모형이 있을 것이다. 또한 이 모형 안에는 통계청(미국의 경우 노동통계국Bureau of Labor Statistics)에서 발표하는 물가지수를 대체하는 고유 모델이 존재할 수 있다.

그렇다면 물가지수 측정을 이들 헤지펀드나 대형 투자은행에 아웃소싱하는 것은 어떨까? 만약 물가지수를 측정하는 일까지 이들 대형 투자은행이나 헤지펀드에 위탁한다면 세계경제는 그야말로 카오스에 빠질 것이다. 이들은 보통 매년 1조 원씩 받던 자신들의 성과급을 2조 원으로 늘릴 수만 있다면 정부에 제출할 통계자료 정도는 얼마든지 티가 안 나게, 법적으로 빠져나갈 수 있는 방식으로 조작하고도 남을 사람들이기 때문이다. 그러고도 절대 양심의 가책이나 죄책감 같은 것은 느끼지도 않을 것이다. 법적인 제도와 규제 안에서 자신들의 이익을 추구한 것은 전혀 문제가 되지 않는다고 지금도 믿고 있고 실제로도 그렇게 행동하고 있기 때문이다.

2017년 자넷 옐런 연준 의장은 경제는 완연히 회복세를 탔는데 물가는 오르지 않는 현상을 보고 '미스터리'하다고 했다. 그린스펀도 10여 년 전에 비슷한 말을 했었다. 그리고 우리는 앞으로 이 말을 더욱 자주 들을 것이다. 3차 산업혁명 시절에도 충분히 미스터리한 물가가 4차 산업혁명을 위한 기술이 발전함에 따라 더더욱 미스터리해질 것이기 때문이다. 그리고 미국이나 한국이나 정부(한국의 통계청 혹은 미국의 노동통계국)는 언제나 사회의 변화를 한참 뒤에서 따라가지 결코 선제적으로 앞서 나가지 않을 것이다. 내가 공무원이라도 굳이 이런 일에 나서서 있지도 않은 예산을 달라고 설치다 지방의 후선부서로 좌천될 일은 하지 않을 것이다. 공무원 연금은 물가에 연동이 되는데 굳이 첨단 분야의 물가가 떨어지고 있다고 공론화해서 좋을 게 뭐가 있을까. 내가 내년에 퇴직을 앞둔 통계청 과장이라도 이런 부하직원이 있으면 조용히 다음 인사철에 연수원 시설관리과로 보낼 궁리를 할 것이다.

언젠가는, 측정할 수 없으나 측정했다고 믿어지는 물가지수가 금리를 결정하는 근거로서의 가중치가 극적으로 낮아지거나 다른 지표들로 완전히 대체가 될 것이다. 하지만 한번 해보는 것만으로 가문의 영광인 금통위원 자리에 오른 명망 있는 경제학자들 중 누구도 총대를 메고 나서서 이 오랜 역사를 가진 지표를 폐기하는 모험을 하지는 않을 것이다. 금리결정에서 물가지수가 빠지는 것은 산업혁명에 비유될 만한 경제학 혁명이기 때문이다.

그리고 언젠가는 오겠지만 언제 올지는 모르는 이 경제학 혁명이 일어나기까지 경제는 원래부터 흔들려온 기준점과 함께 점점 흐려지는 계기판을 달고 비행을 계속할 수밖에 없다. 조만간 경제를 조종하는 파일럿은 계기판은 무시하고 그간 쌓아온 감과 창밖으로 보이는 지형지물에 의지하며 비행을 해야 한다. 하지만 계기판을 교체하자는 말은 쉽게 꺼내지 못할 것이다. 치열한 경쟁을 뚫고 비행학교에 입학해 비행사 자격증을 따고 부기장

1950년 6월 5일 한국 최초의 금통위 회의. 출처: 한국은행

으로 시작해 수많은 비행시간을 쌓아서 결국 기장 자리에 올랐는데 괜한 소리를 하다 그 자리를 날려버리고 싶은 사람은 별로 없을 것이다. 가까운 미래를 예상하면 4차 산업혁명과 함께 산업생산성이 올라가고 노동시간은 줄어들어 우리의 노년은 지금보다 풍요로워지겠지만, 현재도 10여 년 주기로 반복되는 경제위기의 진폭은 더욱 커지며 불확실성과 변동성이 심해질 것이다. 그리고 무엇보다도 4차 산업혁명의 수혜가 시작되기 전에 이 뿌연 계기판과 흔들리는 기준점으로 인한 경제위기가 한 번쯤 찾아올 위험성이 점점 커지고 있다.

> 경제학자들은 계산만 하고 생각은 하지 않는다.
>
> – '유럽의 버핏', 앙드레 코스톨라니

다가오는 미래,
생산성 시대로의 복귀와 금융위기의 위험

단기전망 복습

중세 말에서 화두를 연 이 책에서 다루고자 하는 미래는 2~3년 후가 아니라 최소 10년 후의 비교적 먼 미래 이야기이다. 지금 당장 행동을 취해야 할 단기적인 투자에 대한 이야기는 2017년에 출간한 전작 『오르는 부동산의 법칙』에서 다루었다. 10년 후를 내다보기에 앞서서 딱 1년 전에 전망했던 부동산 단기투자에 대한 전망을 간단하게 정리해보기로 하자.

> 트럼프 정부의 정책이 미국과 한국 모두에 과잉유동성을 가지고와 거시적인 관점에서 인플레이션을 유발해 매수타이밍이라고 보게 되었다면, 문재인 정부의 정책은 특히 서울 지역에 공급부족을 가져와 선별적인 매수타이밍을 유발한다고 이해하면 된다.
>
> – 『오르는 부동산의 법칙』, 매일경제신문사, 2017

2017년 5월, 『오르는 부동산의 법칙』을 썼을 때는 위의 말처럼 이미 한참 진행되어온 부동산 시장의 호황이 (1) 트럼프의 집권에 따른 과잉유동성의 미해소와 (2) 문재인 정권의 등장에 따른 서울, 특히 강남권의 신규 공급 부족으로 상당 부분 더 지속되고 이에 따라 강남권 신축주택의 가격이 급등할 것이라고 예측했었다. 이 책을 쓰고 있는 2018년 2월을 기점으로 생각해보면 전작의 원고를 마감한 지 9개월이 지난 후 여러 예상은 현실화되었지만 속도는 생각보다 빨랐다. 전작에서 밝힌 대로 원고를 쓰던 당시, 다주택자 중과세를 예상해 비핵심 자산들은 처분하고 있었고, 몇몇 핵심 지역의 자산은 이미 취득해 놓은 상태였다. 그런데 비핵심 자산 처분 일정에 맞추어 추가로 매입하려던 한 곳은 타이밍을 놓쳐 실패했다. 8·2 대책으로 재건축 입주권 전매금지가 시행되어 부동산에 매도 의뢰를 했던 한 곳은 원천적으로 처분이 불가능해졌기 때문에 추가 매입을 포기할 수밖에 없었다. 매수 의뢰를 해 놓았던 대치동의 한 신축아파트가 당시 17.5억 원에서 불과 5개월 후인 2018년 1월, 22.5억 원으로 5억 원이 뛰는 것을 바라만 보아야 했다. 2017년 8월 매수를 고려했을 때 내가 생각한 이 아파트의 목표가는 25억 원이었다. 취득비용과 처분비용을 생각하면 이제는 별로 메리트가 없는 상황까지 온 것이다. 물론 시장이 과열되면 일시적으로 오버슈팅이 날 여지는 충분히 있다.

트럼프 집권에 따른 과잉유동성의 미해소는 여전히 현재진행형이다. 연준은 지속적으로 금리를 올렸지만, 여전히 역사적으로 보면 저금리에 속한다. 나는 전작에서 인플레이션을 잡기 위해 급격하게 금리를 올리는 것이 아닌 유래를 찾기 힘든 초저금리를 해소하기 위해 금리를 정상화하는 것은 자산시장, 특히 부동산 시장에 별 영향을 주지 않는다고 주장했다. 실제 연준이 금리를 올리기 시작한 2014년부터 3회 인상한 2017년까지, 미국의 주택시장은 우상향을 지속했다.

한국의 상황은 약간 어긋났다. 통화의 완화기조를 유지한다고 천명한 2017년 4월 한국은행의 보고서에 근거해 금리동결을 전망했지만 2017년 말, 한국은행이 금리를 올려 집값을 잡겠다는 정치적인 이유로 금리를 1회 인상하며 예상이 빗나갔다. 그런데 동결 전망을 하며 표명했던 우려대로 한국의 금리 인상은 2018년 초의 원화강세를 가져왔다. GDP의 수출의존도가 60%를 넘는 우리나라의 경우 원화강세는 수출경쟁력 약화를 초래한다. 더구나 무역수지 개선을 최우선 과제로 하는 트럼프 정부가 달러 약세를 유도하기 위해 한국이나 중국 등 대미 흑자국들을 대상으로 환율인상 압박 공세를 펼 개연성이 높은데, 우리가 앞장서서 금리를 인상해 원화강세를 자진 납세할 필요는 없다고 보았었다. 하지만 집값을 잡는다는 정치적 이유로 먼저 나서서 협상도 없이 이 매를 그냥 맞아버렸다. 정권이 바뀌자 일본에서 마케팅을 전공한 청와대 경제보좌관은 그간 금통위의 금리 인하가 잘못되었다고 비판했다. 그러자 가문의 영광이 훼손당한 금통위원 한 명은 언론과의 인터뷰에서 김 보좌관이 대체 무슨 논문을 근거로 그런 말을 하냐고 반문했다. 금리에 대한 논문을 읽어본 적은 있냐고 말하고 싶었던 것이다. 그런데 임기를 3개월 남긴 금통위의 수장은 마케팅 교수의 조언에 따라 금리를 올려버렸고, 한국은행 역사상 최초로 연임에 성공하며 매우 안 좋은 선례를 남겼다. 이제 한국 철강에 관세폭탄을 부과하고 GM을 철수시키겠다는 미국에 맞설 카드 하나를 우리 손으로 날려버린 셈이 되었다.

트럼프가 미국의 무역적자 해소를 위해 무역수지 흑자국들을 압박하겠지만 한국은 중국과 독일, 멕시코에 비해 대미 흑자가 비교적 적은 편이다. 따라서 미국이 나프타를 먼저 손본 후에야 한미 FTA에 손댈 것으로 예측했다. 하지만 2018년 2월, 미국이 대미 철강 수출에 대한 무역제재를 언급하면서 이 또한 내 예상보다 시기가 앞당겨질 가능성이 생겼다. 역사와 경제를 다루는 책에서 정치에 대한 언급은 최대한 피하고 싶지만, 최근의 남북과 미국을 둘러싼 정세에 따라 벌어진 일이라 짚고 넘어가지 않을 수 없다. '사람의 머리에서 나오는 정책은 예상하기 힘든 영역'이라고 전작에서도 언급하긴 했지만, 남북한의 분단 상황과 우리를 둘러싼 국제 정세, 이미 들어선 정권의 성격 등을 생각하면 분명 고려해야 하는 변수였다.

한국의 부동산 시장은 속도는 빨랐지만 우려대로 혹은 예상대로 진행되었다. 디플레이션을 막기 위해 지난 5년 동안 풀린 과잉유동성이 아직 해소되지 못한 상황에서 수요가 몰리는 특정 지역의 공급을 인위적으로 막을 것이라고 예상했고, 아래 발췌한 예측 내용 그대로 되었다.

다주택자 중과세 '똘똘한 한 채' 선호 재현

부동산 규제에 대한 타깃은 우선 다주택자에게 집중된다. 양도세와 종부세 모두 다주택자를 대상으로 규제가 강화될 것으로 보인다.

재건축 규제강화

재건축은 사실상 끝났다고 보는 것이 맞다. 2017년 말에 종료되는 초과이익환수제가 부활할 것은 자명한 데다 기부채납, 소형평형 의무화 비율, 임대주택 건립 등 재건축에 대한 규제는 더욱 강화될 것이다.

– 『오르는 부동산의 법칙』, 매일경제신문사, 2017

전작의 주제가 부동산이었던 것은 미국에서 부동산 공부를 하고 한국에서 다양하게 부동산 투자를 해오기도 했지만, 책을 쓴 2017년 5월 당시 부동산, 특히 서울 부동산은 일부 지역의 공급부족에 따른 가격급등이 예상되었기 때문이다. 과잉유동성의 미해소는 주식시장에도 동일하게 영향을 미치지만 서울 특정 부동산 시장의 공급부족이 예상되며 이들 지역은 코스피를 뛰어넘는 가격상승이 불가피해보였기 때문이다. 실제 코스피는 2017년 5월 2150선에서 2018년 2월, 2400선까지 약 15% 상승했지만, 서울의 일부 지역은 앞서 말한 17.5억 원에서 5억 원이 오른 한 아파트처럼 30% 가까이 상승했다. 단기적인 관점에서 보면 자산시장의 인플레이션은 어느 정도 진행되었다고 보는 것이 맞지만 이들 지역의 공급부족은 이제 막 시작 국면에 들어섰다. 금리카드를 이미 소진한 정부가 다주택자에 대한 맞춤형 정책으로 이를 누르려고 하겠지만, 여기에 대한 답은 아래와 같이 1년 전에 이미 내놓았고 지금 그렇게 되고 있다.

> 그렇다면 이 해소되지 못한 과잉유동성과 서울 지역의 공급부족이 함께 만나면 어떤 일이 일어날까? 폭등이다. 경제적 이유로는 금리를 올리지 못하고 정치적 이유로는 서울 시내 공급을 늘릴 수가 없다. 이쯤에서 극단적인 수요 억제 정책이 나올 것이라고 예상하는 이유이기도 하다. 돈줄을 죄거나 집을 사는 사람을 범죄자로 몰아 가격을 억누르려 하겠지만 그때마다 멈칫멈칫하다 결국엔 다시 튀어오를 것이다.
>
> –『오르는 부동산의 법칙』, 매일경제신문사, 2017

장기전망과 우리의 미래

단기적으로는 한국 부동산 시장의 오름세가 더 크겠지만 결론부터 말해 4차 산업혁명의 유망자산은 주식이다. 부동산이 인구 감소로 폭망할 것이라는 얘기가 아니다. 부동산, 특히 부유층이 선호하는 핵심지역의 주거용 부동산은 자본주의 발달에 따라 양극화가 심화되며 서민 주거지역과의 격차는 지금과는 비교도 안 될 만큼 더 벌어질 것이다.

20세기 후반의 한반도 남쪽은 인류 역사상 가장 계급이 허물어진 사회 중의 하나였다. 35년에 걸친 일제의 식민지배와 이어진 내전으로 계급의 격차는 눈에 띄게 줄어들었다. 능력이 있든 빽이 좋든 운이 좋든, 여러 가지 이유로 신분상승을 할 여지가 상대적으로 컸던 시기였다. 눈에 보이지 않는 계급이 없었던 것은 물론 아니나, 부유층이 유치원부터 대학원까지 연간 수천만 원 학비를 써가며 사립학교에서 자신들만의 리그를 구축하는 미국이나, 그랑제꼴 출신이 아니면 사회 어느 분야를 막론하고 핵심 계층에 들어갈 꿈도 못 꾸는 프랑스, 공식적인 신분제가 여전히 남아 있고 미국 못지않게 사립학교의 영향력이 큰 영국 등에 비교할 바는 못 되었다. 우리의 상상을 초월하는 영국의 신분제는 사회지도층뿐만 아니라 연예인에게도 그대로 적용된다.

영화 〈레옹〉에서 신들린 연기를 보여주었던 게리 올드만은 고국에서는 하층계급 출신이라는 편견을 연기력으로도 극복하지 못하고 결국 할리우드로 터전을 옮겨 성공했다. 영화 〈킹스 스피치〉가 나오자 영국의 주류 사회는 중산층 출신인 콜린 퍼스가 헨리 6세 역을 연기하는 바람에 영화의 리얼리티가 떨어졌느니 어쩌니 하며 갑론을박을 벌이기도 했다.

이와는 달리 한때 한국에서는 대학을 나오지 않아도 집념과 끈기만 있다면 골방에서 고시공부를 해서 장원급제를 할 수 있었다. 시골 법무사의 아들도 행정고시에만 붙으면 스스로 상류층이 되었다고 믿으며 일반 국민들을 개돼지라고 칭할 정도로 계급 간 이동이 비교적 자유로웠다. 물론 신분제가 뿌리 깊은 영국에서는 실제 국장이나 과장급 공직자는 상류층이 아니라 중상층Upper Middle Class에 속한다. 대개의 의사, 변호사들도 중상층으로 분류되고 장관이나 총리, 대형 병원장, 메이저 로펌 대표 정도는 되어야 상류층의 문턱에 진입할 수 있다. 그리고 상류층의 중추는 돈과 권력으로 이들을 부리는 계층으로 시골 중산층의 아들이 20대 때 시험 한번 잘 봐서 진입할 수 있는 곳이 아니다. 사회가 안정되면서 한국 역시 한때 허물어졌던 계급 간의 장벽이 점점 공고해져가고 있다. 식민지배와 내전의 혼란에서 이제는 거의 빠져나온 것이다.

이게 맞는 방향이고 그렇게 되어야 한다는 뜻은 물론 아니다. 식민지배와 내전을 거치며 일시적으로 낮아진 계급격차를 일반적인 것으로, 현재 다시 높아지는 계급장벽을 잘못된 것으로 이해할 수도 있겠지만, 적어도 인류 역사상 동서고금을 막론하고 이러한 계급이 존재하지 않았던 적은 없었다. 그리고 계급을 타파해야 한다고 앞장선 사람들은 대개 권력을 잡고 계급의 사다리를 올라가기 위한 수단으로 기존 계급의 타파를 주장했고, 자신들의 목적을 달성하면 예외 없이 새로운 계급을 만들어 군림했다.

지상에 천국을 만들겠다는 시도가 늘 지옥을 만들어냈다.

– 칼 포퍼

계급의 부활과 양극화에 따라 일부 지역의 부동산은 앞으로도 다른 자산수익률을 뛰어넘는 높은 장기수익률을 보이겠지만 향후 자산시장의 흐름은 단연코 주식이 이끌 것이다. 4차 산업혁명으로 최소 수십 배, 수백 배의 생산성 향상이 이루어진다면 그 수혜는 다름 아닌 기업이 먼저 받게 되고 주가가 폭등할 것이기 때문이다. 이 수백 배의 생산성 향상이 믿기지 않는다면 앞선 산업혁명에 대해 다시 한 번 생각해보기 바란다. 방직기 하나로 수백 배의 생산성 향상이 일어났고 이런 것을 산업혁명이라고 부른다. 생산성 향상으로 인한 경제 발전의 효과는 낙수효과로 인해 부동산을 비롯한 사회 전반으로 퍼지겠지만 직접적인 수혜를 받는 것은 주식시장이다. 하지만 채권시장은 아니다. 앞서 말한 대로 2차 산업혁명이 마무리된 후 세계경제는 우리에게 익숙해져버린 장기저성장의 늪에 빠져버렸다. 이에 따라 모든 경제지표—1인당 생산성, 이익률, 자본수익률, 가중평균 자본비용WACC 등등 어떤 말로 표현하든 자본의 가치는 지속적으로 우하향해왔다. 4차 산업혁명이 시작되면 이 경제지표들은 다시금 우상향을 시작할 것이다. 그리고 필연적으로 자본에 대한 수요를 자극해 자본의 비용, 즉 금리는 다시 상승하며 장기간에 걸친 저금리 상황에서 벗어날 것이다.

주식시장에 장기호황이 기대된다고? 그럼 어떤 종목을 사야 할 것인가? 일반 투자자라면 어떤 종목을 사서 장기적으로 보유한다는 생각 자체를 버리라고 충고하고 싶다. 우리가 흔히 듣는 말 중의 하나는 '그때 삼성전자를 샀더라면 혹은 안 팔았더라면'이다. 나 역시 2000년대 초반, 삼성전자 우선주를 10만 원대에 사서 30만 원 정도에 팔고 뿌듯해한 기억이 있다.

그렇다면 지금의 기억은 지운 채 1970년대로 돌아갔다고 치자. 과연 삼성전자 주식을 샀을까? 단언하건대 상당수의 사람들은 살 수만 있다면 동명목재를 샀을 것이다. 물론 당시 동명목재는 비상장기업으로 유통시장에서 주식을 거래할 수는 없었다. 하지만 타임머신을 타고 과거로 돌아가 투자할 정도로 의지가 강한 투자자라면 명동 사채업자를 찾아가서라도 투자했을 것이다. 어떻게 되었을까? 당연히 쫄딱 망했고 왜 우리 아빠는 그때 남들처럼 강남에 아파트를 안 샀냐는 흔한 타령을 듣고 있을 것이다. 나라도 당시에 장기투자를 한다면 동명목재를 최우선으로 고려했을 것이다. 당시 대한민국 최고의 기업이었기 때문이다. 1970년대 우리나라 수출 1위 기업이 동명목재였다. 수출 1위만이 아니라 부산은행을 설립하며 고속성장기 대기업의 핵심인 금융업까지 확보했고, 동명중공업을 설립해 사세 확장까지 기대되던 기업이었다. 중공업으로 확장을 안 하고 주력 사업인 목재산업만 해도 얼마든지 장밋빛 전망을 갖다 붙일 수가 있었다. 1970년대 당시 식탁에서 밥을 먹고 침대에서 잠을 자던 사람이 한국에 몇 명이나 있었을까? 생활수준의 향상에 따른 가구산업의 급성장뿐 아니라 1970년대 후반부터 본격적으로 부동산 시장이 활황에 들어가면 목재산업 역시 함께 급성장할 것이 불을 보듯 자명한 상황이었다. 하지만 동명목재는 흔적도 없이 사라졌다. 물론 사업상의 잘

못으로 없어진 것은 아니었다. 1980년 쿠데타로 신군부가 들어서며 거친 세파에 휩쓸린 것이다.

나는 주위 사람들에게 가끔 이렇게 말한다. 40년 전으로 돌아가서도 동명목재가 아니라 삼성전자를 고를 자신이 있으면 4차 산업주를 골라서 배팅하시라고 말이다. 산업은 폭발적으로 성장해도 개별 기업이 그 성장 기간 동안 존속할지, 존속하더라도 승자가 될지를 내다보려면 신의 예지력이 필요하다. 미국에는 우리에게 잘 알려진 GM이라고 불리는 제너럴 모터스, GE라고 불리는 제너럴 일렉트릭스 외에도 제너럴 밀스라는 회사도 있다. 회사 이름에 왜 이리도 '일반적'이라고 해석되는 제너럴이라는 말이 많이 붙는 것인가? 혹시 남북전쟁 당시 장군들이 설립한 회사가 아닐까? 이 제너럴이라는 말이 붙는 회사들은 모두 다른 회사들을 인수합병하면서 새롭게 이름을 붙인 회사들이다.

20세기 초반, 자동차가 마차를 대신하며 운송수단을 혁명적으로 개선할 당시 미국에는 수백 개의 자동차 회사가 있었다. 컨베이어 생산을 앞세운 포드가 앞서갔지만 폭발적으로 성장하는 시장을 보고 수많은 엔지니어와 사업가들이 각자 금융기관들의 지원을 받아가며 사업을 벌였고, 대부분 사라졌다. 캐딜락, 뷰익, 폰티악, 쉐보레, 올즈모빌 등 GM의 수많은 하위 브랜드들은 사실 GM이 인수한 독립 자동차 회사들의 이름이었다. GM의 창업자인 윌리엄 듀란트는 먼저 뷰익이라는 회사를 인수하고 곧이어 올즈모빌과 캐딜락, 폰티악 등을 사들여 이를 산하 브랜드로 하는 제너럴 모터스, GM이라는 회사를 설립한다. 크라이슬러 역시 닷지와 AMC 등이 합쳐진 회사로 미국 자동차 회사는 대개 이런 과정을 거쳤다. 100년 전의 미국으로 돌아가서 이제 막 폭발적으로 성장하는 자동차 산업에 투자한다고 치자. 어느 회사에 투자할 것인가? 여기에 이름이 오른 기업들은 그나마 낫다. 적어도 다른 회사에 피인수가 되어 투자금을 회수하거나 어느 정도 수익을 올릴 수 있었기 때문이다. 자동차 산업이 붐을 이루던 20세기 초반, 한때 수백 개가 넘던 미국의 자동차 회사들은 대부분 흔적도 없이 사라졌다.

그래서 나는 대부분의 사람들에게 주가지수를 그대로 따라갈 수 있는 ETF 투자를 권한다. 펀드투자는 특별히 ETF보다 장기수익률이 높다는 보장도 없는데 수수료만 비싸다. 대개의 경우 펀드는 ETF보다 수익률의 표준편차도 더 높으면서(즉 수익률의 널뛰기가 심하면서), 평균수익률이 높지도 않다. 한마디로 효율적 시장가설을 무참하게 박살내는 것이 펀드투자이다. 요즘에는 ETF도 다양화되어 특정 산업군에 대한 묶음 투자가 가능하지만 정말 장기적인 투자라면 그냥 KODEX 200 같은 시장 전체를 대상으로 하는 ETF에 투자하는 것이 안전하다. 물론 요즘에는 ETF가 워낙 대세가 되다 보니 액티브 펀드보다 이렇게 지수를 맹목적으로 추종하는 패시브 펀드가 오히려 시장을 흔든다는, 즉 꼬리가 몸통을 흔드는 웩더독 현상이 증시에도 나온다는 비판이 있긴 하다. 하지만 개인투자자 입장에서는 굳이 높지도 않은 펀드 수익률을 보고 수수료까지 비싸게 낼 필요는 없다.

그렇다면 지금이라도 ETF 투자를 시작하라는 말인가? 그건 아니다. 앞서 말했듯이 4차 산업혁명은 빨라야 2030년 이후에나 본격적으로 실질적인 생산성 증가를 가져올 것이다. 주가는 경기에 선행한다고 해도 10년 이상 선행하지는 않는다. 무엇보다도 그 전에 인플레이션과 과잉유동성이 미국과 중국 간의 국제 정세와 어우러져 큰 위기를 한 번 초래할 것으로 보이기 때문이다.

인플레이션, 위기의 서막

머지않아 찾아올 다음 위기는 인플레이션에서 시작될 것이다. 측정할 수 없게 되어버린 소비자 물가의 상승이 아니라 자산가격의 버블을 말하는 것이다. 물론 버블은 이제 막 시작되었다. 2018년 초를 기준으로 지난 3년간의 자산시장, 특히 부동산 시장의 상승은 현재까지는 버블의 생성이 아니라 과매도 국면을 해소하는 정상화 과정이었다.

미국을 비롯한 전 세계의 부동산 시장은 이미 전고점을 가볍게 뛰어넘었다. 하지만 이 전고점이라는 것이 큰 의미는 없다. 앞서 말한 대로 자산시장의 가격은 상대적인 것이다. 돈의 값어치가 하락했다면 이 돈으로 표시되는 자산가격의 숫자놀음은 얼마든지 널뛰기를 한다. 지금까지의 정상화 과정은 경기회복과 디플레이션을 막기 위해 과도하게 풀어놓은 유동성이 한몫했다. 그리고 이제 슬슬 유동성을 회수해야 하는데 이게 생각처럼 쉽지가 않다. 산이 높으면 골도 깊은 것이 이치이다. 뒤에서 디플레이션이라는 호랑이가 쫓아오니 살아야겠다는 일념으로 무턱대고 높은 산에 오르긴 했는데 내려갈 방도가 막막한 것이다. 시중에 풀린 돈을 단순히 회수한다고 해결되는 것이 아니다. 회복세를 타고 있는 경제에 충격을 주지 않고 미세하게 조정을 해가면서 조금씩 회수를 해야 하는데 이게 말처럼 되지 않을 것이다.

첫 번째 이유는 이 미세한 조정의 기준점이 되어야 하는 물가지수를 더 이상 신뢰할 수 없기 때문이다. 물론 여전히 경제학자들과 중앙은행은 고개를 갸우뚱하면서도 이 소비자 물가지수를 다각도로 분석하며 통화정책을 펴나갈 것이고, 이에 따라 전임자들이 말한 미스터리한 상황은 훨씬 더 자주, 그리고 심하게 발생할 것이다. 두 번째 이유는 세계경제에 가장 큰 영향을 미치는 미국의 수장이 과잉유동성을 해소할 마음이 전혀 없다는 것이다. 이 논점은 전작에서 상세히 다루었기 때문에 간략하게 설명하면 트럼프 정책의 핵심은 무역적자 해소와 미국 내 인프라스트럭처 투자이다. 한 줄 요약을 하면 무역적자 해소를 위해서는 달러 약세가 필요하고, 금리 인상을 최대한 억제해야 한다. 연준은 언론에는 금리를 인상한다고 흘리면서 실제 인상에는 신중을 기하고 있다. 세상이 다 미국이 금리를 올린다고 생각하던 2018년 3월에 세인트루이스 연방준비은행 총재인 제임스 불라드는 기준금리 인상이 경기침체를 불러일으킬 수 있다며 금리 인상에 대한 반대의사를 명확히 했다.

미국 내 인프라스트럭처 투자는 트럼프의 지지 기반인 중서부의 중산층이 원하는 것이다. 트럼프는 그간 실리콘밸리의 머니게임으로 과도하게 몰린 미국 내 투자의 흐름을 스페인이나 포르투갈보다도 못한 도로, 교량, 공항, 공립학교 등 공공 인프라스트럭처 투자로 돌릴 것이다.

어찌 보면 경기가 바닥일 때 했어야 하는 이 지극히 뉴딜 정책스러운 공공투자 확대 정책을 경기 호황기에 하는 것이다. 물론 이것이 트럼프의 잘못은 아니다. 미국은 전 세계가 디플레이션의 공포에 떨었을 때 뉴딜 정책 시즌2를 했어야 한다. 미국인의 입장에서 보면 어차피 해야 할 일인데 이 공공투자 확대의 적기는 경기불황, 그것도 대공황 시즌2를 걱정해야 했던 2010년 초반이 최적기였다.

하지만 오바마는 이것을 하지 않았고 대신 유동성을 실리콘밸리로 돌렸다. 오바마의 경제진영은 닷컴 버블을 만들어낸 클린턴의 재무부 장관이던 로버트 루빈의 후계자, 루빈의 아이들이 이끌고 있었다. 오바마의 재무부 장관이었던 가이트너 역시 이런 뉴딜 정책에는 관심이 없었다. 루빈과 그의 아이들은 정부의 역할을 강조하는 케인

주요국 사회 인프라스트럭처 수준(2014~2015년)

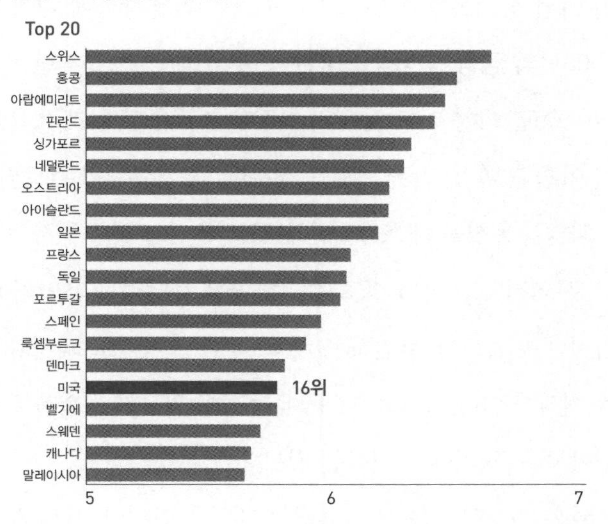

미국은 경쟁국들과 비교했을 때 사회 인프라스트럭처 수준이 전반적으로 뒤처지며 하위권에 머물렀다.
출처: WEF

지언이 아니라 자유방임주의자들이다. 지금 트럼프가 월가의 재벌 금융인들로 내각을 채운다는 비판을 받고 있는데 민주당의 빌 클린턴 대통령이 재무부 장관으로 임명한 로버트 루빈이야말로 투자은행 군단의 대장격인 골드만삭스의 회장 출신이다. 재임 기간 중 스톡옵션에 대한 세금공제 혜택을 대폭 늘린 루빈은 공직을 그만두고 시티그룹 회장에 취임하며 수천억 원의 스톡옵션을 받았다. 이 과정에서 새로운 공제 혜택에 따라 수백억의 세금을 절감해 자신이 만든 정책의 최대 수혜자가 되었다. 그리고 루빈이 금융규제를 대폭 완화하자 향후 금융위기를 초래한 파생상품들이 대거 등장했다. 전통적인 상업은행과 투자은행을 철저하게 분리하여 일반 시민의 예금과 투기자본이 섞이지 않게 했던 글래스 스티걸 법을 폐지한 것도 클린턴 행정부였다. 여기에 그린스펀의 급격한 금리인하까지 더해져 투자은행만이 아닌 상업은행들까지 모기지 관련 파생상품에 대거 투자를 하며 2008년의 금융위기가 초래된 것이다. 대공황을 겪던 1933년에 제정되어 60년 이상 미국 금융의 안정을 가져왔던 글래스 스티걸 법은 폐지 이후 20여 년 만에 트럼프 정부에 의해 부활이 검토되고 있다.

과잉유동성을 해소하려면 금리도 올리고 공공투자는 축소해야 한다. 무역적자도 어느 정도 감수하면서 강달러를 용인해야 할 것이다. 하지만 트럼프가 추진하는 정책은 어느 하나도 과잉유동성 해소와는 거리가 멀다. 오히려 더 큰 유동성이 필요한 정책을 유동성을 해소해야 하는 시기에 추진하는 것이다.

물론 이것이 온전히 트럼프의 책임은 아니다. 미국의 민주당은 빌 클린턴 정부 시절부터 중서부의 서민층을 대표하는 정당에서 실리

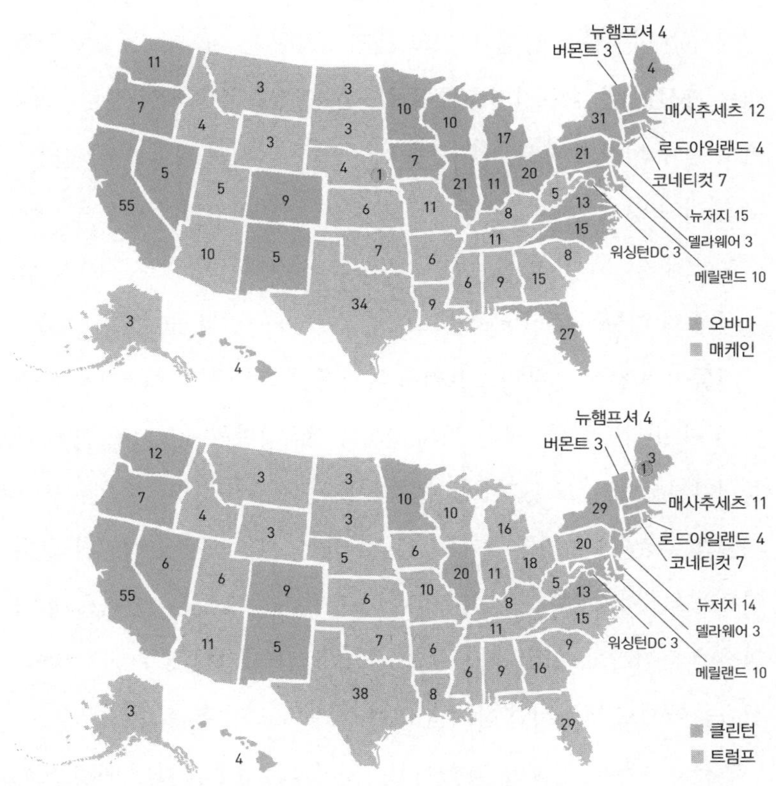

2008년 오바마 – 매케인 대선 결과(위), 2016년 트럼프 – 힐러리 대선 결과(아래)
숫자는 선거인단 수이다.
출처: Wikipedia

콘밸리의 이익을 대변하는 보보스 정당으로 변모했고, 중서부의 공공 인프라스트럭처에 대한 투자보다는 실리콘밸리에 세제 혜택을 주고 불법 이민자를 구제하는 데 정책의 포커스를 맞추었다. 그 결과 2008년 대선까지는 오바마를 지지했던 중서부 중산층들이 지난 대

2008년 민주당(오바마) 지지에서 2016년 공화당(트럼프) 지지로 바뀐 주

중서부	위스콘신, 인디애나, 오하이오, 일리노이, 아이오와, 펜실베이니아
남부	노스캐롤라이나, 플로리다

선에서는 민주당에 등을 돌리고 대거 트럼프를 지지했다. 트럼프로서는 자신을 뽑아준 지지층들이 원하는 정책을 수행해야 한다. 그래야 재선에 성공도 하고 이들 전통적인 민주당 지지 기반을 공화당으로 돌리지 않겠는가. 속단하기는 이르지만 2016년 미국 대선은 미국 정치사에 중서부의 중산층들이 민주당 지지에서 공화당 지지로 돌아서게 된 역사적인 터닝 포인트로 기록될 가능성이 높다.

이들이 원하는 인프라스트럭처 투자에는 1조 달러, 즉 1,000조 원이 투자된다고 한다. 물론 정치적인 수치이니만큼 1,000조 원이 다 들어가지 않을 수도 있지만 천문학적인 돈이 투입될 것이다. 이 중 국채발행으로만 200조 원을 충당할 것이라고 한다. 이미 맥쿼리 같은 인프라스트럭처 투자를 전문으로 하는 투자은행들은 발 빠르게 이 엄청난 사업기회에 대비하고 있고 통신 관련 사업의 경우 한국의 통신사들에게도 컨소시엄 참여 문의가 들어오고 있다.

언젠가는 누군가 해야 할 일이고, 또 미국의 유권자들이 이것을 하라고 뽑아준 것이기는 하지만 시기적으로 매우 좋지 않다. 공공투자 축소를 해야 하는 시기에 반대로 확대를 하는 것은 가뜩이나 흔들리는 기준점으로 인해 기존의 과잉유동성을 해소하기에도 벅찬 경제에 재앙의 씨를 뿌리는 것과 같다. 다음번에는 지난 2008년의 금융위기와는 차원이 다른 금융위기가 발생할 위험성이 높아지고 있다는 말이다. 물론 그 시기를 속단하기에는 이르다. 버블은 이제 막 시작했기 때문이다. 전작 『오르는 부동산의 법칙』을 썼던 2017년 5월에는 버블이 아직 시작도 안 했다고 썼지만, 이 책을 쓰고 있는 2018년 2월 기준으로는 버블이 이제 막 시작되었다고 볼 수 있다. 얼마나 커질지는 지켜봐야 한다.

하지만 정점에 오르는 대강의 시기는 짐작해볼 수 있다. 트럼프 집권 2기가 가장 취약한 시기이다. 2020년에 미국 대선이 있으니 대략 2021년에서 2023년 사이라고 예상해볼 수 있다. 통상 자산시장에 버블이 발생하면 3~4년 내에 최고치에 달한다. 비트코인 열풍이 불며 다시금 투자자들의 눈길을 끈 하이먼 민스키 그래프가 있다. 모든 버블이나 자산시장의 상승이 여기에 딱 들어맞지는 않지만 현재의 자산시장, 특히 국내 주거용 부동산 시장을 여기에 대입해보면 2018년은 이제 대중의 참여가 시작된 열정 단계로 보인다. 자산가격이 이륙한 시점은 2013년이었고, 1차 하락은 2017년에 있었다. 예상대로 새로운 정부가 극단적인 수요억제책을 들고 나오면서 잠시 멈칫하고는 있지만 공급이 막힌 서울의 부동산은 다른 방향을 찾을 수가 없다.

하이먼 민스키 모델

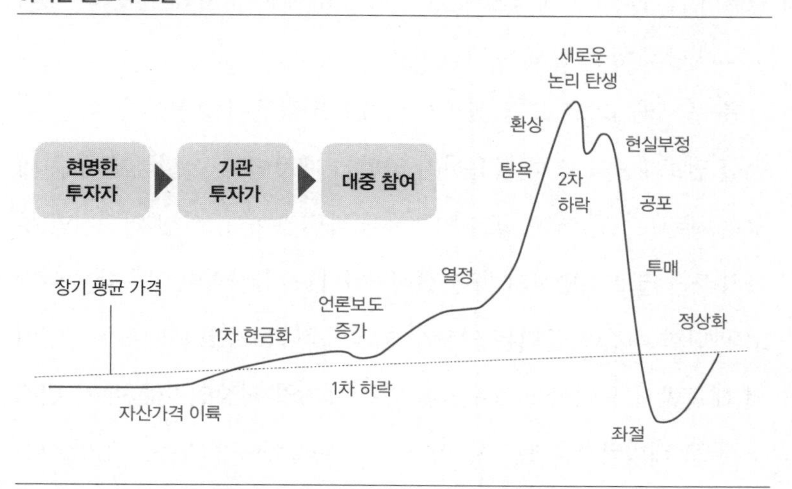

출처: 블룸버그

또 다른 이유는 늘 새로운 논리를 탄생시키는 환상과 탐욕이다.

생애 13번째 부동산 매매계약서에 도장 꾸욱. 2008년 이후 가장 극단적인 부동산 롱 포지션. 이제 정은이가 남침하면 바로 쪽박임.

2014년 4월 1일, 강남구에서 미분양된 아파트를 계약하면서 내가 페이스북에 올렸던 글이다. 당시 미분양되었던 이 47평형 아파트의 분양가는 4년이 채 못 된 지금, 같은 단지 25평형의 실거래가보다 3억 원가량 낮았다. 자산가격 이륙이 시작된 2013년과 2014년, 바닥을 친 부동산을 속된 말로 주워 담기 위해 동분서주하던 시절이었다. 하지만 농담처럼 쓴 글의 뉘앙스에도 보이듯 당시 내 마음에는 두려움이 더 컸다. 특정 자산군에 대한 의존도가 과도하게 높아지자 이성적으로 판단한 시장 전망과는 별개로 본능적인 두려움이 들기 시작한 것이다. 물론 이런 내 보수적인 투자성향 때문에 나는 거부도 못 되고 그렇다고 망할 일도 없을 것이다.

롱 포지션이라고 쓰긴 했지만 따져보면 잘못된 표현이다. 나는 부동산 담보대출을 전혀 활용하지 않았기 때문이다. 유일하게 있는 대출은 재건축 조합에서 받은 이주자금 대출뿐이다. 사실 이성적인 투자자라면 별로 현명하지 못한 선택이었다. 자산가격이 이륙할 것이라고 판단한 시점에 금리는 역사상 최저점을 찍고 있었고 나는 은행에서 대출받기 용이한 고정수입이 있는 대기업 직장인이다. 누가 뭐래도 '풀로 레버리지를 땡겨서' 미친 듯이 투자했어야 하는 시점이었다. 하지만 나는 그렇게 하지 않았다. 당시에는 특정 자산에 대한 쏠림 현상이 너무 과도하다고 판단해 리스크 관리를 하자는 마음이 컸다. 그리고 너무 당연하게도 지금은 뼈저리게 후회하고 있다. 당시에 부동산을 주워 담았다고 말을 하면서도 더 살 수 있었는데 못 산 것을, 아니 충분히 레버리지의 여유가 남아돌았는데 더 적극적으로 리스크를 감수하지 않은 것을 후회하는 것이다. 인간의 탐욕은 이런 것이다. 지금 나는 지난 2~3년간 꾸준히 지켜보며 발품을 팔아온 부동산 중에 '째려만 보다' 매수하지 않은 물건에 대해 스스로 '새로운 논리'를 만들지 않으려고 부단히 노력 중이다. 이미 열정에 들어선 단계에서 탐욕과 환상을 가지고 새로운 논리를 만들기 시작하면 그때가 정점일 것이다. 이제 시장에는 오른 곳은 더 올리기 위해, 안 오른 곳은 따라잡기 위해 점점 새로운 논리들이 등장하고 있다. 앞으로 일부 지역에서는 이 새로운 논리에 따라 단기적으로 엄청난 폭등 장세가 벌어질 수도 있다.

버블 붕괴를 이 시기로 예상하는 또 하나의 이유는 4차 산업혁명에 대한 과도한 기대 때문이다. 역시 인간의 탐욕이 원인이다. 늘 그렇듯 장밋빛 미래가 그냥 도래하지는 않는다. 앞서 말한 대로 자동차 산업은 우리의 삶은 바꾸어 놓았지만 초기 자동차 산업에 투자한 사람들의 상당수는 본전도 못 건졌다. 현재 4차 산업혁명에 대한 기대와 투자는 너무 이르고 과다한 측면까지 있다.

온라인 기업들도 20년 전에 그랬다. 일단 자사 사이트에 방문자가 늘어나면 무언가 수익모델이 나올 것이라고 했다. 그러면서 역시 엄청난 투자금을 유치하기 시작했다. 수익은커녕 매출도 안 나는 기업에 투자하기 위해 투자은행들은 새로운 기업가치 평가방법을 만들기 시작했다. 대표적인 것이 모건스탠리가 '발명'한 닷컴기업가치분석법이다. 이 분석법을 한마디로 요약하면 이렇다. 닷컴기업의 가치는 사이트 방문자수로 평가한다는 것이다. 물론 닷컴 버블의 붕괴와 함께 나도 한때 다운로드 받아서 '공부'했던 이 새로운 가치분석법은 흔적도 없이 사라졌다. 이들 닷컴기업들이 들고 나온 수익모델은 대부분 광고모델이었다. 물론 이 광고모델로 구글 같은 기업들은 떼돈을 벌었지만 대부분의 인터넷 기업들은 망했다. 닷컴 버블이 붕괴되며 옥석이 가려진 후에야 구글과 아마존 등의 기업들이 제자리를 잡고 성장하기 시작했다. 현재의 4차 산업 투자열풍은 1990년대 후반 닷컴기업에 대한 묻지 마 투자와 상당히 유사한 부분이 있다. 대표적으로는 데이터 분석과 자율주행, 바이오 등의 분야가 그렇다. 이들 분야는 장기적으로 4차 산업혁명을 이끌 분야가 맞지만 중간에 옥석을 가리는 시기를 한번쯤 거쳐야 할 것이다.

노동시간 감소와 정년연장

4차 산업혁명에 따른 기술실업 문제는 신경 쓰지 않아도 된다. 산업혁명이 일어났을 때마다 인간을 대신하는 기계에 대한 우려의 목소리는 높아졌고, 기계에게 일자리를 빼앗기게 될 우리 불쌍한 인간들을 걱정해주는 경제학자와 저널리스트들은 이 우려를 책과 강연에 담아 쏠쏠한 부수입을 챙겨갔다.

기술실업Technological Unempolyment이라는 말은 산업혁명이 시작된 이래로 주기적으로 유행했다. 1차 산업혁명 시대에는 리카도가 우리의 고조할아버지들을 걱정해주었고, 2차 산업혁명 시대에는 케인즈가 우리 증조할아버지들의 일자리를 걱정해주었다. 그리고 당연히 그런 대규모 실업사태는 벌어지지 않았다. 대공황 당시의 실업은 디플레이션으로 경제가 붕괴되었기 때문이지 기계가 사람을 대체해서 생긴 것이 아니었다. 지난 산업혁명마다 기계는 인력을 대체한 것이 아니라 생산 자체를 엄청난 규모로 늘려 사람의 고용을 촉진했다. 방직기가 등장하면 실을 짜는 사람들이 전부 실업자가 될 것 같았지만, 방직기의 등장은 면직물 산업의 생산성을 수백 배로 늘려 평생 단벌 신사로 살던 사람들이 수십 벌의 옷을 방에 걸어 놓고 살게 만들었다. 그러자 예전에 쭈그리고 앉아 실을 짜는 사람들의 수보다 방직기 사이를 돌아다니며 엉킨 실을 풀어주는 사람의 수가 훨씬 많아졌고 면직산업 전체의 고용은 기계화 이전보다 증가했다. 여기에 더해 옷을 만들어 파는 직업도 생겼고, 평민들에게도 옷장이라는 가구가 필요해지자 동명목재 같은 기업들이 탄생하며 고용을 창출했다.

너무 옛날 얘기 아니냐고? 요즘은 다르다고? 3차 산업혁명 시절에도 마찬가지였다. 〈보스턴 리갈〉이나 〈더 슈츠〉 같은 미국의 법률 드라마를 보면 페러리걸Paralegal이라는 단어가 나온다. 로펌에서 변호사의 법률 업무를 지원하는 직업으로 일반적인 비서에 비해 법률 지식을 갖추고 자료를 수집하거나 판례를 조회하는 일들을 한다. 1990년대에 PC와 인터넷의 등장으로 판례와 법률자료 수집이 온라인으로 가능해졌다. 그러자 많은 사람들이 페러리걸의 대량 실업을 예상했다. 이제 페러리걸들이 로펌 자료실에서 사다리를 들고 다니며 판례를 찾거나 자료 수집을 위해 여기저기 돌아다니지 않고 변호사가 자기 자리에서 클릭 몇 번으로 원하는 자료를 찾을 수 있을 것이라고 예상했다. 하지만 법률자료와 판례를 온라인으로 검색할 수 있게 되자 로펌은 더 많은 페러리걸을 고용했다. 법률자료와 판례를 찾는 일의 생산성이 높아지자 결과적으로 법률서비스의 질이 높아졌고, 로펌들은 자료를 찾는 인력의 수를 늘려 높아진 질적 경쟁에 대응했다. 기술과 생산성이 발전하면 사람들의 눈높이가 높아진다. 옷은 겉옷 한 벌, 외투 한 벌이면 충분하다는 이전의 눈높이에 익숙한 사람은 잠잘 때 입는 옷을 따로 사야 한다는 발상에 익숙해지기 힘들 수도 있다. 이런 사치는 죄악이라고 믿고 주일에 성당에 가서 신부님에게 '제가 아내에게 잠옷을 사주는 사치를 부렸습니다'라며 고해성사를 할 수도 있다. 하지만 사람은 늘 새로 태어난다. 사람들의 새로운 눈높이에 맞춰 재화와 서비스를 공급하기 위해서는 예전의 생산량을 기준으로 기계가 대체할 것으로 예상했던 노동력보다 더 많은 노동력이 필요했다.

또 한 가지 간과할 수 없는 사항은 근로시간이 현재보다 대폭 줄어들 것이라는 점이다. 2차 산업혁명으로 생산의 자동화가 실현되면서 1인당 근로시간은 아주 드라마틱하게 줄어들었다. 케인즈 역시 예상과는 달리 실업이 증가하지 않고 반대로 노동시간이 줄어드는 현상을 목격하게 되자, 기술실업은 일시적인 현상이고 앞으로 100년 후(2030년을 말한다)에는 주당 15시간만 일할 것이라고 예상했다.

지금 우리가 당연히 생각하는 주 5일제나 하루 8시간 근무, 여름휴가, 경조휴가 등은 2차 산업혁명 직전 아이들의 노동력까지 착취하던 공장 사장에게는 어처구니가 없어서 말이 안 나올 법한 근로조

2차 산업혁명 이후 노동시간의 변화

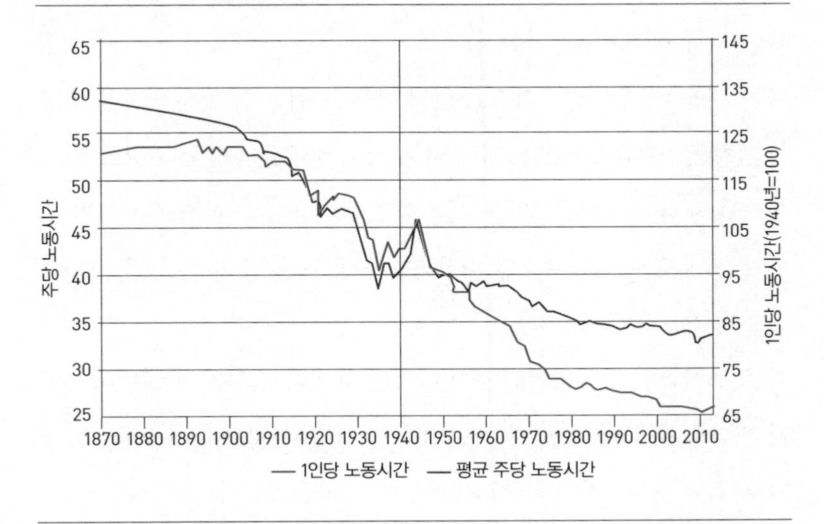

출처: 로버트 고든, 『미국의 성장은 끝났는가』, 생각의힘, 2017

건일 것이다. 일주일에 이틀을 쉬고, 공휴일은 꼬박꼬박 쉬고 명절은 3~4일을 쉬고, 여름에는 일주일씩 휴가를 가고 툭하면 병가에 월차를 쓰는 노동자에게 다달이 월급을 줘야 한다고 하면 당시의 산업자본가들은 아마 미친 사람이라고 생각했을 것이다. 하지만 2차 산업혁명이 본격화되면서 우리가 당연하게 생각하는 이 노동환경이 비로소 자리를 잡았다.

일주일에 하루 쉬는 일요일도 정착하기까지 수천 년의 세월이 걸렸다. 유대인들은 바빌론 유수를 통해 페르시아의 종교인 조로아스터교를 접하게 되었다. 이들은 조로아스터교의 창세기인 『분다히신』에서 아후라 마즈다가 6일에 걸쳐 세계를 창조하면서 마지막 날에는 인간을 만들었다는 창조설화를 그대로 베껴다가 구약의 창세기를 만들었다. 하지만 유대인들은 마즈다의 6일 창조설화에 슬그머니 하루를 추가해 6일간 열일하신 하나님이 7일째인 사바스에 휴식을 취했다는 내용을 끼워 넣으며 일주일에 하루는 쉬고 싶다는 희망을 종교를 통해 강력히 피력했다. 당시 국제 정세에서 유다왕국의 짧았던 전성기를 제외하고는 유대인은 정복자가 아니라 주로 이집트나 바빌론, 로마 등에 수시로 끌려가던 피정복민 노동자들이었다는 점을 고려하면 눈물겨운 발상이었다.

유대인들의 이 창조적인 아이디어는 당연히 정복자인 주변국들의 큰 비난을 받았다. 세네카나 타키투스는 물론 성 아우구스티누스도 이를 두고 유대인은 게으름을 피우며 노동을 싫어한다고 비난했다. 물론 로마에 휴일이 없었던 것은 아니다. 로마는 주요 신들을 기념하는 축제일과 황제의 기념일을 정해 휴일을 상황에 맞게 탄력적으로 운용했다. 그런데 이 휴일이 로마 후기로 가면 170일 이상 되기도 했지만 아우구스티누스 시절만 해도 연간 45일에 불과했다. 로마의 모든 신을 기념하기 위해 다 합쳐 45일을 쉬는데 이교도의 신을 경배하겠다며 1년에 52일의 휴일을 더 달라는 요구는 어처구니없이 들렸을 것이다.

일주일에 하루 쉬는 안식일 제도는 이후 콘스탄티누스 대제가 기독교로 개종하며 서기 321년에야 비로소 법으로 제정이 되었다. 하지만 이후에도 수백 년간 로마 황제들은 주기적으로 일요일에는 쉬라는 명령을 되풀이해야 했다. 일주일이 늘 휴일 같던 귀족들은 노예들이 일주일에 하루씩 꼬박꼬박 쉬는 꼴을 보기 힘들었을 것이다. 결국 유럽에 기독교가 정착한 후에야 일주일에 하루는 쉬는 제도가 비로소 자리 잡게 되었다. 신권을 통해 권력을 잡은 성직자 계급이 볼 때는 일반 국민들이 하루 더 일하는 것보다 그 시간에 교회에 나와 신앙심을 공고히 하는 것이 자신들의 권력을 유지하는 데 더 보탬이 되었기 때문이다.

현재 우리의 노동시간은 증조부 시대에 비하면 거의 절반으로 줄어들었다. 4차 산업혁명이 본격적으로 자리를 잡으면 케인즈가 말한 주당 15시간은 무리라고 해도 30시간 이하 수준까지 줄어들 것이다. 사람을 덜 쓰면 되는데 왜 노동시간을 줄여가면서 사람을 더 써야 할까? 노조의 탄생에 힘입은 바도 크지만 궁극적으로는 국가의 개입 때문이다. 개별 기업의 입장에서야 노동력 투입을 최소화하고 싶지만, 국가 전체로 보면 이는 대량 실업으로 이어져 사회가 지탱될 수 없다. 경영과학이나 생산관리에서 흔히 말하는 부분최적화와 전체최적화의 개념으로 아주 간단히 이해할 수 있다. 개별 기업이야 부분최적화를 추구해 이득을 보고 싶겠지만 4차 산업혁명의 도래로 실업률이 두 자릿수로 치솟는다면 다시금 대공황이 되풀이되고 경제뿐만이 아니라 국가 자체가 대혼란에 빠지게 되는 것이다. 이는 국가가 마땅히 나서서 해결해야 하는 일이고 2차 산업혁명 이후 실제로 그렇게 해왔다.

조기퇴직 역시 마찬가지이다. 늘 자극적인 기사를 원하는 언론에서는 사오정이니 하는 말을 만들어내지만 지금도 많은 기업들에서는 50대들도 큰 부담 없이 근무하고 있고 정년은 점점 연장될 수밖에 없다. 아주 간단히 말해서 58세 정년이 도입되던 시절, 군필자는 27세에 사회에 나와 약 30년 일하고 58세에 퇴직한 후 10년가량 노후를 보내다 세상을 떠나는 시스템이었다. 사회적으로 보면 군대 역시 생산성을 발휘하는 기간이니 대략 23년가량 준비해서 34년 일하고 10년쯤 쉬다가 죽는 것이다. 일하는 기간과 준비 혹은 쉬는 기간이 각각 33~34년 정도로 얼추 맞아 사회가 큰 무리 없이 지탱되었다. 헌데 사오정이야 언론에서 하는 소리라고 쳐도 기존의 정년인 58세에 퇴직한다고 해보자. 역시 군대를 생산기간에 포함해도 23년 준비해서 34년 일하고 25년 이상 쉬다가 죽는 모양이 된다. 34년 일하는데 준비하거나 쉬는 기간은 50년 가까이 되는 것이다. 이런 사회가 장기적으로 지탱이 가능하다고 보이는가? 현재 58세 정년도 부족한데 조기퇴직이니 하는 사회적 현상이 나온 이유는 흔히 IMF라고 불리던 당시 외환위기 상황의 특수성을 틈타 개별 기업들이 최대한으로 부분최적화를 추구한 결과이다. 그리고 이런 주제에서 빠지지 않는 베이비부머 세대들의 관리자 연령대 진입과 3차 산업혁명의 서론이 마무리되면서 재개된 장기저성장이 때마침 어우러지며 조기퇴직이 마치 사회 전반적인 현상인 것처럼 되어버렸던 것이다. 원론적으로 말해 33년 일하고 50년 이상 노는 시스템은 지극히 일시적이고 부자연스러운 현상이다. 지금 고등학교 졸업하는 친구가 퇴직하는 시점을 고민해 9급 공무원 시험에 목숨을 걸어야 할 정도로 지속가능한 시스템은 결코 아니다.

이미 10여 년 만에 사회적 부작용이 속출하고 있고 조만간 인생 사이클에서 생산기간과 비생산기간을 비슷하게 맞추는 제도적 보완이 실행될 것이다. 물론 내가 개별 기업체 오너라도 싫겠지만 국가적 차원에서 어쩔 수 없는 일이다. 기업도 크게 손해 볼 것은 없다.

2017년 기준 대한민국 500대 기업의 매출액 대비 인건비 비중은 평균 5.9%이다. 같은 기간 코스피 상장사의 평균 영업이익률은 9.26%이다. 만약 신규채용은 그대로인데 정년을 연장하는 바람에 인건비 부담이 10% 늘었다 치자. 기업에는 얼마나 부담이 갈까? 매출액 대비 인건비 비중이 6.5%로 오르며 영업이익률은 9.26%에서 8.67%로 약 0.59% 감소한다. 그러면 코스피는 어떻게 될까? 현재 코스피 평균 PER인 15를 적용하면 약 6.3% 감소한다. 내가 이 글을 쓸 당시의 코스피 지수는 2457이다. 인건비가 평균 10% 증가하면 코스피는 2300으로 감소한다. 나라가 망할 일인가? 주주들이야 당연히 2300보다 2457을 선호하겠지만 정년을 연장하고 이를 지키는 일은 국가 전체로 보면 별 피해 없이 사회를 안정화시킬 수 있는 손쉬운 방안이다. 사실 이는 IMF라는 특수 상황을 일부 기업이 악용한 것을 정상화하는 것일 뿐이다.

행여 이 글을 보고 월급쟁이인 내가 정년 연장 좀 해보겠다고 애쓴다고 생각하시는 분이 계실까봐 미리 말을 하면 정년 연장의 혜택은 내가 속한 세대까지는 누리지 못할 확률이 크다. 한때 내가 이런 조기퇴직 분위기에서 정년을 맞는 마지막 세대가 될지 아니면 정년 연장과 인구 감소에 따라 퇴직이 늦어지는 첫 번째 세대가 될지 진지하게 통계청 사이트에서 인구 데이터를 다운로드 받아가며 계산해본 적도 있다. 아무리 내가 첫 번째 세대일 거라는 수치를 뽑아보려 애를 써봐도 결국 마지막 세대가 될 것이라고 결론 났다. 1970년대 초중반 태생들까지는 비록 베이비부머는 아니지만 바로 위의 베이비부머들이 밀려나갈 때 한두 해 차이로 우르르 휩쓸려갈 개연성이 높기 때문이다.

한 해 백만 명이 태어나던 베이비부머 세대가 퇴직하고 나면 출생자가 한 해 30만 명 선으로 떨어진 지금 세대에는 노동력 부족이 가시화될 것이다. 동일한 현상을 먼저 겪은 일본은 이미 청년실업이 아니라 노동력 부족으로 고통받고 있다. 1985년생 정도부터는 확실하게 정년연장의 대상이 되는 세대일 것이고 요즘 막 사회에서 자리 잡고 있는 1990년대생들의 인구 분포를 보면 적어도 70세까지는 회사에서 일을 해야 할 것으로 보인다. 회사에서 이 친구들을 보면 쉬엄쉬엄 일하라고 농담을 하곤 한다. 너희들은 앞으로 40년 이상 회사를 다녀야 되는데 미리부터 힘 빼지 말라고 말이다.

다가올 미래를 생각하며

1980년대에 퇴직한 공무원이나 교사들은 평생 나오는 연금 대신에 일시불을 선택한 경우가 많았다. 평균수명이 지금처럼 늘어날 것이라고 예상하지 못한 바도 크지만 가장 큰 이유는 정부를 믿지 못해서였다.

1980년대에 퇴직한 분들은 일제시대에 태어나신 분들이다. 이 분들은 어린 시절 '국가'이자 '정부'였던 일제가 패망하고 이어진 혼란을 똑똑히 기억하고 있다. 이후 내전이 발생하며 수많은 사람들이 죽거나 불구가 되고 전쟁고아가 되었다. 다시 수십 년간의 군사독재 정부가 이어졌고 결국 독재자가 부하의 손에 피살되며 군사정권이 끝나는가 했지만 바로 쿠데타가 이어지며 '신군부'가 등장했다. 신군부는 소요 사태가 벌어진 도시에서는 사람들을 학살했고 반정부 인사들을 재판도 없이 투옥하고 고문했다. 때마침 이때 퇴직하게 된 당신이라면 노후를 이들에게 온전히 맡길 수 있었을까? 이런 정부가 보증하는 연금은 당시 기준으로 보면 무위험 자산이 아니라 정크본드에 가까웠다.

결론적으로 말하면 이들의 현명하고 사려 깊은 선택은 악수가 되었다. 대한민국은 기나긴 군사독재를 끝내고 마침내 민주화를 이루어내며 공무원과 교사에 대해 약속한 연금 의무를 모두 이행했다. 거기에 더해 평균수명은 큰 폭으로 상승했다. 평생을 공직이나 교직에 있다가 말년에 생긴 목돈으로 투자에 성공한 극소수를 제외하면 상당수의 퇴직자들은 평생 처음 만져보는 목돈을 제대로 지키지도 못했고, 남은 일생 꼬박꼬박 연금을 받아가는 동료나 후배를 부러운 눈으로 바라보아야 했다.

사람들은 흔히 예측을 하지 않고 귀납법의 오류에 빠지곤 한다. 지금까지 이래왔으니, 혹은 지금 이러하니 앞으로도 이러할 것이라고 생각한다. 어려운 예측을 피하는 손쉬운 방편이기는 하지만 고조부가 쓰던 도구를 물려받아 이를 다시 손자에게 물려주던 시대가 끝난 이후로 이 방법은 가끔 큰 재앙을 가져오기도 했다.

귀납법의 오류는 특히 20세기 후반의 한국처럼 압축성장을 해온 국가에서는 많은 사람들을 혼란에 빠뜨린다. 한때 정부를 믿지 못해 연금 대신 일시불로 국가에서 목돈을 받아갔는데 국가에서 20여 년 정도 정부가 연금을 꼬박꼬박 지급하기 시작하자 갑자기 공무원 열풍이 불기 시작했다. 전도유망한 청년들이 미래의 연금을 받기 위해

당장의 박봉과 단순 업무도 마다하지 않고 이 일을 하기 위해 수년간 엄청난 노력을 퍼붓기 시작한 것이다.

유쾌한 투자자 짐 로저스는 한국의 한 다큐멘터리에서, 노량진 고시촌의 이 '공시족'을 보고 말단 공무원이 되기 위해 수년간 집을 떠나 밤을 새워 공부한다고 놀라워했다. 정부가 보증하는 연금이 정크본드에서 무위험 자산으로 대접이 바뀐 것이다. 공시족 열풍은 정부의 신뢰성이 높아진 시기와 속칭 IMF로 민간 부문 일자리의 안정성이 저해된 시기가 겹치면서 발생한 사회현상이다.

결론적으로 지금의 공시족들이 퇴직할 무렵이 되면 상황은 많이 바뀔 것이다. 연금은 이미 줄어드는 것으로 확정되었고, 만약 통일이 된다면 상황은 더 심각해질 것이다. 민간 부문 일자리의 안정성은 전술한 대로 IMF 당시 일부의 이익을 위해 잘못 꿰어진 단추를 다시 풀고 제자리로 돌아갈 것이다. 직장인이 불쌍해서가 아니라 국가가 존속하기 힘들어지기 때문이다. 동서고금을 막론하고 군대는 인구의 1%, 장교는 0.1% 비율에서 크게 벗어나지 않았다. 이보다 적어져도, 혹은 많아져도 국가가 존속하기 힘들었다. 이렇듯 통상에서 벗어난 현상은 오래가지 못한다. 국민연금은 고갈되지 않는다. 아니 지금의 체계로는 고갈이 되지만 그 전에 체계를 바꿀 것이다. 정년이 연장되며 국민연금을 충당하는 기간이 길어지고 연금수급 시점은 뒤로 늦춰질 것이기 때문이다. 정년은 국민연금을 감당할 길이 없어진 정부에 의해 지금보다는 철저하게 준수될 것이다. 지금도 법으로는 정해져 있지만 현재의 정부는 보수나 진보를 막론하고 기업에 이를 철저히 강제할 만큼 급박한 사유가 없기 때문에 안 지켜질 뿐이다.

빠르면 1985년생들이 사회에 주축이 되는 시점부터는 한국사회의 경쟁강도도 많이 약화되고 안정화될 것이다. 1990년대생들부터는 밑에서 치고 올라오는 인구가 없다. 사람이 귀한 시기가 오는 것이다. 일본이 이미 그렇게 되고 있다. 세상에서 가장 쓸데없는 걱정이 재벌 걱정, 연예인 걱정이라는데 나는 여기에 '요즘 애들' 걱정을 더해 쓸데없는 3대 걱정이라고 부른다. 우리같이 국민소득 500달러 시절에 한 해 백만 명씩 태어난 불쌍한 세대가 국민소득 2만 달러, 3만 달러 시대에 한 해 30~40만 명씩 태어난 세대를 걱정해주는 것이야말로 하극상 중의 하극상이다. 취업난은 일시적인 현상일 뿐이다. 1970년대 초반생까지의 베이비부머들이 등 떠밀려 퇴직하는 10여 년 후가 되면 딱 일본처럼 일할 사람이 없어지게 된다. 지금 20대들로서는 당장 취업이 힘든데 10년, 20년 후 일손이 부족해지는 게 무슨 상관이냐 싶겠지만 다 상관이 있다.

지금 20대들이 사회의 중추가 되는 20년 후가 되면 중소기업에서 중견기업으로, 중견기업에서 대기업으로 직장의 연쇄이동이 일어날 것이다. 일손이 부족해지면 우선 같은 사회 안에서 처우가 좋은 곳부터 일손 잡기 경쟁이 일어나기 때문이다. 대기업들은 현재도 자문, 컨설팅 형식으로 일부 시행하고 있는 퇴직자 재고용을 통해 인력을 채우겠지만 궁극적으로 외부에서 수혈할 수밖에 없다. 이때 구하기 힘든 신입사원보다는 업계 경력자를 우선 고용해 급한 불부터 끄기 시작할 것이다. 제일 먼저 찾는 인력이 동종업계에서 유사한 일을 해온 사람들이다. 회사의 규모나 학력은 별로 보지 않는다. 10여 년 전, IT 보안 이슈가 사회를 강타하자 속칭 지방대를 나와 중소기업에 근무하던 인력들이 대기업에 경력직으로 대거 합류했다. 지금의 20대들은 대기업, 그중에서도 핵심 계열사라면 제일 좋겠지만 여의치 않으면 적성에 맞는 분야의 웬만한 기업에 들어가는 것이 방법이다. 늦어도 10여 년 후면 지금 여러분이 가고 싶어 하는 기업들의 일손이 부족해질 것이기 때문이다. 이때가 되면 기업들은 10년 전의 스펙과는 상관없이 동종업계에서 유사 업무를 해왔기에 바로 실무에 투입할 수 있는 사람을 찾게 된다.

한국은 미래 예측이 매우 어려운 나라 중의 하나이다. 남북 정세를 비롯한 국제 정세의 영향을 다른 나라들보다 더 많이 받기 때문이다. 이는 장기적인 추세의 예측뿐 아니라 단기적인 경기예측에도 모두 영향을 미친다. 장기적인 추세의 예측에 가장 큰 변수는 아마도 통일일 것이다. 통일이 당장 되느냐는 별개의 이슈지만 언젠가는, 그리고 그리 머지않은 장래에 될 것이라는 데는 큰 이견이 없을 것이다. 하지만 한 전직 대통령이 했던 통일이 대박이라는 말에는 나부터도 이견이 있다. 전혀 대박도 아니고 해당 세대로서는 감당하기 힘든 짐을 짊어져야 하기 때문이다.

남북통일에서 가장 기대할 수 있는 것은 자원이 아니라 인구구성의 변화이다. 쉽게 말해 젊은 노동력의 확보이다. 미국이 앞으로도 강대국으로 남을 것으로 예상되는 가장 큰 이유는 인구구성의 경쟁력이다. 끊임없이 이민을 받는 미국은 인구 고령화를 걱정하지 않는 유일한 선진국이다. 게다가 앞뒤 없이 이민을 받아 평균연령을 낮추기에 급급한 독일 등 다른 선진국과는 달리 입맛에 맞게 출신지와 교육 정도, 재산에 따라 골라 받는 여유까지 있다. 미국이 이렇게 이민자들이 선호하는 나라가 된 배경에는 넓은 국토와 높은 국민소득 외에도 예일대 로스쿨의 에이미 추아 교수가 제국의 조건으로 꼽은 '톨레런스Tolerance'가 자리 잡고 있다. 이 톨레런스는 홍세화 씨가 1990년대 베스트셀러인 『나는 빠리의 택시운전사』에서 말한 프랑스의 '똘레랑스'와는 조금 다르다. 프랑스의 '똘레랑스'는 예전에 자신들에게 착취당한 구 식민지인들에 대한 보상 차원에서 자국에 거주하는 외국인들에게 여러 혜택을 주는 것이다. 반면 추아 교수가 말한 제국의 '톨레런스'는 전 세계에서 가장 훌륭한 인재를 국적불문하고 영입하는 포용력을 말하는 것이다.

추아 교수는 톨레런스를 갖춘 과거 제국의 예로 당나라와 몽골제국을 들었지만 현재 제국의 톨레런스를 갖춘 것은 중국이 아니라 미국이다. 단적인 예로 미국이 이라크를 상대로 베트남전쟁 이래 최대의 지상전을 펼친 '사막의 폭풍' 전쟁 당시 이를 진두지휘한 미국의 육군 참모총장은 에릭 신세키였다. 신세키라는 이름에서 알 수 있듯이 외모부터 이름까지 철저하게 동양인인 일본 이민 2세대이다. 2차 세계대전 당시 캘리포니아의 일본인 수용소에 수감되었던 부모에게서 태어난 신세키는 불과 한 세대 만에 적국의 자식에서 미 육군을 통솔하는 4성 장군이 된다. 신세키뿐만이 아니다. 동구의 체코에서 태어난 매들린 올브라이트는 키신저 다음으로

에릭 신세키 전(前) 미 육군 참모총장, 출처: Portrait Consultant-Government

미국에서 가장 유명한 국무 장관이 되었고, 가족과 함께 체코에서 망명 와 덴버대 교수가 된 올브라이트의 아버지는 제자 한 명을 다시 미국의 국무 장관으로 키워낸다. 흑인인 콘돌리자 라이스가 바로 올브라이트 아버지의 제자였다. 한국인도 만만치 않다. 미국이 전 세계를 금융으로 지배하기 위해 만들어 놓은 세계은행의 현 총재는 한국 출신의 김용이다. 앞에서 미국 최대 사모펀드 블랙스톤의 2인자가 베트남계 보트피플인 친 추라고 했는데 비슷한 급의 사모펀드 두 곳의 공동대표가 한국 출신들이다. 칼라일의 이규성 CEO와 KKR의 조지프 배 CEO가 이들이다. 차이점이 있다면 친 추는 뉴욕 주립대 출신으로 월스트리트 기준에서 보면 진정한 아웃사이더이지만, 이규성과 조지프 배는 모두 하버드 출신이다. 어린 시절 미국으로 이민 가 유리시스템즈로 벤처 대박을 이루어낸 김종훈은 반도체와 통신의 모든 것을 만들어낸 '벨 연구소'의 사장을 역임했다. 그런 김종훈은 정작 태어난 한국에서는 미국 시민권자라는 야당의 반대로 한국 국적 회복 의사를 밝혔음에도 정통부 장관 임명이 무산된다. '톨레런스'라는 기준에서 중국이 진정한 제국의 경쟁력을 갖추려면 북경대에 유학을 간 한국인이 능력만 된다면 공상은행 총재 자리에 오르고, 인민해방군 총참모장으로 중국군에서 능력을 입증한 칸이라는 인도계 이민 2세가 편견 없이 임명될 정도가 되어야 한다.

아이러니하게도 추아 교수가 자신의 책에서 톨레런스를 그토록 강조한 이유는 자신이 미국의 가장 큰 경쟁국 출신이기 때문이다. 필리핀 화교 출신인 추아 교수가 쓴 두 권의 책 『불타는 세계World on Fire』와 『제국의 미래Day of Empire』를 읽어보면 추아 교수는 명백하게 미국의 국무 장관 자리를 노리고 있었다. 미국을 대외에서 대표하는 자리로 올브라이트와 라이스, 최근의 힐러리같이 여성들에게도 많이 개방되는 국무 장관 자리를, 하버드 출신의 야심만만한 예일대 로스쿨 교수가 못 노릴 이유도 없다. 유일한 약점은 미국의 잠재적 적국인 중국인의 피가 흐른다는 것이다. 그래서 국제 정세에 대한 자신의 식견과 포부를 남김없이 쏟아낸 두 권의 책에서 이 '톨레런스'라는 개념을 그렇게도 강조했다. 제국이 되기 위한 조건 1호로 '톨레런스'를 꼽으며 미국 정부를 향해 중국인이라는 이유로 자신을 패싱하지 말아달라는 사모곡을 쓴 것이다. 미국 정부의 막후에서 벌어진 논의를 알 길은 없으나 이후의 행보를 보면 추아 교수의 야망은 벽에 부딪쳤고 본인도 이를 완전히 단념한 것으로 보인다. 대부분의 사람들에게 에이미 추아라는 이름은『불타는 세계』나『제국의 미래』라는 책의 저자보다는 '타이거 맘'으로 더 잘 알려져 있을 것이다. 제국의 미래 이후 한동안 뜸하던 추아 교수는 그간의 관심사인 국제 정세가 아니라 자녀교육을 주제로『타이거 마더』라는 책을 들고 나왔다. 아무리 '톨레런스'를 바탕으로 제국의 기반을 닦은 미국이라도 체코 출신의 올브라이트와는 달리 잠재적인 적성국의 후예에게 국가안보를 맡기는 것은 너무 큰 도박이었을 것이다.

미국이 기존 중산층의 불만이 폭발할 정도로 직업교육까지 잘 받은 인재만을 골라 받는 이민정책으로 영원히 늙지 않으면서도 교육수준까지 높은 인구구성을 유지할 수 있는 반면 우리나라를 포함한 대부분의 OECD 국가들은 고령화되는 인구를 유지하기에도 벅차다. 현재 젊은 인구가 많은 국가들은 대부분 아프리카나 동남아시아의 저개발국가들이다. 그렇기에 저개발국인 북한과의 통일이라는 말은 북한의 젊은 인구를 한국의 고령화 사회에 접목시키는 매우 달콤한 유혹으로 들릴 수도 있다. 하지만 현실은 다르다. 비슷한 수준의 저개발국가들과는 정반대로 북한의 고령화는 한국보다 심각하기 때문이다. 북한은 한국보다 근 10여 년 앞서 인구 감소가 시작되었다. 1990년대 고난의 행군이 시작되면서 먹고살기가 힘들어지자 출생률은 자연히 떨어졌다. 출생률 저하보다 더욱 심각한 것은 높은 유아사망률이었다. 동구권의 붕괴로 값싼 석유의 공급이 중단되면서 모든 물자가 부족해지자 북한의 유아사망률은 아프리카 국가들보다 높아졌다. 반면 북한의 고령자 수는 남한 못지않다. 일제강점기와 한국전

북한의 인구구성 변화 추이

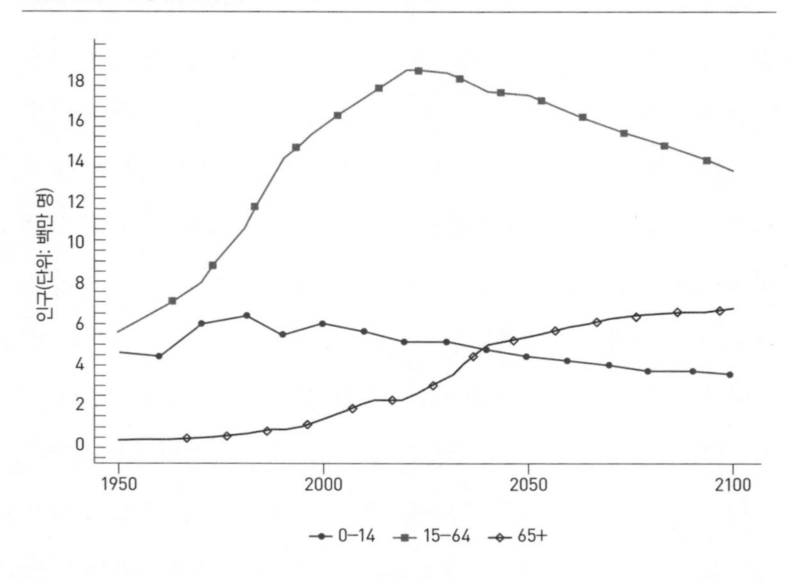

2020년 무렵을 기점으로 생산가능 인구(15~64세)는 급격히 줄고 65세 이상 고령층은 급속히 증가한다.
출처: UN Population Division

쟁을 함께 겪은 북한 역시 남한과 완전히 같은 시기에 베이비부머들이 대거 쏟아져 나왔다. 1970년대까지 북한은 남한보다 잘살면 잘살았지 전혀 뒤지지 않았다. 내전이 끝나자 남한 못지않게 많은 아이들을 낳았고 이 베이비부머들은 고스란히 현재 북한의 고령층이 되었다. 북한의 고령층은 중년 이후 고난의 행군이 지속되며 영양상태뿐만 아니라 질병과 사고의 위험에도 그대로 노출이 되어 같은 연령의 남한 고령층에 비해 건강상태가 매우 열악할 것으로 짐작된다. 통일이 되면 몇 안 되는 젊은 노동력을 받게 되지만 이 수많은 고령자들을 그대로 남한이 떠안아야 한다.

통일이 겨레의 염원이라고 믿는다면 이 모든 것을 감수하고서라도 통일을 이루어야 한다. 좋은 생각이다. 하지만 감수해야 할 모든 것을 한번 수치로 제시해보면 어떨까? 우선 현재 납부하는 건강보험료는 큰 폭으로 오른다고 생각하는 것이 속 편하다. 이미 노년층이 된 북한의 베이비부머들을 현재 남한의 기준에 맞추어 모든 질병을 치료해주어야 한다. 이들이 정상적으로 노동시장에 편입될 것이라는 기대는 말아야 한다. 재교육은 둘째치고 이 연령대는 인구가 워낙 많아 지극히 교육을 잘 받은 남한의 고령층들도 노동시장에서 내몰리고 있다. 건강보험뿐 아니라 노령연금이나 기초연금으로 가면 문제는 더욱 심각해진다. 지금 남한 고령층의 문제점 중의 하나가 자산의 상당수가 부동산에 묶여 있어 노후대책이 힘들다는 것인데, 이들 북한 고령층 대부분은 남한 기준으로 볼 때 자산이 아예 없다고 봐도 무방하다. 북한의 부동산 일부가 이들에게 헐값에 배분되겠지만 동독과 동구권의 예를 보면 가격이 오를 때까지 그 소유권을 오래 보유하

기초자치단체별 직장가입자 월 보험료 대 급여비 현황(상위 20순위)

순위	보험료가 높은 순위				급여비가 높은 순위			
	시군구 명칭	보험료	급여비	비	시군구 명칭	보험료	급여비	비
1	서울 강남구	190,743	169,746	0.89	울산 북구	146,148	253,443	1.73
2	서울 서초구	187,636	179,457	0.96	전남 무안군	104,327	253,375	2.43
3	성남시 분당구	168,001	188,924	1.12	전북 순창군	87,468	246,344	2.82
4	경기 과천시	153,155	190,610	1.24	전남 영광군	101,352	246,143	2.43
5	용인시 수지구	152,600	211,462	1.39	전남 신안군	74,370	245,331	3.30
6	수원시 영통구	151,525	195,903	1.29	전남 목포시	97,408	244,952	2.51
7	서울 용산구	150,359	172,567	1.15	전북 완주군	98,314	238,982	2.43
8	울산 북구	146,148	253,443	1.73	울산 동구	135,552	236,695	1.75
9	대구 수성구	145,188	211,975	1.46	전북 부안군	85,217	236,643	2.78
10	울산 남구	140,856	219,103	1.56	전남 해남군	88,300	236,117	2.67
11	서울 송파구	140,693	179,757	1.28	전북 진안군	88,397	234,018	2.65
12	서울 종로구	136,388	168,279	1.23	전남 함평군	90,029	232,940	2.59
13	창원시 성산구	136,215	214,432	1.57	전남 화순군	89,465	231,386	2.59
14	대전 유성구	135,654	212,678	1.57	전북 군산시	104,635	229,022	2.19
15	울산 동구	135,552	236,695	1.75	전남 여수시	117,740	228,211	1.94
16	서울 양천구	134,712	195,491	1.45	전북 고창군	89,950	228,134	2.54
17	울산 중구	134,413	222,878	1.66	전남 진도군	86,697	228,000	2.63
18	부산 해운대구	132,683	220,109	1.66	전남 담양군	92,565	227,701	2.46
19	용인시 기흥구	131,278	206,361	1.57	전북전주시덕진구	104,623	227,279	2.17
20	인천 연수구	129,067	197,891	1.53	광주 서구	113,431	226,497	2.00

출처: 국민건강보험공단 건강보험정책연구원, 2013

는 사람은 매우 드물 것이다. 북한의 젊은 층은 상당한 비용이 드는 재교육 과정을 거쳐 정상적인 노동인구에 편입이 되겠지만 고난의 행군을 하던 1990년대 이후 태어난 이들은 노동력의 질은 고사하고 수적으로도 부모세대를 떠받치기에는 턱없이 부족하다. 결국 베이비부머 세대인 북한의 고령층에 대한 건강보험과 노령연금, 기초연금 등은 대부분 현재 남한 납세자의 부담이 될 것이다. 통일세와는 별개로 건강보험료는 크게 오르며 국민연금 고갈 시기도 훨씬 앞당겨질 것이다.

건강보험 급여비에서 나타나듯이 한국은 지금도 보험료를 내는 지역과 쓰는 지역이 명확히 구분되어 있다. 서울 강남구의 경우 자신이 낸 보험료의 89%만 보험급여로 받아가 급여비율이 가장 낮다. 반면 이 비율이 가장 높은 전남 신안군의 보험급여비율은 330%이다. 자신이 낸 보험료의 3.3배를 보험급여로 받아가는 것이다. 2위는 2.82배를 받아가는 전북 순창군이다. 보험급여비율도 높지만 받아가는 절대금액 자체도 높다. 서울의 강남구나 서초구는 월 평균 17만 원 정도를 보험급여로 받아가지만 신안군이나 순창군은 24만 원 이상을 받아간다. 강남구와 서초구에 비해 무려 50% 가까이 높은 것이다. 이렇게 보험급여의 절대금액 차이가 발생하는 이유는 부유층들은 평소 건강관리를 잘한 반면 힘든 노동을 많이 하고 노인인구가 많은 지역은 치료비가 많이 든다고 해석할 수도 있지만 실제 큰 문제는 보험제도의 악용이다. 2016년 건강보험 심사평가원에 따르면 인구 340만 명이 거주하는 광주/전남 지역에 전국 한방병원의 40%인 112개가 위치하고 있다. 인구 995만 명의 서울보다 무려 2.9배나 많은 수치이다. 인구 대비로는 서울보다 9배나 많이 있다. 2017년 연합뉴스는 광주지방경찰청이 이 지역에 보험범죄에 취약한 한방병원이 밀집해 있어 보험 관련 범죄가 급증하고 있다며 2017년 9월을 보험범죄 관련 특별단속기간으로 설정했다고 보도했다. 광주지방경찰청은 전국 경찰청 최초로 민간 보험전문가들과 함께 '보험범죄연구회'를 만들기까지 했다. 지금은 인구 수백만의 지방자치단체에서 일어나는 일이지만 통일 이후에는 인구 2,500만 명의 국가 단위에서 일어날 일들이다.

통일은 민족의 숙원이지만 큰 충격 없이 남북이 통일할 수 있는 마지막 시기는 1990년대였다. 당시는 북한 정권이 극도로 취약해지긴 했지만 1970년대까지 일정 부분 북한이 남한을 앞서다 1980년대 역전되기 시작한 남북 간의 격차가 아직 엄청나게 벌어지지는 않은 시점이었기 때문이다. 통일 당시 동독의 1인당 GDP는 서독의 1/3이었다. 현재 남북한의 1인당 GDP 차이는 30배가 넘는다. 현재 남북 격차가 동서독에 비해 이리도 심한 이유는 1990년대 동구권의 붕괴로 북한 경제의 배후가 사라진 이유도 있지만, 근본적인 이유는 이때 3차 산업혁명이 시작되었기 때문이다. 3차 산업혁명에서 소외된 북한과는 달리 남한은 1960년대 박정희의 중화학공업 고집, 1970년대 대만의 헛발질과 1980년대 일본의 (플라자 합의에 따른) 수출경쟁력 약화에 따른 어부지리 덕분에 조성된 전자산업을 기반으로 3차 산업혁명의 주역으로 떠올랐다. 이 결과 남한은 1990년대에 선진국 문턱까지 성공적으로 진입했다.

나는 이 책에서 1차부터 4차까지 산업혁명에 대해 꽤 많은 분량을 할애했다. 각 산업혁명은 인간이 사는 모습을 근본적으로 변화시켰기 때문이다. 그리고 기계화와 전자산업이 키워드였던 1, 2차 산업혁명과는 달리 정보화와 인터넷이 키워드였던 3차 산업혁명은 공산권에서는 근본적으로 불가능한 혁명이었다. 독일이 3차 산업혁명 직전인 1990년에 통일을 한 것은 천운이었다. 만약 3차 산업혁명이 상당 부분 진행된 2000년 무렵이었으면 독일 역시 우리와 같은 고민을 했을 것이다.

이미 늦은 통일이지만 해야 한다면 하루라도 빨리 서둘러야 한다. 4차 산업혁명이 시작되면 지금도 손쓸 여지 없이 벌어진 격차는 입이 다물어지지 않을 정도로 더 벌어질 것이기 때문이다. 공산주의 자체의 문제였건 세습독재 정권의 문제였건 간에 북한 정권은 PC와 인터넷, 스마트폰으로 대표되는 3차 산업혁명도 도입할 상황이 아니었다. 그것은 정권의 붕괴를 가져올 수도 있는 문제였기 때문이다. 이런 북한정권이 인공지능으로 대표되는 4차 산업혁명에 뛰어든다는 것은 꿈에서도 상상 못할 일이다. 1990년에 통일한 독일은 2000년대가 되자 통일의 충격에서 벗어난 것처럼 보였다. 현재 구동독의 1인당 GDP는 구서독 지역의 87% 수준까지 올라왔다. 하지만 2000년 무렵부터 독일경제가 회복세를 보인 것은 통일의 충격이 10년 만에 극복되어서가 아니라, 그 무렵 유럽 단일통화가 시행되며 독일의 수출경쟁력이 살아났기 때문이다. 물론 단일통화에 합의한 배경에는 통일도 있었다. 이런 외부변수가 아니라면 10년 만에 통일의 충격에서 벗어나는 것은 불가능했고 최소 20~30년은 걸렸을 것이다. 1인당 GDP가 3배 차이 나는 동서독도 유로화가 아니었으면 수십 년 지속되었을 통일 후유증이 한반도에서는 이보다 오랜 기간 지속될 수밖에 없다. 남북한의 1인당 GDP는 현재도 30배 정도 차이가 나지만 4차 산업혁명이 시작되면 100배 이상으로 격차가 벌어질 것이다. 통일을 위한 희생이 한 세대로 끝나지 않을 수도 있다는 말이다. 이 희생도 흡수통일을 한다는 가정하에 그렇다는 것이고 지금 북한이 원하는 연방제로 통일을 하게 되면 그 후유증은 끝도 없이 길어질 것이다.

연방제 통일을 하게 되면 누가 어떤 이득을 볼까? 가장 큰 이득을 보는 것은 북한의 집권세력이다. 1990년대 동구권이 무너진 후 북한 집권세력이 가장 두려워하는 것은 루마니아의 차우세스쿠처럼 끔찍한 최후를 맞이하는 것이다. 한때 미국의 충실한 하수인이었으나 원유의 유로화 결제를 추진하며 달러 패권에 도전장을 냈던 사담 후세인이 토굴 속에서 비참하게 죽으며 이들의 두려움은 극에 달했다. 언젠가는 미국이 북한을 폭격하거나 암살조를 보내 처참한 최후를 맞을지도 모른다는 두려움을 갖고 있는 김정은에게 자신들의 권력을 유지하면서도 미국의 폭격을 걱정하지 않아도 되는 가장 현실적인 도피 방법은 연방제이다. 남북한이 연방제에 합의하는 순간, 북한은 미국의 적성국이 아닌 동맹국이 된다. 한미 동맹은 한국과 미국이라는 연방국가가 맺은 동맹이지 한국과 캘리포니아 사이에 맺은 조약이 아니다. 마찬가지로 한국이 연방국이 되면 한미 동맹은 이 두 연방 사이에 맺어지는 동맹이 되는 것이다. 남북한이 연방으로 묶이면 미국은 동맹국의 일부이지만 현재의 체제와 권력을 그대로 유지하는 북한에게 군사적 제재뿐만 아니라 경제적 제재도 가할 수 없게 된다. 물론 북한의 지도층만이 이득을 보는 것은 아니다. 연방제가 되더라도 누군가는 대외적으로 이 연방을 대표하는 대통령이 되어야 한다. 현실적으로 북한에서 이 연방의 대통령이 나오기란 한동안은 힘들 것이고 지금 상황에서 그것까지 욕심내지는 않을 것이다. 결국 남한의 정치인 중 연방제 통일을 주도한 사람이 상당히 높은 가능성으로 노벨평화상까지 노려볼 수 있는 통일 한국의 초대 대통령이 될 것이다. 과연 이 타이틀에 욕심이 안 나는 사람이 정치에 뛰어들어 지금 그 위치에까지 오를 수 있었을까? 미국 역시 흡수통일이든 연방제든 일단 북한이 통제 가능한 범위에 들어오기만 한다면 반대할 이유는 없다. 아니, 이제 신냉전이 가져온 보호무역 시대로 접어드는 시점에서 남한이 북한을 흡수통일해 강력한 통일국가가 되는 것보다는 계속 북한에 발목 잡혀 끌려가는 연방제가 미국뿐 아니라 중국, 일본에게도 최상의 시나리오가 될 것이다.

북한 정부는 연방제 통일 이후에 균형발전을 명목으로 남한 정부에 지속적으로 재정 지원을 요청할 것이고, 연방제를 유지하는 것이 우선인 현재의 남한 정부는 이 밑 빠진 독에 계속 물을 채워 넣을 수밖에 없다. 남한이 지원을 하면 북한이 경제개발을 해 결국 잘살지 않게 되겠냐고? 세상에서 가장 쉽게 쓰이는 돈은 남의 돈이다. 자신이 직접 벌지 않고 남이 준 돈만큼 흔적도 없이 쉽게 사라지는 돈은 없다. 북한의 집권세력을 비하하는 것이 아니다. 남한도 마찬가지이다. 종부세가 도입되며 국세인 종부세를 지방에 교부금으로 나누어 주기 시작하자 지자체들마다 바이오 단지를 만들고 박물관과 공원을 짓기 시작했다. 재정 자립도가 5%에 불과한 한 지자체는 이렇게 받은 돈으로 수십억 원을 들여 세계 유일의 가위 박물관을 지었다. 수억 원의 '구입비'를 들여 전시한 가위 대부분은 문구점에서 파는 가위이고 하루 방문객은 10명이 안 된다고 한다. 가위는 한 예일 뿐이다. 남한 지방'자치'제의 맹점인 지자체 예산의 90%를 중앙 정부에서 대주는 이런 현상은 북한과의 연방제가 실시되면 더욱 심화될 것이다.

눈먼 돈을 쉽게 쓰는 것은 국가도 마찬가지이다. 그리스는 자본주의 국가이지만 그리스 정부는 어차피 갚아야 하는 빌린 돈도 이자를 조금 낮춰주자 미친 듯이 국채를 발행해서 전 국민을 공기업 직원으로 채용하고 연금을 남발했다. 이에 비해 북한이 남한에서 받아갈 돈은 갚아야 할 돈도 아니고 그냥 받아가는 돈이다. 지금은 국제사회, 특히 미국의 눈치를 보며 알음알음 자금을 지원하고 있지만, 연방제 통일 후에는 당당하게 지원할 수 있게 되어 엄청난 규모로 금액이 늘어날 것이다. 미국 연방 정부가 캘리포니아에서 걷은 세금으로 네브라스카에 지원하는 것을 중국이 뭐라고 한 적이 있는가? 결국 세금은 흡수통일을 하는 경우보다 더 오를 수밖에 없다. 이쯤 되면 일부 계층은 자산을 처분해서 해외로 이주하는 것을 고려하기 시작할 것이고, 정부는 자산처분을 어렵게 해서 이를 막으려고 할 것이다. 왜 이 시점에 특정 정치세력이 토지세를 극단적으로 올려 궁극적으로 국가가 토지를 소유해야 한다는 19세기의 경제학자 헨리 조지를 들고 나오고, 국회에서 헨리 조지 토론회를 개최하는지 생각해보아야 한다. 집권 여당의 지도부가 토지공개념을 넘어선 토지국유화 발언까지 하는 것은 연방제를 염두에 둔 밑밥이기도 하다. 연방제로 통일이 되면 북한도 결국엔 토지공개념에 기반한 토지개혁을 할 수밖에 없고 이를 명분 삼아 남한에도 같은 시기에 토지개혁에 준하는 강력한 토지공개념이 도입될 것이다.

복잡 미묘한 남북관계는 늘 변수로 남을 수밖에 없다. 반면에 4차 산업혁명으로 대표되는 기술의 발전은 비교적 예상 가능하다. 이 책에서 나는 언론이 당장에라도 벌어질 듯이 말하는 4차 산업혁명이 아직은 먼 일이고 2030년 이후에나 시작될 일이라고 밝혔다. 내가 4차 산업혁명이 오는 것을 그리 반기지 않는다고 느낄 수도 있겠지만 나는 누구보다 4차 산업혁명이 빨리 오기를 바란다. 4차 산업혁명이 1년 늦어질 때마다 시대의 흐름에서 1년씩 뒤처질 것이기 때문이다.

한 생애 동안 두 번의 산업혁명을 겪는 것은 놀라운 경험이다. 근대 이전에는 수 세대에 걸쳐 동일한 삶을 살았는데 이제는 한 번의 생애에서 무려 두 번이나 삶의 근본적인 변화를 체험하는 것이다. 나는 2차 산업혁명이 마무리되는 시점에서 태어났다. 지금의 밀레니엄 세대들이 3차 산업혁명으로 변화된 사회에서 태어났듯이, 한때 X세대라고 불렸던 우리 세대는 2차 산업혁명이 변화시켜 놓은 세상 속에서 태어났다. 그리고 성인이 되던 무렵에 내가 속한 세대가 겪은 첫 번째 변화인 3차 산업혁명이 시작되었다.

반면 2차 산업혁명의 주역이었던 한국의 전전戰前 세대들은 장년에 접어든 이후에 3차 산업혁명을 접했다. 나는 이들이 1990년대와 2000년대, 3차 산업혁명에 적응하기 위해 사회적으로 어떤 어려움을 겪었는지를 보아왔다. 이에 비하면 비교적 적응력이 살아 있던 나이에 3차 산업혁명을 맞이한 우리 세대는 운이 좋았다. 우리는 전 세대에 비해 더 똑똑하거나 적응력이 강했기 때문이 아니라, 그저 적응할 수 있는 나이에 변화가 찾아와서 적응한 것뿐이다. 그래서 하루라도 빨리 4차 산업혁명이 오기만을 고대하는 것이다. 그 혜택을 빨리 누리고 싶어서가 아니라 늙고 판단력이 흐려진 나이에 변화를 맞아 고생하고 싶지 않기 때문이다. 현직에 있으면 반강제적으로라도 변화에 적응할 수밖에 없다. 다달이 들어오는 월급도 매우 중독성이 있긴 하지만 돈만 따지자면 회사를 그만두고 전업으로 부동산 투자를 하는 것이 훨씬 많은 돈을 벌 수 있을 것이다. 희망사항이 아니라 실제

회사를 다니면서 반쯤은 그렇게 해오고 있다. 그렇게 살지 않는 이유는 남은 수십 년의 인생을 임대업자로 살다 생을 마감하고 싶지도 않지만 직장을 그만두고 20년이 지난 후, 내가 시대에 얼마나 뒤처져 있을지 두렵기 때문이다.

미래를 알고 싶으면 과거를 보라고 한다. 하지만 이제 과거만 보아서는 미래가 보이지 않는다. 사회과학에서 미래를 알기 위해 파악해야 할 변수의 범위는 정치경제학이 처음 등장했을 때에 상상했던 범위를 초월한 지 오래이다. 21세기 한국에서 뜬금없는 관심을 받고 있는 19세기의 경제학자 헨리 조지는 저서 『진보와 빈곤』의 서두에서 경제학이란 자연과학같이 명확한 방법론을 가진 과학이라는, 지금 생각해보면 그 용기와 패기가 경이롭기까지 한 주장을 펼쳤다. 이는 헨리 조지만의 문제는 아니었을 것이다. 경제학의 태동기에 많은 경제학자들은 한정된 큰 변수 몇 가지를 가지고 경제와 사회의 움직임을 예측할 수 있을 것이라고 믿었다. 물론 지금은 두 손 두 발 다 든 지 오래이다. 경제학이 자연과학 같은 명백한 과학이라는 말은 같은 책에서 주장한 토지의 사용료인 지대에만 세금을 무겁게 물리고 토지를 제외한 다른 모든 세금은 폐지해야 한다는 말과 같이 '아 옛날에는 이렇게도 생각했구나' 하는 경제사 차원의 의미에서만 받아들여지고 있다.

양자컴퓨터가 나오면 이 모든 변수를 처리할 수 있을까? 흥미진진하긴 하다. 현재의 슈퍼컴퓨터가 연산으로 풀기에는 자연과 사회, 아니 하나로 뭉쳐서 우주의 변수가 너무 많다. 훗날 양자컴퓨터가 지금 기대하는 기능을 발휘할 수 있을지는 지켜볼 필요가 있다. 대부분의 관계자들은 10년 후면 결과를 알 수 있을 것이라고는 하지만, 내가 커즈와일의 베스트셀러에서 배운 단 하나의 교훈은 '10년 후를 함부로 예상하지 말라'이다.

단기적인 투자관점에서 부동산 시장을 바라본 첫 책을 마무리 지을 즈음, 두 번째 책에 대한 생각이 정리가 되었다. 두 번째 책을 마무리 지을 즈음이 되니 역시 다음 책에 대한 생각이 떠오르긴 하는데, 아마도 닥쳐올 금융위기에 대한 책을 쓰지 않을까 하는 두려움이 앞선다. 시간이 흐르면서 변수의 범위가 확대되었다고 했지만 모든 일에는 예외라는 것이 있지 않은가. 왠지 이번 변수는 '트럼프와 중국, 인플레이션' 정도면 충분할 것 같다는 생각도 든다. 물론, 금융위기가 도래할 것이라는 내 생각이 틀리길 바랄 뿐이다.

> 나는 우리가 정말 발전하고 있는지 때로는 의문이 듭니다. 요즘엔 다들 행복할 시간이 없는 것 같습니다. 나는 행복했고, 만족했으며, 이보다 더 좋은 삶을 알지 못합니다.
>
> – 모지스 할머니